vida y misterio
de
jesús de nazaret

I

los comienzos

Rev. Msgr. Xavier Morras
July 20/11

Otras obras de J. L. Martín Descalzo
publicadas por Ediciones Sígueme:

— *Vida y misterio de Jesús de Nazaret,* I (NA, 103), 11.ª ed.
— *Vida y misterio de Jesús de Nazaret,* II (NA, 104), 9.ª ed.
— *Vida y misterio de Jesús de Nazaret,* III (NA, 105), 7.ª ed.
— *Vida y misterio de Jesús de Nazaret, o.c.* (NA, 114), 2.ª ed.
— *Apócrifo de María* (Pedal, 212).
— *Diálogos de Pasión* (Pedal, 213).
— *Palabras cristianas* de Ch. Péguy (Pedal, 163), 5.ª ed.
    (selección, traducción e introducciones de J. L. Martín Descalzo).

josé luis martín descalzo

vida y misterio de
jesús de nazaret

I

los comienzos

UNDECIMA EDICION

ediciones sígueme - salamanca 1991

© Ediciones Sígueme, S.A., 1986
    Apartado 332 - 37080 Salamanca (España)
ISBN: 84-301-0994-3 (obra completa)
ISBN: 84-301-0993-5 (tomo I)
Depósito legal: S. 16-1991
Printed in Spain
Imprime: Gráficas Ortega, S.A.
Polígono El Montalvo - Salamanca, 1991

CONTENIDO

INTRODUCCION

Y vosotros ¿quién decís que soy yo? (Mc 8, 27).

Hace dos mil años un hombre formuló esta pregunta a un grupo de amigos. Y la historia no ha terminado aún de responderla. El que preguntaba era simplemente un aldeano que hablaba a un grupo de pescadores. Nada hacía sospechar que se tratara de alguien importante. Vestía pobremente. El y los que le rodeaban eran gente sin cultura, sin lo que el mundo llama «cultura». No poseían títulos ni apoyos. No tenían dinero ni posibilidades de adquirirlo. No contaban con armas ni con poder alguno. Eran todos ellos jóvenes, poco más que unos muchachos, y dos de ellos —uno precisamente el que hacía la pregunta— morirían antes de dos años con la más violenta de las muertes. Todos los demás acabarían, no mucho después, en la cruz o bajo la espada. Eran, ya desde el principio y lo serían siempre, odiados por los poderosos. Pero tampoco los pobres terminaban de entender lo que aquel hombre y sus doce amigos predicaban. Era, efectivamente, un incomprendido. Los violentos le encontraban débil y manso. Los custodios del orden le juzgaban, en cambio, violento y peligroso. Los cultos le despreciaban y le temían. Los poderosos se reían de su locura. Había dedicado toda su vida a Dios, pero los ministros oficiales de la religión de su pueblo le veían como un blasfemo y un enemigo del cielo. Eran ciertamente muchos los que le seguían por los caminos cuando predicaba, pero a la mayor parte les interesaban más los gestos asombrosos que hacía o el pan que les repartía alguna vez que todas las palabras que salían de sus labios. De hecho todos le abandonaron cuando sobre su cabeza rugió la tormenta de la persecución de los poderosos y sólo su madre y tres o cuatro amigos más le acompañaron en su agonía. La tarde de aquel viernes, cuando la losa de un sepulcro prestado se cerró sobre su cuerpo, nadie habría dado un céntimo por su memoria, nadie habría podido sospechar que su recuerdo perduraría en algún sitio, fuera del corazón de aquella pobre mujer —su madre— que probablemente se hundiría en el silencio del olvido, de la noche y de la soledad.

Y... sin embargo, veinte siglos después, la historia sigue girando en torno a aquel hombre. Los historiadores —aun los más opuestos a él— siguen diciendo que tal hecho o tal batalla ocurrió tantos o cuantos años antes o después de él. Media humanidad, cuando se pregunta por sus creencias, sigue usando su nombre para denominarse. Dos mil años después de su vida y su muerte, se siguen escribiendo cada año más de mil volúmenes sobre su persona y su doctrina. Su historia ha servido como inspiración para, al menos, la mitad de todo el arte que ha producido el mundo desde que él vino a la tierra. Y, cada año, decenas de miles de hombres y mujeres dejan todo —su familia, sus costumbres, tal vez hasta su patria— para seguirle enteramente, como aquellos doce primeros amigos.

¿Quién, quién es este hombre por quien tantos han muerto, a quien tantos han amado hasta la locura y en cuyo nombre se han hecho también —¡ay!— tantas violencias? Desde hace dos mil años, su nombre ha estado en la boca de millones de agonizantes, como una esperanza, y de millares de mártires, como un orgullo. ¡Cuántos han sido encarcelados y atormentados, cuántos han muerto sólo por proclamarse seguidores suyos! Y también —¡ay!— ¡cuántos han sido obligados a creer en él con riesgo de sus vidas, cuántos tiranos han levantado su nombre como una bandera para justificar sus intereses o sus dogmas personales! Su doctrina, paradójicamente, inflamó el corazón de los santos y las hogueras de la Inquisición. Discípulos suyos se han llamado los misioneros que cruzaron el mundo sólo para anunciar su nombre y discípulos suyos nos atrevemos a llamarnos quienes —¡por fin!— hemos sabido compaginar su amor con el dinero.

¿Quién es, pues, este personaje que parece llamar a la entrega total o al odio frontal, este personaje que cruza de medio a medio la historia como una espada ardiente y cuyo nombre —o cuya falsificación— produce frutos tan opuestos de amor o de sangre, de locura magnífica o de vulgaridad? ¿Quién es y qué hemos hecho de él, cómo hemos usado o traicionado su voz, qué jugo misterioso o maldito hemos sacado de sus palabras? ¿Es fuego o es opio? ¿Es bálsamo que cura, espada que hiere o morfina que adormila? ¿Quién es? ¿Quién es?

Pienso que el hombre que no ha respondido a esta pregunta puede estar seguro, de que aún no ha comenzado a vivir. Gandhi escribió una vez: *Yo digo a los hindúes que su vida será imperfecta si no estudian respetuosamente la vida de Jesús.* ¿Y qué pensar entonces de los cristianos —¿cuántos, Dios mío?— que todo lo desconocen de él, que dicen amarle, pero jamás le han conocido *personalmente?*

Y es una pregunta que urge contestar porque, si él es lo que dijo de sí mismo, si él es lo que dicen de él sus discípulos, ser hombre es algo muy distinto de lo que nos imaginamos, mucho más importante de lo que creemos. Porque si Dios ha sido hombre, se ha hecho hombre, gira toda la condición humana. Si, en cambio, él hubiera sido un embaucador o un loco, media humanidad estaría perdiendo la mitad de sus vidas.

Conocerle no es una curiosidad. Es mucho más que un fenómeno de la cultura. Es algo que pone en juego nuestra existencia. Porque con Jesús no ocurre como con otros personajes de la historia. Que César pasara el Rubicón o no lo pasara, es un hecho que puede ser verdad o mentira, pero que en nada cambia el sentido de mi vida. Que Carlos V fuera emperador de Alemania o de Rusia, nada tiene que ver con mi salvación como hombre. Que Napoleón muriera derrotado en Elba o que llegara siendo emperador al final de sus días, no moverá hoy a un solo ser humano a dejar su casa, su comodidad y su amor y marcharse a hablar de él a una aldehuela del corazón de Africa.

Pero Jesús no, Jesús exige respuestas absolutas. El asegura que, creyendo en él, el hombre salva su vida e, ignorándole, la pierde. Este hombre se presenta como *el camino, la verdad y la vida* (Jn 14, 6). Por tanto —si esto es verdad— nuestro camino, nuestra vida, cambian según sea nuestra respuesta a la pregunta sobre su persona.

¿Y cómo responder sin conocerle, sin haberse acercado a su historia, sin contemplar los entresijos de su alma, sin haber leído y releído sus palabras?

Este libro que tienes en las manos, es, simplemente, lector, el testimonio de un hombre, de un hombre cualquiera, de un hombre como tú, que lleva cincuenta años tratando de acercarse a su persona. Y que un día se sienta a la máquina —como quien cumple un deber— para contarte lo poco que de él ha aprendido.

El Cristo de cada generación

Pero ¿es posible escribir hoy una vida de Cristo? Los científicos, los especialistas en temas bíblicos, responden hoy, casi unánimemente, que no. Durante los últimos doscientos años se han escrito en el mundo bastantes centenares de vidas de Cristo. Pero desde hace años eso se viene considerando una aventura imposible. A fin de cuentas y salvo unos cuantos datos extraevangélicos no contamos con otras fuentes que las de los cuatro evangelios y algunas aportaciones de las epístolas. Y es claro que los evangelistas no quisieron hacer una «biografía» de Jesús, en el sentido técnico que hoy damos a esa palabra. No contamos con una cronología segura. Un gran silencio cubre no pocas zonas de la vida de Cristo. Los autores sagrados escriben, no como historiadores, sino como testigos de una fe y como catequistas de una comunidad. No les preocupa en absoluto la evolución interior de su personaje, jamás hacen psicología. Cuentan desde la fe. Sus obras son más predicaciones que relatos científicos. Y, sin embargo, es cierto que los evangelistas no inventan nada. Que *no ofrecen una biografía continuada de Jesús, pero sí lo que realmente ocurrió,* como confiesa Hans Küng. Es cierto que el nuevo testamento, traducido hoy a mil quinientos idiomas, es el libro más analizado y estudiado de toda la literatura y que, durante generaciones y generaciones, millares de estudiosos se han volcado sobre él, coincidiendo en la interpretación de sus páginas fundamentales.

¿Por qué no habrá de poder «contarse» hoy la historia de Jesús, igual que la contaron hace dos mil años los evangelistas? Tras algunas décadas de desconfianza —en las que se prefirió el ensayo genérico sobre Cristo al género «vida de Cristo»— se vuelve hoy, me parece, a descubrir la enorme vitalidad de la «teología narrativa» y se descubre que el hombre medio puede llegar a la verdad mucho más por caminos de narración que de frío estudio científico. *Por mucho que corran los siglos* —acaba de decir Torrente Ballester— *siempre habrá en algún rincón del planeta alguien que cuente una historia y alguien que quiera escucharla.*

Pero ¿no hay en toda narración un alto riesgo de subjetivismo? Albert Schweitzer, en su *Historia de los estudios sobre la vida de Jesús* escribió:

> Todas las épocas sucesivas de la teología han ido encontrando en Jesús sus propias ideas y sólo de esa manera conseguían darle vida. Y no eran sólo las épocas las que aparecían reflejadas en él: también cada persona lo creaba a imagen de su propia personalidad. No hay, en realidad, una empresa más personal que escribir una vida de Jesús.

Esto es cierto, en buena parte. Más: es inevitable. Jesús es un prisma con demasiadas caras para ser abarcado en una sola vida y por una sola persona e, incluso, por una sola generación. Los hombres somos cortos y estrechos de vista. Contemplamos la realidad por el pequeño microscopio de nuestra experiencia. Y es imposible ver un gigantesco mosaico a través de la lente de un microscopio. Por ella podrá divisarse un fragmento, una piedrecita, Y así es como cada generación ha ido descubriendo tales o cuales «zonas» de Cristo, pero todos han terminado sintiéndose insatisfechos en sus búsquedas inevitablemente parciales e incompletas.

El Cristo de los primeros cristianos era el de alguien a quien habían visto y no habían terminado de entender. Lo miraban desde el asombro de su resurrección y vivían, por ello, en el gozo y también en la terrible nostalgia de haberle perdido. Su Cristo era, por eso, ante todo, una dramática esperanza: él tenía que volver, ellos necesitaban su presencia ahora que, después de muerto, empezaban a entender lo que apenas habían vislumbrado a su lado.

El Cristo de los mártires era un Cristo ensangrentado, a quien todos deseaban unirse cuanto antes. Morir era su gozo. Sin él, todo les parecía pasajero. Cuando san Ignacio de Antioquía grita que *quiere ser cuanto antes trigo molido por los dientes de los leones para hacerse pan de Cristo* está resumiendo el deseo de toda una generación de fe llameante.

El Cristo de las grandes disputas teológicas de los primeros siglos es el Cristo en cuyo misterio se trata de penetrar con la inteligencia humana. Cuando san Gregorio de Nisa cuenta, con una punta de ironía, que *si preguntas por el precio del pan el panadero te contesta que el Padre es mayor que el Hijo y el Hijo está subordinado al Padre y cuando preguntas si el baño está preparado te responden que el Hijo fue creado de la nada,* está explicando cómo esa inteligencia humana se ve, en realidad, desbordada por el misterio. Por eso surgen las primeras herejías. El nestorianismo contempla tanto la humanidad de Cristo, que se olvida de su divinidad. El monofisitismo reacciona contra este peligro, y termina por pintar un Cristo «vestido» de hombre pero no «hecho» hombre, por imaginar a alguien «como» nosotros, pero no a «uno de» nosotros. Y, aun los que aciertan a unir los dos polos de ese misterio, lo hacen, muchas veces, como el cirujano que tratara de coser unos brazos, un tronco, una cabeza, unas piernas, tomadas de aquí y de allá, pegadas, yuxtapuestas, difícilmente aceptables como un todo vivo.

El Cristo de los bizantinos es el terrible Pantocrator que pintan en sus ábsides, el juez terrible que nos ha de pesar el último día. Es un vencedor, sí; un ser majestuoso, sí; pero también desbordante, aterrador casi. Para los bizantinos el fin del mundo estaba a la vuelta de la esquina. Olfateaban que pronto de su imperio sólo quedarían las ruinas y buscaban ese cielo de oro de sus mosaicos en el que, por fin, se encontrarían salvados.

El Cristo medieval es «el caballero ideal», aquel a quien cantaban las grandes epopeyas, avanzando por el mundo en busca de justicia, aun cuando esta justicia hubiera de buscarse a punta de espada. Más tarde, poco a poco, este caballero irá convirtiéndose en el gran rey, en el emperador de almas y cuerpos que respalda —¡tantas veces!— los planteamientos políticamente absolutistas de la época. Los pobres le admirarán y temerán, más que amarle. Los poderosos le utilizarán, más que seguirle. Pero, por fortuna, junto a ellos serpenteará —como un río de agua clara— el otro Cristo más humano, más tierno, más apasionadamente amado, más amigo de los pobres y pequeños, más loco, incluso: el Cristo pobre y alegre (¡qué paradójica y maravillosa unión de adjetivos!) de Francisco de Asís.

Para la Reforma protestante, Cristo será, ante todo, el Salvador. Lutero —que ve el mundo como una catástrofe de almas— pintará a Cristo con sombría grandeza profética. Le verá más muerto que resucitado, más sangrante que vencedor. Calvino acentuará luego las tintas judiciales de sus exigencias. Y todos le verán como alguien a cuyo manto hay que asirse para salir a flote de este lago de pecado.

En la Reforma católica, mientras tanto, los santos buscarán la entrada en las entrañas de Cristo por los caminos de la contemplación y el amor. Juan de la Cruz se adentrará por los caminos de la nada, no porque ame la nada, sino porque sabe que todo es nada ante él y porque quiere, a través del vacío de lo material, encontrarle mejor. Ignacio de Loyola le buscará en la Iglesia por los senderos de la obediencia a aquel Pedro en cuyas manos dejó Cristo la tarea de transmitir a los siglos su amor y su mensaje. Teresa conocerá como nadie la humanidad amiga de aquel Jesús de Teresa por quien ella se ha vuelto Teresa de Jesús.

En los años finales del XVIII y comienzos del XIX surgirá la llamada «razón crítica». A la fe tranquila de generaciones que aceptaban todo, sucederá el escalpelo que todo lo pone en duda. Se llegará a todos los extremos: desde un Volney o un Bauer, para quienes Cristo sería un sueño que jamás ha existido, hasta quienes, más tarde, lo pintarán como un mito creado por el inconsciente humano necesitado de liberación. Por fortuna estos radicalismos duraron bien poco. Bultmann escribió sobre ellos con justicia: *La duda sobre la existencia de Cristo es algo tan sin fundamento científico, que no merece una sola palabra de refutación.*

Más suerte tendrían, en cambio, las teorías «rebajadoras» de Cristo. Se extendería especialmente la tesis de Renan que, en su *Vida de Jesús,* nos traza un retrato idílico (¡tan falso!) del que él llamaba *un hombre perfecto,* un *dulce idealista,* un *revolucionario pacífico,* anticipándose en un siglo a muchos «rebajadores» de hoy.

De ahí surgirían las dos grandes corrientes que cubrieron el mundo cristiano del siglo XIX: la de quienes acentúan los aspectos puramente interiores de Cristo y lo ven solamente como encarnación perfecta del sentimiento religioso o le presentan —así Harnack— como el hombre que lo único que hizo fue devolver al mundo la revelación del sentimiento filial hacia Dios Padre; y la segunda corriente que subraya en Jesús únicamente el amor a los «humildes y ofendidos» y termina transformándole en un simple precursor de una especie de «socialismo evangélico». En estas dos visiones hay —evidentemente— algo de verdadero. Las dos se quedan, una vez más, sustancialmente cortas.

Los comienzos de nuestro siglo acentuarán de nuevo los aspectos humanos de Jesús. Camus escribirá: *Yo no creo en la resurrección, pero no ocultaré la emoción que siento ante Cristo y su enseñanza. Ante él y ante su historia no experimento más que respeto y veneración.* Gide, en cambio, le pintará como un *profeta de la alegría* (entendida ésta como un hedonismo pagano, exaltador del mundo material en cuanto tal). *Hay que cambiar* —dirá— *la frase «Dios es amor» por la inversa: «El amor es Dios».* Malegue, en cambio, abriendo el camino a los grandes escritores cristianos, dedicará su vida a descender *al abismo de la Santa Humanidad de nuestro Dios* y ofrecerá una de las más significativas formulaciones de la fe en nuestro siglo: *Hoy, lo difícil no es aceptar que Cristo sea Dios; lo difícil sería aceptar a Dios si no fuera Cristo.*

A esta polémica de los escritores de principios de siglo se unió pronto la de los científicos estudiosos de la Sagrada Escritura. Y en ella pesará decisivamente la obra de Rudolf Bultmann. Partiendo de la pregunta que antes hemos formulado (si los evangelistas no trataron de escribir unas biografías de Cristo, sino de apoyar con su predicación la fe de las primeras comunidades ¿cómo reconstruir hoy con suficientes garantías científicas la verdadera historia del Señor?) Bultmann intenta resolver el problema por superación: Realmente —dirá— el Jesús que nos interesa no es el de la historia, sino el de la fe. La teología no debería perder tiempo en investigar los detalles de una biografía imposible, sino concentrarse en la interpretación del anuncio de Cristo, el Salvador, el Hijo del hombre e Hijo de Dios. Lo que nos preocupa —dirá Bultmann— es la salvación, no las anécdotas. De la vida de Jesús sólo nos interesan dos cosas: saber que vivió y saber que murió en una cruz. Es más importante —concluirá— creer en el mensaje de Jesús que conocer su vida.

Esta teoría, que tenía la virtud de superar el cientifismo un poco ingenuo de ciertas polémicas historicistas, tenía dos terribles riesgos: de no dar importancia a la historicidad de los hechos de Jesús, se pasaba muy fácilmente a negar la misma historicidad de Jesús. Y, por otro lado, se separaba indebidamente la persona de Cristo de su doctrina.

Por eso, tras unos cuantos años de gran auge, pronto se regresó a planteamientos más tradicionales. Se recordó que el Jesús de la fe es el mismo Jesús de la historia. *La búsqueda del Jesús histórico es necesaria* —recordaría Robinson— *porque la predicación de la fe quiere conducir al fiel a un encuentro existencial con una persona histórica: Jesús de Nazaret.* El creyente no sólo quiere creer en «algo», sino en «alguien». Y quiere saber todo lo que pueda de ese «alguien».

Este regreso al historicismo se hará, como es lógico, con un serio espíritu crítico. No se aceptará ya un literalismo absoluto en la lectura de los evangelistas, que hablaron de Jesús como habla un hijo de su madre y no como quien escribe un «curriculum vitae». Pero también se sabrá perfectamente que, aunque no todo ha de entenderse al pie de la letra, sí ha de leerse muy en serio, con la certeza de que la figura histórica que refleja esa predicación nos transmite el reflejo de unos hechos sustancialmente verdaderos.

El Cristo de nuestra generación

Y el Cristo de nuestra generación ¿cómo es? ¿Ha sido tragado por el secularismo o sigue viviendo y vibrando en las almas?

En 1971 viví en Norteamérica los meses en que estallaba la «Jesus revolution». Miles de jóvenes se agrupaban gozosos en lo que llamaban *el ejército revolucionario del pueblo de Jesús*. El evangelio se había convertido en su «libro rojo». Vestían camisetas en las que se leía: *Jesús es mi Señor*. O: *Sonríe, Dios te ama*. En los cristales de los coches había letreros que voceaban: *Si tu Dios está muerto, acepta el mío. Jesús está vivo*. Por las calles te tropezabas con jóvenes de largas melenas, sobre cuyas túnicas brillaban gigantescas cruces y que te saludaban con su signo marcial: brazo levantado, mano cerrada, salvo un dedo que apuntaba hacia el cielo, señalando el «one way», el único camino. Levantabas un teléfono y, al otro lado, sonaba una voz que no decía «dígame» o «alló» sino *Jesús te ama*. La radio divulgaba canciones que decían cosas como éstas: *Buscaba mi alma / y no la encontraba. / Buscaba a mi Dios / y no lo encontraba. / Entonces me mostrasteis a Jesús / y encontré en él a mi alma y a mi Dios*. Y un día los periódicos contaban que un cura metodista —el reverendo Blessit— arrastró a un grupo de más de mil jóvenes que fueron al cuartel de la policía de Chicago para gritar a grandes voces: *¡Polis! ¡Jesús os ama! ¡Nosotros os amamos!* Y, tras el griterío, la colecta. Sólo que esta vez las bolsas, tras circular entre los jóvenes, regresaron a las manos del reverendo no llenas de monedas, sino de marihuana, de píldoras, de LSD, que el padre Blessit depositó en las manos de los atónitos policías.

¿Anécdotas? ¿Modas? Sí, probablemente sí. Pero nunca hay que estar demasiado seguros de que las modas no oculten alguna más profunda aspiración de las almas, ni de que aquellos muchachos no estuvieran, allá en el fondo, buscando una respuesta a la frase de Robert Kennedy, cuando decía, por aquellos años: *El drama de la juventud americana es que sabe todo, menos una cosa. Y esta cosa es la esencial*.

¿No será éste el drama, no sólo de los jóvenes americanos, sino de todo nuestro mundo? *Odio a mi época con todas mis fuerzas* —ha escrito Saint Exupery—. *En ella el hombre muere de sed. Y no hay más problema para el mundo: dar a los hombres un sentido espiritual, una inquietud espiritual. No se puede vivir de frigoríficos, de balances, de política. No se puede. No se puede vivir sin poesía, sin color, sin amor. Trabajando únicamente para el logro de bienes materiales, estamos construyendo nuestra propia prisión.*

Hoy, por fortuna, son cada vez más los que han descubierto que la civilización contemporánea es una prisión. Y comienzan a preguntarse cómo salir de ella, qué es lo que les falta. Tal vez por eso muchos ojos se están volviendo hacia Cristo.

¿Hacia qué Cristo? Cada vez me convenzo más de que este siglo es un «tiempo barajado» en el que se mezclan y coexisten muchos siglos pasados y futuros y en el que, por tanto, también conviven varias y muy diferentes imágenes de Cristo.

En los años setenta el firmamento se llenó del *Jesús Superestrella.* Un Jesús que, por aquellos años, me describía así un sacerdote norteamericano que, lo recuerdo muy bien, lucía una gigantesca mata de pelo rojo cardado:

> Cristo era la misma juventud; los fariseos eran el envejecimiento. En cambio Cristo era la juventud: estrenaba cada día su vida, la inventaba, improvisaba. Nunca se sabía lo que haría mañana. No entendía una palabra de dinero. Amaba la libertad. Vestía a su gusto y dormía en cualquier campo, donde la noche le sorprendía. Y era manso y tranquilo; sólo ardía de cólera con los comerciantes. La gozaba poniendo en ridículo a los ilustres. Le encantaban las bromas y los acertijos. Y ya se sabe que le acusaron de borracho y de amistad con la gente de mala vida. Como a nosotros.

¿Es éste el Cristo completo y verdadero? ¿O sólo era una manera con la que los *hippies* justificaban su modo de vivir? Desde luego hoy hay que reconocer que todo aquel movimiento del *Superstar* o del *Gospel* pasó tan rápidamente como había venido, pero también rescató algo que habíamos perdido: el rostro alegre de Jesús, un rostro que no es «todo» en Jesús, pero sí uno de los aspectos de su alma.

Mas poco después, frente a esta imagen de Jesús sonriente y tal vez demasiado feliz, bastante «americano», iba a surgir, unos cientos de kilómetros más abajo, en Iberoamérica, un tipo de Cristo bien diferente: un Jesús de rostro hosco, duro, casi rencoroso. Era esa imagen del *Cristo guerrillero* que hemos llegado a ver en algunas estampas, con un fusil amarrado a la espalda con correas, mientras una de sus manos, casi una garra, ase, casi con ferocidad, su culata. Era, nos decían el *Cristo con sed de justicia,* el centro de cuya vida habría sido la escena en la que derriba las mesas de los cambistas en el templo. Un Cristo así —que llevaba a sus últimas consecuencias los planteamientos de la *Teología de la liberación*— venía, es cierto, a recordarnos la descarada apuesta de Jesús por los pobres y su radical postura ante las injusticias sociales, pero, desgraciadamente, tenía en su rostro y en quienes lo exponían mucho más que sed de justicia. Tenía también violencia y, en definitiva, una raíz de odio o de resentimiento en las que ya no quedaba mucho de cristiano.

Aún hoy se predica con frecuencia este *Cristo de clase* e incluso este *Cristo de guerrilla* que, a veces, se parece bastante más a Che Guevara que a Cristo. Yo recuerdo a aquel curita que gritaba en un suburbio colombiano: *Id al centro de la ciudad, entrad en los bancos y en las casas ilustres y gritad a los ricos que os devuelvan al Cristo que tienen secuestrado.* Y después citaba aquellos versos de Hermann Hesse —que habrían sido verdaderos si no los hubiera dicho con tanto rencor—: *Da, Señor, a los ricos todo lo que te pidan / A nosotros, los pobres, que nada deseamos / danos tan sólo el gozo / de saber que tú fuiste uno como nosotros.*

El *Cristo Superstar,* el *Cristo guerrillero* ¿dos caricaturas? ¿dos verdades a medias? En todo caso dos imágenes de las que se ha alimentado buena parte de nuestra generación.

Pero —como todo se ha de decir— tendremos que añadir que también en nuestra generación circula —y me temo que más que en las otras— una tercera caricatura: el Cristo aburrido de los aburridos, el de quienes, como creemos que ya tenemos fe, nos hemos olvidado de él.

Si uno saliera hoy a las calles de una cualquiera de estas ciudades que se atreven a llamarse «cristianas» y preguntase a los transeúntes ¿qué saben de Cristo? ¿qué conviven de Cristo? recibiría una respuesta bien desconsoladora. Los más somos como aquel hombre que, porque nació a la sombra de una maravillosa catedral, creció y jugó en sus atrios, nunca se molestó realmente en mirarla, de tan sabida como creía tenerla. Por eso, seguramente muchos nos contestarían: ¿*Cristo? Ah, sí. Sabemos que nació en Belén, que al final lo mataron, que dicen que era Dios.* Pero, si luego inquiriésemos, ¿qué es para usted ser Dios? y, sobre todo, ¿en qué cambia la vida de usted el hecho de que él sea o no sea Dios? no encontraríamos otra respuesta que el silencio. Sí, vivimos tan cerca de Cristo que apenas miramos esa catedral de su realidad. Dios hizo al hombre semejante a sí mismo, pero el aburrido hombre, terminó por creer que Dios era semejante a su aburrimiento.

Y... sin embargo, habría que buscar, que bajar a ese pozo. ¿Con la esperanza de llegar a entenderle? No, no. Sabemos de sobra que nunca llegaremos a eso, que su realidad siempre nos desbordará. La historia de veinte siglos nos enseña que todos cuantos han querido acercarse a él con el arma de sus inteligencias, siempre se han quedado a mitad de camino. Pasó así ya cuando vivía entre los hombres. Los que estuvieron a su lado a todas horas tampoco le entendían. Un día les parecía demasiado Dios, otro demasiado hombre. Le miraban, escudriñaban sus ojos y sus palabras, querían entender su misterio. Y lograban admirarle, amarle incluso, pero nunca entenderle. Por eso él vivió tan terriblemente solo; acompañado, pero solo; en una soledad como nadie ha conocido jamás. Nadie le comprendió, porque era, en el fondo, incomprensible.

Y, a pesar de ello, él sigue siendo la gran pregunta. La gran pregunta que todo hombre debe plantearse, aun cuando sepa que toda respuesta se quedará a medio camino. Un medio camino que siempre abrirá el apetito de conocerle más, en lugar de saciar. Teilhard de Chardin hablaba del *Cristo cada vez mayor*. Lo es, efectivamente. Su imagen es como un gran mosaico en el que cada generación logra apenas descubrir una piedrecilla. Pero es importante que la nuestra aporte la suya. Unas generaciones aportaron la piedrecilla roja de la sangre de su martirio; otras las doradas de su sueño de un verdadero cielo; otras las azules de su seguridad cristiana; alguna el color ocre de su cansancio o el verde de su esperanza. Tal vez nos toque a nosotros aportar la negra de nuestro vacío interior o la color púrpura de nuestra pasión. Quizá la suma de los afanes de todos los hombres de la historia, termine por parecerse un poco a su rostro verdadero, el rostro santo que sólo acabaremos de descubrir «al otro lado», el rostro que demuestra que sigue valiendo la pena ser hombres, el rostro de la Santa Humanidad de nuestro Dios.

El porqué de este libro

Ahora se entenderá quizá, sin más explicaciones, el porqué de este libro. Es parte de la vida de su autor y le persigue desde que era un muchacho. Tendría yo dieciocho o diecinueve años —cuando, por vez primera, supe en serio que quería ser escritor— y me di cuenta de que un escritor cristiano «tenía» que escribir un libro sobre Cristo. Supe, incluso, que todo cuanto fuera escribiendo a lo largo de los años, no sería otra cosa que un largo aprendizaje para escribir ese libro imposible. ¿Cómo justificaría yo mi vida de creyente si no escribiera sobre él? ¿Con qué coraje me presentaría un día ante él, llevándole en mis manos millares de páginas escritas que no hablasen de él? Este libro es una deuda. Mi deuda con la vida. La única manera que tengo de pagar el billete con que me permitieron entrar en este mundo.

Recuerdo —y pido perdón al lector si ahora me estoy confesando— que por aquellos meses había muerto uno de los hombres a quien más he querido y debo en este mundo: Georges Bernanos, cuyas obras estaban siendo el alimento de mi alma. Y un día cayó en mis manos, recién editado, uno de los *Cahiers de Rhone* en el que Daniel Pezeril contaba las últimas horas de mi maestro. Allí descubrí que uno de los últimos deseos de Bernanos había sido precisamente escribir una vida de Cristo. Más aún, que un día —el 30 de junio de 1948— Bernanos tuvo en sueños una inspiración a la que respondió con un «sí» sin vacilaciones: en adelante dejaría de lado toda su obra literaria y dedicaría todo lo que le quedase de vida a escribir esa «Vida de Jesús» que soñaba desde hacía tiempo y que siempre posponía porque se sentía indigno. Pero aquel día, ya en su lecho de hospital, recibió ese misterioso coraje que le permitiría decir: *Ahora ya tengo razones para seguir viviendo.*

Días después —el cinco de julio— Bernanos murió. Su proyecto se convirtió en un sueño. Y nos perdimos algo que sólo él hubiera sabido escribir.

¿Puedo ahora añadir que —sin ninguna lógica— el muchacho que yo era entonces se sintió heredero y responsable de aquella promesa? Era absurdo, porque yo me sentía infinitamente menos digno de hacerlo que Bernanos. Pero ¿quién controla su propio corazón? Aquel día decidí que, cuando yo cumpliera los sesenta años que él tenía al morir, también dejaría toda otra obra y me dedicaría a hacer esa vida de Jesús que Bernanos soñó.

Sólo mucho más tarde —pido al lector que se ría— me planteé la pregunta de que tal vez yo no viviría más allá de los sesenta años. Y empezaron a entrarme unas infantiles prisas. Desde entonces estoy luchando entre la seguridad de no estar preparado para afrontar esta tarea y la necesidad de hacerla. Me engañé a mí mismo haciendo un primer intento «preparatorio» en una edición en fascículos para la que escribí mil quinientos folios. Era, lo sé, una obra profundamente irregular, con capítulos que casi me satisfacían y muchos otros de una vulgaridad apabullante. Y tuve, sin embargo, el consuelo de saber que a no pocas personas «les servían» y me urgían una nueva redacción más próxima al hombre de la calle y sus bolsillos.

Me decido hoy a iniciar ese segundo intento que sé que será también «provisional». ¿Para qué engañarme? Todo lo que sobre Cristo se escriba por manos humanas será provisional. Estoy seguro de que me va a ocurrir lo que a Endo Shusaku, quien, en la última página de su Vida de Jesús, escribe:

> Me gustaría algún día escribir otro libro sobre la vida de Jesús con toda la experiencia acumulada durante mi vida. Y estoy seguro de que, cuando hubiera terminado de escribirlo, aún sentiría el deseo de volver a escribir de nuevo otra vida de Jesús.

Es cierto: sólo Jesús conoce el pozo que quita la sed para siempre (Jn 4, 14). Desgraciadamente los libros sobre Jesús no son Jesús.

¿Cómo está escrito este libro?

Ahora ya sólo me falta —en esta introducción— responder a tres preguntas: cómo está escrito este libro, para quién lo escribo y cómo me gustaría que se leyera.

La primera pregunta tiene una respuesta muy sencilla: está escrito de la única manera que yo sé: como un testimonio. Durante los diez últimos años he leído centenares de libros sobre Cristo, pero pronto me di cuenta de que yo no podría ni debería escribir como muchos de ellos, un libro científico y exegético. Todos me fueron útiles, pero no pocos —me duele decirlo— me dejaron vacío el corazón. Me perdía en interpretaciones e interpretaciones. Descubría en cada libro una nueva teoría que iba a ser desmontada meses después por otra obra con otra teoría. Siento, desde luego, un profundísimo respeto hacia todos los investigadores; les debo casi todo lo que sé. Pero sé también que yo escribo para otro tipo de lectores y que no debía envolverles a ellos en una red de teorías.

Por eso decidí que este libro podría tener «detrás» un caudal científico, pero que habría de estar escrito desde la fe y el amor, desde la sangre de mi alma, imitando, en lo posible, el mismo camino por el que marcharon los evangelistas. Contar sencillamente, tratar de iluminar un poco lo contado, pero no perderme en vericuetos que demostrasen lo listo que es quien escribe. Esta es la razón por la que este libro debería ser leído siempre con un evangelio al lado.

Pensé que, en mi obra, me limitaría a comentar los textos evangélicos tal y como dice Catalina de Hueck que leen la Biblia los «pustinik», los peregrinos-monjes rusos:

> El pustinik lee la Biblia de rodillas. No con su inteligencia (de forma crítica, conceptual), pues la inteligencia del pustinik está en su corazón. Las palabras de la Biblia son como miel en su boca. Las lee con profunda fe, no las analiza. Deja que reposen en su corazón. Lo importante es conservar lo leído en el corazón, como María. Dejar que las palabras del Espíritu echen raíces en el corazón, para que después venga el Señor Dios a esclarecerlas.

¿Es, pues, éste un libro sentimental, puramente devocional? No lo querría. Pero tampoco es un libro puramente mental, conceptual. Cuando leo el evangelio sé que allí entra en juego toda mi vida, toda mi persona, sé que sobre el tablero está mi existencia entera. Y como sé que esa palabra me salva, no soy amigo de esos comentarios en los que parece que —en frase de Cabodevilla— *es como si te dedicaras a analizar, muy detenidamente, la sintaxis y la ortografía de esa carta en la que te comunican que tu madre acaba de fallecer.*

Este libro no será, pues, otra cosa que unos evangelios leídos por alguien que sabe que se juega su vida en cada página, con mucha más pasión y mucho más amor que sabiduría.

Entonces ¿es éste un libro sólo para creyentes? Sí principalmente, pero no sólo para ellos. Espero que también quienes no creen en Cristo o quienes ven sólo en él a un hombre admirable descubran en estas páginas, al menos, las razones por las que un hombre —un hombre como ellos— ha convertido a Cristo en centro de su vida. Tal vez también ellos aprendan de alguna manera a amarle. Luego, yo lo sé, él hará el resto, pues ningún libro puede suplir al encuentro personal con Jesús.

Por eso me gustaría que todos —creyentes e incrédulos— leyeran este libro «como escribiendo el suyo». ¿Quién soy yo para enseñar nada? Tal vez sólo un amigo, un hermano que cuenta, como un niño, como un adolescente, cómo ha sido su encuentro con quien transformó su vida. Pero nadie va por el mismo camino por el que va su hermano. Cada uno debe hacerse su camino y descubrir «su» Cristo. Esa es la verdadera búsqueda que justifica nuestras vidas.

Seguramente nos ocurrirá a nosotros lo mismo que a quienes le rodearon cuando pisó en la tierra. Un día se cruzaron con él y no lograron entenderle, pero les arrastraba. Eran, como nosotros, lentos y tardos de corazón, pero aún así se atrevían a gritar: *Tú eres el Cristo, el Hijo de Dios vivo* (Mt 16, 16). Esperaban que acabara siendo un líder terreno, pero también proclamaban: *Te seguiré a donde quiera que vayas.* (Mt 8, 19). No comprendían sus palabras y sus promesas, pero aseguraban: *¿A quién iremos si sólo tú tienes palabras de vida eterna?* (Jn 6, 68). Y algunos, como los magos, hacían la locura de dejar sus tierras y sus reinos, pero los abandonaban porque *habían visto su estrella* (Mt 2, 2).

Esa estrella sigue estando en el horizonte del mundo. Tal vez hoy lo esté más que nunca. *Esta es una generación que busca a Cristo,* ha dicho hace poco un profesor de la Universidad de Budapest. *Lo que los comunistas reprochamos a los cristianos* —ha escrito Machoveč— *no es el ser seguidores de Cristo, sino precisamente el no serlo.* Tal vez. Tal vez la estrella ha vuelto a aparecer en la noche de este siglo. Y quizá por eso estamos todos tan inquietos. Bien podría ser que estos años finales del siglo XX el mundo tuviera que gritar con san Agustín: *Tarde te conocí ¡oh Cristo! Nos hiciste, Señor, para ti, e inquieto ha estado nuestro corazón hasta descansar en ti.*

1

El mundo en que vivió Jesús

I. ROMA: UN GIGANTE CON PIES DE BARRO

Para el cristiano que, por primera vez, visita Palestina, el encuentro con la tierra de Jesús es —si no se tapa los ojos con el sentimentalismo— un fuerte choque. Y no sólo para su sensibilidad, sino para su misma fe. El descubrimiento de la sequedad de aquella tierra, sin huella celeste alguna, sin un río, sin un monte que valga la pena recordar; la comprobación, después, de la mediocridad artística y el mal gusto en casi todos los monumentos que de alguna manera tratan de recordar a Jesús; la vulgar comercialización de lo sagrado que, por todas partes, asedia al peregrino; el clima de guerra permanente que aún hoy denuncian las metralletas en todas las esquinas y el odio de los rostros en todos los lugares; la feroz división de los grupos cristianos —latinos, griegos, coptos, armenios...— en perpetua rebatiña de todo cuanto huela a reliquia de Cristo... todo esto hace que más de uno —si es joven, sobre todo— sienta vacilar la fe en lugar del enfervorizamiento que, al partir hacia Palestina, imaginaba.

Pero, si el peregrino es profundo, verá enseguida que no es la fe lo que en él vacila, sino la dulce masa de sentimentalismos con que la habíamos sumergido. Porque uno de tantos síntomas de lo que nos cuesta aceptar la total humanidad de Cristo es este habernos inventado una Palestina de fábula, un país de algodones sobre el que Cristo habría flotado, más que vivido. En nuestros sueños pseudomísticos colocamos a Cristo fuera del tiempo y del espacio, en una especie de «país de las maravillas», cuyos problemas y dolores poco tendrían que ver con este mundo en el que nosotros sudamos y sangramos.

Por eso golpea siempre un viaje a Palestina. Impresiona que, puesto a elegir patria, Dios escogiera esta tierra sin personalidad geográfica alguna. Hay en el mundo «paisajes religiosos», lugares en los que la naturaleza ha alcanzado, ya por sí sola, un temblor; bosques o cimas, cuyas puertas se diría que se abren directamente hacia el misterio y en las que resultaría «lógico» que lo sobrenatural se mostrara y actuara. Palestina no es uno de estos lugares. Difícil será hallar un paisaje menos misterioso, menos poético o mágico, más radicalmente vulgar y «profano».

Y ¿no hubiera podido, al menos, «proteger» de la violencia, del odio, del mismo mal gusto, esta «su» tierra? Dios es un ser extraño y, por de pronto, su lógica no es la nuestra. Encarnándose en Palestina entra de lleno en la torpeza humana, se hace hombre sin remilgos, tan desamparado como cualquier otro miembro de esta raza nuestra. Palestina es, por ello, todo, menos una tierra «de lujo»; es el quinto evangelio de la encarnación total, de la aceptación del mundo tal y como el mundo es.

Y lo mismo ocurre con el tiempo. La frase de san Pablo: *al llegar la plenitud de los tiempos envió Dios a su Hijo* (Gál 4, 4), nos hace pensar que Cristo vino al mundo en una especie de «supertiempo», en un maravilloso siglo de oro. Al venir él, los relojes se habrían detenido, los conflictos sociales enmudecido, un universal armisticio habría amordazado las guerras y contiendas. Cristo habría sido así, no un hombre pleno y total, sino un huésped de lujo, que vive unos años de paso en un tiempo y una tierra de lujo.

Pero el acercarnos a su tiempo nos descubre que tampoco fue una época preservada por mágicos privilegios. Fueron tiempos de muerte, de llanto y de injusticia, tiempos de amor y sangre como todos. Y el calendario no se quedó inmóvil mientras él moraba en esta tierra.

Sí, en este mundo pisó. No flotó sobre él como un sagrado fantasma. De este barro participó, a ese yugo del tic-tac de los relojes sometió su existencia de eterno. Y habló como los hombres de su tiempo, comió como las gentes de su país, sufrió por los dolores de su generación, se manchó con el polvo de los caminos de su comarca. Mal podremos conocerle a él si no nos acercamos a aquel mundo, aquel tiempo y aquella tierra que fueron suyos. Porque él influyó en su época y en su país, pero también su época y su país dejaron huella en él. Alejándole de la tierra en que vivió, colocándole sobre brillantes y falsos pedestales, no le elevamos, sino que le falseamos. El Dios que era y es, nunca se hará pequeño por el hecho de haber comido nuestra sopa.

Roma, entre la plenitud y el derrumbamiento

La frase en que san Pablo une la venida de Cristo y la plenitud de los tiempos obliga a plantearse una pregunta: ¿Vino él porque era la plenitud de los tiempos o se realizó la plenitud de los tiempos porque vino él? San Pablo habla evidentemente de un tiempo teológico —la hora en los relojes de Dios— no de un tiempo humano tan especialmente «maduro» que de algún modo hubiera «merecido» la encarnación del Hijo de Dios.

Sin embargo la frase demuestra que san Pablo, como muchos otros contemporáneos suyos, experimentaba la sensación de estar viviendo tiempos especialmente positivos, tiempos en los que la página de la historia iba a girar y levantar el vuelo.

Claro que también es cierto que, entre los contemporáneos de san Pablo, no faltaban quienes pintaran los horizontes más negros. Kautsky señala que *en la Roma imperial encontramos la idea de una incesante y progresiva deteriorización de la humanidad y la de un constante deseo de restaurar los buenos tiempos pasados.*

La verdad es que en todos los siglos de la historia podemos encontrar simultáneamente profetas de esperanzas y de desventuras, soñadores del maravilloso mundo que viene y lamentadores del no menos maravilloso pasado que se aleja. La objetividad no parece ser condición propia de la raza humana a la hora de juzgar el presente.

Pero, referido al tiempo de Cristo, la distancia nos permite hoy pensar que había razones para estar satisfechos del presente y olfatear, a la vez, la ruina próxima. Todos los grandes quicios de la historia se han caracterizado por este cruce de luces y de sombras. Y en la Roma de Augusto esta mezcla era extraordinariamente visible. Daniel Rops lo ha dibujado con precisión:

> El espectáculo del mundo romano de entonces ofrece un contraste singular entre la impresión de majestad, de orden y de poderío, que se desprende de su magnífico sistema político y los gérmenes mortales que la historia descubre en su seno. En el momento en que las sociedades llegan a su plenitud, está ya en ellas el mal que habrá de destruirlas.

Y Bishop resume esta misma impresión en su descripción de la ciudad de Roma:

> Era una maravilla de cultura y relajación, de eficiencia en los negocios y de políticas de alcantarilla, de enorme poderío y de comadreo barato.

Muchas cosas marchaban bien en aquella época o mejor, al menos, que en los siglos anteriores. Las décadas que preceden a la venida de Cristo habían conocido un Occidente ensangrentado. Las guerras civiles de Roma, la sublevación de Mitridates, las incursiones de los piratas, habían convertido el Mediterráneo en un lago de sangre. Los ejércitos de Sila, de Pompeyo, de César, de Antonio, de Octavio habían devastado el mundo latino y el próximo Oriente. Pero Augusto había construido una relativa paz. Los tres millones de kilómetros cuadrados que abarcaba el Imperio romano conocían años de tranquilidad y hasta disfrutaban de una cierta coherencia jurídica.

Roma era, en aquel momento, más fuerte que ningún otro de los imperios había sido. Virgilio había escrito, sin mentira, que Roma *elevó su cabeza más alto que las demás ciudades, lo mismo que el ciprés la alza sobre los matorrales.* Y Plinio no carecía de argumentos para hablar de la *inmensa majestad de la paz romana.*

Tras siglos de matanzas, el mundo respiraba por un momento. La idea de que el género humano formaba una gran familia —idea que circulaba ya desde los tiempos de Alejandro Magno— se había generalizado entre los hombres de la época. La cuenca del Mediterráneo vivía —por primera vez en la historia— una unidad tanto política, como cultural y espiritual. El trinomio Roma-Grecia-Oriente parecía coexistir felizmente. Roma aportaba al patrimonio común su organización político-económica; Grecia, añadía la cultura, expresada en la lengua común (la llamada *koiné*), que era compartida por todos los hombres cultos de la época; en lo espiritual se respiraba, si no una unidad, sí, al menos, un cierto clima de «libertad religiosa» según la cual los dioses no se excluían los unos a los otros, sino que empezaban a ser vistos como diversas imágenes de un único Dios, que podía ser adorado por todos los hombres de los diversos pueblos.

El momento económico del mundo era aún brillante. Una buena red de carreteras unía todo el mundo latino. El Mediterráneo, limpio de piratas, ofrecía facilidades para el comercio. Incluso el turismo florecía. Augusto podía presumir —como cuenta Suetonio— de haber hecho con el Imperio lo que con Roma: *dejaba de mármol la ciudad que encontró de ladrillo.*

Detrás de la máscara

Sí, el mármol parecía haberlo invadido todo y Roma había llegado a ser más bella que ninguna otra ciudad del mundo antiguo. En lo alto del Capitolio, el templo de Júpiter dominaba la ciudad con sus techos de bronce dorado y su cuadriga de caballos alados. A derecha e izquierda, se extendían el foro y el campo de Marte, tan plagados de templos que apenas si podían pasar entre ellos las procesiones. Y desde la altura se contemplaba la siembra de monumentos que fulgían en los días de sol: el Panteón, las Termas, el Teatro Marcelo, los pórticos de Octavia...

Pero, entre tanto esplendor, seguía existiendo la casucha miserable y la callejuela tortuosa, las habitaciones insalubres, los barrios malditos.

Roma se había convertido así en símbolo y resumen de todo el imperio: si alguien levantaba la máscara de aquella paz augusta pronto veía que esa serenidad encubría un gran desorden y, consiguientemente, una gran sed de saber qué hacían los hombres sobre la tierra y cómo vivir en un mundo que carecía de todo ideal que no fuera el de aumentar el número de placeres. Cristo no llegaba, pues, a un mundo angustiado, pero tampoco a un mundo satisfecho.

Los mejores comprendían ya que tanto brillo estaba amenazado de destrucción. Y el peligro no venía tanto de los bárbaros, a quienes las legiones romanas contenían en las riberas del Danubio, cuanto de aquel gusano que roía ya el alma del Imperio. San Jerónimo haría años más tarde el diagnóstico perfecto: *Lo que hace tan fuertes a los bárbaros son nuestros vicios.*

Pero no sólo se trataba de corrupción moral. La herida del Imperio romano era mucho más compleja. Daniel Rops la ha analizado con precisión:

> Aquel estado de crisis latente dependía, por una parte, de las mismas condiciones y de las necesidades de la paz admirable en que Augusto había colocado al Imperio. «Pacificada» la política, es decir: expurgada de toda libertad; dirigido el pensamiento según unas instituciones de propaganda; y domesticado el Arte por el Poder ¿qué les quedaba a quienes no se contentasen con las comodidades y satisfacciones de la disciplina y del negocio? El error de casi todos los regímenes autoritarios es creer que la felicidad material evita plantear otros problemas. La libertad interior, más indispensable que nunca, se busca entonces en la discusión de lo que constituyen los cimientos mismos del sistema. Y acaba por llegar un momento en que ya no parece que la conservación del orden constituido justifique la conservación de las injusticias, las miserias y los vicios que encubre y en que, incluso a costa de la violencia, la sociedad entera está dispuesta a buscar un orden nuevo.

Roma se encontraba así con una cuádruple crisis, grave desde todos sus ángulos: el moral, el socioeconómico, el espiritual, el religioso.

Crisis moral

La crisis más visible era la moral, pues la corrupción se exhibía sin el menor recato. Ovidio cuenta que las prostitutas *se encontraban en los pórticos de la ciudad, en el teatro y en el circo tan abundantes como las estrellas del cielo.* Todo estaba, eso sí, muy reglamentado: las «mujeres de la vida» tenían que estar empadronadas como tales y debían vestir la *toga* en lugar de la *estola* que usaban habitualmente las mujeres. Y los lupanares debían estar construidos fuera de las murallas y no podían «trabajar» antes de la puesta del sol. Pero, aparte de esos legalismos, todo el mundo encontraba normal el que un muchacho, cumplidos los 16 años, comenzara a frecuentar tales lugares. Era parte de la vida. Se iba incluso hacia una prostitución elegante. En la época de Augusto la prostituta estaba siendo desbancada por la «hetaira» especie de gheisa que sabía cantar, recitar poemas y servir delicados manjares en lupanares de mármol.

Pero la gran «moda» de la época era el «amor griego» y la prostitución masculina estaba perfectamente organizada. Tampoco esta inversión se ocultaba. Aunque teóricamente estaba castigada por la ley, no faltaban ejemplos en los propios palacios imperiales. Horacio cantaba sin la menor vergüenza en versos conocidísimos:

> Estoy herido por la dura flecha del amor,
> por Licisco, que aventaja en ternura a cualquier mujer.

Misteriosamente este libertinaje, que se permitía y hasta se veía con complacencia en el varón, no era tolerado en la mujer soltera. La vida de las muchachas era estrechamente vigilada. Y era, curiosamente, el matrimonio lo que las «liberaba». Todas procuraban, por ello, casarse cuanto antes. Una muchacha soltera a los 19 años se consideraba ya una solterona.

Y el matrimonio, en la clase rica romana, era un juego más. Organizado por los padres por razones de interés, era normal que la desposada no conociese siquiera a quien iba a ser su marido. Séneca comentaría cínicamente que *en Roma se prueba todo antes de adquirirlo, menos la esposa.*

En rigor el matrimonio era una tapadera social, al margen de la cual marido y mujer tenían su vida sexual y amorosa. La Roma que vigilaba tanto a la doncella, perdonaba todos los devaneos a la mujer casada. Nuevamente Séneca escribirá irónicamente que *la casada que se contentaba con un solo amante podía ser considerada virtuosa.* Y Ovidio dirá con mayor desvergüenza: *Las únicas mujeres puras son las que no han tenido ocasión de dejar de serlo. Y el hombre que se enfada con los amoríos de su esposa es un rústico.* Con la misma frivolidad, Juvenal contaba que las mujeres romanas de la época encontraban *equitativo dar la dote al marido y el cuerpo al amante.*

No hace falta decir, con todo esto, que la vida familiar prácticamente no existía. La limitación de la natalidad era corriente y muchas madres tenían hijos por la simple razón de que creían que los dioses no darían una vida ultraterrena a quien no tuviera, tras la muerte, quien cuidase su tumba. Pero el aborto era una práctica corriente y aún más el abandono de niños. En Roma existía la *columna lactante*, en la que había nodrizas pagadas por el Estado para amamantar a las criaturas dejadas allí por sus padres.

Si éste era el desinterés por los hijos a la hora de traerlos al mundo, fácil es imaginarse cual sería su educación. La madre que se decidía a traer a un niño al mundo, se desembarazaba enseguida de él, poniéndolo en manos de una nodriza romana, primero, y en las de una institutiz griega, después. Más tarde, si era varón, se encargaría de educarle un esclavo griego que recibía el nombre de pedagogo. Así viviría el niño, en manos de esclavos, sin ver prácticamente nunca a sus padres.

Crisis social

Si ésta era Roma en el campo de lo sexual, el panorama era aún más triste en lo social. Tal vez nunca en la historia ha sido más estridente la diferencia de clases. Y no sólo porque las distancias entre ricos y pobres fuesen muy grandes, sino porque el rico de entonces hacía vida y constante profesión pública de rico. Su sueño no era acumular capital, sino lujo; no buscaba el amontonar tierras, sino placeres.

El gran ingreso de los ricos romanos era lo conquistado en guerras a lo ancho del mundo o el fruto de exprimir con enormes impuestos a los habitantes de las colonias. Pero el río de oro que llegaba a Roma por esos dos canales no tenía otra desembocadura que el lujo y el derroche. Nadie pensaba en capitalizar o en promover inversiones industriales. Lo que fácilmente se ganaba, fácilmente se gastaba. En cuestión de lujo, los multimillonarios de hoy son pobretones al lado de los romanos.

Los suelos de las casas potentes era de mármol granulado o de mosaico; las columnas que adornaban las salas y los patios eran de mármoles ricos, de onix o incluso de alabastro; los techos estaban cubiertos de láminas de oro; las mesas y las sillas descansaban sobre patas de marfil. Los tapices más bellos adornaban las paredes, abundaban los grandes jarrones de Corinto, las vajillas de plata y oro, los divanes con incrustaciones de marfil. Un palacio digno de este nombre tenía siempre su gran jardín, su pórtico de marmol, su piscina, y no menos de cuarenta habitaciones.

El mismo lujo de las casas aparecía en los vestidos. Desde entonces puede asegurarse que no ha avanzado mucho el mercado del lujo femenino. Los romanos acababan de estrenar un producto llegado de

Francia: el jabón sólido, pero mucho antes conocían toda clase de perfumes y ungüentos. La coquetería femenina nunca llegó tan alta en materia de peinados, en variedad de pelucas, en el mundo de la manicura. Las pellizas y abrigos de pieles eran habitual regalo de los esposos que regresaban vencedores de Galia o de Germania. Y la exhibición de joyas era una de las grandes pasiones de las damas. Lolia Pallina se paseaba con cuarenta millones de sestercios (más de doscientos millones de pesetas) esparcidos en sus brazos y cuello en forma de piedras preciosas. Y se cuenta de un senador que fue proscrito por Vespasiano por lucir, durante las sesiones, en sus dedos un anillo con un ópalo valorado en muchísimos millones. El mercado de joyas era uno de los mejores negocios de la Roma imperial. Plinio llega a enumerar más de cien especies de piedras preciosas. Y cuando Tiberio trató de poner freno a estas exhibiciones, tuvo que rendirse, porque —como cuentan los historiadores— *de abolir la industria del lujo, se corría el peligro de precipitar a Roma en una crisis económica.*

A este clima de lujo correspondía una vida de ociosidad. El romano rico se dedicaba a no hacer nada. Tras una mañana dedicada a recibir o devolver visitas a los amigos para discutir de política o leerse mutuamente sus versos, el gimnasio ocupaba el centro de su día. Tras los ejercicios de pugilato, salto o lanzamiento de disco venía la sesión de masaje y, tras ella, el complicadísimo ritual del baño, mezcla de sauna y baño actual. Se entraba primero en la sala llamada *tepidarium* —de aire tibio—, se pasaba luego al *calidarium* —de aire caliente—, se entraba luego en el *laconicum,* de vapor hirviente, y finalmente, para provocar una reacción de la sangre, se chapuzaban en la piscina de agua fría.

Después de nuevos masajes, llegaba la hora de la comida que, como señala Montanelli, *hasta cuando era sobria, consistía al menos en seis platos, de ellos dos de cerdo. La cocina era pesada, con muchas salsas de grasa animal. Pero los romanos tenían el estómago sólido.*

La comida era la hora del gran derroche de lujo. Las mesas estaban cubiertas de flores y el aire era perfumado. Los servidores tenían que ser, en número, al menos el doble que los invitados y se colocaban tras cada triclinio, dispuestos a llenar sin descanso las copas que se iban vaciando. Se buscaban los manjares más caros. Juvenal contaba que *los pescados sólo son verdaderamente sabrosos cuando cuestan más que los pescadores.* La langosta, las ostras, las pechugas de tordo eran platos obligados. Y cuando el banquete se convertía en orgía, los criados pasaban entre las mesas distribuyendo vomitivos y bacinillas de oro. Tras la «descarga» los convidados podían continuar comiendo y comiendo. En este clima, la búsqueda de exquisiteces no tenía freno. Kautsky llega a hablar de banquetes en los que se servían, como plato superexquisito, lenguas de ruiseñores y perlas preciosas disueltas en vinagre.

Todo ello contrastaba con la pobreza de los pobres y con el uso y abuso de los esclavos. En torno a los palacios flotaba siempre una masa pedigüeña y ociosa que se resignaba a vivir a costa de los potentados. El sistema de la «clientela» les había habituado a vivir de la «espórtula» del mendigo en lugar de trabajar.

Trabajaban, en cambio, los esclavos, más baratos que nunca en la época imperial. Horacio dice en una de sus odas que el número mínimo de esclavos que puede tenerse para vivir en una comodidad «tolerable» es de diez. Pero en las casas nobles se contaban por millares.

Los esclavos eran, los más, reclutados en las guerras con los paises conquistados. En la tercera guerra de los romanos contra Macedonia —setenta años del nacimiento de Cristo— fueron saqueadas en Epiro 70 ciudades y, en un solo día, 150.000 de sus habitantes fueron vendidos como esclavos.

Su precio era ridículo. De acuerdo con Bockh el precio usual de un esclavo en Atenas era de cien a doscientas dracmas (una dracma era, más o menos, el salario de un día de trabajo). Jenofonte informa que el precio variaba entre cincuenta y mil dracmas. Y Apiano informa que en el Ponto fueron vendidos algunos esclavos por el precio de cuatro dracmas. La misma Biblia nos cuenta que los hermanos de José le vendieron por sólo veinte siclos (unas 80 jornadas de trabajo en total). Un buen caballo de silla valía por aquella época dos mil dracmas, el precio de muchos seres humanos.

La vida real de los esclavos era muy irregular: espantosa la de los que trabajaban en las minas o en las galeras, era, en cambio, regalada y ociosa si tenían la suerte de tocarles un buen amo en la ciudad. Eran muchos de ellos cocineros, escribientes, músicos, pedagogos e, incluso, médicos y filósofos. Este tipo de esclavos educados (especialmente los griegos, que eran muy cotizados) eran, en realidad, tan ociosos como sus amos. Pero siempre estaban expuestos al capricho de los dueños y a sus estallidos de cólera. Cicerón cuenta la historia de Vedio Polio que ordenó a uno de sus esclavos, por haberle roto una vasija de cristal, que se arrojara al estanque para ser comido por las voraces murenas. El mismo Augusto hizo clavar a uno de los suyos en el mástil de un navío. Y, en tiempos de Nerón, al ser asesinado un alto funcionario, se hizo matar a sus cuatrocientos esclavos: aun reconociéndoles inocentes, fueron crucificados por no haber sabido protegerle.

No es difícil comprender el odio que toda esta masa de millones de esclavos sentía hacia sus amos. Un odio tanto mayor cuanto que no se sentían capaces de derribar el poderoso sistema del Estado que garantizaba estas divisiones. Rebeliones como la de Spartaco no fueron muy frecuentes; sí lo era en cambio el huir hacia las montañas para convertirse en criminales y bandoleros o el traspasar las fronteras para unirse a los enemigos del imperio.

Para muchos otros la religión era la única esperanza. Los cultos exóticos y orientales —y tanto mejor si tenían mezcla de elementos supersticiosos— tenían éxito entre ellos y las criadas llegadas de Antioquía o Alejandría eran agentes de propaganda de los cultos exóticos que prometían una existencia menos injusta. Más tarde esa amargura serviría de camino para una mejor acogida del evangelio.

Crisis económica

A la crisis social se unía la económica. A pesar de todo su esplendor, a pesar de la buena administración de los dos últimos emperadores, la verdad es que el imperio romano estaba ya en tiempos de Cristo en vísperas de una gran bancarrota. No podía ser menos en una sociedad obsesionada únicamente por el placer y el lujo.

Cuando Cristo dijo que *las zorras tienen cuevas y las aves del cielo nidos; mas el hijo del hombre no tiene donde reclinar su cabeza* (Mt 8, 20) estaba repitiendo casi literalmente un pensamiento que 130 años antes había expuesto Tiberio Graco:

> Los animales silvestres de Italia tienen sus cuevas y sus cobertizos donde descansar, pero los hombres que luchan y mueren por la grandeza de Roma no poseen otra cosa que la luz y el aire, y esto porque no se lo pueden quitar. Sin hogar y sin un lugar donde resguardarse, vagan de un lugar para otro con sus mujeres e hijos.

Pero en aquel tiempo eran muy pocos los que pensaban en la grandeza y el futuro de Roma. Lo único que unía a ricos y pobres era su obsesión por la conquista del placer de cada día. Los ricos no tenían el menor deseo de cambiar un mundo en que tan bien lo pasaban. Pero tampoco los pobres aspiraban a cambiar el mundo, sino simplemente a que las riquezas cambiaran de dueño. Ni trabajaban, ni deseaban trabajar. Todo lo que deseaban era una distinta distribución de los placeres, no una mejoría de producción. Kaustky ha señalado con exactitud:

> La economía basada en la esclavitud no suponía ningún avance técnico, sino un retroceso, que no sólo feminizaba a los amos y los hacía incapaces para el trabajo, que no sólo aumentaba el número de trabajadores improductivos de la sociedad, sino que, además, disminuía la productividad de los trabajadores productivos y retardaba los avances de la técnica, con la posible excepción de ciertos comercios de lujo.

El esclavismo era, así, no sólo una brutal injusticia, sino también un enorme error económico. No sólo destruyó y desplazó al campesinado libre, sino que no lo sustituyó por nada. ¿Quién se preocupaba por mejorar los medios y métodos de producción cuando los esclavos la hacían tan barata?

Pero el esclavismo estaba cavando su propia tumba. Era un sistema que sólo podía alimentarse con la guerra. Precisaba cada día nuevas victorias que aportasen nuevas remesas de esclavos; hacía necesaria una constante expansión del Imperio para conseguir mantener el ritmo de esclavos baratos que Roma consumía.

Pero este crecimiento constante precisaba, a su vez, un aumento constante del número de soldados que custodiasen las cada vez más anchas fronteras del Imperio. En tiempo de Augusto la cifra era ya de 300.000. Años después esta cifra llegaba a doblarse. Lo enorme de esta cifra se comprenderá si se tiene en cuenta la corta densidad de población que el Imperio romano tenía. Italia contaba en tiempos de Augusto con menos de seis millones de habitantes y todo el imperio no superaba los cincuenta y cinco. Si se añade que el ejército estaba entonces extraordinariamente bien pagado, se entenderá la sangría que suponía su mantenimiento.

Sólo había pues dos maneras de sostener la economía: los impuestos y el pillaje de las provincias conquistadas. Pero uno y otro sistema hacían crecer el odio que carcomía los cimientos económicos del colosal Imperio romano, que se convertía así en realización perfecta de la estatua bíblica con cabeza de oro y pies de barro.

La crisis espiritual y religiosa

Pero la crisis de las crisis se desarrollaba en el mundo del espíritu. Tito Livio describiría la situación de la época con una frase trágica: *Hemos llegado a un punto en el que ya no podemos soportar ni nuestros vicios, ni los remedios que de ellos nos curarían.* En realidad Roma no había tenido nunca un pensamiento autónomo. Ni sus filósofos ni sus artistas habían hecho otra cosa que seguir el camino abierto por los griegos. Pero ahora esa pobreza ideológica había llegado al extremo. Eran los estoicos quienes mayormente pesaban en aquel momento. Y, si eran admirables en algunos de sus puntos de vista morales, nunca tuvieron un pensamiento positivo que pudiera dar sentido a una vida. *Huye de la multitud* —dirá Séneca—, *huye de la minoría, huye incluso de la compañía de uno solo.* ¿Cómo vivir de un pensamiento tan derrotista sobre la humanidad? *¿Qué esperar* —se preguntará Rops con justicia— *de una sociedad cuyos mejores dimiten?*

Y esta crisis de lo ideológico se hacía más grave al llegar al campo de lo religioso. El declinar, tanto del politeismo griego como de la antigua religiosidad romana, era más que evidente. En Grecia, la crítica frontal que el racionalismo había hecho de los dioses, había empujado a las masas hacia la más total incredulidad. La visión del mundo que arrancaba de Demócrito, y que Epicuro había popularizado, no dejaba lugar alguno para los dioses. Y el evemerismo había contribuido finalmente a la «desdivinización» del mundo religioso griego. Es cierto que todas estas ideas habían nacido entre los intelectuales y clases altas, pero la polémica entre cínicos y estoicos había popularizado el tema y actuado como un corrosivo en la fe popular. La evolución política del mundo mediterráneo contribuiría aún más al hundimiento de la fe en Grecia durante los decenios que precedieron la venida de Cristo. La mezcla de ideas que supuso la emigración helenística a Oriente y la llegada de los cultos orientales a Grecia, en lugar de producir una purificación dio origen a un sincretismo que terminó convirtiéndose en una pérdida de sustancia religiosa.

La misma crisis que afectó a Grecia hirió también el mundo religioso romano. La vieja religión romana —puramente ritualista y cuyo único gesto religioso era ofrecer sacrificios para aplacar a unos dioses vengativos— no podía ya convencer a nadie. El culto a la Ciudad, que se había convertido ahora en culto al emperador, era, en definitiva, más una manifestación política de vasallaje que un verdadero gesto religioso. Y es dudoso que el pueblo romano llegara en algún tiempo a aceptar al amplio mundo mitológico que llegaba de Grecia. Probablemente los más pensaban como Juvenal:

> Que hay unos Manes y un reino subterráneo de ranas negras en la Estigia y un barquero armado con un garfio para pasar en una sola barca a tantos millares de hombres, son cosas que no las creen ya ni los chiquillos.

Esto explica el interés que, por aquella época, despertaban en Roma los cultos orientales. La capital del Imperio rebosaba en aquel tiempo de magos, astrólogos y todo tipo de farsantes charlatanes. La última razón de ello estaba probablemente en el hecho de que ni la antigua religión romana ni el politeísmo griego habían respondido jamás a las preguntas del hombre sobre el más allá, a sus deseos de supervivencia tras la muerte. La falta de este aspecto soteriológico hacía que los romanos se volvieran hacia cualquier forma de religiosidad que respondiese a esa necesidad. Las nuevas religiones orientales aportaban, cuando menos, una apariencia misteriosa que llenaba los deseos recónditos de las almas romanas. Los «misterios» orientales no se limitaban a organizar el culto, sino que trataban de explicar al hombre cómo debía organizar moralmente su existencia en este mundo para asegurarse la existencia en el más allá.

Roma estaba, pues, llena de santuarios a Isis y Osiris; tenía gran éxito la diosa negra venida de Frigia y a la que los romanos conocerían como Cibeles. Más tarde vendrían Astarté, Afrodita... Al seco racionalismo del politeísmo griego, se oponía ahora una mezcla de toda forma de sentimentalismo irracional.

Pero aún estos cultos orientales llegaban difícilmente a la masa, que se contentaba simplemente con una religiosidad supersticiosa. La fe de las masas se centraba en lo astrológico y en los ritos ocultistas de magos y pitonisas. La idea de que la vida era conducida por las estrellas era central entonces. La interrogación a los astrólogos, hecha con un verdadero temor servil, se practicaba aun para las cosas más pequeñas: al emprender un viaje, al comprar un animal. Y se practicaba también en las cosas importantes. Los propios emperadores, que prohibían estas formas de magia, consultaban a hechiceros y pitonisas antes de emprender una campaña militar. Los magos, los intérpretes de oráculos, eran parte sustancial de toda fiesta popular. Y explotaban el fuerte temor a los demonios que se había extendido tanto por todo el mundo helenístico en las últimas décadas. Había una enorme sed de maravillosismo. Los templos de Asclepio o Esculapio eran lugares de peregrinación constante por parte de enfermos y lisiados de todo tipo. Asclepio —cuyo culto tanta lucha presentará al cristianismo naciente— era «el salvador del mundo».

El emperador Augusto intentó contener esta ola de supersticiones y frenar la ruina religiosa y moral de su pueblo y propició para ello una reconstrucción oficial de la religión. Pero la fe no se impone por decreto. Augusto vigorizó el culto, pero no la fe. Reorganizó los antiguos colegios sacerdotales, restauró los santuarios en ruinas, restableció las fiestas de los dioses que habían caído en olvido, devolvió a las familias principales su papel de directivos religiosos del pueblo. Pero si era fácil imponer unas ceremonias, no lo era cambiar el corazón. Y los nobles se limitaron a aumentar su dosis de hipocresía, aunando culto e incredulidad.

Tampoco la idea de implantar un culto al soberano fructificó. Se levantaron, sí, muchos templos y estatuas a su nombre, pero todos lo veían como un hecho político y no religioso.

La esperanza de salvación

Es comprensible que todo este estado de cosas creara en los romanos un gran vacío espiritual y que por todas partes se soñase un cambio en el mundo. Es sobradamente conocido que Virgilio en su Egloga IV escribió unos versos extraños anunciando el nacimiento de un niño milagroso con el que llegaría al mundo una edad de oro.

Durante siglos se dió a este poema un carácter casi profético. En muchos templos cristianos —en la misma Capilla Sixtina— se ha pintado a la Sibila de Cumas, como anunciadora de este mesías esperado. Hoy no se reconoce a este poema Virgiliano este carácter tan hondamente religioso, pero sí se le ve como expresión de la tensa espera en que vivían por entonces los mejores espíritus.

Esta sed iba a ser un gran abono para la llegada del evangelio. Rops ha escrito:

> El imperio preparó al evangelio el cómodo marco por donde se difundió, los medios de comunicación que utilizaron los apóstoles y la paz que le permitió arraigar antes de la hora de las grandes alteraciones. Pero a todos los problemas que se planteaban entonces a los hombres fue Cristo quien aportó solución.
>
> En la crisis de la inteligencia, la doctrina de Jesús reconstruyó las mismas bases de la persona, para fundar así un nuevo humanismo. Para la crisis moral, suscitó un cambio radical en los principios que, en vez de depender de la sola razón y de los intereses sancionados por las leyes colectivas, se refirieron directamente a Dios. En la crisis social, el evangelio devolvió al hombre a su dignidad y, al proclamar que la única ley necesaria era el amor, colmó de un golpe la espera de los humillados y de los esclavos y permitió a la sociedad hacer circular por sus venas una sangre nueva. Y en la crisis espiritual, toda una confusa aspiración hacia un ideal de justicia sobre la tierra y paz más allá de la tumba, desembocó por fin en la luz de una doctrina precisa, más pura que ninguna otra.

El diagnóstico de Rops puede que peque de optimista; muestra, al menos, una sola cara del problema. Porque también es verdad que todo el mundo filosófico y religioso de la época se oponía en lo más íntimo a la idea de un Dios muerto como un malhechor para salvar a los hombres; y que no era aquel mundo el más capacitado para comprender las bienaventuranzas y que todo se oponía en la sabiduría griega a la locura cristiana. El mismo corsé jurídico romano sería un día una grave tentación en la que no pocos cristianos caerían. Y el culto al emperador sería una llaga que sangraría de persecuciones en todos los rincones del Imperio.

Pero también es evidente que la tendencia al monoteísmo —tras el cansancio de tantos dioses mediocres y grotescos— y que el profundo anhelo de redención que todas las almas despiertas experimentaban, iban a ser buena tierra en la que germinase, con fuerza aunque con dificultades, la semilla evangélica. Dios venía a un mundo podrido. Y el mundo, aunque podrido, le esperaba.

II. Un oscuro rincón del imperio

Tengo ante mis ojos un mapa del siglo XVI en el que Jerusalén aparece como el centro del mundo. Naciones, continentes, todo gira en torno a la ciudad cien veces santa.

No era así en tiempos de Cristo. Jerusalén y Palestina eran un rincón del mundo, un rincón de los menos conocidos y de los más despreciados. El romano medio, y aún el culto, difícilmente hubiera sabido decir en qué zona de Oriente estaba situada Palestina.

Pero no sólo era desconocimiento, sino verdadera antipatía y aún hostilidad. El antisemitismo es un fenómeno muy anterior a Cristo.

Cicerón, en su defensa de Flaco, llama a la religión de los judíos *superstición bárbara*. Y a él se atribuye la frase que afirma que *el Dios de los judíos debe ser un dios muy pequeño, pues les dio una tierra tan pequeña como nación.*

Más duro es Tácito que llama *repulsivas e imbéciles* a las costumbres de los judíos, que les apoda *raza abominable* y que les retrata como un pueblo *poseído por una odiosa hostilidad hacia los demás. Se separan de los demás en las comidas, tratan de no cohabitar con mujeres de otras creencias, pero entre ellos no hay nada que no sea permitido.* Incluso las más hondas creencias de los judíos son criticables para Tácito: *Las almas de los muertos en batalla o ejecutados por su religión, las consideran inmortales; de ahí su tendencia a engendrar hijos y su desprecio a la muerte.*

Aún carga más la mano Juvenal en su Sátira XIV. En ella habla de un país *donde existe aún una vetustísima y delicada sensibilidad hacia los cerdos; tanto que ni la carne humana es más apreciada.* Llama después a los judíos *haraganes* porque descansan en sábado y *adoradores de nubes* porque no conocen las estatuas de los dioses.

Apolonio les califica de *los menos dotados de todos los bárbaros, razón por la cual no han contribuido con ningún invento al progreso de la civilización.* Les presenta, además, como *impíos y ateos* porque no representan a su Dios en imágenes, ni permiten inscribirlo en el catálogo de los dioses asiaticorromanos. Plinio los señala como *raza conocida de todos por su vergonzoso ateísmo.* Y Tácito como *despreciadores de los dioses.*

Si esto ocurría en la pluma de los cultos, es fácil imaginarse lo que aparecería en la boca del pueblo. En las comedias romanas era frecuente presentar al judío como el tonto o el fanático: los chistes sobre ellos siempre encontraban un auditorio dispuesto a reír a grandes carcajadas.

Y pueden encontrarse en aquella época varios casos de terribles *pogroms*. Mommsen tiene una excelente descripción de uno ocurrido en Alejandría por los mismos años en que moría Cristo:

Estalló una furiosa caza de judíos. Aquellas habitaciones de judíos que no fueron cerradas a tiempo, fueron saqueadas e incendiadas, los barcos judíos en el puerto fueron desvalijados, los judíos encontrados en los distritos no judaicos fueron maltratados y asesinados.

La aportación más grande a la historia del mundo

Este país ignorado y este pueblo despreciado iban a ser, sin embargo, los elegidos por Dios para hacer la mayor aportación a la historia del mundo y de la humanidad.

Israel iba a dar al mundo el concepto de la unidad de Dios. Sólo dos de las naciones de la civilización antigua, los persas y los judíos, habían llegado al monoteísmo, no como una filosofía, sino como una religión. Por ello —como reconoce el mismo pensador marxista Kautsky— *los judíos pudieron así ofrecer el alimento más aceptable a las mentes del decadente mundo antiguo, que dudaban de sus propios dioses tradicionales, pero que no tenían la suficiente energía para crearse un concepto de la vida sin un dios o con un dios único. Entre las muchas religiones que se encontraban en el imperio romano, la judaica era la que mejor satisfacía el pensamiento y las necesidades de la época; era superior no sólo a la filosofía de los «paganos», sino también a sus religiones.* Tal vez ésta era la razón por la que los romanos se refugiaban en la ironía y el desprecio: el hombre siempre gusta de defenderse con risas de aquellas novedades que le desbordan y amenazan sus viejas rutinas.

Pero Israel no sólo iba a ofrecer al mundo la idea de la unidad de Dios. Iba, además, a avanzar muchos kilómetros por las entrañas de la naturaleza de ese Dios uno. Grundmann lo ha definido muy bien:

La humanidad debe a Israel la creencia en un Dios creador y conservador del cielo y de la tierra que rige los destinos de los pueblos y de los hombres; irrepresentable e inaprensible, no es un pedazo de su mundo, sino que se encuentra frente a él y lo gobierna. Israel testimonia de sí mismo que este Dios es aliado suyo y lo hizo el pueblo de su alianza; le reveló su ser y le dió a conocer su voluntad en santos mandamientos.

Pero aún no es eso lo más importante que Israel ha regalado al mundo. Porque Israel iba a dar tierra, patria, raza, carne, al mismo Dios cuando decidió hacerse hombre. Israel se constituía así en frontera por la que la humanidad limita con lo eterno. Tendremos que conocer bien esa tierra y este pueblo.

Con el nombre de los enemigos

Conocemos con el nombre de Palestina la zona costera del Oriente próximo en la que se desarrolló la historia de Israel. No siempre se llamó así. Este nombre de «Palestina» aparece en los tiempos de Adriano, después de la segunda guerra judaica, por el mismo tiempo en que Jerusalén fue bautizada con el nombre de Colonia Aelia Capitolina. Mas si el viejo nombre de la ciudad venció pronto al puesto por los romanos, no ocurrió así con el del país y eso que, en realidad, era para los judíos un nombre infamante.

La tierra de los israelitas se había llamado, antes de su llegada, Canaán. Posteriormente comenzó a ser conocida como Judea, por Judá, la más importante de las tribus de Israel. Pero el nombre que permanecerá será el puesto con negras intenciones por los romanos: Palestina, la tierra de los filisteos (*Philistin*), los eternos enemigos de los judíos. Se trataba de borrar su recuerdo hasta del nombre de su país.

Este dato resume entera la historia de este pueblo que se diría nacido para la persecución. Puede que la misma situación geográfica de su tierra esté en la raíz de todo. Palestina está en el centro del gran cascanueces que formaban los dos mayores imperios del Oriente: Sirios y egipcios, en su permanente lucha por la hegemonía del mundo oriental, ocuparán alternativamente las tierras palestinas. *Situada* —escribe Stauffer— *en un rincón tempestuoso entre ambos continentes, por todas partes la rodearon y atacaron los Imperios más antiguos de la tierra.* Cuando había equilibrio de poder entre ambas potencias, Israel podía vivir con relativa independencia; pero en cuanto uno de los dos se sentía poderoso, era Israel el primer invadido. Desgraciadamente ninguno de los dos imperios era lo suficientemente fuerte para mantener mucho tiempo su dominio (Palestina habría vivido así bajo su dependencia, pero tranquila) y, así, el alternarse de amos parecía su sino, gemelo al que Polonia vivió en el siglo XVIII, cogida entre las tenazas de Rusia, Prusia y Austria. Si a esto se añade el que Palestina estaba atravesada por grandes rutas comerciales, con las que dominaba el tráfico entre Egipto y Siria, por un lado, y entre los fenicios del actual Líbano y los habitantes de Arabia, se comprenderá que fuera un bocado predilecto de todo invasor que quisiera controlar el Próximo y Medio Oriente. Así fue en los tiempos de David, así lo conoció Cristo en su época, así sigue ocurriendo hoy.

Un pequeño país

Palestina era un pequeño país. San Jerónimo llegó a escribir: *Da vergüenza decir el tamaño de la tierra de promisión: no vayamos con ello a dar ocasión de blasfemar a los paganos.* A esta pequeñez, sobre todo en comparación con los grandes imperios que la rodean, alude sin duda Isaías cuando pone en boca del Señor estas palabras dirigidas a Sión: *Tus hijos te dirán: el espacio es demasiado estrecho para mí; hazme sitio para que pueda habitar en él.* Y a ello se debe también el que el antiguo testamento presente siempre a Palestina como el *escabel de los pies* del Señor.

Geográficamente está situada entre los grados 31 y 32 de latitud norte y los 34 y 36 de longitud. La distancia máxima en el país (entre las faldas meridionales del Líbano y Bersabee) es de 230 kilómetros. Y la anchura varía entre un mínimo de 37 kilómetros (en el norte) y un máximo de 150 (al sur del mar Muerto).

La superficie de sus tierras es de 15.643 kilómetros cuadrados en la ribera izquierda del Jordán (Cisjordania) y de 9.481 kilómetros al otro lado del río (Transjordania). La extensión total, pues, de Palestina es de poco más de 25.000 kilómetros. Semejante a la de Bélgica o a la de la isla de Sicilia. Menor que la de las cuatro provincias gallegas juntas.

La región entera —como precisa Ricciotti— está dividida por el profundo valle por el que corre el Jordán y que constituye un fenómeno geológico único en el globo. Este valle, prolongándose desde el Tauro a través de la Celesiria, se hunde cada vez más a medida que se interna en Palestina, alcanza su mayor profundidad en el mar Muerto y pasando junto a la península del Sinaí llega al mar Rojo. A la altura de Dan el nivel de este valle se mantiene a 550 metros sobre el nivel del Mediterráneo, pero enseguida baja vertiginosamente y, diez kilómetros más abajo, en el lago de El-Hule el nivel del agua ya sólo es de dos metros sobre el del mar. En el lago de Tiberiades estamos ya a 208 metros bajo el nivel del Mediterráneo. Seguimos descendiendo y en la embocadura del mar Muerto el nivel del agua es ya de 394 bajo el del mar. Al fondo del mismo mar Muerto el nivel es ya de 793 metros bajo el del mar, constituyendo la depresión continental mayor de todo el planeta. Por el centro de este valle corre el río Jordán que va buscando remansos en sucesivos lagos hasta desembocar en el mar Muerto, sin llegar al Océano. Corre primero unos cuarenta kilómetros hasta llegar al lago de El-Hule, que mide unos 6 kilómetros de longitud y tiene muy pocos metros de profundidad. Luego, tras un rápido descenso de 17 kilómetros, el Jordán vuelve a remansarse en el lago de Tiberiades o de Gennesareth, cuyas riberas serán escenario de casi toda la vida pública de Cristo. Es un lago casi oval de 21 kilómetros de longitud por 12 de anchura, que alcanza profundidades de hasta 45 metros. Entre Tiberiades y el mar Muerto, el Jordán recorre, serpenteando, 109 kilómetros, en los últimos de los cuales la vegetación que ha acompañado al río en todo su curso comienza a desaparecer, al paso que la corriente del río se va haciendo salobre y lenta.

Un paisaje vulgar

Los escrituristas han señalado muchas veces el hecho de que ni una sola vez se aluda en los evangelios a la belleza estética del paisaje ante el que suceden los hechos. En realidad poco había que decir. Desde el punto de vista de la belleza natural cualquier país aventaja a Palestina. Es, sí, sumamente variado, sobre todo teniendo en cuenta la pequeñez del país, pero en ningún caso pasa de lo vulgar. *La monotonía es su carácter más habitual. El color gris de las rocas que, casi por todas partes, emergen del suelo, la falta de árboles, la ausencia de verdor durante la mayor parte del año, los lechos secos y pedregosos de los torrentes invernales, las formas, por lo común semejantes, de las cumbres redondas y desnudas, son ciertamente poco a propósito para deleitar cuando se los contempla durante largas horas.*

Esta descripción de Fillion, que era absolutamente exacta hace veinte años, ha cambiado un poco con el esfuerzo de los judíos por devolver verdor a las tierras que la incuria árabe transformó en eriales. Pero, aunque algo ha mejorado, sigue lejos de ser aquel país entusiasmante *que mana leche y miel* que imaginaron los judíos al llegar fatigados del largo caminar por el desierto.

Climatológicamente Palestina es una típica región subtropical en la que sólo hay dos estaciones: la invernal o de las lluvias (de noviembre a abril) y la seca o estival (de mayo a octubre). En verano las lluvias son rarísimas. Las invernales —sobre todo en enero y febrero— superan con frecuencia los 65 centímetros de media.

En conjunto, el tiempo es bueno en Palestina, por lo que, fuera del tiempo de las lluvias, buena parte de la vida se hace al aire libre. Las temperaturas medias son de 8 grados en enero, de 14 en primavera, en torno a 24 en verano y próximas a 19 en otoño.

Pero en realidad la temperatura es muy variable en Palestina. En el valle del Jordán, encajonado y angosto, es casi siempre más alta que en el resto del país. Con frecuencia se aproxima a los 50 grados.

En Jerusalén, que está a 740 metros sobre el nivel del mar, la temperatura media anual es de 16 grados. La media de enero gira en torno a los 10 y la de agosto en torno a 27. Prácticamente nunca baja de cero, pero no es infrecuente que, en verano, sobrepase los cuarenta.

Más caluroso es Nazaret, que está a sólo 300 metros sobre el nivel del mar. Aquí es frecuente sobrepasar los 40 grados y aun en invierno nunca se llega a los cero grados.

En Palestina la nieve es rarísima. A veces en las altas montañas. En Jerusalén llega a nevar algunas veces, pero casi nunca cuaja la nevada y apenas dura, si lo hace.

Se entiende por todo ello que a los palestinos les preocupase mucho más el calor que el frío. Y el viento más que los dos. En primavera es muy frecuente el «sherquijje» o siroco, viento cálido del este, o también el famoso «khamsin» o simún, del sureste, ambos asesinos para la salud y la agricultura.

Las cuatro provincias

En tiempos de Cristo no se usaba ya la vieja división del país en doce tribus, sino la partición administrativa en cuatro grandes provincias y algunos otros territorios más o menos autónomos. Cuatro provincias muy diferentes entre sí y de las cuales tres estaban situadas en el lado occidental del Jordán y sólo una, Perea, en el oriental. En las cuatro se desarrollará la vida de Jesús, pero en Samaria y Perea se tratará sólo de breves estancias. Son Judea y Galilea el verdadero escenario de la gran aventura, de la gran ventura.

Judea jugaba, desde siempre, el papel de protagonista. En ella estaba Jerusalén, centro religioso, político y cultural del país. Judea era, como decían los rabinos, el país de la Schekinah, es decir: el de la divina presencia, una especie de «santo de los santos» de la geografía del mundo. Estrabón, el famoso geógrafo romano, había escrito que *nadie emprendería una guerra por apoderarse de este país de riqueza material tan escasa*. Pero los habitantes de Judea basaban su orgullo en cosas bien distintas de su riqueza material. Presumían incluso de la pobreza de sus campos. El Talmud escribía, con una clara punta de orgullo de habitante de Judea: *Quien desee adquirir la ciencia que vaya al Sur (Judea); quien aspire a ganar dinero que vaya al norte (Galilea).* Ciertamente era Judea la región más culta, más cumplidora de la ley entre los judíos del tiempo de Jesús. De ella salían la mayoría de los rabinos y los miembros de la secta farisaica. Por eso despreciaban a las demás regiones y se preguntaban con asombro *si de Galilea podía salir algo bueno.*

En Judea estaban, además, las ciudades más grandes e importantes de la Palestina de entonces. Aparte de Jerusalén, en la zona del Mediterráneo nos encontramos con Gaza y Ascalón, dos ciudades célebres construidas por los filisteos y odiadas, por ello, por los judíos; con Jamnia, que tras la destrucción de Jerusalén fue durante algún tiempo residencia del sanedrín y centro cultural del país; con Lydda, una gran ciudad comercial situada a una jornada de camino de Jerusalén; con el puerto de Jaffa, en el que en otro tiempo embarcara el profeta Jonás; con Antípatris que formaba el límite septentrional de Judea.

Más importante era aún la zona llamada de la «montaña real». Aparte de Jerusalén allí estaba Hebrón, patria y sepulcro de Abrahán; y Belén patria de David y de Cristo: y, en el valle del Jordán, a unos veinticinco kilómetros de la capital, Jericó, una bella ciudad en un oasis en medio del desierto.

Al norte de Judea y separada de ella por una línea artifical a la altura de Antípatris y Silo estaba la provincia de Samaria que, por todas las circunstancias de su población, se hubiera dicho que era más una nación diferente que una provincia del mismo país. *Dos pueblos aborrece mi alma* —escribe el talmudista hijo de Ben Sirac— *y un tercero que no es ni siquiera un pueblo: los que habitan en el monte de Seir, los filisteos y el pueblo insensato de Siquem (los samaritanos).* Esta aversión venía de antiguo, desde que Sargón, rey de Asiria, después de apoderarse de Palestina y llevarse exilados a la mayor parte de sus habitantes, asentó en la región de Samaría una mezcla de pueblos traídos –como dice el libro de los Reyes (2 Re 17, 24) *de Babilonia y de Cutha, de Avoth, de Emath y de Sefarvain*. Esta mezcolanza constituyó el pueblo samaritano, que también en lo religioso vivía una mezcla de cultos orientales y de creencias judías. Que los samaritanos se atrevieran a presentar su religión como culto al verdadero Dios irritaba a los judíos; que, encima, se atrevieran a levantar en Garizin un templo émulo del de Jerusalén, sobrepasaba toda la medida. Se comprende así que llamar a uno «samaritano» fuera el más fuerte de los insultos; que el Talmud ni siquiera mencione a Samaría entre las regiones de Palestina; y que los judíos se purificasen después de encontrarse con un samaritano o de cruzar su tierra. Era incluso muy frecuente que quienes bajaban de Galilea a Judea dieran un rodeo por Perea para no tener que pisar la provincia blasfema.

En los límites geográficos de Samaria, pero perteneciendo jurídicamente a Judea, estaba, a orillas del Mediterráneo, Cesarea. Era, después de Jerusalén, la ciudad más importante de Palestina; ciudad centro de la dominación romana y residencia habitual del procurador, era una ciudad típicamente pagana, odiada, por tanto, por los judíos. Los rabinos la denominaban *ciudad de la abominación y de la blasfemia*. Era en tiempos de Cristo una bella ciudad, tras haber sido engrandecida y embellecida por Herodes que cambió también su antiguo nombre de Torre de Estratón por el de Cesarea, en honor de Augusto. Tenía entonces un excelente puerto. Hoy es sólo un montón de ruinas.

Dulce y bronca Galilea

Desde el punto de vista de la vida de Cristo es Galilea la región que más nos interesa. Su nombre viene de la palabra hebrea «galil» que significa círculo y también anillo o distrito. Era la región más bella y fructífera de Palestina. Los contrafuertes del monte Hermón, el Tabor, la llanura de Esdrelón, el lago de Tiberiades y sus cercanías formaban un conjunto verdaderamente hermoso. Sobre su fertilidad dice el Talmud que *es más fácil criar una legión de olivos en Galilea que un niño en Judea.*

Era también la zona más poblada de Palestina, aunque no puedan considerarse verdaderas las exageraciones de Flavio Josefo cuando escribe que la menor ciudad de Galilea tenía 15.000 habitantes. Sí parece en cambio bastante exacto el retrato que el historiador nos deja del carácter de los galileos. Eran, dice, *muy laboriosos, osados, valientes, impulsivos, fáciles a la ira y pendencieros. Ardientes patriotas, soportaban a regañadientes el yugo romano y estaban más dispuestos a los tumultos y sediciones que los judíos de las demás comarcas.* Muchas páginas evangélicas atestiguan la exactitud de esta descripción. También el Talmud asegura que los galileos *se cuidaban más del honor que del dinero.*

Eran, sin embargo, despreciados por los habitantes de Judea que les consideraban poco cumplidores de la ley. El contacto con los paganos era mayor en Galilea que en Judea. La provincia estaba abierta al comercio con Fenicia, el Líbano de hoy y la colonia de Séforis, plantada en medio de la región, era un permanente punto de contacto con el helenismo. Por ello hablaban a veces los habitantes de Jerusalén —y el mismo san Mateo— de *Galilea de los gentiles.* Los galileos eran, sí, buenos cumplidores de la ley, pero hacían menos caso de las tradiciones fariseicas, por lo que eran acusados de «relajamiento». Un día los doctores dirán a Nicodemo: *Examina las escrituras y verás que de Galilea no salen profetas* (Jn 7, 52). Efectivamente los galileos no gustaban de los tiquismiquis en el estudio de la ley y eran pocos los galileos que pertenecían a los doctores de la misma. Eran, en cambio, quizá más exigentes en el cumplimiento de lo fundamental de la ley.

El nivel cultural era inferior al de Judea. Su pronunciación era torpe y dura. En Jerusalén se reían y hacían bromas al escuchar a un galileo, que era conocido en cuanto abría la boca.

En la región no había ninguna ciudad muy populosa, aunque sí abundaban las de tamaño medio. Séforis, población casi griega, era la más importante. Y en ella encontraban trabajo muchos habitantes de los alrededores. Pero las más importantes se acumulaban en torno al lago de Tiberiades o Gennesaret. Allí estaba la propia Tiberiades, construida por Herodes Antipas en honor a Tiberio, y Cafarnaún, Bethsaida, Magdala, Corozaín. Gran parte de la vida pública de Jesús tuvo estas ciudades como escenario. En la llanura de Esdrelón se asentaba Naín («la graciosa») y al pie del monte Carmelo estaba Haiffa. En la Galilea superior destacaba Safed, la ciudad que estaba sobre un monte, suspendida al Noroeste del lago y a la que Jesús aludía probablemente cuando hablaba de *la ciudad que no puede permanecer oculta.*

Y menor que todas, pero más importante que todas, Nazaret, la «flor» de Galilea, la ciudad más cerca del corazón de cuantas existen en el mundo.

Al otro lado del Jordán

Al otro lado del Jordán estaba Perea, la región menos poblada y la menos importante a efectos de la vida de Cristo. La fosa del Jordán la alejaba en realidad muchos kilómetros de las demás provincias. El Talmud apenas se ocupa de ella y no faltan en él los refranes despectivos para la región: «*Judá* —dice uno— *representa el trigo; Galilea la paja; Perea la cizaña*».

En el evangelio no se cita jamás el nombre de ninguna ciudad de Perea, pero sí que a Jesús le seguían muchos de la Trasjordania. Perea está, además, unida al recuerdo de Juan Bautista, encarcelado por Herodes Antipas en la fortaleza de Maqueronte.

Al margen de estas cuatro regiones de Palestina estaban los departamentos que podríamos llamar autónomos: la Decápolis, la Iturea, la Traconítide, la Abilene. Pero poco tuvieron que ver todas estas regiones con la vida de Jesús.

Una vida, como se ve, muy circunscrita en lo que a geografía se refiere. Más que la de ningún otro líder importante de la historia, más que la de cualquier otro profeta o mensajero del espíritu. El espacio no era fundamental para Cristo, sino la profundidad. Los evangelistas nos dan, sí, los datos de una geografía sólo para señalar el realismo de sus relatos, pero sin el menor fetichismo por los lugares. En muchos casos se limitan a decir *en cierto lugar,* incluso tratándose de hechos importantes.

Pero son suficientes los datos que tenemos para fijar lo sustancial de esa geografía. Geografía que apenas ha cambiado. Gran parte de las ciudades conservan los viejos nombres o leves evoluciones de los mismos. La misma tierra de Jesús apenas ha sufrido cambios en lo que a geografía e incluso en cuanto a vivienda y costumbres se refiere. Quien hoy pasea por muchos lugares de Palestina, si contempla los rostros, las casas, los caminos, los campos, tiene la impresión de que el tiempo no hubiera avanzado y que aún estuviéramos en los años en que él pisaba en esta tierra.

Un pueblo invadido por Dios

En este país tan poco especial vivía un pueblo muy especial, un pueblo que en nada se parecía a todos los demás que poblaban el mundo. Las demás naciones les juzgaban orgullosos, pero aquella huraña suya no tenía nada que ver con tantos otros engreimientos o altanerías nacionales como la historia ha conocido. El judío, estuviera donde estuviera, se sabía judío antes que nada: su corazón estaba siempre en Jerusalen y se sentía exilado mientras no pudiera regresar allí. El judío no era arisco por temperamento. Al contrario: era sentimental, amigo de la familia, de los niños, se conmovía fácilmente, hasta se podía decir que tenía más corazón que inteligencia. Pero esta su necesidad de amor no le llevaba a mezclarse con quienes no eran judíos. ¿Por un sentimiento racista que le llevara a despreciar a las demás naciones y razas? Sería una respuesta demasiado fácil. Porque ésta era sólo una de las muchas contradicciones que el judío llevaba en su alma: era valiente, no tenía miedo a la muerte, pero se negaba a combatir en cualquier ejército que luchase en sábado (es decir: todos los no judíos). Podía incluso un judío tener adormilada su fe, pero no el cumplimiento de sus obligaciones. Aun con poca fe, un judío estaba dispuesto a morir antes que someterse a una orden que fuera contra su ley. Como si hubiera una fe más honda que la misma fe, una raíz incorruptible aun cuando todo estuviera corrompido.

¿Cuál era el misterio de aquel pueblo? Se llamaba Yahvé. El judío era un pueblo literalmente invadido, poseído por Dios. Podía ser pecador pero se seguía sabiendo elegido para una misión sin par en el universo. Era un pueblo guiado por una vertiginosa esperanza.

Escribe Rops:

> No tenían ningún pensamiento, ninguna certidumbre más ardiente que la de la misión sobrenatural de la que su raza había sido investida por Dios desde hacía dos mil años. La convicción de ser el pueblo elegido, la nación testigo por la cual el culto del Unico debía ser afirmado en el mundo, había bastado para que, en las horas más sombrías de su historia, hubiese tenido el coraje de mantener, contra todo, su esperanza y su fidelidad.

Sí, no es que Israel hubiera sido un pueblo más o menos religioso, es que era un pueblo que sólo era religioso. Política, economía, arte, ciencia, vida cotidiana, todo eran sinónimos de religión. Nunca ha existido un pueblo tan total, tan absolutamente teocrático, un pueblo cuyas decisiones se guiaron siempre y sólo por Dios: a su favor o en su contra, pero con él como único horizonte.

Dios había estado en los albores de la vida de este pueblo dándole dirección y sentido. Cuando, en los comienzos del segundo milenio antes de Cristo, Abrahán decide abandonar Ur y comenzar la marcha hacia la que sería tierra prometida, la razón es simplemente la de afirmar el culto del Dios único y huir de las idolatrías mesopotámicas. Y Moisés, mucho antes que un jefe y un legislador, mucho antes un guía y un liberador, es el hombre que ha dialogado con el Eterno y que sabe interpretar su voluntad.

Desde entonces, toda la existencia de este pueblo será una lucha por el mantenimiento de esa alianza que le constituye como pueblo y le da sentido como nación. La fe en ese Dios que es superior a todos los ídolos es el único credo nacional, militar y político de Israel.

Durante los últimos siglos, la fe de este pueblo se había hecho más arriscada, más dramática y la esperanza más urgente. En el año 586 los soldados de Nabucodonosor destruyeron el templo y, con ello, se abatía sobre Israel la tragedia más grande que podía imaginar. ¿El Dios de la alianza le abandonaba?

Tras cincuenta años de llantos *a la orilla de los ríos de Babilonia,* el pueblo recibió una respuesta. Babilonia, la ciudad que parecía inexpugnable, cayó bajo el empuje de Ciro. Y la caravana de desterrados reemprendió el camino del regreso. Y el pueblo, desde la pobreza, se aferró más a su Dios y a la esperanza.

Esta esperanza estaba muy viva en tiempos de Jesús. Cierto que estaba rodeada, casi asfixiada, por muchos fanatismos leguleyos, pero en el fondo de las almas, y en el pensamiento entero de los mejores, la esperanza de un libertador total lo llenaba todo. Eran muchos los judíos sinceros que consagraban a Dios toda su existencia y esperaban una palabra de salvación.

Estas almas —¡como siempre!— no eran las que más se veían. Los puestos de brillo habían sido ocupados por los hipócritas. Pero entre los humildes predominaba una esperanza limpia y abierta a la voluntad de Dios.

Ricos y pobres en Israel

Pero este clima religioso coexistía, como tantas otras veces en la historia, con la injusticia social. El panorama económico de Palestina era, en tiempos de Cristo, pobre en su conjunto. La agricultura, la artesanía y el comercio eran las tres grandes fuentes del producto nacional. La agricultura se daba en las cuatro provincias, pero con grandes irregularidades. Los cereales crecían sobre todo en las tierras bajas, fundamentalmente en las llanuras que se extendían entre Galilea y Samaría. Eran estas regiones buenas y feraces. Pero no ocurría lo mismo con Judea. La zona montañosa, pelada y rocosa, apenas era cultivable. Permitía únicamente la ganadería y el pastoreo. En las cercanías de Jerusalén y al este del Jordán se cultivaban abundantes olivos y vides.

La artesanía y algunas industrias muy primitivas —la lana, el lino, el cuero— daban de comer a otra buena parte de la población. Y no hay que olvidar, en los tiempos de Cristo y en los precedentes, la importancia de la arquitectura. Herodes y sus sucesores desarrollaron en Palestina una actividad constructora que dio de comer a mucha gente, tanto en la edificación del nuevo templo como en la construcción de palacios, teatros y circos.

El comercio interior se concentraba todo él en Jerusalén, en los alrededores del templo. Esta era una de las grandes heridas de la religiosidad que Cristo conoció: en medio de un país pobre, se elevaba una ciudad rica, y en el centro de ésta un templo en el que el dinero circulaba abundantísimo. El impuesto pagado religiosamente por todos los judíos —dos dracmas anuales— iba puntualmente a engrosar las arcas del templo. Y con frecuencia llegaban a Jerusalén grandes remesas de dinero enviado por los judíos en el extranjero que se sentían obligados a pagar ese tributo, igual que sus compatriotas que vivían en Palestina. Todo el que bajaba a Jerusalén tenía que abonar su diezmo. Mitridates, en una ocasión, confiscó en la isla de Cos 800 talentos que estaban destinados al templo (Un talento era el equivalente a unas 6.000 jornadas de trabajo). Y Cicerón habla de las enormes sumas de dinero que cada año salían de Italia y eran enviadas por los judíos a Jerusalén.

Se explica así que el tesoro del templo fuera codiciado por todos los invasores. En su adorno no se escatimaba nada. La cortina que había delante del *sancta sanctorum* estaba hecha de finísima púrpura de Babilonia y del carísimo *byssus*. De *byssus* eran también las vestiduras del sumo sacerdote y el tapiz que el día del perdón se extendía entre él y el pueblo. Los objetos del templo eran verdaderas joyas de orfebrería, tanto por sus materiales como por el trabajo de su talla. Los vestidos de los sacerdotes brillaban de pedrerías. Los sahumerios se hacían con las más caras semillas aromáticas traídas de los más lejanos países.

Y en torno al templo surgía un inmenso comercio del que vivían sacerdotes, letrados, tenderos, cambistas y una enorme turba de maleantes y pordioseros.

Buena parte de este dinero se invertía incluso en la compra de tierras y latifundios. Muchas de las tierras de Galilea era propiedad de favoritos del rey o de sacerdotes que jamás pisaban los campos que poseían. Dejados en manos de delegados suyos, se limitaban a cobrar anualmente su parte, tanto si la cosecha era buena como si era mala. Y entre los amos, que percibían despreocupadamente sus rentas, y los administradores, que procuraban llevarse la mayor parte posible, había una multitud de jornaleros y campesinos explotados, en cuyos ánimos surgía fácilmente el anhelo de revueltas y venganzas. Era, realmente, el clima que tantas veces nos encontraremos en las parábolas de Jesús: obreros que protestan por haber cobrado poco o que matan a los emisarios del rey o del dueño de la finca.

Tres estratos sociales

La división de clases era muy fuerte en Palestina y la tensión entre ellas mucho mayor de lo que suele imaginar esa visión idílica con la que solemos rodear la vida de Cristo.

Tres grandes grupos sociales constituían el entramado del país. Estaban, en primer lugar, los aristócratas. Este grupo estaba formado por la nobleza sacerdotal y los miembros de la familia del sumo sacerdote. Vivían fundamentalmente *de los ingresos del templo, de las tierras de su propiedad, del comercio del templo y del nepotismo en la designación de sus parientes para ocupar las magistraturas directivas y judiciales.*

Junto a ellos pertenecían a la aristocracia los grandes comerciantes y terratenientes, que estaban representados como ancianos en el Sanedrín. La mayor parte vivían en Jerusalén o en sus cercanías.

La vida de todo este grupo era de un lujo insultante. Vivienda, indumentaria, banquetes, eran una permanente ostentación. También las parábolas evangélicas nos informan exactamente de la vida de este grupo de ricos.

Junto a este estrato superior —compuesto por muy pocas familias— había una clase media, también muy corta. Era el grupo de los pequeños comerciantes y artesanos que, sin lujos, podía llevar una vida desahogada. A este grupo de clase media pertenecía también la mayoría de los sacerdotes que, además, del culto, tenían casi siempre algún otro oficio, manual en no pocos casos.

Venía después la enorme masa de los pobres que, ciertamente, sobrepasaba el noventa por ciento de la población. El coste de la vida en Palestina era muy moderado. La gente era de gustos muy sencillos y se contentaba con poco en vivienda y vestidos. Por ello normalmente con el salario de un denario diario una familia vivía aceptablemente (Recordemos que el buen samaritano de la parábola deja al hotelero dos denarios como dinero suficiente para atender algún tiempo al herido y que dos pájaros se vendían por un as, seis céntimos de denario).

Pero el gran problema era la inseguridad del trabajo. El que lo tenía fijo podía sobrevivir, pero este tipo de colocación era lo menos frecuente. El paro estacional y aun permanente era la realidad cotidiana de los judíos del tiempo de Jesús. Cuando el trabajo faltaba llegaba el hambre, pues el ahorro entre los pobres de la época era simplemente un sueño.

Este clima tenso de hambre y de injusticia nacional lo percibimos en las terribles palabras de los profetas y de Cristo mismo.

> ¡Ay de los que juntan casa con casa y allegan heredad a heredad hasta acabar el término! ¿Habitaréis vosotros solos en medio de la tierra? (Is 5, 8).
>
> Oíd esta palabra, vacas de Basán, que estáis en el monte de Samaria, que oprimís a los pobres, que quebrantáis a los menesterosos, que decís a sus señores: Traed y beberemos (Am 4, 1).
>
> Oíd esto los que tragáis a los menesterosos y arruináis a los pobres de la tierra, diciendo: ¿Cuándo pasará el mes y venderemos el trigo y subiremos el precio y falsearemos el peso engañoso, para comprar a los pobres por dinero y a los necesitados por un par de zapatos? (Am 8, 4).

El tono de Jesús en sus *¡Ay de vosotros, ricos!* (Lc 6, 24) no será más suave y la parábola del rico Epulón es testimonio de abusos que claman venganza al cielo.

Esta pobreza de los pobres se vio aún agravada en el siglo anterior y posterior al nacimiento de Cristo por la multiplicación de los impuestos y gravámenes. Reyes y gobernadores explotaban a sus súbditos y en las guerras e invasiones el saqueo era norma común. Y aún peor que los mismos impuestos, resultaba lamentable el modo de obtenerlos. El estado, en lugar de recaudarlos con administradores propios, arrendaba el cobro a ricos personajes que pagaban al estado una cantidad fija y luego se encargaban de sacar a la población todo lo que podían, reclamando cantidades mucho mayores de las realmente establecidas.

Mendigos y pordioseros

Y al margen de estas tres clases sociales estaba todavía el otro grupo que no podía denominarse clase, aunque fuera casi tan numeroso como los ricos y la clase media juntos: eran los mendigos y pordioseros que rodaban por calles y caminos. En otro tiempo la legislación mosaica había establecido leyes sabias y muy humanas para evitar la plaga del pauperismo, pero esas leyes habían caído ya en desuso. No había, pues, en tiempos de Cristo organización ninguna, ni civil, ni religiosa, ni privada, que ejerciera la caridad o atendiera a la miseria.

Los más de estos mendigos eran enfermos, tullidos o mutilados. En tiempos de Cristo eran abundantes en Palestina la lepra, las diversas formas de parálisis, la epilepsia y la ceguera. Miserias todas estas que abundan todavía hoy en el próximo Oriente y que dan al viajero la impresión de que sigue paseando por las páginas del evangelio. Entonces, además, no existía nada parecido a hospitales o clínicas y los enfermos vivían y morían en grutas de los alrededores de las ciudades o de los caminos.

Entre ellos existían, además, los pícaros. Un buen puesto de mendigo en los alrededores del templo o ante alguno de los lugares de purificación, era muy rentable. Y los simuladores, que se hacían pasar por tullidos o enfermos, abundaban.

La desconfianza ante estos truhanes y el concepto de que la enfermedad era fruto o consecuencia de un pecado, hacía aún más lastimosa la situación de los verdaderos y abundantes enfermos. Se les prohibía la entrada en los lugares sagrados: «*No entrarán en la casa del Señor los ciegos y los cojos*» (2 Sam 5, 8). En las reglas de Qumran nos encontramos esta misma cerrazón: se prohíbe que formen parte de la comunidad *los tullidos de manos o pies, o cojos, sordos, mudos o tocados por una señal visible (leprosos) o el viejo caduco, puesto que también está tocado.*

A este mundo llegaba Jesús. A este mundo de miseria y lucha. A estos excluidos anunciaba el reino de Dios, a estos divididos por el dinero y el odio iba a predicar el amor. Esta mezcla de religiosidad e injusticia iba a recibirle. Esta expectación de un Mesías temporal es la que iba a encontrarse. Este pueblo arisco y cerrado iba a ser su pueblo. Ese hambre iba a compartir. Por ese templo lujoso y esas calles miserables iba a caminar. Desde ese pequeño y convulso país iba a emprender la tarea de cambiar el mundo entero. En ese olvidado rincón del mundo —sin arte, sin cultura, sin belleza, sin poder— iba a girar la más alta página de la historia de la humanidad.

III.   UN PAÍS OCUPADO Y EN LUCHA

A formar el espíritu de Jesús contribuía el aspecto de una naturaleza riente y deliciosa, que imprimía a todos los sueños de Galilea un giro idílico y encantador. Galilea era una comarca fértil, cubierta de verdura, umbrosa, risueña, el verdadero país del Cantar de los Cantares y de las canciones del amado. Durante los meses de marzo y abril, la campiña se cubre de una alfombra de flores de matices vivísimos y de incomparable hermosura. Los animales son pequeños, pero sumamente mansos. Tórtolas esbeltas y vivarachas, mirlos azules de tan extremada ligereza que se posan sobre los tallos de la hierba sin hacerlos inclinar, empenachadas alondras deslizándose casi entre los pies del viajero, galápagos de ojillos vivarachos y cariñosos, y cigüeñas de aire púdico y grave se agitan aquí y allá deponiendo toda timidez y aproximándose tan cerca del hombre que parecen llamarle. En ningún país del mundo ofrecen las montañas líneas más armónicas ni inspiran tan elevados pensamientos. Aquel hermoso país rebosaba en los tiempos de Jesús de bienestar y alegría. Aquella vida sin cuidados y fácilmente satisfecha no conducía al grosero materialismo de un campesino francés, a la rústica satisfacción de un normando, a la tosca alegría de un flamenco; espiritualizábase en sueños etéreos, en una especie de poético misticismo que confundía el cielo con la tierra. Toda la historia del cristianismo naciente llega a ser de ese modo una pastoral deliciosa. Un Mesías en una comida de bodas, la cortesana y el buen Zaqueo convidados a sus festines, los fundadores del reino del cielo como una comitiva de paraninfos: he aquí a lo que se atrevió Galilea, lo que legó al mundo, haciéndoselo aceptar. Y Jesús vivía y crecía en aquel medio embriagador.

Que Ernesto Renan dibujara este paisaje de cuento de hadas como fondo de su vida de Cristo es natural. Era perfectamente coherente con el sentimental Jesús que después inventaría.

Pero lo que ya no es tan coherente es que no pocos escritores católicos y enormes sectores de la piedad popular hayan aceptado ese mismo ambiente de caramelo por el que habría caminado el «dulce Jesús». ¡Siempre la tentación de la confitería! ¡Siempre el miedo a la verdad!

Porque la realidad del tiempo y mundo en que vivió Jesús tuvo poco que ver con esa Palestina idílica y embriagadora. El —ha escrito Danielou— *no vivió en un universo mítico, sino en un contexto histórico de lo más banal*. La Palestina de los tiempos de Jesús olía más a sangre y espadas que a azúcar, era un mundo mucho más parecido al nuestro de cuanto nos apetece imaginar.

Era, por de pronto, un país ocupado, con todas las consecuencias que esto supone, sobre todo si se tiene en cuenta el carácter arisco e independentista de aquel pueblo que se sentía llamado a dirigir la historia. Puede por ello afirmarse, con Casciaro, que *la resistencia frente a la ocupación romana era el problema de fondo de la nación judía. Y este problema era, por las características del judaísmo palestinense, a la vez religioso y político.* Cristo llegaba a Israel cuando todo el país vivía en un clima de guerra santa, una guerra que había durado ya doscientos años y que se prolongaría aún casi otro siglo.

El año 200 antes de Cristo Palestina había caído en manos del seléucida Antíoco III. Inicialmente, la llegada de la civilización helenística recibió un eco favorable entre grandes sectores judíos, deslumbrados por la técnica y cultura de los conquistadores. Pero pronto reaparecerán las antiguas tradiciones y la predicación religioso-social de los profetas incitando a la guerra santa. El año 167 a. C. estallaría la sublevación de los macabeos que concluiría 26 años después con la obtención de la independencia judía.

El clima espiritual de este período —que tanto gravitará aún sobre el tiempo de Jesús— podemos comprenderlo a la luz del famoso «manual del combatiente» hallado en Qumran y que se remonta a la época del alzamiento macabeo.

Nos encontramos en él toda una historia y una teoría de la última guerra que librarán los hijos de la luz contra los hijos de las tinieblas. Tendrá cuarenta años de duración. Dios será en ella el comandante en jefe, los ángeles intervendrán directamente en la lucha bajo la dirección del arcángel Miguel, el objetivo final será la total aniquilación de los hijos de las tinieblas y el «dominio de Israel sobre toda carne». La guerra santa será así el camino hacia el dominio universal del verdadero Israel que se identifica con el reino de Dios.

Esta teología —una verdadera teología de la revolución— llenará las almas de los judíos en todo el siglo que precede la venida de Cristo. Ser un buen judío es ser un buen guerrillero; Dios y la libertad son la misma cosa; velar por la ley es prepararse para la batalla; el odio al enemigo es una virtud necesaria; esperar «el último combate», el «día de la venganza», es obligación de todo buen creyente.

Con toda esta carga ideológica recibirán los judíos la ocupación que sólo era suave en apariencia. Pompeyo entraría en Jerusalén a sangre y fuego, tras tres largos meses de asedio, en el año 63 a. C. Con ello el estado judío quedaba destruido y los sueños de un siglo parecían alejarse. Los libros de la época (el comentario esenio de Habacuc y los salmos fariseos de Salomón) presentarán esta ocupación como una catástrofe y se volverán a Dios pidiendo venganza por los crímenes cometidos por los invasores y suplicando la pronta venida del Mesías liberador.

Porque la ocupación romana era más dura de lo que suele suponerse. Roma respetaba, sí, la libertad religiosa de los pueblos conquistados, pero, en cambio, apretaba fuertemente los grilletes de la libertad a base de impuestos y de aplastar sin contemplaciones los más pequeños brotes de rebeldía. La historia nos cuenta los abundantes casos en que poblaciones enteras fueron vendidas como esclavos por el menor levantamiento, o simplemente, porque sus habitantes no podían pagar los impuestos. En Tariquea fueron vendidos 30.000 judíos tras una insurrección. El año 43 antes de Cristo lo fueron las poblaciones enteras de Gofna, Emaús y Lidda. No es difícil imaginar las heridas que, medidas así, abrían y cómo el odio se transmitía de generación en generación.

Cierto que César concedió a los judíos una cierta autonomía (año 43 a. C.) y otorgó al sumo sacerdote, Hircano, el título de «etnarca», pero, en realidad, el poder seguía estando en manos de Antípatro,

Fasael y Herodes, siervos fieles de Roma. Cierto también que Herodes —durante sus 33 años de gobierno— trató de imitar el estilo pacificador de Augusto y ofreció a los judíos un relativo clima de paz y de orden. Pero también es cierto, que los judíos pagaron muy caro ese orden y esa paz. Herodes todo lo sacrificaba al poder y, para ello, —como señala Hengel— *un ejército de mercenarios extranjeros, que sobrepasaba ampliamente las necesidades del país, numerosos castillos y colonias militares, así como un ejército de delatores, mantenían a raya a la indignada población judía y difundían una atmósfera de permanente recelo.* Herodes gobernaba el país como una finca personal, imponiendo leyes y regalando tierras a capricho.

Por lo demás, la violencia era ley de vida durante su mandato. Cuando, poco antes de su muerte, los fariseos radicales incineraron la figura de águila que el monarca había colocado en el templo, Herodes hizo quemar vivos a los responsables y no vaciló en vender como esclavos —aun yendo contra la ley judía— a los «ladrones» y «criminales», entre los que naturalmente incluía a sus adversarios políticos.

Pero aún fueron mayores las violencias que siguieron a su muerte y que coincidieron con la infancia de Cristo. Al morir el tirano, las revueltas sangrientas se extendieron por el país y fueron aplastadas por el gobernador de Siria, Quintilius Varus. Sólo en Jerusalén, para amedrentar a los revoltosos, hizo crucificar a 2.000 judíos.

Pero ni este gesto vandálico —del que sin duda oiría hablar mil veces el pequeño Jesús— aplastó la rebelión. Simplemente la empujó a las montañas. En las de Judea, resistió durante varios años un grupo capitaneado por Athronges. Pero sería Galilea la gran madriguera de los rebeldes. Dirigido por un llamado Judas, surgirá —en la misma comarca en que Jesús es niño— el movimiento celote. A las órdenes de este Judas —que nada tiene que ver con el Iscariote— un grupo rebelde saquearía el arsenal de Herodes en Sepphoris (a sólo cinco kilómetros de Nazaret) y, como represalia, el gobernador Varus hará vender como esclavos a todos los habitantes de la ciudad. No cabe duda de que Jesús tuvo que oír hablar de todo esto. No se derrama nunca sangre sin que todo un país se conmueva. Es por todo ello absolutamente lícito afirmar que, cuando Jesús entra en la vida, *la Palestina judía se había convertido en un polvorín político-religioso* (Martin Hengel).

Afirmar esto no es tratar de que aquel siglo se parezca al nuestro. La historia dice que se parecían. Palestina vivió buena parte de aquellos años en un clima de guerrillas en el que se daban los atracos (en el año 50 d. C. un grupo armado asalta a un funcionario imperial que lleva una transferencia de dinero y le roba y le mata entre Cesarea y Jerusalén) e incluso secuestros (pocos años antes de la guerra judía otro grupo celote, secuestra al secretario del capitán del templo e hijo del sumo sacerdote Eleazar y lo cambia por diez sicarios detenidos por el procurador Albino).

Y no olvidemos el nombre de Pilato, que no fue precisamente un pacificador. Era —nos dirá su contemporáneo Filón de Alejandría— *de temperamento difícil, cruel e implacable;* y su gobierno fue *corrupción, violencia, latrocinio, crueldad, exacción y frecuentes ejecuciones sin juicio.* El mismo evangelio —aparte del proceso de Cristo— nos da testimonio de estas violencias. En Lucas (13, 1) se nos describe cómo le cuentan a Cristo *lo de los galileos cuya sangre había mezclado Pilato con la de los sacrificios que ofrecían.* Sin duda, el gobernador había hecho asesinar a un grupo de paisanos de Cristo en el momento en que ofrecían sus corderos pascuales. ¡No, no era ciertamente un clima idílico y embriagador el que rodeaba a Jesús!

En una visión realista de la vida de Cristo *esta presencia de los vencedores en Palestina no debe perderse de vista. En segundo plano del evangelio se perfila el soldado romano con su casco y su clámide roja; y en las noches de Jerusalén se oye el rítmico grito de la guardia pretoriana que vela en lo alto de las torres de la Antonia.* No hace Rops literatura al escribir estas líneas. Palestina es, en tiempos de Jesús, un país ocupado y vive con la psicología típica de un país ocupado. No se pueden entender muchas páginas evangélicas si se suprime este telón de fondo de tensión, callada, pero terrible, que se respira en los países dominados por un ejército extranjero.

Un poder que, además de dominar, despreciaba a los judíos. Sentía hacia ellos *una mezcla de desdén, de falta de curiosidad y de incomprensión casi voluntaria.* Basta leer el relato de la pasión para comprender que Pilato considera a sus administrados como una especie de niños malcriados a quienes hay que castigar de vez en cuando para que no se sobrepasen, pero a quienes sería excesivo tomar demasiado en serio.

Como Pilato obraban todos los romanos. El que hubiera un centurión que se interesara por la gente de su distrito y les hubiera construido una sinagoga es algo tan excepcional que los evangelios lo cuentan como una novedad. Los más obraban como hoy los blancos en Sudáfrica, con un perfecto planteamiento racista. Si podían, vivían en ciudades o barrios especiales. El propio Pilato huía de Jerusalén que, sin duda, le resultaba maloliente y ruidosa. Su residencia habitual estaba en Cesarea, a la orilla del mar, construida como un pedazo de Roma para refugio de su exquisita sensibilidad. Sólo en las grandes fiestas se veía forzado a acudir a Jerusalén y se sentía nervioso todo el tiempo que tenía que permanecer en la ciudad. El, como la casi totalidad de los funcionarios romanos, desconocía todo lo referente a la religiosidad judía, ignoraba la grandeza del pueblo judío y en toda idea mesiánica no veía otra cosa que amenazas políticas. Para ellos, como para todos los dictadores, la religión era un simple camuflaje de la rebeldía.

Lo que esta sumisión humillaba a los judíos es fácil comprenderlo. Un día dirá Jesús a quienes le escuchan: *La verdad os hará libres* (Jn 8, 32) y sus oyentes saltarán heridos en su orgullo: *Somos linaje de Abraham y jamás fuimos esclavos de nadie* (Jn 8, 33). Y es que los judíos en su interior no reconocían ni el hecho de estar dominados. Ignoraban a los romanos y, en cuanto les era posible, vivían como si los invasores no existieran. El desprecio era mútuo. Pero los choques eran inevitables. Y entonces surgía la gran palabra: libertad (cherut) que será el santo y seña que aparecerá en todas las monedas que, más tarde, fabricarán los celotes. Una palabra querida como nunca por los judíos y que englobaba para ellos tanto la liberación religiosa como la política. No nos engañemos ahora separando lo que entonces la historia había unido.

Un abanico de partidos y sectas

Pero nos equivocaríamos si pensáramos que el pueblo de Israel era entonces un bloque compacto en su postura frente al invasor. La ocupación extranjera trae siempre, aparte de la pérdida de la libertad, la pulverización de la unidad. Bajo todo país sin libertad, hay siempre una guerra civil camuflada. La había en la Palestina de Jesús, con todo un abanico de partidos y sectas.

El arte cristiano y la piedad popular, basada sin duda en el hecho de que todos esos grupos coincidieron en su oposición a Jesús, ha metido en el mismo saco a fariseos, saduceos, herodianos, escribas, sacerdotes... Pero, en realidad, sólo su hostilidad a Jesús les unió. En todo lo demás —ideología, posición social, ideas políticas, prácticas religiosas— nada tenían que ver los unos con los otros.

En un esquema muy elemental podríamos decir que los saduceos ocupaban la derecha y los herodianos la extrema derecha; los fariseos podrían colocarse en un centro neutralista; los celotes serían la izquierda y los sicarios la extrema izquierda; los esenios serían algo así como un grupo no violento con ideas de izquierda.

Pero este esquema es tan elemental como todos. Las mentalidades nunca se agrupan de modo tan rotundo y no es infrecuente que quien se siente izquierdista en política, sea conservador en lo religioso o viceversa. De hecho así ocurría, en parte, entre saduceos y fariseos. Si los saduceos eran conservadores en lo social, eran liberales en su contacto con los extranjeros y sus costumbres; y los fariseos eran en lo religioso, al mismo tiempo, más progresistas y más exigentes que los saduceos. Por lo demás, todos los factores estaban mezclados y entrecruzados y resulta tan ingenuo pensar —como el marxista Kautsky— que todo el contraste entre fariseos y saduceos era una simple oposición de clase, como creer —según es frecuente en la mentalidad popular cristiana— que sólo se distinguían por los diversos modos de interpretar algunas costumbres religiosas. Política, religión, costumbres, nivel cultural, intereses, eran —repitámoslo una vez más— una sola cosa en la que todas las distinciones resultaban muy relativas (como, por lo demás, ha ocurrido y ocurrirá siempre). En medio de esa maraña y por encima de ella, se movería Jesús. Conozcamos al menos ahora los elementos fundamentales de ese juego de fuerzas.

La «sociedad de la alianza»

Fariseos y saduceos tenían ya una larga historia cuando Cristo vino al mundo. Ambas corrientes habían nacido de las distintas posiciones que los judíos adoptaron ante la llegada de la cultura helenista en la época de los macabeos. Mientras los sectores aristocráticos y sacerdotales quedaron deslumbrados por el mundo griego y se dispusieron a pactar con él, los grupos populares (que tomaron el nombre de «hasidim» o «asideos», que quiere decir «piadosos») resistieron a los invasores y dieron base a la sublevación macabea contra los monarcas seléucidas. Pareció, por un momento, que las corrientes contemporizadoras con lo extranjero habían desaparecido, pero los herederos de los macabeos, los reyes asmoneos, prefirieron no apoyarse en las fuerzas que les habían elevado al trono, sino en sus enemigos: los grupos aristocráticos y sacerdotales. Fue así, en tiempo de los asmoneos, cuando las dos grandes corrientes se organizaron: los que heredaban el pensamiento del grupo de los piadosos comenzaron a ser llamados *perushim* (de ahí «fariseo») que quiere decir en hebreo «los separados». Su asociación se conocía también como «la sociedad de la alianza». Frente a ellos, sus adversarios se denominaron «saduceos» probablemente porque ponían su origen en la familia del sacerdote Sadoc.

Todo separaba a estos dos grupos. En lo social, mientras los fariseos venían de las clases bajas y de los grupos intelectuales (escribas), los saduceos eran en su mayoría ricos; los fariseos eran un movimiento de seglares, y el saduceísmo, en cambio, estaba formado en gran parte por sacerdotes. En lo político los saduceos eran colaboracionistas con los poderes de la ocupación; los fariseos eran, si no hostiles, por lo menos neutralistas.

Pero la gran zanja divisoria era la religiosa. Ante la pregunta de cuál es la norma sustancial del judaísmo, ambos grupos se dividían:

para los saduceos toda la ley se resumía en la *torá* (la ley escrita). Los fariseos pensaban que ésta era sólo una parte de la ley, pues existía además la tradición, la ley oral, todo un sistema de preceptos prácticos que regulaban hasta la más diminuta de las acciones en la vida civil y en la religiosa. Se consumaba así la paradoja de que, mientras los saduceos se presentaban como conservadores de la ley antigua, eran en la práctica tolerantes y liberales; mientras que los fariseos, que se presentaban como innovadores respecto a la ley escrita, eran mucho más rigurosos y se veían a sí mismos como defensores de la integridad de la ley.

Flavio Josefo nos describe así el pensamiento de ambas tendencias:

> Los fariseos tienen fama de interpretar escrupulosamente la ley y dirigen la secta principal. Atribuyen todas las cosas al destino y a Dios, advirtiendo que el obrar justamente o no depende en parte máxima del hombre, pero el destino coopera en cada acción; toda alma es incorruptible, pero sólo las de los malvados sufren el castigo eterno. Los saduceos, que forman el segundo grupo, suprimen en absoluto el destino y ponen a Dios fuera de toda posibilidad de causar el mal y hasta de advertirlo. Afirman que está en poder del hombre escoger entre el bien y el mal, y que depende de la decisión de cada uno la sobrevivencia del alma, así como el castigo y la recompensa en el Hades. Los fariseos son afectuosos entre sí y procuran el buen acuerdo entre la comunidad, mientras que los saduceos son más bien bruscos en su trato y en sus relaciones con el prójimo son tan descorteses como con los extranjeros.

Del hecho de que los enfrentamientos de Jesús fuesen más duros con los fariseos que con los saduceos no sería justo deducir que aquéllos fuesen unos monstruos o que su nivel religioso fuera inferior. Al contrario: es el interés de los fariseos por lo religioso lo que les hace colocarse en mayor contraste con Jesús. No todo era mentira, pues, en el fariseísmo, aunque hubiera mucho de hojarasca en sus enseñanzas y aunque con frecuencia cayeran en la trampa del formalismo y de la casuística, había entre ellos almas nobles y aun muy nobles: maestros como Hillel y Gamaliel el viejo y discípulos como Nicodemo y José de Arimatea. Pero también existían muchos que reducían a palabras toda su vida religiosa.

El mismo Talmud enumera siete distintos tipos de fariseos a los que retrata con agudas caricaturas: el *fariseo-Siquem* que es el que lo es por fines de interés material; el *fariseo-niqpi* (es decir: renqueante) que es el que con su modo de andar va haciendo ostentación de humildad; el *fariseo-ensangrentado* que se causa frecuentes hemorragias al golpearse la cabeza contra las paredes por no mirar a las mujeres; el *fariseo-almirez* que camina encorvado, todo encogido, con la cabeza entre los hombros, como un almirez de mortero; el *fariseo-*

decidme-mi-deber-para-que-lo-cumpla que está tan dedicado a cumplir los preceptos que no le queda tiempo para otra cosa; el *fariseo-por-premio* que sólo obra pensando en la recompensa que Dios dará a sus acciones; y, finalmente, el *fariseo-por-temor* que obra por temor de Dios, es decir, por el verdadero sentimiento religioso.

En número los saduceos eran pocos: unos centenares. Pero controlaban el poder y el dinero. Tampoco eran muchos los fariseos: unos 8.000 en tiempo de Alejandro Janneo; 6.000 en los tiempos de Herodes. Pero formaban un clan sólidamente unido. Si el nombre que ha pasado a la historia es el de fariseo, ellos se llamaban entre sí *haberim,* los coaligados, la sociedad de la alianza, una verdadera mafia religiosa, que controlaba al pueblo, lo mismo que los saduceos dominaban el dinero. Su prestigio de hombres religiosos les rodeaba de un halo sagrado, especialmente ante los ojos de las mujeres. Y muchos vivían a la sombra de ese halo.

Los guerrilleros de Yahvé

Un tercer movimiento del que apenas hablan los evangelios, pero que, con los más recientes descubrimientos ha subido al primer plano del interés de los críticos, es el de los celotes.

Flavio Josefo los presenta como una cuarta corriente (además de saduceos, fariseos y esenios), pero, en realidad, no eran sino una radicalización del fariseísmo, con una mayor carga de política y de violencia. El mismo Flavio Josefo los define como un grupo que *concuerda con las opiniones de los fariseos, pero tienen un ardentísimo amor a la libertad y admiten como único jefe y señor a Dios, y no vacilan en sufrir las muertes más terribles y el castigo de parientes y de amigos con tal de no reconocer como señor a hombre alguno.*

Ese radical amor a la ley, ese llevar a las últimas consecuencias su nacionalismo teocrático, hace que sean llamados los «celosos».

Algunas tendencias celotistas existían ya en tiempo de los macabeos, pero los celotes nacen como grupo con motivo del censo hecho por Quirino en el año 6 después de Cristo. Y nacen, precisamente, en la Galilea en que Jesús vivía su primera adolescencia. La idea de este nuevo censo provocó movimientos de protesta en toda la zona. Los judíos más fieles vieron en esa orden una prueba visible de la humillación de su pueblo. Y, mientras los sacerdotes y aristócratas se sometieron obedientes al censo, lo mismo que la mayoría de los fariseos, surgió en algunas aldeas galileas la resistencia. Un tal Judas de Gamala, conocido por «el galileo» incitó a sus paisanos a la rebelión, echándoles en cara que aceptasen otro señor que Dios. La revuelta de Judas fue ahogada en sangre, pero muchos de los rebeldes no cedieron. Huidos, algunos, a las montañas y camuflados, otros, en los pueblos, mantuvieron vivo el espíritu de rebelión contra Roma. A todo lo largo de la vida de Cristo y en los años siguientes a su muerte, los celotes se limitaron a golpes sueltos de violencia: atracos, crímenes, asaltos. Pero ellos fueron los jefes de la gran insurrección del año 66 y lograron hacerse con el poder hasta que fueron pasados a sangre y fuego el año 70, después de muchos meses de resistencia numantina en la fortaleza de Masada.

¿Quiénes eran estos celotes y cuál su visión del mundo? Los celotes son —escribe Cullmann— *los celosos, decididos, comprometidos, con un matiz de fanatismo, celosos de la ley, esperan ardientemente el advenimiento del reino de Dios para un futuro muy próximo.*

Sobre estos dos pivotes —celo fanático por la ley y espera de un mesías inmediato— montan los celotes toda una teología que les acerca en no pocos puntos a los cristianos radicales de hoy.

Su crítica al culto y a los sacerdotes es de un radicalismo acerado. Su búsqueda de Yahvé sin ningún tipo de intermediarios les hace aborrecer a los saduceos y a todos cuantos han «pactado» con el invasor. La idea de la liberación de todo poder terreno se convierte en obsesiva. Su oposición a Roma llega a extremos inverosímiles: no sólo se niegan a tocar incluso las monedas romanas, sino que se consideran obligados a matar a todo el que colabore con los romanos. La guerra santa es su gran dogma y, mientras llega, viven en guerrillas, bajando en razzias desde las montañas en que se ocultan. Hay en ellos todo el romanticismo violento que rodea a los guerrilleros de hoy. Muchas de sus frases podrían considerarse gemelas de las que se pueden leer en el diario del Che Guevara. El odio es parte de su filosofía. Hacían la promesa de *odiar a todos los hijos de las tinieblas.*

A su ideario religioso y político, unían un programa de revolución social. Se sentían orgullosos de ser llamados «pobres» y aspiraban a una radical redistribución de la riqueza. Cuando el año 66 conquistan Jerusalén, lo primero que hacen es incendiar el archivo de la ciudad para (según Josefo) *aniquilar las escrituras de los acreedores y hacer imposible el cobro de las deudas.*

La importancia del papel de los celotes en tiempos de Cristo, infravalorada antiguamente, tiende hoy a ser exagerada. Escritores como Eisler, Carmichael y Brandon convierten, sin más, a Cristo en un celote y aseguran que Pilato le ejecutó como a un revoltoso más contra Roma. Tendremos, a lo largo de nuestra obra, tiempo y ocasiones de analizar los contactos y diferencias de Jesús con los celotes, pero adelantemos ahora que es evidente que el clima galileo en que Jesús vivió estaba lleno de simpatías por el celotismo. Muchas veces durante su adolescencia y juventud debió de oír hablar de los líderes del movimiento y es muy probable que asistiera a alguna de las ejecuciones —crucifixiones o feroces mutilaciones— de alguno de ellos o de grupos enteros.

También es hoy aceptado por todos los científicos el hecho de que en el grupo de Jesús había algunos apóstoles que eran, o habían sido, celotes. Es claro en el caso de Simón a quien Lucas (6, 15) llama «el celote» y a quien Mateo y Marcos (Mt 10, 4 y Mc 3, 18) denominan «el cananeo» que es la transcripción griega del nombre de celote.

Igualmente se acepta hoy como muy probable que el apellido de Judas «el Iscariote» no debe traducirse, como antes se usaba, «el hombre de Kariot» (nombre de ciudad que nunca ha existido) sino que debe interpretarse como una transcripción griega de la denominación latina «sicarius» con la que se llamaba al grupo más radical —los comandos de acción— de los celotes, por su costumbre de atacar con un pequeño puñal curvo, de nombre «sica».

El mismo apodo de san Pedro «Bariona» (traducido antiguamente como «hijo de Juan» o «de Jonás») es interpretado hoy como derivado de una expresión acádica que habría que traducir por «terrorista» o «hijo del terror». Versión que concordaría con el hecho de que Pedro (un pescador) lleve una espada a una cena entre amigos y que sepa manejarla con rapidez y eficacia.

Es también posible que el apodo de «hijos del trueno» que se da a los hijos de Zebedeo no sea otra cosa que un apodo guerrero. Y hoy se considera casi seguro que celote era Barrabás y muy probablemente los dos ladrones crucificados con Cristo.

Sería, sin duda, injusto deducir de todo ello que el grupo surgido en torno a Jesús no era otra cosa que una célula más de celotes o interpretar melodramáticamente —como hace Carmichael— que la entrada de Jesús en el templo y la expulsión de los mercaderes no fue sino un golpe de mano del grupo guerrillero de los celotes. Un estudio serio señala las grandes diferencias entre Jesús y estos violentos. Pero lo que no puede desconocerse es que el fantasma de la violencia y de los radicales rodeó a Jesús tanto como el de los hipócritas fariseos.

4.000 monjes no violentos

Un cuarto e importante grupo religioso existía en Palestina en tiempos de Jesús: los esenios. Asombrosamente, ni en el antiguo, ni en el nuevo testamento se menciona siquiera su nombre. Nos informan sin embargo abundantemente de su existencia y de su vida los escritores de la época (Filón, Plinio, Flavio Josefo) y los recientes descubrimientos de Qumran nos han puesto al día de los menores detalles de su vida.

Se trata sin duda de uno de los movimientos religiosos más apasionantes del mundo antiguo. No se les puede llamar en rigor «secta». Más bien habría que verlos como un antecedente de lo que han sido en la historia cristiana las órdenes religiosas. A orillas del mar Muerto, en el desierto de Engaddi, se han descubierto los monasterios en los que vivieron más de cuatro mil hombres en un régimen de celibato y de absoluta comunidad de bienes, dedicados en exclusiva al culto religioso y al estudio de la palabra de Dios. Filón contaba así su vida:

> Allí viven juntos, organizados en corporaciones, uniones libres, asociaciones de hospedaje, y se hallan usualmente ocupados en las varias tareas de la comunidad. Ninguno de ellos desea tener ninguna propiedad privada, bien sea una casa o un esclavo, o tierras o rebaños, o cualquier otra cosa productiva de riqueza. Pero juntando todo lo que poseen, sin excepción, todos reciben de ello un beneficio común. El dinero que obtienen por sus varios trabajos se lo confían a un fideicomisario elegido, que lo recibe y compra con él lo que es necesario, proveyéndoles con bastantes alimentos y con todo lo preciso para la vida. Y no solamente sus alimentos, sino también sus ropas son comunes a todos. Hay ropas gruesas para el invierno y vestidos ligeros para el verano, estando permitido a cada uno usarlas a discreción. Pero lo que es posesión de uno pertenece a todos, mientras la posesión de todos pertenece a cada uno.

Aún es más completa la descripción que Flavio Josefo hace de su vida cotidiana y del clima ritual de sus comidas y reuniones:

> Después de la oración matinal son despedidos por sus capataces y cada uno procede al trabajo que ha aprendido, y después de que todos han trabajado diligentemente hasta la hora quinta (11 de la mañana) se reúnen en cierto lugar, se ciñen con ropas blancas y se lavan con agua fría. Después de esta limpieza entran en el comedor, en el cual no es admitido nadie que no sea de la secta. Entran en él tan limpios y puros como si fuera un templo. Después de haberse sentado en silencio, aparece el panadero que pone ante cada uno su ración de pan, y de igual manera el cocinero que pone ante cada uno una fuente de comida; entonces aparece el sacerdote y bendice los alimentos. Y no es permitido tocar la comida hasta que ha concluido la oración. Terminada la comida dan igualmente gracias alabando a Dios, como el dador de todo sustento. Enseguida dejan sus túnicas sagradas y vuelven al trabajo hasta el anochecer.

Esta era la vida cotidiana de estos monjes que tenían su noviciado, su bautismo, sus dos años de prueba, sus votos solemnes. Las recientes excavaciones en los alrededores del mar Muerto nos han permitido conocer los lugares donde vivieron: sus bibliotecas, sus dormitorios, comedores, salas de trabajo, aun con sus bancos, escritorios y tinteros, sus talleres de alfarería y, sobre todo, su colección de baños para lo que era el centro de su vida: sus purificaciones rituales.

¿Cuál fue la influencia de estos monjes en el resto del pueblo judío? Muy poca, según parece. Su vida de segregados les alejaba de la realidad y las luchas cotidianas. No puede negarse en justicia que entre la mentalidad de los esenios y la predicación de Jesús y, sobre todo, la de Juan Bautista existen «parecidos asombrosos» (como escribe Danielou) pero también es cierto que las diferencias son muy grandes y que esas mismas analogías existen entre Jesús y los grupos de los fariseos más puros. Pero no parece que, en conjunto, pesaran mucho en la religiosidad de sus connacionales. El pueblo les miraba con respeto, pero les consideraba herejes, sobre todo por su apartamiento del culto al templo de Jerusalén y por algunas formas de culto al sol que los más consideraban idolátricas. La misma vida en estado de celibato era un enigma para sus contemporáneos.

El pueblo de la tierra

Y aparte de las cuatro grandes e influyentes minorías estaba —como siempre— el pueblo, el pueblo despreciado. Fariseos y saduceos coincidían en el desprecio a los *am h'ares* (al pueblo de la tierra) los incultos. *Esta turba que no conoce la ley son malditos* oímos gritar a los fariseos en el evangelio de Juan (7, 49). Y los textos judaicos comprueban este desprecio. El mismo gran Hillel afirmaba: *Ningún rústico teme al pecado y el pueblo de la tierra no es piadoso.* Y un rabino sentenciaba: *Participar en una asamblea del pueblo de la tierra produce la muerte.*

Eran los despreciados, los humildes, los que vagaban como ovejas sin pastor, los que esperaban sin saber muy claramente lo que esperaban, dispuestos a correr detrás de cualquiera que levantara una hermosa bandera.

Este era el mundo al que Jesús salía con la buena nueva en los labios. Había en él tierras llenas de pedregales de soberbia y riqueza; parcelas invadidas por las espinas de la violencia o por la cizaña de la hipocresía; campos que esperaban hambrientos la buena simiente. Cuando él comenzara a predicar, todos le rodearían: algunos con sus corazones abiertos, otros con zancadillas y cuchillos. Era la hora. El cordero iba a subir al altar. El sembrador tenía ya la palma de la mano hundida en la semilla para comenzar la siembra. El mundo no era un campo aburrido ni glorioso: era un nido en el que se entremezclaban esperanzas y pasiones, hambre y cólera, sed de Dios y violencia. Le esperaban, al mismo tiempo, el amor, la indiferencia, la hipocresía y los cuchillos. Era la hora.

2

El origen

En este pueblo judío, dividido por tantas razones y en tantas cosas, todos coincidían en algo: en la «ansiosa espera» de la que habla el evangelista (Lc 3, 15). Ricos y pobres, letrados e incultos, fariseos, celotes y gente del pueblo, todos esperaban. Venían esperanzados desde hacía siglos y los profetas aumentaban, a la vez que endulzaban, esa tensa expectación. Alguien, algo venía, estaba llegando. Iba a cumplirse en Palestina aquella ley histórica que señala Bruckberger:

> En toda la historia de la humanidad nunca ha habido un gran descubrimiento sin una esperanza antecedente. Pero también es muy raro que se descubra exactamente lo que se esperaba. A veces el descubrimiento es decepcionador; a veces ocurre que supera infinitamente a la esperanza. Cristóbal Colón ¿qué buscaba? Convencido de que la tierra era redonda, buscaba por el oeste una ruta hacia las Indias. Y descubrió América: el descubrimiento superó a la esperanza. Entra en el estilo de Dios hacerse esperar, desear violentamente, pero su descubrimiento supera por fuerza la esperanza y el deseo.

Así ocurrió esta vez. Y en mayor medida que en ninguna otra. El pueblo judío esperaba una liberación fundamentalmente nacionalista, política. E iba a encontrarse con otra infinitamente más grande. ¿Tal vez no le entendieron porque traía más de lo que se habían atrevido a soñar? Llegó, en todo caso, cuando las esperanzas estaban maduras, cuando todo el que sería su pueblo clamaba por la lluvia que traería al Salvador.

¿En qué tallo nació? ¿En qué rama asumió la existencia como hombre? Este capítulo intentará describir los escalones que pisó al llegar a la historia.

Uno de nuestra raza

Sucede todos los años: el día que, en las iglesias, toca al sacerdote leer el texto evangélico en que Mateo o Lucas cuentan la genealogía de Cristo, los rostros de los oyentes toman un aire de aburrimiento que resulta divertido para quien lo observa. Desde el ambón llega la voz del sacerdote que recita una catarata de nombres extraños: «... Jeconías engendró a Salatiel, Salatiel engendró a Zorobabel, Zorobabel engendró a Abiud, Abiud engendró a Eliacín, Eliacín...». Los fieles se preguntan: ¿A qué viene todo esto? ¿A quién interesa esa caterva de nombres, desconocidos los más?

Para los occidentales las genealogías son un capricho de nobles. Sólo los reyes —pensamos— o la gente de título pierde el tiempo trazándose árboles genealógicos. ¿Qué carpintero de pueblo español conocería sus posibles enlaces sanguíneos con Isabel la Católica? Aplicando esta mentalidad al evangelio, demostramos conocer mal las costumbres orientales. Aún hoy, el más nómada de los beduinos del desierto, puede recitarnos su genealogía. Hasta el punto de que cuando un beduino quiere hacer un pacto con una tribu que, en realidad, nada tiene que ver con su sangre, se inventa una genealogía, con la que consigue demostrar que en alguna lejana rama hay un parentesco con sus nuevos amigos. Amistad o alianza, sin proximidad de sangre, son para él un sinsentido.

La historia nos muestra, además, que ya en tiempos de Jesús existía este afán genealógico. En las páginas del antiguo testamento nos encontramos quince de estas listas genealógicas. Y Flavio Josefo nos cuenta con qué minuciosidad estudiaban, en la Palestina de Cristo, los árboles genealógicos de todo sacerdote o levita que pretendiera contraer matrimonio. Si un sacerdote se casaba con una mujer de familia sacerdotal había que examinar la pureza de sangre de la madre de la presunta esposa, de sus dos abuelas y sus cuatro bisabuelas. Si se casaba con una mujer que no fuera hija de un sacerdote este examen de pureza llegaba a una generación más. Se explica así que en el templo se archivasen los árboles genealógicos de todas las familias importantes; que hubiera, incluso, una comisión y una oficina especializada en este tipo de comprobaciones.

Pero aunque la historia no nos contase nada, bastaría ver el lugar que los dos evangelistas dan a esta genealogía —Mateo abre su evangelio con ella y Lucas la coloca en el mismo comienzo de la vida pública— para comprender que esa página tiene más interés que el que hoy le conceden, con sus bostezos, los fieles que la escuchan.

Tal vez la causa de ese desinterés haya que situarla en el hecho de que rara vez los sacerdotes comentan esa página en los púlpitos. Y, a su vez, la causa de este silencio habría que ponerla en los quebraderos de cabeza que ha dado siempre a los especialistas.

Porque una simple lectura descubre al lector cosas extrañas en esta lista. Por de pronto, Mateo y Lucas hacen sus genealogías en direcciones opuestas. Mateo asciende desde Abrahán a Jesús. Lucas baja desde Jesús hasta Adán. Pero el asombro crece cuando vemos que las generaciones no coinciden. Mateo pone 42, Lucas 77. Y ambas listas coinciden entre Abrahán y David, pero discrepan entre David y Cristo. En la cadena de Mateo, en este período, hay 28 eslabones, en la de Lucas 42. Y para colmo —en este tramo entre David y Cristo— sólo dos nombres de las dos listas coinciden.

Una mirada aún más fina percibe más inexactitudes en ambas genealogías. Mateo coloca catorce generaciones entre Abrahán y David, otras catorce entre Abrahán y la transmigración a Babilonia y otras catorce desde entonces a Cristo. Ahora bien, la historia nos dice que el primer período duró 900 años (que no pueden llenar 14 generaciones) y los otros dos 500 y 500.

Si seguimos analizando vemos que entre Joram y Osías, Mateo se «come» tres reyes; que entre Josías y Jeconías olvida a Joakin; que entre Fares y Naasón coloca tres generaciones cuando de hecho transcurrieron 300 años. Y, aun sin mucho análisis, no puede menos de llamarnos la atención el percibir que ambos evangelistas juegan con cifras evidentemente simbólicas o cabalísticas: Mateo presenta tres períodos con catorce generaciones justas cada uno; mientras que Lucas traza once series de siete generaciones. ¿Estamos ante una bella fábula?

Esta sería —ha sido de hecho— la respuesta de los racionalistas. Los apóstoles —dicen— se habrían inventado unas listas de nombres ilustres para atribuir a Jesús una familia noble, tal y como hoy los beduinos se inventan los árboles genealógicos que convienen para sus negocios.

Pero esta teoría difícilmente puede sostenerse en pie. En primer lugar porque, de haber inventado esas listas, Mateo y Lucas las habrían inventado mucho «mejor». Para no saltarse nombres en la lista de los reyes les hubiera bastado con asomarse a los libros de los reyes o las Crónicas. Errores tan ingenuos sólo pueden cometerse a conciencia. Además, si hubieran tratado de endosarle a Cristo una hermosa ascendencia, ¿no hubieran ocultado los eslabones «sucios»: hijos incestuosos, ascendientes nacidos de adulterios y violencia? Por otro lado, basta con asomarse al antiguo testamento para percibir que las genealogías que allí se ofrecen incurren en inexactitudes idénticas a las de Mateo y Lucas: saltos de generación, afirmaciones de que el abuelo «engendró» a su nieto, olvidándose del padre intermedio. ¿No será mucho más sencillo aceptar que la genealogía de los orientales es un intermedio entre lo que nosotros llamamos fábula y la exactitud rigurosa del historiador científicamente puro?

Tampoco parecen, por eso, muy exactas las interpretaciones de los exegetas que tratan de buscar «explicaciones» a esas diferencias entre la lista de Mateo y la de Lucas (los que atribuyen una genealogía a la familia de José y otra a la de María; los que encuentran que una lista podría ser la de los herederos legales y otra la de los herederos naturales, incluyendo legítimos e ilegítimos).

Más seria parece la opinión de quienes, con un mejor conocimiento del estilo bíblico, afirman que los evangelistas parten de unas listas verdaderas e históricas, pero las elaboran libremente con intención catequística. Con ello la rigurosa exactitud de la lista sería mucho menos interesante que el contenido teológico que en ella se encierra.

Luces y sombras en la lista de los antepasados

¿Cuál sería este contenido? El cardenal Danielou lo ha señalado con precisión: «Mostrar que el nacimiento de Jesús no es un acontecimiento fortuito, perdido dentro de la historia humana, sino la realización de un designio de Dios al que estaba ordenado todo el antiguo testamento». Dentro de este enfoque, Mateo —que se dirige a los judíos en su evangelio— trataría de probar que en Jesús se cumplen las promesas hechas a Abrahán y David. Lucas —que escribe directamente para paganos y convertidos— bajará desde Cristo hasta Adán, para demostrar que Jesús vino a salvar, no sólo a los hijos de Abrahán, sino a toda la posteridad de Adán.

A esta luz las listas evangélicas dejan de ser aburridas y se convierten en conmovedoras e incluso en apasionantes. Escribe Guardini:

> ¡Qué elocuentes son estos nombres! A través de ellos surgen de las tinieblas del pasado más remoto las figuras de los tiempos primitivos. Adán, penetrado por la nostalgia de la felicidad perdida del paraíso; Matusalén, el muy anciano; Noé, rodeado del terrible fragor del diluvio; Abrahán, al que Dios hizo salir de su país y de su familia para que formase una alianza con él; Isaac, el hijo del milagro, que le fue devuelto desde el altar del sacrificio; Jacob, el nieto que luchó con el ángel de Dios... ¡Qué corte de gigantes del espíritu escoltan la espalda de este recién nacido!

Pero no sólo hay luz en esa lista. Lo verdaderamente conmovedor de esta genealogía es que ninguno de los dos evangelistas ha «limpiado» la estirpe de Jesús. Cuando hoy alguien exhibe su árbol genealógico trata de ocultar —o, por lo menos, de no sacar a primer plano— las «manchas» que en él pudiera haber; se oculta el hijo ilegítimo y mucho más el matrimonio vergonzoso.

No obran así los evangelistas. En la lista aparece —y casi subrayado— Farés, hijo incestuoso de Judá; Salomón, hijo adulterino de David. Los escritores bíblicos no ocultan —señala Cabodevilla— que *Cristo desciende de bastardos.*

Y digo que casi lo subrayan porque no era frecuente que en las genealogías hebreas aparecieran mujeres; aquí aparecen cuatro y las cuatro con historias tristes. Tres de ellas son extranjeras (una cananea, una moabita, otra hitita) y para los hebreos era una infidelidad el matrimonio con extranjeros. Tres de ellas son pecadoras. Sólo Ruth pone una nota de pureza.

No se oculta el terrible nombre de Tamar, nuera de Judá, que, deseando vengarse de él, se vistió de cortesana y esperó a su suegro en una oscura encrucijada. De aquel encuentro incestuoso nacerían dos ascendientes de Cristo: Farés y Zara. Y el evangelista no lo oculta.

Y aparece el nombre de Rajab, pagana como Ruth, y «mesonera», es decir, ramera de profesión. De ella engendró Salomón a Booz.

Y no se dice —hubiera sido tan sencillo— «David engendró a Salomón de Betsabé», sino, abiertamente, «de la mujer de Urías». Parece como si el evangelista tuviera especial interés en recordarnos la historia del pecado de David que se enamoró de la mujer de uno de sus generales, que tuvo con ella un hijo y que, para ocultar su pecado, hizo matar con refinamiento cruel al esposo deshonrado.

¿Por qué este casi descaro en mostrar lo que cualquiera de nosotros hubiera ocultado con un velo pudoroso? No es afán de magnificar la ascendencia de Cristo, como ingenuamente pensaban los racionalistas del siglo pasado; tampoco es simple ignorancia. Los evangelistas al subrayar esos datos están haciendo teología, están poniendo el dedo en una tremenda verdad que algunos piadosos querrían ocultar pero que es exaltante para todo hombre de fe: Cristo entró en la raza humana tal y como la raza humana es, puso un pórtico de pureza total en el penúltimo escalón —su madre Inmaculada— pero aceptó, en todo el resto de su progenie, la realidad humana total que él venía a salvar. Dios, que escribe con líneas torcidas, entró por caminos torcidos, por los caminos que —¡ay!— son los de la humanidad.

Fue hombre; no se disfrazó de hombre

Pienso que éste es un fragmento evangélico «muy para nuestros días». Y entiendo mal cómo se habla tan poco de él en los púlpitos. ¿Tal vez porque, si a los no creyentes les resulta difícil o imposible aceptar que Cristo sea Dios, a los creyentes les resulta... molesto reconocer que Cristo fuera plenamente hombre?

Sí, eso debe de ser. Hay muchos cristianos que piensan que hacen un servicio a Cristo pensando que fue «más» Dios que hombre, que se «vistió» de hombre, pero no lo fue del todo. Cristo —parecen pensar— habría bajado al mundo como los obispos y los ministros que bajan un día a la mina y se fotografían —¡tan guapos!— a la salida, con traje y casco de mineros. Obispos y ministros saben que esa fotografía no les «hace» mineros; que luego volverán a sus palacios y despachos. ¿Y de qué nos hubiera servido a los hombres un Dios «disfrazado» de hombre, «camuflado» de hombre, fotografiado —por unas horas— de hombre?

Cuesta a muchos aceptar la «total» humanidad de Cristo. Si un predicador se atreve a pintarle cansado, sucio, polvoriento o comiendo sardinas, ilustres damas hablan «del mal gusto» cuando no ven herejía en el predicador. Pero no pensaban lo mismo los evangelistas autores de las genealogías. Y no piensa lo mismo la iglesia, tan celosa en defender la divinidad de Cristo como su humanidad. *Nada ha cuidado con tanto celo la Esposa como la verdad de la carne del Esposo,* se ha escrito con justicia.

Menos en el pecado —que no es parte sustancial de la naturaleza humana— se hizo *en todo a semejanza nuestra* (Flp 2, 7) dirá san Pablo. Una de las más antiguas fórmulas cristianas de fe —el Símbolo de Epifanio— escribirá: *Bajó y se encarnó, es decir, fue perfectamente engendrado; se hizo hombre, es decir, tomó al hombre perfecto, alma, cuerpo e inteligencia y todo cuanto el hombre es, excepto el pecado.* El símbolo del concilio de Toledo, en el año 400, recordará que el cuerpo de Cristo *no era un cuerpo imaginario, sino sólido y verdadero. Y tuvo hambre y sed, sintió el dolor y lloró y sufrió todas las demás calamidades del cuerpo. No por ser el nacimiento maravilloso* —dirá poco después el papa san León Magno— *fue en su naturaleza distinto de nosotros.* Seis siglos más tarde se obligará a los valdenses —con la amenaza de excomunión, de no hacerlo— a firmar que Cristo fue *nacido de la Virgen María con carne verdadera por su nacimiento; comió y bebió, durmió y, cansado del camino, descansó; padeció con verdadero sufrimiento de su carne, murió con muerte verdadera de su cuerpo y resucitó con verdadera resurrección de su carne.* El concilio de Lyon recordará que Cristo no fue «hijo adoptivo» de la humanidad, sino *Dios verdadero y hombre verdadero, propio y perfecto en una y otra naturaleza, no adoptivo ni fantástico.* Y el concilio de Florencia recordará el anatema contra quienes afirman que Cristo *nada tomó de la Virgen María, sino que asumió un cuerpo celeste y pasó por el seno de la Virgen, como el agua fluye y corre por un acueducto.*

Fue literalmente nuestro hermano, entró en esta pobre humanidad que nosotros formamos, porque en verdad *el Cristo de nuestra tierra es tierra.* Dios también, pero tierra también como nosotros.

Ahora entiendo por qué se me llenan de lágrimas los ojos cuando pienso que si alguien hiciera un inmenso, inmenso, inmenso árbol genealógico de la humanidad entera, en una de esas verdaderas ramas estaría el nombre de Cristo, nuestro Dios. Y en otras, muy distantes, pero parte del mismo árbol, estarían nuestros sucios y honradísimos nombres.

Hijo del pueblo judío

Una segunda realidad encierran estas genealogías: que Jesús no sólo fue hijo y miembro de la raza humana, sino que lo fue muy precisamente a través del pueblo judío. Esto hay que recordarlo sin rodeos, precisamente porque a veces lo ocultan ciertas raíces de antisemitismo: como acaba de recordar un reciente documento vaticano *Jesús es hebreo y lo es para siempre*. Fue judío, quiso ser judío, jamás abdicó de su condición de miembro de un pueblo concreto al que amaba apasionadamente y a cuya evangelización quiso reducir toda su tarea personal.

Tal vez en la historia hemos subrayado más de lo justo su oposición a «los judíos» extendiendo la fórmula del evangelista Juan a todo su pueblo. Es sin embargo un hecho que *contrariamente a una exégesis demasiado fácil, pero muy extendida* —como escribe el padre Dupuy— *Jesús no nos aleja de la tradición del judaísmo*. Todo su pensamiento brota de la tradición judía y aun cuando vino a superar —y en mucho— la Ley y los profetas, nunca quiso abolirlos. Los evangelios le muestran siempre respetuoso, como un judío observante y fiel, con la *torá*. Sólo cuando las interpretaciones estrechas de esa ley se contraponen a su mensaje de amor mucho más universal, señala el *se os ha dicho, pero yo os digo*. En todo caso es evidente que Jesús jamás abdicó de su pueblo ni de su sangre, la misma sangre que recibió de su madre judía. Esa que, como un río de esperanzas, subrayan los evangelistas en sus genealogías.

3

Nacido de mujer

Recuerdo que hace ya muchos años, durante el pontificado de Pío XII, una mañana, cuando desayunaba yo en la cafetería de un hotel de Roma, se me acercó una muchacha japonesa y, en un francés tan tartamudeante como el mío, me preguntó si yo era sacerdote. Cuando le dije que sí, me dijo a bocajarro: *¿Podría explicarme usted quién es la Virgen María?* Sus palabras me sorprendieron tanto que sólo supe responder: *¿Por qué me hace esa pregunta?* Y aún recuerdo sus ojos cuando me explicó: *Es que ayer he oído rezar por primera vez el avemaría y, no sé por qué me he pasado la noche llorando.*

Entonces tuve que ser yo quien explicara que también yo necesitaría pasarme llorando muchas noches para poder responder a esa pregunta. Y, como única respuesta, repetí a la muchacha algunos de los párrafos de lo que el viejo cura de Torcy dice a su joven compañero sacerdote en el *Diario de un cura rural* de Bernanos que, en las vísperas de mi propia ordenación sacerdotal, releí tantas veces que había llegado a aprendérmelos casi de memoria:

¿Rezas a la Santa Virgen? Es nuestra madre ¿comprendes? Es la madre del género humano, la nueva Eva, pero es, al mismo tiempo su hija. El mundo antiguo y doloroso, el mundo anterior a la gracia, la acunó largo tiempo en su corazón desolado —siglos y más siglos— en la espera oscura, incomprensible de una «virgo génitrix». Durante siglos y siglos protegió con sus viejas manos cargadas de crímenes, con sus manos pesadas, a la pequeña doncella maravillosa cuyo nombre ni siquiera sabía... La edad media lo comprendió, como lo comprendió todo. ¡Pero impide tú ahora a los imbéciles que rehagan a su manera el «drama de la encarnación» como ellos lo llaman! Cuando creen que su prestigio les obliga a vestir como títeres a modestos jueces de paz o a coser galones en la bocamanga de los interventores, les avergonzaría a esos descreídos confesar que el solo, el único drama, el drama de los dramas —pues no ha habido otro— se representó sin decoraciones ni pasamanería. ¡Piensa bien en lo que ocurrió! ¡El Verbo se hizo carne y ni los periodistas se enteraron! Presta atención, pequeño: La Virgen Santa no tuvo triunfos, ni milagros. Su Hijo no permitió que la gloria humana la rozara siquiera. Nadie ha vivido, ha sufrido y ha muerto con tanta sencillez y en una ingnorancia tan profunda de su propia dignidad, de una dignidad que, sin embargo, la pone muy por encima de los ángeles. Ella nació también sin pecado... ¡qué extraña soledad! Un arroyuelo tan puro, tan límpido y tan puro, que Ella no pudo ver reflejada en él su propia imagen, hecha para la sola alegría del Padre Santo —¡oh, soledad sagrada!—. Los antiguos demonios familiares del hombre contemplan desde lejos a esta criatura maravillosa que está fuera de su alcance, invulnerable y desarmada. La Virgen es la inocencia. Su mirada es la única verdaderamente infantil, la única de niño que se ha dignado fijarse jamás en nuestra vergüenza y nuestra desgracia... Ella es más joven que el pecado, más joven que la raza de la que ella es originaria y, aunque Madre por la gracia, Madre de las gracias, es la más joven del género humano, la benjamina de la humanidad.

Un misterio. Sí, un misterio que invita más a llorar de alegría que a hablar. ¿Cómo hablar de María con la suficiente ternura, con la necesaria verdad? ¿Cómo explicar su sencillez sin retóricas y su hondura sin palabrerías? ¿Cómo decirlo todo sin inventar nada, cuando sabemos tan poco de ella, pero ese poco que sabemos es tan vertiginoso? Los evangelios —y es lo único que realmente conocemos con certeza de ella— no le dedican más allá de doce o catorce líneas. ¡Pero cuántos misterios y cuánto asombro en ellas!

Sabemos que se llamaba María *(Mirjam,* un nombre al que la piedad ha buscado más de sesenta interpretaciones, pero que probablemente significa sólo «señora»); sabemos que era virgen y deseaba seguir siéndolo, y que —primera paradoja— estaba, sin embargo, desposada con un muchacho llamado José; sabemos que estaba «llena de gracia» y que vivió permanentemente en la fe... Es poco, pero es ya muchísimo.

Llena de gracia

Estaba «llena de gracia». Más: era «la llena de gracia». El ángel dirá «llena de gracia» como quien pronuncia un apellido, como si en todo el mundo y toda la historia no hubiera más «llena de gracia» que ella. Y hasta los escrituristas insisten en el carácter pasivo que ahí tiene el verbo llenar y piensan que habría que traducirlo —con perdón de los gramáticos— «llenada de gracia». Era una mujer elegida por Dios, invadida de Dios, inundada por Dios. Tenía el alma como en préstamo, requisada, expropiada para utilidad pública en una gran tarea.

No quiere esto decir que su vida hubiera estado hasta encontes llena de milagros, que las varas secas florecieran de nardos a su paso o que la primavera se adelgazara al rozar su vestido. Quiere simplemente decir que Dios la poseía mucho más que el esposo posee a la esposa. El misterio la rodeaba con esa muralla de soledad que circunda a los niños que viven ya desde pequeños una gran vocación. No hubo seguramente milagros en su infancia, pero sí fue una niña distinta, una niña «rara». O más exactamente: misteriosa. La presencia de Dios era la misma raíz de su alma. Orar era, para ella, respirar, vivir.

Seguramente este mismo misterio la torturaba un poco. Porque ella no entendía. ¿Cómo iba a entender? Se sentía guiada, conducida. Libre también, pero arrastrada dulcemente, como un niño es conducido por la amorosa mano de la madre. La llevaban de la mano, eso era.

Muchas veces debió de preguntarse por qué ella no era como las demás muchachas, por qué no se divertía como sus amigas, por qué sus sueños parecían venidos de otro planeta. Pero no encontraba respuesta. Sabía, eso sí, que un día todo tendría que aclararse. Y esperaba.

Esperaba entre contradicciones. ¿Por qué —por ejemplo— había nacido en ella aquel «absurdo» deseo de permanecer virgen? Para las mujeres de su pueblo y su tiempo ésta era la mayor de las desgracias. El ideal de todas era envejecer en medio de un escuadrón de hijos rodeándola «como retoños de olivos» (Sal 127, 3), llegar a ver «los hijos de los hijos de los hijos» (Tob 9, 11). Sabía que «los hijos son un don del Señor y el fruto de las entrañas una recompensa» (Sal 126, 3). Había visto cómo todas las mujeres bíblicas exultaban y cantaban de gozo al derrotar la esterilidad. Recordaba el llanto de la hija de Jefté y sus lamentos no por la pena de morir, sino por la de morir virgen, como un árbol cortado por la mitad del tronco.

Sabía que esta virginidad era aún más extraña en ella. ¿No era acaso de la familia de David y no era de esta estirpe de donde saldría el Salvador? Renunciando a la maternidad, renunciaba también a la más maravillosa de las posibilidades. No, no es que ella se atreviera siquiera a imaginarse que Dios podía elegirla para ese vertiginoso prodigio —«yo, yo» pensaba asustándose de la simple posibilidad— pero, aunque fuera imposible, ¿por qué cerrar a cal y canto esa maravillosa puerta?

Sí, era absurdo, lo sabía muy bien. Pero sabía también que aquella idea de ser virgen la había plantado en su alma alguien que no era ella. ¿Cómo podría oponerse? Temblaba ante la sola idea de decir «no» a algo pedido o insinuado desde lo alto. Comprendía que humanamente tenían razón en su casa y en su vecindario cuando decían que aquel proyecto suyo era locura. Y aceptaba sonriendo las bromas y los comentarios. Sí, tenían razón los suyos: ella era la loca de la familia, la que había elegido el «peor» partido. Pero la mano que la conducía la había llevado a aquella extraña playa.

Por eso tampoco se opuso cuando los suyos decidieron desposarla con José. Esto no lo entendía: ¿Cómo quien sembró en su alma aquel ansia de virginidad aceptaba ahora que le buscasen un esposo? Inclinó la cabeza: la voluntad de Dios no podía oponerse a la de sus padres. Dios vería cómo combinaba virginidad y matrimonio. No se puso siquiera nerviosa: cosas más grandes había hecho Dios. Decidió seguir esperando.

El saber que era José el elegido debió de tranquilizarle mucho. Era un buen muchacho. Ella lo sabía bien porque en Nazaret se conocían todos. Un muchacho «justo y temeroso de Dios», un poco raro también, como ella. En el pueblo debieron de comentarlo: «Tal para cual». Hacían buena pareja: los dos podían cobijarse bajo un mismo misterio, aquel que a ella la poseía desde siempre.

¿Contó a José sus proyectos de permanecer virgen? Probablemente no. ¿Para qué? Si era interés de Dios el que siguiera virgen, él se las arreglaría para conseguirlo. En definitiva, aquel asunto era más de Dios que suyo. Que él lo resolviera. Esperó.

A la sombra de la palabra de Dios

Así vivía aquel tiempo la muchacha. Debía de tener trece o catorce años: a esta edad solían desposarse las jóvenes de su tiempo. Pero a veces parecía mucho más niña —por su pureza— y a veces mucho mayor —por su extraña madurez—. Esperaba. Todos esperaban por aquel tiempo, aunque puede que cada uno aguardase cosas diferentes. Los más esperaban, simplemente, salir de aquella humillación en que vivían: su país invadido por extranjeros, el reino de David convertido en un despojo, su familia empobrecida y miserable. Vivían tensos de expectación como todos los humillados. Sabían que el libertador vendría de un momento a otro y olfateaban esa venida como perros hambrientos. *¿Eres tú el que ha de venir o tenemos que seguir esperando a otro?* (Mt 11, 3), preguntaría años más tarde Juan Bautista. Esperaban y desesperaban al mismo tiempo. A veces les parecía que el Mesías era un hermoso sueño que inventaban en las sinagogas para hacerles más llevadero el pan de la esclavitud.

Ella esperaba sin desesperar. Probablemente porque estaba a la espera de algo muy diferente que los demás. Le esperaba a él, no porque fuera a liberarla a ella, ni siquiera porque fuera el libertador. Sabía que simplemente con que él viniera —aunque ellos siguieran esclavos y miserables— el mundo ya habría cambiado. No pensaba siquiera en el mal que él iba a borrar, sino en la luz que él iba a traer. No le angustiaban las tinieblas, soñaba la luz. Las tinieblas, cuando él llegara, se irían por sí solas.

Y mientras él venía, alimentaba su esperanza en la luz que ya tenían: la luz de la palabra de Dios, las profecías, los salmos. Los pintores gustan siempre de presentarla con un libro en las manos cuando llegó el ángel. Pero ¿sabía leer María? ¿Tenía, además, dinero para comprar los entonces carísimos libros? Sé de muchos que se escandalizan ante la idea de que María fuese analfabeta. Pero es lo más probable. La mujer era entonces lo último del mundo y en aquel rincón del planeta el nivel cultural era de lo más ínfimo. No saber leer y escribir era lo más corriente. Y María —menos en la gracia— era de lo más corriente. A Jesús le veremos leyendo en la sinagoga y escribiendo en el suelo. De María nada se nos dice. Pero el saber leer o no, en nada oscurece su plenitud de gracia.

Lo que sí podemos asegurar es que conocía la Escritura como la tierra que pisaba. Cuando el ángel hable, mencionará al «hijo del Altísimo», citará el «trono de David, su padre», dirá que ha de «reinar sobre la casa de Jacob» (Lc 1, 32-33). Y María entenderá perfectamente a qué está aludiendo. La veremos también más tarde, en el *Magníficat,* improvisando un canto que es un puro tejido de frases del antiguo testamento. Sólo improvisa así, quien conoce esos textos como la palma de su mano.

Supiera leer, pues, o no, lo cierto es que la palabra de Dios era su alimento. Sabía, probablemente, de memoria docenas de salmos y poemas proféticos. En el mundo rural siempre se ha tenido buena memoria y más aún entre los pueblos orientales. Flavio Josefo cuenta que muchos judíos de aquel tiempo sabían repetir los textos de la ley con menos tropiezos que sus propios nombres. Y, además, aprendemos fácilmente lo que amamos.

En la sinagoga repetían, sábado tras sábado, aquellas palabras de esperanza. Y María las había hecho ya tan suyas como su misma sangre. Sobre todo las que hablaban del Mesías. Aquellas alegres y misteriosas del salmo 109:

> Dijo el Señor a mi Señor:
> siéntate a mi diestra
> mientras pongo a tus enemigos
> como escabel de tus pies.
> En el día de tu poderío
> eres rey en el esplendor de la santidad.
> De mis entrañas te he engendrado
> antes que el lucero de la mañana.

Y aquellas otras tan terribles y desgarradoras:

> Pero yo soy un gusano, ya no soy un hombre,
> ludibrio para la gente,
> desprecio para el pueblo.

Todos los que me ven se burlan,
tuercen sus labios, sacuden su cabeza...
Me rodea una jauría de perros,
me asedia una banda de malvados.
Han horadado mis manos y mis pies,
han contado todos mis huesos... (Sal 22, 7-17).

Temblaba al oír estas cosas. Deseaba que viniera aquel *rey en el esplendor de la santidad* (Is 60, 3). Pero su corazón se abría al preverlo rodeado de una jauría de humanos. ¿Se atrevía alguna vez a imaginar que ella «lo engendraría de sus entrañas»? Sonreiría de sólo imaginárselo. No, el mar no cabía en su mano. Y ella estaba loca, pero no tanto. Dentro del misterio en que vivía —y aunque sabía que todo podía ocurrir— su corazón imaginaba para ella una vida mansa como un río, sin torrentes ni cataratas. Y aquel matrimonio con José, el artesano, parecía garantizarlo: viviría en Dios y en Dios moriría. Nunca la historia hablaría de ella. Hubiera firmado una vida tan serena como aquella que estaba viviendo aquella mañana, una hora antes de que apareciera el ángel. Aunque... ¿por qué vibraba de aquella manera su corazón? ¿Qué temor era aquel que quedaba siempre al fondo de su alma de muchacha solitaria? ¿Por qué Dios estaba tan vivo en ella y por qué su alma estaba tan abierta y tan vacía de todo lo que no fuera Dios, como si alguien estuviera preparando dentro de ella una morada? Fue entonces cuando llegó el ángel.

Un problema de fondo

Ahora, antes de entrar en la anunciación, tenemos que detenernos para formularnos una pregunta de fondo: ¿El encuentro de María y el ángel, tal y como lo narra Lucas, es la narración de un hecho rigurosamente histórico o sólo la forma literaria de expresar un hondo misterio teológico?

Es un hecho que los dos primeros capítulos de Lucas difieren claramente, tanto en su contenido como en su estilo, de todo el resto de su evangelio. En ninguna otra página encontramos, en tan corto período de tiempo, tantos milagros, tantos sueños, tanto ir y venir de ángeles. Incluso el lenguaje es peculiar, lleno de semitismos, que hacen pensar a los investigadores que el evangelista usó aquí una fuente distinta, quizá un texto preescrito por otra persona.

Hasta la época más reciente, la piedad y la ciencia han coincidido en ver en estas páginas una rigurosa narración histórica y aún hoy muchos exegetas siguen viéndolo así. Pero incluso los teólogos que reconocen la rigurosa historicidad de lo que esos dos primeros capítulos lucanos cuentan, están muy lejos de pensar que, por ejemplo, en la página de la anunciación estemos ante una transcripción taquigráfica o magnetofónica de una verdadera conversación entre María y el ángel. ¿Quién la habría transmitido, si sucedió sin testigos? ¿Merece hoy valor la piadosa tradición que piensa que Lucas trabajó sobre los recuerdos de María, que hubieran sido contados al evangelista por ella misma, único testigo humano de la escena?

Los enemigos del cristianismo —e incluso algunos teólogos— descalifican estas escenas como algo puramente legendario, inventado por Lucas para llenar el desconocido vacío de los comienzos de la vida de Jesús, que, sin duda, querría conocer la piedad de los primeros cristianos. Pero, hoy, la ciencia más seria se aleja tanto de un puro literalismo como de una interpretación simplemente legendaria y acepta la historicidad fundamental de lo narrado en esas páginas, aunque reconozca también que Lucas aportó una forma literaria a esas páginas para expresar lo fundamental de su teología: la misteriosa encarnación de Jesús, hecha por obra directa de Dios a través de María. Subrayan estos teólogos un dato fundamental para entender esta escena: que esos dos capítulos son *un tapiz trenzado con hilos tomados del antiguo testamento* como escribe McHugh. Efectivamente: *La Iglesia primitiva se puso a reexaminar el mensaje del antiguo testamento a la luz de la venida de Cristo, a fin de descubrir y explicar el sentido profundo que se hallaba oculto en sus textos proféticos.* Así que es normal que describiera todo lo que rodea el nacimiento de Cristo a la luz de los cinco elementos típicos que aparecen en varios relatos veterotestamentarios de los nacimientos de los grandes personajes. Hay, de hecho, un esquema idéntico en el nacimiento de Jesús y en los de Ismael, Isaac, Sansón y Samuel: aparición de un ángel que anuncia; temor por parte de la madre; saludo en el que el ángel llama a la madre por su nombre con un calificativo honorífico; mensaje en el que se le dice que concebirá y dará a luz un hijo y se le explica qué nombre deberá ponerle; objeción por parte de la madre y señal de que lo que se anuncia se cumplirá porque está decidido por Dios. Este es el esquema literario que seguirá Lucas para confirmar que en Cristo se realiza lo tantas veces anunciado en las Escrituras y para expresar, de un modo humano, lo inexpresable de esta concepción.

Por ello tendremos que leer todo este relato a dos luces, sabiendo que es mucho más importante su contenido teológico, expresión de una realidad histórica y no legendaria, que su recubrimiento en los detalles, que ayudan a nuestro corazón y a nuestra fe a vivir ese profundo misterio transmitido por las palabras de Lucas. Leámoslo así.

La narración de Lucas

Todo empezó con un ángel y una muchacha. El ángel se llamaba Gabriel. La muchacha María. Ella tenía sólo catorce años. El no tenía edad. Y los dos estaban desconcertados. Ella porque no acababa de entender lo que estaba ocurriendo. El, porque entendía muy bien que con sus palabras estaba empujando el quicio de la historia y que allí, entre ellos, estaba ocurriendo algo que él mismo apenas se atrevía a soñar.

La escena ocurría en Nazaret, ciento cincuenta kilómetros al norte de Jerusalén. Nazaret es hoy una hermosa ciudad de 30.000 habitantes. Recuerdo aún sus casas blancas, tendidas al sol sobre la falda de la montaña, alternadas con las lanzas de cientos de cipreses y rodeada por verdes campos cubiertos de olivos e higueras.

Hace dos mil años los campos eran más secos y la hermosa ciudad de hoy no existía. Se diría que Dios hubiera elegido un pobre telón de fondo para la gran escena. Nazaret era sólo un poblacho escondido en la hondonada, sin más salida que la que, por una estrecha garganta, conduce a la bella planicie de Esdrelón. Un poblacho del que nada sabríamos si en él no se hubieran encontrado este ángel y esta muchacha. El antiguo testamento ni siquiera menciona su nombre. Tampoco aparece en Flavio Josefo, ni en el Talmud. ¿Qué habría que decir de aquellas cincuenta casas agrupadas en torno a una fuente y cuya única razón de existir era la de servir de descanso y alimento a las caravanas que cruzaban hacia el norte y buscaban agua para sus cabalgaduras. *¿De Nazaret puede salir algo bueno?* (Jn 1, 46), preguntará un personaje evangélico cuando alguien pronuncie, años después, ese nombre. Las riñas y trifulcas —tan frecuentes en los pozos donde se juntan caravanas y extraños— era lo único que la fama unía al nombre de Nazaret. Y no tenían mejor fama las mujeres del pueblo: *A quien Dios castiga* —rezaba un adagio de la época— *le da por mujer una nazaretana.*

Y una nazaretana era la que, temblorosa, se encontrará hoy con un ángel resplandeciente de blanco. La tradición oriental coloca la escena en la fuente del pueblo; en aquella —que aún hoy se llama «de la Virgen»— a la que iban todas las mujeres de la aldea, llevando sobre la cabeza —tumbado a la ida, enhiesto al regreso— un cántaro de arcilla negra con reflejos azules. En aquel camino se habría encontrado María con el apuesto muchacho —los pintores orientales aún lo pintan así— que le dirigiría las más bellas palabras que se han dicho jamás.

Pero el texto evangélico nos dice que el ángel «entró» a donde estaba ella. Podemos, pues, pensar que fue en la casa, si es que se podían llamar «casas» aquellas covachas semitrogloditicas.

A los poetas y pintores no les gusta este decorado. *Desde la galería esbelta* —dirá Juan Ramón Jiménez— *se veía el jardín*. Leonardo situará la escena en un bello jardín florentino, tierno de cipreses. Fray Angélico elegirá un pórtico junto a un trozo de jardín directamente robado del paraíso. Pero ni galería, ni jardín, ni pórtico. Dios no es tan exquisito... La «casa» de María debía ser tal y como hoy nos muestran las excavaciones arqueológicas: medio gruta, medio casa, habitación compartida probablemente con el establo de las bestias; sin más decoración que las paredes desnudas de la piedra y el adobe; sin otro mobiliario que las esterillas que cubrían el suelo de tierra batida; sin reclinatorios, porque no se conocían; sin sillas, porque sólo los ricos las poseían. Sin otra riqueza que las manos blancas de la muchacha, sin otra luz que el fulgor de los vestidos angélicos, relampagueantes en la oscuridad de la casa sin ventanas. No hubo otra luz. No *se cubrió la tierra de luz alborozada* (como escribe poéticamente Rosales, con ese afán, tan humano, de «ayudar» a Dios a hacer «bien» las cosas). No florecieron de repente los lirios ni las campanillas. Sólo fue eso: un ángel y una muchacha que se encontraron en este desconocido suburbio del mundo, en la limpia pobreza de un Dios que sabe que el prodigio no necesita decorados ni focos.

El ángel se llamaba Gabriel

Lo más sorprendente de la venida del ángel es que María no se sorprendiera al verle. Se turbó de sus palabras, no de su presencia. Reconoció, incluso, que era un ángel, a pesar de su apariencia humana y aunque él no dio la menor explicación.

Su mundo no era el nuestro. El hombre de hoy tan inundado de televisores, de coches y frigoríficos mal puede entender la presencia de un ángel. Eso —piensa— está bien para los libros de estampas de los niños, no para la realidad nuestra de cada día.

El universo religioso de María era distinto. Un ángel no era para ella una fábula, sino algo misterioso, sí, pero posible. Algo que podía resultar tan cotidiano como un jarrón y tan verosímil como una flor brotando en un jardín. El antiguo testamento —el alimento de su alma— está lleno de ángeles. *La existencia de ángeles y arcángeles* —dirá san Gregorio Magno— *la testifican casi todas las páginas de la sagrada Escritura.* A María pudo asombrarle el que se le apareciera a ella, no el que se apareciera. Las páginas que oía leer los sábados en la sinagoga hablaban de los ángeles sin redoble de tambores, con «normalidad». Y con normalidad le recibió María.

En su apariencia era posiblemente sólo un bello muchacho. En el nuevo testamento nunca se pinta a los ángeles con alas. Se les describe vestidos de túnicas «blancas», «resplandecientes», «brillantes». El ángel que encontraremos al lado del sepulcro *tenía el aspecto como el relámpago y sus vestiduras blancas como la nieve* (Mt 28, 3). Así vería María a Gabriel, con una mezcla de júbilo y temblor, mensajero de salvación a la vez que deslumbrante y terrible.

Se llamaba Gabriel, dice el texto de Lucas. Sólo dos ángeles toman nombre en el nuevo testamento y en los dos casos sus nombres son más descripciones de su misión que simples apelativos: Miguel será resumen de la pregunta «¿Quién como Dios?»; Gabriel es el «fuerte de Dios» o el «Dios se ha mostrado fuerte». La débil pequeñez de la muchacha y la fortaleza de todo un Dios se encontraban así, como los dos polos de la más alta tensión.

Y el ángel («ángel» significa «mensajero») cumplió su misión, realizándose en palabras: *¡Alégrate, llena de gracia! ¡El Señor está contigo!* (Lc 1, 28).

Si la presencia luminosa del ángel había llenado la pequeña habitación, aquella bienvenida pareció llenarla mucho más. Nunca un ser humano había sido saludado con palabras tan altas. Parecidas sí, iguales no.

Por eso «se turbó» la muchacha. No se había extremecido al ver al ángel, pero sí al oírle decir aquellas cosas. Y no era temblor de los sentidos. Era algo más profundo: vértigo. El evangelista puntualiza que la muchacha *consideraba qué podía significar aquel saludo* (Lc 1, 29). Reflexionaba, es decir: su cabeza no se había quedado en blanco, como cuando nos sacude algo terrible. Daba vueltas en su mente a las palabras del ángel. Estaba, por tanto, serena. Sólo que en aquel momento se le abría ante los ojos un paisaje tan enorme que casi no se atrevía a mirarlo.

En la vida de todos los hombres —se ha escrito— —*hay un secreto. La mayoría muere sin llegar a descubrirlo.* Los más mueren, incluso, sin llegar a sospechar que ese secreto exista. María conocía muy bien que dentro de ella había uno enorme. Y ahora el ángel parecía querer dar la clave con que comprenderlo. Y la traía de repente, como un relámpago que en una décima de segundo ilumina la noche. La mayoría de los que logran descubrir su secreto lo hacen lentamente, excavando en sus almas. A María se le encendía de repente, como una antorcha. Y todos sus trece años —tantas horas de sospechar una llamada que no sabía para qué— se le pusieron en pie, como convocados. Y lo que el ángel parecía anunciar era mucho más ancho de lo que jamás se hubiera atrevido a imaginar. Por eso se turbó, aunque aún no comprendía.

Luego el ángel siguió como un consuelo: *No temas.* Dijo estas palabras como quien pone la venda en una herida, pero sabiendo muy bien que la turbación de la niña era justificada. Por eso prosiguió con el mensaje terrible a la vez que jubiloso: *Has hallado gracia delante de Dios. Mira, vas a concebir y dar a luz un hijo, a quien pondrás por nombre Jesús. Será grande y será llamado Hijo del Altísimo. Dios, el Señor, le dará el trono de su padre David; reinará en la casa de Jacob eternamente y su reino no tendrá fin (Lc 1, 30-33).*

Un silencio interminable

¿Cuánto duró el silencio que siguió a estas palabras? Tal vez décimas de segundo, tal vez siglos. La hora era tan alta que quizá en ella no regía el tiempo, sino la eternidad. Ciertamente para María aquel momento fue inacabable. Sintió que toda su vida se concentraba y se organizaba como un rompecabezas. Empezaba a entender por qué aquel doble deseo suyo de ser virgen y fecunda; vislumbraba por qué había esperado tanto y por qué tenía tanto miedo a su esperanza. Empezaba a entenderlo, sólo «empezaba». Porque aquel secreto suyo, al iluminarlo el ángel se abría sobre otro secreto y éste, a su vez, sobre otro más profundo: como en una galería de espejos. Terminaría de entenderlo el día de la resurrección, pero lo que ahora vislumbraba era ya tan enorme que la llenaba, al mismo tiempo, de alegría y de temor. La llenaba, sobre todo, de preguntas.

Algo estaba claro, sin embargo: el ángel hablaba de un niño. De un niño que debía ser concebido por ella. «¿Por... ella?» Su virginidad subió a la punta de su lengua. No porque fuera una solterona puritana aterrada ante la idea de la maternidad. Al contrario: ser fecunda en Dios era la parte mejor de su alma. Pero el camino para esa fecundidad era demasiado misterioso para ella y sabía que aquel proyecto suyo de virginidad era lo mejor, casi lo único, que ella había puesto en las manos de Dios, como prueba de la plenitud de su amor. Era esa plenitud lo que parecía estar en juego. No dudaba de la palabra del ángel, era, simplemente, que no entendía. Si le pedían otra forma de amor, la daría; pero no quería amar a ciegas.

Por eso preguntó, sin temblores, pero conmovida: *¿Cómo será eso, pues yo no conozco varón?* La pregunta era, a la vez, tímida y decidida. Incluía ya la aceptación de lo que el ángel anunciaba, pero pedía un poco más de claridad sobre algo que, para ella, era muy importante.

Y el ángel aclaró: *El Espíritu santo velará sobre ti y la virtud del Altísimo te cubrirá con su sombra. Por eso lo Santo que nacerá de ti, será llamado Hijo de Dios.*

María había pedido una aclaración; el ángel aportaba dos, no sólo respecto al modo en que se realizaría aquel parto, sino también y, sobre todo, respecto a Quién sería el que iba a nacer de modo tan extraordinario. ¿Quizá el ángel aportaba dos respuestas porque comprendía que María había querido hacer dos preguntas y formulado sólo la menos vertiginosa?

Porque en verdad María había empezado a entender: lo importante no era que en aquel momento se aclarase el misterio de su vida; lo capital es que se aclaraba con un nuevo misterio infinitamente más grande que su pequeña vida: en sus entrañas iba a nacer el Esperado y, además, el Esperado era mucho más de lo que nunca ella y su pueblo se habían atrevido a esperar.

Que la venida que el ángel anunciaba era la del Mesías no era muy difícil de entender. El ángel había dado muchos datos: el *Hijo del Altísimo,* el que ocuparía *el trono de su padre David,* el que *reinaría eternamente.* Todas estas frases eran familiares para la muchacha. Las había oído y meditado miles de veces. Al oírlas vino, sin duda, a su mente aquel pasaje de Isaías que los galileos conocían mejor que nadie porque en él se hablaba expresamente de su despreciada comarca.

> Cubrirá Dios de gloria el camino junto al mar, la región del otro lado del Jordán y la Galilea de los gentiles. El pueblo que andaba entre tinieblas ve una gran luz... Porque nos ha nacido un niño y se nos ha dado un hijo; sobre sus hombros descansa el señorío; su nombre: Admirable, Consejero, Dios fuerte, Padre de la eternidad, Príncipe de la paz. Su dominio alcanzará lejos y la paz no tendrá fin. Se sentará en el trono de David y reinará en su reino, a fin de afianzarlo y consolidarlo desde ahora hasta el fin de los siglos (Is 9, 1-6).

Sí, era de este niño de quien hablaba el ángel. E iba a nacer de sus entrañas. Y su fruto sería llamado Hijo de Dios. ¿Cómo no sentir vértigo?

La hora de la hoguera

Ahora era el ángel quien esperaba en un nuevo segundo interminable. No era fácil aceptar, ciertamente. El problema de cómo se realizaría el nacimiento había quedado desbordado por aquellas terribles palabras que anunciaban qué sería aquel niño.

Tampoco María ahora comprendía. Aceptaba, sí, aceptaba ya antes de responder, pero lo que el ángel decía no podía terminar de entrar en su pequeña cabeza de criatura. Algo sí, estaba ya claro: Dios estaba multiplicando su alma y pidiéndole que se la dejara multiplicar. No era acercarse a la zarza ardiendo de Dios, era llevar la llamarada dentro.

Esto lo entendió muy bien: sus sueños de muchacha habían terminado. Aquel río tranquilo en que veía reflejada su vida se convertía, de repente, en un torrente de espumas... y de sangre. Sí, de sangre también. Ella lo sabía. No se puede entrar en la hoguera sin ser carbonizado. Su pequeña vida había dejado de pertenecerle. Ahora sería arrastrada por la catarata de Dios. El ángel apenas decía la mitad de la verdad: hablaba del reinado de aquel niño. Pero ella sabía que ese reinado no se realizaría sin sangre. Volvía a recordar las palabras del profeta: *Yo soy un gusano, ya no soy un hombre; han taladrado mis manos y mis pies; traspasado por nuestras iniquidades, molido por nuestros pecados será conducido como oveja al matadero...* (Sal 22, 7.17; Is 53, 5.7). Todo esto lo sabía. Sí, era ese espanto lo que pedía el ángel. Que fuera, sí, madre del «hijo del Altísimo», pero también del «varón de dolores».

Temblaba. ¿Cómo no iba a temblar? Tenía catorce años cuando empezó a hablar el ángel. Y era ya una mujer cuando Gabriel concluyó su mensaje. Bebía años. Crecía. Cuando una adolescente da a luz decimos: «Se ha hecho mujer». Así ella, en aquella décima de segundo.

Y el ángel esperaba, temblando también. No porque dudase, sino porque entendía.

Un poeta —P.M. Casaldáliga— lo ha contado así:

Como si Dios tuviera que esperar un permiso...
Tu palabra sería la segunda palabra
y ella recrearía el mundo estropeado
como un juguete muerto que volviera a latir súbitamente.

De eso, sí, se trataba: del destino del mundo, pendiente, como de un hilo, de unos labios de mujer.

Y en el mundo no sonaron campanas cuando ella abrió los labios. Pero, sin que nadie se enterara, el «juguete muerto» comenzó a latir. Porque la muchacha-mujer dijo: *He aquí la esclava del Señor. Hágase en mí según tu palabra.* Dijo «esclava» porque sabía que desde aquel momento dejaba de pertenecerse. Dijo «hágase» porque «aquello» que ocurrió en su seno sólo podía entenderse como una nueva creación.

No sabemos cómo se fue el ángel. No sabemos cómo quedó la muchacha. Sólo sabemos que el mundo había cambiado. Fuera, no se abrieron las flores. Fuera, quienes labraban la tierra siguieron trabajando sin que siquiera un olor les anunciase que algo había ocurrido. Si en Roma el emperador hubiera consultado a su espejito mágico sobre si seguía siendo el hombre más importante del mundo, nada le habría hecho sospechar que en la otra punta del mundo la historia había girado. Sólo Dios, la muchacha y un ángel lo sabían. Dios había empezado la prodigiosa aventura de ser hombre en el seno de una mujer.

A la altura del corazón

¿Fue todo así? ¿O sucedió todo en el interior de María? ¿Vio realmente a un ángel o la llamada de Dios se produjo más misteriosamente aún, como siempre que habla desde el interior de las conciencias? No lo sabremos nunca. Pero lo que sabemos es bastante: que Dios eligió a esta muchacha para la tarea más alta que pudiera soñar un ser humano; que no impuso su decisión, porque él no impone nunca; que ella asumió esa llamada desde una fe oscura y luminosa; que ella aceptó con aquel corazón que tanto había esperado sin saber aún qué; que el mismo Dios —sin obra de varón— hizo nacer en ella la semilla del que sería Hijo de Dios viviente. ¿Qué importan, pues, los detalles? ¿Qué podría aportar un ángel más o menos? Tal vez todo ocurrió a la altura del corazón. No hay altura más vertiginosa.

4

El abrazo de las dos mujeres

Cuando el ángel se fue, el seno de María parecía más grande. Y la habitación donde la doncella estaba se había hecho más pequeña. En la oscuridad, María quedó inmóvil. Su corazón, agitado, comenzó a serenarse y, durante una décima de segundo, la muchacha se preguntó a sí misma si no había estado soñando. Nada había cambiado en la estancia. Las paredes seguían chorreando humedad y el ángel no había dejado reflejos de oro en el lugar donde puso los pies. Tal vez ella se llevó las manos a la cintura, pero nada denunciaba físicamente la presencia del Huésped.

Mas la muchacha sabía bien que no había soñado. Tenía el alma en pie y cada uno de los centímetros de su piel —tensa— aseguraba que había estado despierta y bien despierta. Si aquello había sido un sueño nada de cuanto había vivido en sus catorce años era verdad. Sintió subir el gozo por el pecho y la garganta. El miedo, el vértigo que había sentido al saberse madre del «Varón de dolores» cedían para dar lugar sólo a la alegría. ¡Dios estaba en ella, física, verdaderamente! ¡Empezaba a ser carne de su carne y sangre de su sangre! Ya no temblaba. Dios era fuego, pero era también amor y dulzura. Si un día su Hijo iba a poder decir que *su yugo era suave y su carga ligera* (Mt 11, 30) ¿no iba a ser suave y ligero para el seno de su Madre?

Estaba «grávida de Dios». Estas palabras parecían casar mal la una con la otra, pero tendría que irse haciendo a la idea de que Dios era sencillo. Aunque aún le costaba imaginárselo bebé. Pero lo creía, claro que lo creía, aun cuando cosas como éstas son de las que «no se pueden creer».

Ahora empezó a sentir la necesidad de correr y contárselo a alguien. No porque tuviera dudas y precisase consultar con alguna otra persona, sino porque parece que lo que nos ha ocurrido no es del todo verdad hasta que no se lo contamos a alguien. Pero ¿a quién decírselo que no la juzgara loca, a quién comunicarlo que no profanara aquel misterio con bromas y risas? Ella lo había visto, podía creerlo. Pero, aparte de ella, ¿quién no lo juzgaría un invento de chiquilla deseosa de llamar la atención?

Si aún vivían sus padres (los exegetas piensan que no, pero éste es uno de tantos detalles que desconocemos) ¿se atrevería a decírselo? ¿Y cómo explicarlo, con qué palabras? Nunca había pensado que pudiera sentirse un pudor tan sagrado como el que a ella le impedía hablar de «aquello» a lo que casi no se atrevía a dar nombre.

«José». Este nombre golpeó entonces su cabeza. «Se lo diría a José». ¿Se lo diría a José? Se dio cuenta de que explicárselo a José era aún más difícil que a ninguna otra persona. No porque no estuviera segura de que él iba a entenderlo, sino porque comprendía muy bien que esta noticia iba a desencuadernar la vida de José como había revuelto ya la suya. ¡Noticias así sólo puede darlas un ángel! Tendría que dejar en manos de Dios ese quehacer. Era asunto suyo ¿no?

Por eso se quedó allí, inmóvil, tratando de recordar una a una las frases que el ángel había dicho, reconstruyéndolas, como quien recoge las perlas de un collar, no fuera a perdérsele alguna. Las palabras giraban en su imaginación, se aclaraban y ella trataba de penetrar el sentido de cada una, haciéndolas carne de su carne, convirtiéndolas en oración. ¿Cuánto tardó en salir de su cuarto? Tal vez mucho, temerosa de que todos leyeran en su rostro aquel gozo inocultable.

El porqué de una prisa

Pero el evangelista añade: *En aquellos días se puso María en camino y, con presteza, fue a la montaña, a una ciudad de Judá* (Lc 1, 39). ¿A dónde va María? Y, sobre todo ¿por qué esa prisa?

Los biógrafos de Cristo han buscado muchas explicaciones a ese viaje y esa prisa. San Ambrosio dará la clave que luego repetirán muchos: María va a ver a Isabel *no porque no creyera en el oráculo del ángel o estuviera incierta del anuncio, sino alegre por la promesa, religiosa por su obligación, rápida por el gozo.* Fillion repetirá casi lo mismo:

> No porque dudase de la veracidad del ángel, ni por satisfacer una vana curiosidad y menos todavía para dar a conocer a su parienta el insigne favor que había recibido de Dios. Va porque en las últimas palabras del ángel había percibido si no una orden expresa, sí, al menos, una insinuación, una invitación que no podía dejar de tener en cuenta.

Para Ricciotti María fue a visitar a su pariente ora para congratularse con ella, ora porque las palabras del ángel habían dejado entrever claramente los particulares vínculos que habían de unir a los dos futuros hijos, como ya habían unido a las dos madres. Lapple insistirá más bien en el deseo de María de *contemplar el milagro obrado por Dios en su prima*. Pérez de Urbel cree que va sobre todo a *felicitar a su prima*. El padre Fernández insiste sobre todo en razones de caridad: *No le sufrió a María el corazón quedarse en casa mientras que su presencia podía ser útil a la anciana Isabel*. Rops ve antes que nada el deseo de aclarar más lo que el ángel había dicho *comprobando por sí misma este hecho que tan de cerca la interesaba a ella*. Cabodevilla acentúa un planteamiento providencialista: María va a ver a su prima porque sabe que *Isabel entra de algún modo en los planes de Dios sobre María. La madre del Redentor tiene que visitar a la madre del Precursor a fin de que, esta vez también, «se cumpla toda justicia»*.

Sí, todas estas razones debieron de influir, pero si profundizamos en el alma de esta muchacha tal vez encontramos una razón que explique mejor esa «prisa», una razón psicológica a la vez que teológica.

María es una muchacha de catorce años que ha vivido escondida y probablemente humillada. Y he aquí que, de repente, se ilumina su vida, se siente embarcada en una tarea en la que ella no sólo se dejará llevar sino que será parte activa. Tiene que empezar enseguida, inmediatamente. Hay algo muy grande en sus entrañas, algo que debe ser comunicado, transmitido. La obra de la redención tiene que empezar sin perder un solo día.

Y como es una muchacha viva y alegre, sale de prisa; de prisa se va a compartir su gozo. Esta «necesidad» de compartir es la raíz del alma del apóstol. Y María será reina de los apóstoles. No puede perder tiempo. Y se va, como si ya intuyera que el pequeño Juan esperase que la obra de la redención empiece con él.

La primera procesión del Corpus

¿Viaja sola? Otra vez los evangelistas —siempre discretos— nos escatiman el detalle. Los pintores sugieren que viajó con José, a quien pintan contemplando de lejos el abrazo de las dos primas. Pero ya se sabe que los pintores usan su imaginación: no sería lógica la posterior ignorancia de José si hubiera conocido el diálogo de las dos mujeres. Otros pintores —el alemán Fuhrich, por ejemplo— pintan su viaje entre una escolta de ángeles. Los ángeles viajan siempre con los hombres, pero probablemente su escolta real y visible fue más humilde.

Lo más seguro es que viajó con alguna caravana. El viaje era largo y difícil —más de 150 kilómetros—. La región era agreste y peligrosa. Y aunque María conociera el camino —sin duda había estado ya alguna otra vez en casa de su parienta y, en todo caso, más de una vez habría viajado con sus padres a Jerusalén— no parece verosímil que viajera sola, casi adolescente como era, especialmente cuando sabemos que las caravanas que bajaban a Jerusalén no eran infrecuentes. Un proverbio de la época decía:

> Si ves que un justo se pone en camino y tú piensas hacer el mismo recorrido, adelanta tu viaje en atención a él tres días a fin de que puedas caminar en su compañía, puesto que los ángeles de servicio le acompañan. Si, por el contrario, ves que se pone en camino un impío y tú piensas hacer el mismo recorrido, emprende tu viaje, en razón de él, tres días más tarde, a fin de que no vayas en su compañía.

Iría, pues, seguramente con buena gente, cabalgando en el borriquillo de la familia y haciendo un camino casi idéntico al que nueve meses más tarde haría hacia Belén.

Pero, aunque fuera con alguien, María iba sola. Sola con el pequeño Huésped que ya germinaba en sus entrañas. Se extrañaría de que los demás no reconocieran en sus ojos el gozo que por ellos desbordaba. Vestiría el traje típico de las galileas: túnica azul y manto encarnado, o túnica encarnada y manto azul, con un velo blanco que desde su cabeza caía hasta más abajo de la cintura, un velo que el viento de Palestina levantaría como una hermosa vela.

¿Hacia dónde viajaron? Otra vez la ignorancia. El evangelista sólo nos dice que se fue *a la montaña, a una ciudad de Judá* (Lc 1, 39). «La montaña» para los galileos era toda la región de Judea, en contraste con las costas bajas de Galilea y el llano de Esdrelón que se contempla desde Nazaret. Pero ya en Judea nada menos que diez ciudades se disputan el honor de haber sido escenario del abrazo de las dos mujeres: Hebrón, Belén, la misma Jerusalén, Yuta, Ain Karim... Esta última se lleva la palma de las probabilidades con argumentos que datan del siglo V.

Viajaron, pues, *por el sendero pedregoso que se retuerce por la falda del Djebel el-Qafse, desembocando en la ancha planicie de Esdrelón y dejando a la izquierda el Tabor. Se adelantaron hacia los vergeles de Engannin (la actual Djenin) donde puede que hicieran la primera noche; de aquí, por Qubatiye, Sanur, Djeba y pasando a poca distancia de la ciudad de Samaria, llegó a Siquem. Aquí, tomando otra vez la dirección sur y cruzando Lubban y quizá también la ciudad de Silo, llegó, al cabo de no menos ciertamente de cuatro días, a la casa de Isabel.* Así lo describe el experto geógrafo que es el padre Andrés Fernández.

La primera parte del viaje debió de ser hermosa y alegre. Debían de ser las proximidades de la Pascua y la primavera hacía verdear los valles. Junto al camino abrían sus copas las anémonas y el aire olía a flores de manzano.

Allá lejos —dirá el poeta Pierre Enmanuel— *veías el mar, como un vuelo de tórtolas grises.* O tal vez nada veía. Tenía demasiadas cosas que contemplar en su interior. *Has sumergido* —dirá otro poeta, el trapense Merton— *las palabras de Gabriel en pensamientos como lagos.* Y por este mar interior bogaba su alma. Las palabras del ángel crecían en su interior y, en torno a ellas, surgían todos los textos del antiguo testamento que la muchacha sabía de memoria (textos que después estallarán como una catarata en el *Magnificat*).

Pero además de las palabras de Dios, ella tenía dentro de sí la misma palabra de Dios, creciendo como una semilla en ella, imperceptible para los sentidos (como no percibimos el alma) pero actuando en ella y sosteniéndola (como nuestra alma nos sostiene).

Ella no lo sabía, pero aquel viaje era, en realidad, la primera procesión del Corpus, oculto y verdadero en ella el Pequeño como en las especies sacramentales. Quienes la acompañaban hablaban de mercados y fiestas, de dinero y mujeres. Quizá alguna vez la conversación giró en torno a temas religiosos. Quizá alguien dijo que ya era tiempo de que el Mesías viniese. Quizá alguien habló de que Dios siempre llega a los hombres cuando los hombres se han cansado de esperarle.

Y tras cuatro o cinco días de camino —dejada ya atrás Jerusalén— avistaron Ain Karim, un vergel que, en la aridez de Judea, aparecía como una sonrisa en el rostro de una vieja. Y María sintió que su corazón se aceleraba al pensar en Isabel, vieja también y feliz. Feliz, cuando ya casi no lo esperaba.

Isabel, la prima estéril

Porque también aquella casa de Ain Karim había sido tocada por el milagro. En ella vivía *un sacerdote, por nombre Zacarías, del turno de Abías, y cuya mujer, de las hijas de Aaron, se llamaba Isabel. Los dos eran justos ante Dios, pues cumplían sin falta todos los mandamientos y preceptos del Señor. No tenían hijos, porque Isabel era estéril y los dos eran de avanzada edad* (Lc 1, 5-7). Las palabras del evangelista —abarrotadas de datos que no mejoraría el más puntual historiador— desvelan pudorosamente el drama de aquel matrimonio.

Zacarías e Isabel eran los dos de familias sacerdotales. No era obligatorio que un sacerdote se desposase con una mujer de su tribu, pero era doble honor el que así fuera. Nobles por su sangre religiosa, lo eran también por sus actos. Orígenes, al comentar este texto, señala los dos subrayados del evangelista: no sólo eran justos, sino que eran «justos ante Dios» (¡tantos hombres son justos a los ojos de sus vecinos teniendo el corazón corrompido!) y no sólo cumplían todos los mandamientos del Señor, sino que los cumplían «sin falta», «sin reproche» (no caían, pues, en el fariseísmo de un mero cumplimiento externo).

Entonces... ¿por qué su casa no hervía de gritos y carreras de niños, cuando en Israel eran los hijos el signo visible de la bendición de Dios? Para un matrimonio que vive santamente debía de ser, en aquel tiempo, terrible la esterilidad que no podían interpretar de otra manera que como un castigo de Dios. Cuando Isabel y Zacarías se casaron, comenzaron a imaginar una familia ancha y numerosa. Pero, meses más tarde, Isabel comenzó a mirar con envidia cómo todas sus convecinas, las de su edad, comenzaban a pasear por las calles del pueblo orgullosas de su vientre abultado. ¿Por qué ella no? Zacarías trataría de tranquilizarla. «Vendrán, mujer, no te preocupes». Pero pasaban los meses y los años y los niños de sus amigas corrían ya por las calles, mientras su seno seguía tan seco como las montañas que contemplaban sus ojos.

Zacarías e Isabel ya no hablaban nunca de hijos. Pero ese cáncer crecía en su corazón. Examinaban sus conciencias: ¿En qué podía estar Dios descontento de ellos? Quizá Isabel comenzó a sospechar de Zacarías y Zacarías comenzó a pensar mal de Isabel: ¿qué pecados ocultos le hacían a él infecundo y a ella estéril? Pero pronto ella se convencía de que la conducta de él era intachable y el marido de que la pureza de su mujer era total. ¿De quién la culpa entonces? No querían dudar de la justicia de Dios. Pero una pregunta asediaba sus conciencias como una zarza de espinos: ¿por qué Dios daba hijos a matrimonios mediocres y aun malvados —allí en su mismo pueblo— y a ellos, puros y merecedores de toda bendición, les cerraba la puerta del gozo? ¡No, no querían pensar en esto! Pero no podían dejar de pensarlo. Entraban, entonces, en la oración y gritaban a Dios, ya no tanto para tener hijos, cuanto para que la justicia del Altísimo se mostrase entera.

Llevaban, mientras tanto, humildemente esta cruz, más dolorosa por lo incomprensible que por lo pesada. Así habían envejecido. En la dulce monotonía de rezar y rezar, esperar y creer.

Porque los dos creían todavía. Isabel con una fe más sangrante y femenina. *Ella es vieja, su fe es joven; rica en años, pobre en espíritu. La esperanza era la sonrisa de su fe,* dirá Pierre Emmanuel.

La fe de Zacarías no era menos profunda, pero sí menos ardiente. Era esa fe de los sacerdotes que, precisamente porque están más cerca de Dios, le viven más cotidiana y menos dramáticamente. También él rezaba, pero, en el fondo, estaba seguro de que su oración ya no sería oída. Si seguía suplicando era más por su mujer que porque esperase un fruto concreto. En el fondo él ya sólo sufría por Isabel.

El ángel del santuario

Con esta fe amortiguada —como un brasero que tiene los carbones rojos ocultos por la ceniza— entró aquel día en el santuario. Junto a él, los 50 sacerdotes de su «clase», la de Abías, la octava de las veinticuatro que había instituido David. Estos grupos de sacerdotes se turnaban por semanas, con lo que a cada grupo le tocaba sólo dos veces al año estar de servicio.

Y aquel día fue grande para Zacarías. Reunidos los 50 en la sala llamada *Gazzith* se sorteaba —para evitar competencias— quién sería el afortunado que aquel día ofrecería el «sacrificio perpetuo». El maestro de ceremonias decía un número cualquiera. Levantaba después, al azar, la tiara de uno de los sacerdotes. Y, partiendo de aquél a quien pertenecía la tiara, se contaba —todos estaban en círculo— hasta el número que el maestro de ceremonias había dicho. El afortunado era el elegido, a no ser que otra vez hubiera tenido ya esta suerte. Porque la función de ofrecer el incienso sólo podía ejercerse una vez en la vida. Si el designado por la suerte había actuado ya alguna vez, el sorteo se repetía a no ser que ya todos los sacerdotes presentes hubieran tenido ese honor.

Para Zacarías fue, pues, aquél, «su» gran día. Pero aún no se imaginaba hasta qué punto.

Avanzó, acompañado de los dos asistentes elegidos por él, llevando uno un vaso de oro lleno de incienso y otro un segundo vaso, también de oro, rebosante de brasas. Todos los demás sacerdotes ocuparon sus puestos. Sonó el «magrephah» y los fieles, siempre numerosos, se prosternaron en el atrio los hombres y las mujeres en su balcón reservado. Tal vez Isabel estaba entre ellas y se sentía orgullosa pensando en la emoción que su esposo —elegido por la bondad de Dios— experimentaría. En todo el área del templo había un gran silencio. Vieron entrar a Zacarías en el «Santo», observaron luego el regreso —andando siempre de espaldas— de los dos asistentes que habían dejado sobre la mesa sus dos vasos de oro. Dentro, Zacarías esperaba el sonido de las trompetas sacerdotales para derramar el incienso sobre las brasas. La ceremonia debía durar pocos segundos. Luego, debía regresar con los demás sacerdotes, mientras los levitas entonaban el salmo del día. Estaba mandado que no se entretuviera en el interior.

Zacarías estaba de pie, ante el altar. Vestía una túnica blanca, de lino, cuyos pliegues recogía con un cinturón de mil colores. Cubierta la cabeza, descalzos y desnudos los pies por respeto a la santidad del lugar. A su derecha estaba la mesa de los panes de la proposición, a su izquierda el áureo candelabro de los siete brazos.

Sonaron las trompetas y Zacarías iba a inclinarse, cuando vio al ángel. *Estaba al lado derecho del altar de los perfumes* (Lc 1, 11) dice puntualmente el evangelista. Zacarías entendió fácilmente que era una aparición: ningún ser humano, aparte de él, podía estar en aquel lugar. Y Zacarías no pudo evitar el sentir una gran turbación.

Fue entonces cuando el ángel le hizo el gran anuncio: tendría un hijo, ése por el que él rezaba, aunque ya estaba seguro de que pedía un imposible. Esta mezcla de fe e incredulidad iba a hacer que la respuesta de Dios fuese, a la vez, generosa y dura. Generosa concediéndole lo que pedía, dura castigándole por no haber creído posible lo que suplicaba. Aquella lengua suya, que rezaba sin fe suficiente, quedaría atada hasta que el niño naciese.

En la plaza, mientras tanto, se impacientaban. A la extrañeza por la tardanza antirreglamentaria del sacerdote, sucedió la inquietud. Los ojos de todos —los de Isabel especialmente, si es que estaba allí— se dirigían a la puerta por la que Zacarías debía salir. ¿Qué estaba pasando dentro?

Cuando el sacerdote reapareció, todos percibieron en su rostro que algo le había ocurrido. Y, cuando fueron a preguntarle si se encontraba bien, Zacarías no pudo explicárselo. Estaba mudo. Muchos pensaron que algo milagroso le había ocurrido dentro. Otros creyeron que era simplemente la emoción lo que cortaba su habla. Isabel sintió, más que nadie, que un temblor recorría su cuerpo. Pero sólo cuando —concluida la semana de servicio— Zacarías regresó a su casa y le explicó —con abrazos y gestos— que su amor de aquella noche sería diferente y fecundo, entendió que la alegría había visitado definitivamente su casa.

Desde aquello, habían pasado seis meses sin que se difundiera la noticia de lo ocurrido a Isabel: ni sus parientes de Nazaret lo sabían. La anciana embarazada había vivido aquel tiempo en soledad. Tenía razones para ello: el pudor de la vieja que teme que se rían de ella quienes la ven en estado; la obligación de agradecer a Dios lo que había hecho con ella; y, sobre todo, la necesidad de meditar largamente lo que Zacarías —seguramente por gestos o por escrito— le había explicado después con más calma sobre quién sería aquel hijo suyo: *Todos se alegrarán de su nacimiento porque será grande en la presencia del Señor. No beberá vino ni licores y, desde el seno de su madre, será lleno del Espíritu santo; y a muchos de los hijos de Israel convertirá al Señor su Dios y caminará delante del Señor en el espíritu y poder de*

Elías... a fin de preparar al Señor un pueblo bien dispuesto (Lc 1, 14-17). ¿Qué era todo aquello? ¿Qué significaba aquel anuncio de santificación desde el seno materno? ¿Qué función era esa de preparar los caminos al Señor y cómo podría realizarla aquel niño que sentía crecer en sus entrañas?

El salto del pequeño anacoreta

También María estaba llena de preguntas cuando cruzó la puerta del jardincillo de su prima: ¿Cómo le explicaría a Isabel cuanto le había ocurrido? ¿Cómo justificaría su conocimiento del embarazo que la llenaba de gozo? ¿Y creería Isabel cuanto tenía que contarle? Por eso decidió no hablar ella la primera. Saludaría a su prima, la felicitaría después. Ya encontraría el momento para levantar el velo de la maravilla.

Isabel estaba, seguramente, a la puerta (todo el que espera el gozo está siempre a la puerta). Y sus ojos se iluminaron al ver a María, como presintiendo que una nueva gran hora había llegado.

Así que Isabel oyó el saludo de María, exultó el niño en su seno e Isabel se llenó del Espíritu santo (Lc 1, 41). Saltó. No fue el simple movimiento natural del niño en el seno durante el sexto mes. Fue un «salto de alegría» dirá luego Isabel. *Si tiene alegría es porque tiene conciencia, porque tiene alma,* comentará el padre Bernard. Como si tuviera prisa de empezar a ser el precursor, el bebé de Isabel se convertirá en el primer pregonero del Mesías apenas concebido. *El niño Juan grita como un heraldo que anuncia al rey* comentará un poeta. Y Merton el místico-poeta-trapense escribirá desde su celda:

San Juan no nacido despierta en el seno materno,
salta a los ecos del descubrimiento.
¡Canta en tu celda, menudo anacoreta!
¿Cómo la viste en la ciega tiniebla?
¡Oh, gozo quemante:
qué mares de vida plantó aquella voz!

Había sido un simple saludo, quizá un simple contacto. Tal vez al abrazarse, los dos senos floridos se acercaron. Y el no nacido Juan «despertó», se llenó de vida, empezó su tarea. Realizó la más bella acción apostólica que ha hecho jamás un ser humano: anunciar a Dios «pateando» en el seno materno.

E Isabel entendió aquel pataleo del bebé. El salto del niño fue para ella como para María las palabras del ángel: la pieza que hace que el rompecabezas se complete y se aclare. Ahora entendía la función de su hijo, ahora entendía por qué ella había esperado tantos años para convertirse en madre, ahora toda su vida se iluminaba como una vidriera.

Y su «salto de gozo» fueron unas palabras proféticas: *Bendita tú entre las mujeres y bendito el fruto de tu vientre* (Lc 1, 42). Estaba asustada de tanto gozo. Tal vez se sentía —como los profetas del antiguo testamento— vacía a la vez que llena, manejada por Dios como un guante. Ella misma se sorprendía de las palabras que estaba diciendo. Y no podía ni sospechar que millones de hombres repetirían esta exclamación suya a lo largo de los siglos y los siglos.

También el corazón de María saltó de alegría. No tendría que explicar nada a su prima: ya lo sabía todo. Dios se había anticipado a las difíciles explicaciones.

Un himno subversivo

Por eso ya no retuvo su entusiasmo. Y toda la oración de aquellos cinco días de viaje «estalló» en un canto. Ricciotti recuerda que en Oriente la alegría conduce fácilmente al canto y la improvisación poética. Así cantó María, la hermana de Moisés; así Débora, la profetisa; así Ana, la madre de Samuel. Así estallan en cantos y oraciones aún hoy las mujeres semitas en las horas de gozo.

En el canto de María se encuentran todas las características de la poesía hebrea: el ritmo, el estilo, la construcción, las numerosas citas. En rigor, María dice pocas cosas nuevas. Casi todas sus frases encuentran numerosos paralelos en los salmos (31, 8; 34, 4; 59, 17; 70, 19; 89, 11; 95, 1; 103, 17; 111, 9; 147, 6), en los libros de Habacuc (3, 18) y en los Proverbios (11 y 12). Y sobre todo en el cántico de Ana, la madre de Samuel (1 Sam 2, 1-11) que será casi un ensayo general de cuanto, siglos más tarde, dirá María en Ain Karim.

Pero —como escribe Fillion— *si las palabras provienen en gran parte del antiguo testamento, la música pertenece ya a la nueva alianza.* En las palabras de María estamos leyendo ya un anticipo de las bienaventuranzas y una visión de la salvación que rompe todos los moldes establecidos. Al comenzar su canto, María se olvida de la primavera, de la dulzura y de los campos florecidos que acaba de cruzar y dice cosas que deberían hacernos temblar.

> Mi alma engrandece al Señor
> y mi espíritu se alegra en Dios, mi Salvador.
> Porque ha mirado la humildad de su esclava.
> Por eso desde ahora me llamarán bienaventurada
> todas las generaciones.
> Porque el Poderoso ha hecho en mí maravillas,
> santo es su nombre.

Y su misericordia alcanza de generación en generación
a los que le temen.
Desplegó la fuerza de su brazo,
dispersó a los soberbios de corazón,
derribó a los potentados de sus tronos
y exaltó a los humildes.
A los hambrientos les colmó de bienes
y a los ricos les despidió vacíos.
Acogió a Israel, su siervo,
acordándose de su misericordia
—como había anunciado a nuestros padres—
en favor de Abraham y su linaje por los siglos (Lc 1, 46-55).

Otra vez debemos detenernos para preguntarnos si este canto es
realmente obra de María personalmente o si es un canto que Lucas
inventa y pone en su boca para expresar sus sentimientos en esa hora.
Y una vez más encontramos divididos a los exegetas. Para algunos
sería un texto que Lucas habría reconstruido sobre los recuerdos de
María. Para otros un poema formado por Lucas con un atadijo de
textos del antiguo testamento. Para un tercer grupo, se trataría de un
canto habitual en la primera comunidad cristiana que Lucas aplicaría
a María como resumen y símbolo de todo el pueblo creyente.

A favor de la primera de las opiniones milita el hecho del profundo sabor judío del *Magnificat;* el hecho de que no aparezcan en él
alusiones a la obra de Cristo que cualquier obra posterior hubiera
estado tentada de añadir; y el perfecto reflejo del pensamiento de
María que encierran sus líneas. Por otro lado nada tiene de extraño
que ella improvisara este canto si se tiene en cuenta la facilidad
improvisadora propia de las mujeres orientales, sobre todo tratándose de un cañamazo de textos del antiguo testamento, muy próximo al
canto de Ana, la madre de Samuel (1 Sam 2, 1-10) que María habría
rezado tantas veces. Pero un canto que es, al mismo tiempo, *un espejo
del alma de María,* como escribe Bernard.

Es, sin duda, el mejor retrato de María que tenemos. Un retrato,
me parece, un tanto diferente del que imagina la piedad popular.
Porque es cierto, como ha escrito Boff, que *la espiritualización del*
Magnificat *que se llevó a cabo dentro de una espiritualidad privatizante
e intimista, acabó eliminando todo su contenido liberador y subversivo
contra el orden de este mundo decadente, en contra de lo que afirma de
manera inequívoca el himno de la Virgen.* Hace un siglo Charles
Maurras felicitaba a la Iglesia por haber conservado en latín el
Magnificat para «atenuarle su veneno» y por haberle puesto una
música tan deliciosa que oculta el fermento revolucionario que contie-
ne. Pero no parece que sea cristiano «censurar» a María o «ablandar»
sus palabras.

Su canto es, a la vez, bello y sencillo. Sin alardes literarios, sin
grandes imágenes poéticas, sin que en él se diga nada extraordinario
¡qué impresionantes resultan sus palabras!

Es como un poema con cinco estrofas: la primera manifiesta la alegría de su corazón y la causa de ese gozo; la segunda señala, con tono profético, que ella será llamada bienaventurada por las generaciones; la tercera —que es el centro del himno— santifica el nombre del Dios que la ha llenado; la cuarta parte es mesiánica y señala las diferencias entre el reino de Dios y el de los hombres: en la quinta María se presenta como la hija de Sión, como la representante de todo su pueblo, pues en ella se han cumplido las lejanas promesas que Dios hiciera a Abrahán.

Es, ante todo, un estallido de alegría. Las cosas de Dios parten del gozo y terminan en el entusiasmo. Dios es un multiplicador de almas, viene a llenar, no a vaciar. Pero ese gozo no es humano. Viene de Dios y en Dios termina. Y hay que subrayarlo, porque las versiones de hoy —por esa ley de la balanza que quiere contrapesar ciertos silencios del pasado— vuelven este canto un himno puramente arisco y casi político. Cuando el mensaje revolucionario de Dios —que canta María— parte siempre de la alegría y termina no en los problemas del mundo sino en la gloria de Dios.

La alegría de María no es de este mundo. *No se alegra* —escribe Max Thurian— *de su maternidad humana, sino de ser la madre del Mesías, su Salvador*. No de tener un hijo, sino de que ese hijo sea Dios.

Por eso se sabe llena María, por eso se atreve a profetizar que todos los siglos la llamarán bienaventurada, porque *ha sido mirada por Dios*. Nunca entenderemos los occidentales lo que es para un oriental *ser mirado por Dios*. Para éste —aún hoy— la santidad la transmiten los santos a través de su mirada. La mirada de un hombre de Dios es una bendición. ¡Cuánto más si el que mira es Dios!

Karl Barth ha comentado esa «mirada» con un texto emocionante: *¡Qué indecible unión de conceptos en estas palabras de María: el simple hecho, aparentemente sin importancia, de ser mirada por Dios y la enorme importancia que María da a este acontecimiento: «Todas las generaciones me llamarán bienaventurada». Todos los ángeles del cielo no tienen ojos en este momento más que para este lugar donde María, una muchacha, ha recibido simplemente una mirada de Dios, lanzada sobre su pequeñez. Este corto instante está lleno de eternidad, de una eternidad siempre nueva. No hay nada más grande ni en el cielo, ni en la tierra. Porque si en la tierra ha ocurrido, en toda la historia universal, algo realmente capital, es esa «mirada».* Porque *toda la historia universal, su origen, su centro y su fin, miran hacia este punto único que es Cristo* y que está ya en el seno de María.

La cuarta estrofa del himno de María resume —como dice Jean Guitton— *su filosofía de la historia*. Y se reduce a una sola idea: el reino de Dios, que su hijo trae, no tiene nada que ver con el reino de este mundo. Y ésta es la zona revolucionaria del himno de María que no podemos disimular: para María el signo visible de la venida de ese reino, que Jesús trae, es la humillación de los soberbios, la derrota de los potentados, la exaltación de los humildes y los pobres, el vaciamiento de los ricos. Estas palabras no deben ser atenuadas: María anuncia lo que su Hijo predicará en las bienaventuranzas: que él viene a traer un plan de Dios que deberá modificar las estructuras de este mundo de privilegio de los más fuertes y poderosos.

Pero seríamos también falsificadores si —como hoy está de moda en ciertos predicadores-demagogos— identificamos pobres con faltos de dinero y creemos que María denuncia «sólo» a los detentadores de la propiedad. Los pobres y humildes de los que habla María son los que sólo cuentan con Dios en su corazón, todos aquellos a los que el salmo 34 cita como los pobres de Yahvé: los humildes, los que temen a Dios, los que se refugian en él, los que le buscan, los corazones quebrantados y las almas oprimidas. María no habla tanto de clases sociales, cuanto de clases de almas. ¿Y quién podrá decir de sí mismo que es uno de esos pobres de Dios?

María no habla sólo de una pobreza material. Tampoco de una lírica y falsa supuesta pobreza espiritual. Habla de la suma de las dos y ofrece al mismo tiempo un programa de reforma de las injusticias de este mundo y de elevación de los ojos al cielo, dos partes esenciales de su *Magníficat* y del evangelio, dos partes inseparables.

Pablo VI lo explicó a la perfección en su encíclica *Marialis cultus* cuando presenta la imagen de María que ofrecen los evangelios:

> Se comprueba con grata sorpresa que María de Nazaret, a pesar de estar absolutamente entregada a la voluntad del Señor, lejos de ser una mujer pasivamente sumisa o de una religiosidad alienante, fue ciertamente una mujer que no dudó en afirmar que Dios es vengador de los humildes y los oprimidos y derriba de su trono a los poderosos de este mundo; se reconocerá en María que es «la primera entre los humildes y los pobres del Señor (como dice el texto conciliar), una mujer fuerte que conoció de cerca la pobreza y el sufrimiento, la huida y el destierro, situaciones éstas que no pueden escapar a la atención de los que quieran secundar con espíritu evangélico las energías liberadoras del hombre y de la sociedad... De este ejemplo se deduce claramente que la figura de la Virgen santísima no desilusiona ciertas aspiraciones profundas de los hombres de nuestro tiempo, sino que hasta les ofrece el modelo acabado del discípulo del Señor: obrero de la ciudad terrena y temporal y, al mismo tiempo, peregrino diligente en dirección hacia la ciudad celestial y eterna; promotor de la justicia que libera al oprimido y de la caridad que ayuda al necesitado, pero, sobre todo, testigo activo del amor que edifica a Cristo en los corazones.

María, en el *Magníficat,* no separa lo que Dios ha unido a través de su Hijo: los problemas temporales de los celestiales. Su canto es, verdaderamente, *un himno revolucionario,* pero de una revolución integral: la que defiende la justicia en este mundo, sin olvidarse de la gran justicia: la de los hombres que han privado a Dios de un centro que es suyo. Por eso María puede predicar esa revolución sin amargura y con alegría. Por eso en sus palabras no hay demagogia. Por eso tiene razón Hélder Câmara cuando, en su oración a la Virgen de la Liberación, pregunta:

> ¿Qué hay en ti, en tus palabras, en tu voz,
> cuando anuncias en el Magnificat
> la humillación de los poderosos
> y la elevación de los humildes,
> la saciedad de los que tienen hambre
> y el desmayo de los ricos,
> que nadie se atreve a llamarte revolucionaria
> ni mirarte con sospecha?
> ¡Préstanos tu voz y canta con nosostros!

Más bien sería, tal vez, necesario que nosotros —todos— cantásemos *con* ella, *como* ella, atreviéndonos a decir toda la verdad de esa «ancha» revolución que María anuncia. Esa revolución que hubiera hecho temblar a Herodes y Pilato, si la hubieran oído. Y que debería hacernos sangrar hoy a cuantos, de un modo o de otro, multiplicamos su mensaje.

Pero los espías que Herodes tenía esparcidos por todo el país no se enteraron de la «subversión» que aquella muchacha anunciaba. Y, de haberlo sabido ¿se habrían preocupado por aquella «niña loca» que se atrevía a decir que todas las generaciones la llamarían bienaventurada? ¿No se habrían mas bien reído de que una chiquilla de catorce años, desprovista de todo tipo de bienes de fortuna, humilde de familia, vecina de la más miserable de las aldehuelas, inculta, sin el menor influjo social, anunciara que, a lo largo de los siglos, todos hablarían de ella? Está loca, pensarían, ciertamente loca.

Sólo Isabel lo entiende, lo medioentiende. Sabe que estas dos mujeres y los dos bebés que crecen en sus senos van a cambiar el mundo. Por eso siente que el corazón le estalla. Y no sabe si es de entusiasmo o de miedo, de susto o de esperanza. Por eso no puede impedir que sus manos bajen hasta su vientre y que sus ojos se pongan a llorar. De alegría.

5

La sombra de José

Hay que reconocer que san José no ha tenido mucha suerte que digamos en la transmisión que los siglos han hecho de su figura. Si nos preguntamos qué imagen surge en la mente del cristiano al oír el nombre del esposo de María, tenemos que respondernos que la de un viejo venerable, con rostro no excesivamente varonil, que tiene en sus manos una vara de nardo un tanto cursi. O quizá, como variante, la de un ebanista que, muy pulcro él, muy nuevos sus vestidos, se olvida de la garlopa, que tiene entre las manos, para contemplar en un largo éxtasis los juegos de su hijo que se entretiene haciendo cruces entre limpísimas virutas. Dos imágenes que, si Dios no lo remedia, van a durar aún algunos siglos, por mucho que la fornida idea de san José Obrero trate de desplazar tanta cursilería. Dos imágenes que, además, poco tienen que ver con la realidad histórica de José, el carpintero de Nazaret.

Al parecer, como los hombres somos mucho más «listos» que Dios, nos precipitamos enseguida a cubrir con nuestra mala imaginación lo que los evangelistas velaron con su buena seriedad teológica. Y así es como a José le dedican pocas líneas los evangelistas y cientos de páginas la leyenda dorada. Pero bueno será empezar por conocerla, aunque sólo sea para saber lo que José «no fue».

El José de la leyenda

La idea del José viejo y milagroso data de los primeros siglos. La encontramos en el escrito apócrifo titulado «Protoevangelio de Santiago» que Orígenes conocía ya en el siglo III. Se trata de una obra deliciosa e ingénua, nacida sin duda de una mezcla de afecto piadoso y de afán de velar contra posibles herejías. ¿Había quien encontraba difícil de comprender un matrimonio virginal entre José y María? Pues se inventaba un José viudo y anciano que habría aceptado a María más como tutor que como esposo. Y se añadía todo el florero de milagros que ingenuamente inventan todos los que no han descubierto que el mayor milagro de la vida de Cristo es que sólo ocurrieron los imprescindibles.

Veamos cómo cuenta este primitivo texto apócrifo el matrimonio de José y María:

> Se criaba María en el templo del Señor como si fuera una paloma y recibía el sustento de la mano de un ángel. Cuando tuvo doce años deliberaron los sacerdotes y dijeron: «He aquí que María ha cumplido doce años en el templo del Señor. ¿Qué haremos con ella para que no se mancille el santuario del Señor nuestro Dios?» Y dijeron al sumo sacerdote: «Tú estás en el altar del Señor; entra en el santuario y ruega por ella y haremos lo que te revele el Señor». El sumo sacerdote cogió el pectoral con las doce campanillas y se dirigió al Sancta Sanctorum y rogó por ella. Y he aquí que se presentó un ángel del Señor y le dijo: «Zacarías, Zacarías, sal y convoca a los viudos del pueblo; que traigan cada uno su cayado y a quien el Señor señale ése será su esposo». Salieron los heraldos por todo el territorio de Judea y resonaron las trompetas del Señor, y pronto concurrieron todos. San José arrojó su hacha y se apresuró a reunirse con ellos, y después de estar todos reunidos cogieron los cayados y fueron al sumo sacerdote. Este cogió los cayados de todos, entró en el templo y oró. Después de haber terminado la oración, tomó los cayados, salió y se los entregó, y ninguna señal apareció en ellos. Pero cuando José cogió el último cayado, he aquí que una paloma salió de éste y voló a la cabeza de san José. Y dijo el sacerdote a san José: «Tú estás destinado por la suerte para tomar bajo tu protección a la Virgen del Señor» y san José contestó y dijo: «Tengo hijos, soy un hombre viejo; ella en cambio es joven, tengo miedo de parecer ridículo ante los hijos de Israel». Y dijo el sacerdote a san José: «Teme al Señor, tu Dios, y recuerda lo que hizo con Datán, Abirón y Coré, cómo abrió la tierra y fueron tragados por ella por su oposición. Y teme ahora a Dios, José, no vaya a ocurrir algo en tu casa». Y José temió y la tomó bajo su protección. Y dijo a María: «He aquí que te recibo del templo del Señor y te dejo ahora en mi casa y me voy a hacer mis trabajos y después vendré otra vez a donde ti; el Señor tendrá cuidado de ti mientras tanto.

¡Delicioso! Pero sin una sola palabra que se sostenga a la luz de la crítica y de la historia. Esos heraldos que pregonan por todo el país, esos cayados de los que salen palomas (en otras versiones simplemente la madera seca florece de repente) que se posan en la cabeza del elegido. Estamos en el reino de las hadas.

No menos curioso es el apócrifo titulado «Historia de José, el carpintero» y que data del siglo VI o VII. Esta vez el escritor, egipcio probablemente, nos cuenta nada menos que toda la vida de José... narrada por Jesús a sus discípulos en el huerto de los Olivos. En él se nos dice que José tuvo de su primer matrimonio cuatro hijos y dos hijas (y hasta se nos dan sus nombres: Judas, Justo, Jacobo, Simeón, Assia y Lidia) y que, viudo, tras 49 años de convivencia con su primera esposa, recibió a María, de 12 años, como si fuera una hija más. El apócrifo se extiende esta vez, sobre todo, en la muerte de José:

> Pasaron los años y envejeció. Sin embargo no padecía ninguna enfermedad. Conservaba la luz de sus ojos y no perdió ni un diente de su boca. También conservó siempre la vitalidad de su espíritu. Trabajaba como un joven en la plenitud de su vigor, y sus miembros estaban sanos. Vivió durante ciento once años.

Pero un día le llegó la hora de morir. Era —dice el escritor— el 26 de abril. El detalle nos muestra el sentido de todo el escrito: su autor quiere defender una fecha concreta para la celebración de la fiesta de san José. Pero, una vez puesto a demostrarlo, rodea de ternísimos detalles —siempre en la boca de Cristo— la muerte del anciano:

> Yo me senté a sus pies y le contemplaba. Tuve sus manos entre las mías durante toda una hora. Dirigió hacia mí su rostro y me indicó que no le abandonara. Acto seguido puse mi mano sobre su pecho y me di cuenta de que su alma iba en seguida a dejar su morada...
> Vinieron entonces Miguel y Gabriel, recibieron el alma de mi padre José y la cubrieron de luminosos vestidos. Le cerré los ojos con mis propias manos y cerré su boca. Y dije a José: «No te invadirá ningún olor a cadáver ni saldrá de tu cuerpo gusano alguno. Nada de tu cuerpo se corromperá, padre mío, sino que permanecerá íntegro e incorruptible hasta el ágape milenario.

El silencio respetuoso del evangelio

La fábula es hermosa, pero tendremos que olvidarla para tratar de acercarnos a la realidad. Y la realidad es que el evangelio —en expresión de Rops— *rodea su figura de sombra, de humildad y de silencio: se le adivina, más que se le ve.*

Nada sabemos de su patria. Algunos exegetas se inclinan a señalar Belén. Otros prefieren Nazaret. De Belén descendían posiblemente sus antepasados.

Nada sabemos tampoco de su edad. Los pintores, siguiendo a la leyenda, le prefieren adulto o anciano. Un especialista como Franz Jantsch sitúa a José, a la hora de su matrimonio, entre los 40 ó 50 años, aun rechazando la idea de la ancianidad. Pero dada la brevedad de la vida en aquel siglo y aquel país, los cuarenta o cincuenta hubieran sido una verdadera ancianidad.

Al otro extremo se va Jim Bishop que pone a José con 19 años. Lo más probable es que tuviera algunos años más que María y que se desposara con ella en torno a los 25, edad muy corriente para los jóvenes que se casaban en aquel tiempo.

¿Era realmente carpintero? Otra vez la oscuridad. La palabra griega *tecton* habría que traducirla, en rigor, como «artesano», sin mayores especificaciones. A favor de un trabajo de carpintería estaría la antigüedad de la tradición (san Justino nos dice que construía yugos y arados, y en la misma línea escriben Orígenes, san Efrén y san Juan Damasceno) y el hecho de que ningún apócrifo le atribuya jamás otro oficio. Hasta la edad media no aparecen los autores que le dicen herrero (san Isidoro de Sevilla entre otros). Pero ninguna prueba decisiva señala con precisión el oficio de José.

Algo puede aclararnos el hecho de que en la época de Cristo en Palestina escaseaba la madera. No había sino los famosos cedros, que eran pocos y propiedad de ricos, palmeras, higueras y otros frutales. Como consecuencia muy pocas cosas eran entonces de madera. Concretamente, en Nazaret las casas o eran simples cuevas excavadas en la roca o edificaciones construidas con cubos de la piedra caliza típica del lugar (tan blanda que se cortaba con sierras). En los edificios la madera se reducía a las puertas y muchas casas no tenían otra puerta que una gruesa cortina.

No debía, pues, ser mucho el trabajo para un carpintero en un pueblo de no más de cincuenta familias. Preparar o reparar aperos de labranza o construir rústicos carros. Los muebles apenas existían en una civilización en que el suelo era la silla más corriente y cualquier piedra redonda la única mesa. Evidentemente la carpintería no era un gran negocio en el Nazaret de entonces.

Habría que empezar a pensar que la verdadera profesión de José era lo que actualmente denominaríamos «sus chapuzas». Todo hace pensar que sus trabajos eran encargos eventuales que consistían en reparar hoy un tejado, mañana en arreglar un carro, pasado en recomponer un yugo o un arado. Sólo dos cosas son ciertas: que trabajaba humildemente para ganarse la vida y que se la ganaba más bien mal que bien.

Su matrimonio con María

Este es el hombre que Dios elige para casarse con la madre del Esperado. Y lo primero que el evangelista nos dice es que María estaba desposada con él y que *antes de que conviviesen* (Mt 1, 18) ella apareció en estado. Nos encontramos ya aquí con la primera sorpresa: ¿Cómo es que estando desposada no habían comenzado a convivir? Tendremos que acudir a las costumbres de la época para aclarar el problema.

El matrimonio en la Palestina de aquel tiempo se celebraba en dos etapas: el «quiddushin» o compromiso y el «nissuin» o matrimonio propiamente tal. Como es habitual en muchos pueblos orientales son los padres o tutores quienes eligen esposo a la esposa y quienes conciertan el matrimonio sin que la voluntad de los contrayentes intervenga apenas para nada. María y José se conocerían sin duda (todos se conocen en un pueblecito de cincuenta casas) pero apenas intervinieron en el negocio. Y uso la palabra «negocio» porque es lo que estos tratos matrimoniales parecían. Los padres o tutores de los futuros desposados entablaban contactos, discutían, regateaban, acordaban. Ambas familias procuraban sacar lo más posible para el futuro de sus hijos.

Pero no parece que en este caso hubiera mucho que discutir. José pudo aportar sus dos manos jóvenes y, tal vez como máximo, sus aperos de trabajo. María —aparte de su pureza y su alegría— pondría, como máximo, algunas ropas y muebles o útiles domésticos.

Los tratos preliminares concluían con la ceremonia de los desposorios que se celebraba en la casa de la novia. Amigos y vecinos servían de testigos de este compromiso que, en rigor, tenía toda la solidez jurídica de un verdadero matrimonio. «He aquí que tú eres mi prometida» decía el hombre a la mujer, mientras deslizaba en su mano la moneda que simbolizaba las arras. «He aquí que tú eres mi prometido» respondía la mujer, que pasaba a ser esposa de pleno derecho. Con el nombre de «esposa de fulano» se la conocía desde entonces. Y, si el novio moría antes de realizarse el verdadero matrimonio, recibía el nombre de «viuda». La separación sólo con un complicado divorcio podía realizarse. Los desposorios eran, pues, un verdadero matrimonio. Tras ellos podían tener los novios relaciones íntimas y el fruto de estas relaciones no era considerado ilegítimo, si bien en Galilea la costumbre era la de mantener la pureza hasta el contrato final del matrimonio.

Este solía realizarse un año después y era una hermosa fiesta. Un miércoles —día equidistante entre dos sábados— el novio se dirigía, a la caída de la tarde, hacia la casa de su prometida, llevando del ronzal un borriquillo ricamente enjaezado. Las gentes se asomaban a las puertas y, en las grandes ciudades, se agolpaban en las ventanas. En su casa esperaba la novia rodeada de sus amigas, todas con sus lámparas encendidas. La novia vestía de púrpura, ajustado el vestido con el cinturón nupcial que la víspera le había regalado el novio. Perfumada con ungüentos preciosos, lucía la muchacha todas sus joyas: brazaletes de oro y plata en muñecas y tobillos, pendientes preciosos. La mujer recibía al hombre con los ojos bajos. Este la acomodaba sobre el asno que luego conduciría de la brida. En el camino grupos de niños arrojaban flores sobre los desposados. Sonaban flautas y timbales y, sobre las cabezas de los novios, los amigos agitaban arcos de palmas y ramos de olivo. Cantaba por la calle la novia. En sus cantos hablaba a sus amigas de su felicidad. El cortejo y los amigos del esposo cantaban también, elogiando las virtudes de los desposados. Ya en la casa del novio, un sacerdote o un anciano leía los textos que hablaban de los amores de Sara y Tobías. Y el vino completaba la alegría de todos.

María y José, en el silencio de Dios

María y José vivieron sin duda todas estas ceremonias. Pero, para ellos, entre la primera y la segunda, ocurrió algo que trastornó sus vidas y que dio un especialísimo sentido a este matrimonio. María y José iban a cruzar ese tremendo desierto que los modernos llamamos «el silencio de Dios». Son esos «baches» del alma en los que parece que todo se hundiera. Miramos a derecha e izquierda y sólo vemos mal e injusticia. Salimos fuera de nuestras almas y contemplamos un mundo que se destruye, las guerras que no cesan, los millones de hambrientos. Incluso en el mundo del espíritu no vemos sino vacilación. Ni la propia Iglesia parece segura de sí misma.

Nos volvemos, entonces, a Dios y nos encontramos con un muro de silencio. ¿Por qué Dios no habla? ¿Por qué se calla? ¿Por qué nos niega la explicación a que tenemos derecho? Hemos dedicado a él lo mejor de nuestra vida, creemos tener la conciencia tranquila... ¡Mereceríamos una respuesta! Pero él permanece callado, horas y horas, días y días.

Alguien nos recuerda, entonces, la frase del libro de Tobías: *Porque eras grato a Dios, era preciso que la tentación te probara* (Tob 12, 13). ¿Por ser grato a Dios? ¿Precisamente por serle grato? La paradoja es tan grande que nos parece un bello consuelo sin sentido. Pero es el único que nos llega, porque Dios continúa callado, sin concedernos esa palabra suya que lo aclararía todo.

Dios niega este consuelo a sus mejores amigos escribe Moeller y la Biblia lo testimonia largamente. Todos, todos han pasado alguna vez por ese amargo desierto del «silencio de Dios». Es lo que ahora van a vivir María y José.

Ella había partido hacia Ain Karim a mitad del año entre la ceremonia de los desposorios y el matrimonio propiamente tal. Había pedido permiso a José para ausentarse, pero no había dado demasiadas explicaciones. Tampoco José las había pedido: era natural que le gustara pasar unas semanas con su prima y mucho más si sabía o sospechaba que Isabel esperaba un niño.

Algo más extraña resultó la vuelta precipitada de María. Aunque los exegetas no están de acuerdo, los textos evangélicos parecen insinuar que volvió a Nazaret faltando algunos días o semanas para el nacimiento de Juan. Al menos, nada dicen de una presencia de María en los días del alumbramiento. ¿A qué vienen ahora estas prisas? ¿No era normal que acompañase a su prima precisamente en los días en que más podía necesitarla?

Esta prisa obliga a pensar que o faltaba poco tiempo para la ceremonia del matrimonio de María o, más probablemente, que los síntomas de la maternidad empezaban a ser ya claros en ella y no quiso que José se enterase de la noticia estando ella fuera.

Regresó, pues, a Nazaret y esperó, esperó en silencio. No parece en absoluto verosímil que María contase —como apunta Bishop— su estado a José. Los evangelios insinúan un silencio absoluto de María. San Juan Crisóstomo —en una homilía de prodigioso análisis psicológico— trata de investigar el por qué de este silencio:

> Ella estaba segura de que su esposo no hubiera podido creerla si le contara un hecho tan extraño. Temía, incluso, excitar su cólera al dar la impresión de que ella trataba de cubrir una falta cometida. Si la Virgen había experimentado una extrañeza bien humana al preguntar cómo ocurriría lo que anunciaba el ángel, al no conocer ella varón, cuánto más habría dudado José, sobre todo si conocía esto de labios de una mujer, que por el mismo hecho de contarlo, se convertía en sospechosa.

No, era algo demasiado delicado para hablar de ello. Además ¿qué pruebas podía aportar María de aquel misterio que llenaba su seno sin intervención de varón? Se calló y esperó. Esta había sido su táctica en el caso de Isabel y Dios se había anticipado a dar las explicaciones necesarias. También esta vez lo haría. Seguía siendo asunto suyo.

La noche oscura de José

¿Cómo conoció José el embarazo de María? Tampoco lo sabemos. Lo más probable es que no lo notara al principio. Los hombres suelen ser bastante despistados en estas cosas. Lo verosímil es pensar que la noticia comenzó a correrse entre las mujeres de Nazaret y que algunas de ellas, entre pícara e irónica, felicitó a José porque iba a ser padre. Ya hemos señalado que nadie pudo ver un pecado en este quedar embarazada María —de quien ya era su marido legal, pensarían todos— antes de la ceremonia matrimonial. No era lo más correcto, pero tampoco era un adulterio. Nadie se rasgaría, pues, las vestiduras, pero no faltarían los comentarios picantes. En un pueblo diminuto, el embarazo de María era una noticia enorme y durante días no se hablaría de otra cosa en sus cincuenta casas.

Para José, que sabía que entre él y María no había existido contacto carnal alguno, la noticia tuvo que ser una catástrofe interior.

Al principio no pudo creerlo, pero luego los signos de la maternidad próxima empezaron a ser evidentes. No reaccionó con cólera, sino con un total desconcierto. La reacción normal en estos casos es el estallido de los celos. Pero José no conocía esta pasión que los libros sagrados describen *implacable y dura como el infierno* (Cant 8, 6). *El celoso* —decía el libro de los Proverbios— *es un ser furioso: no perdonará hasta el día de la venganza* (Prov 6, 34).

En José no hay ni sombra de deseos de venganza. Sólo anonadamiento. No puede creer, no *quiere* creer lo que ven sus ojos. ¿Creyó José en la culpabilidad de su esposa? San Agustín, con simple realismo, dice que sí: *la juzgó adúltera*. En la misma línea se sitúan no pocos padres de la Iglesia y algunos biógrafos. Pero la reacción posterior de José está tan llena de ternura que no parece admitir ese pensamiento. Lo más probable es que José pensara que María había sido violada durante aquel viaje a Ain Karim. Probablemente se echó a sí mismo la culpa por no haberla acompañado. Viajar en aquellos tiempos era siempre peligroso. Los caminos estaban llenos de bandoleros y cualquier pandilla de desalmados podía haber forzado a su pequeña esposa. Esto explicaría mucho mejor el silencio en que ella se encerraba. Por otro lado, la misteriosa serenidad de María le desconcertaba: no hubiera estado así de haber sido culpable su embarazo, se hubiera precipitado a tejer complicadas historias. El no defenderse era su mejor defensa.

¿Pudo sospechar José que aquel embarazo viniera de Dios? Algunos historiadores así lo afirman y no falta quien crea que esta sospecha es lo que hacía temblar a José que, por humildad, no se habría atrevido a vivir con la madre del futuro Mesías. La explicación es piadosa pero carece de toda verosimilitud. Las profecías que hablaban de que el Mesías nacería de una virgen no estaban muy difundidas en aquella época y la palabra «almah» que usa el profeta Isaías se interpretaba entonces simplemente como «doncella». Por lo demás, ¿cómo podía imaginar José una venida de Dios tan sencilla? Lo más probable es que tal hipótesis no pasara siquiera por la imaginación de José antes de la nueva aparición del ángel. Sobre todo habiendo, como había, explicaciones tan sencillas y normales como la violación en el camino de Ain Karim.

Pero el problema para José era grave. Es evidente que él amaba a María y que la amaba con un amor a la vez sobrenatural y humano. *Tenemos un corazón para todos los usos,* ha escrito Cabodevilla. Si la quería, no le resultaba difícil perdonarla y comprenderla. Un hombre de pueblo comprende y perdona mucho mejor que los refinados intelectuales. La primera reacción de José tuvo que ser la de callarse. Si María había sido violada bastante problema tendría la pobrecilla para que él no la ayudara a soportarlo.

Mas esta solución tampoco era simple. José, dice el evangelista, era «justo» (Mt 1, 19). Esta palabra en los evangelios tiene siempre un sentido: cumplidor estricto de la ley. Y la ley mandaba denunciar a la adúltera. Y, aun cuando ella no fuera culpable, José no podía dar a la estirpe de David un hijo ilegítimo. Y el que María esperaba ciertamente parecía serlo.

Si José callaba y aceptaba este niño como si fuera suyo, violaba la ley y esto atraería castigos sobre su casa, sobre la misma María a quien trataba de proteger. Este era el «temor» del que luego le tranquilizaría el ángel.

Pero, si él no reconocía este niño como suyo, el problema se multiplicaba. María tendría que ser juzgada públicamente de adulterio y probablemente sería condenada a la lapidación. Esta idea angustió a José. ¿Podría María probar su inocencia? Su serenidad parecía probar que era inocente, pero su silencio indicaba también que no tenía pruebas claras de esa inocencia. José sabía que los galileos de su época eran inflexibles en estas cosas. Quizá incluso había visto alguna lapidación en Nazaret, pueblo violento que un día querría despeñar a Jesús en el barranco de las afueras del pueblo. José se imaginaba ya a los mozos del pueblo arrastrando a María hasta aquel precipicio. Si ella se negaba a tirarse por él, sería empujada por la violencia. Luego la gente tomaría piedras. Si la muchacha se movía después de la caída, con sus piedras la rematarían. Dejarían luego su cuerpo allí, para pasto de las aves de rapiña.

No podía tomarla, pues. Denunciarla públicamente no quería. ¿Podría «abandonarla» en silencio? Entendida esta palabra «abandonarla» en sentido moderno, habría sido la solución más sencilla y la más coherente en un muchacho bueno y enamorado: un día desaparecería él del pueblo; todas las culpas recaerían sobre él; todos pensarían que él era un malvado que había abandonado a María embarazada. Así, nadie sospecharía de ella, ni del niño que iba a venir. Pero ni este tipo de abandonos eran frecuentes entonces, ni la palabra «abandonar» que usa el evangelista tiene ese sentido. En lenguaje bíblico «abandonar» era dar un libelo legal de repudio. Probablemente, pues, era esto lo que proyectaba José: daría un libelo de repudio a María, pero en él no aclararía la causa de su abandono. De todos modos tampoco era sencilla esta solución y no terminaba de decidirse a hacerlo.

¿Cuánto duró esta angustia? Días probablemente. Días terribles para él, pero aún más para ella. ¡Dios no hablaba! ¡Dios no terminaba de hablar! Y a María no le asustaba tanto la decisión que José pudiera tomar, cuanto el dolor que le estaba causando. Ella también le quería. Fácilmente se imaginaba el infierno que él estaba pasando.

Y los dos callaban. Callaban y esperaban sumergidos en este desgarrador silencio de Dios. Su doble pureza hacía más hondas sus angustias. Seres abiertos a lo sobrenatural aceptaban esto de ser llevados de la mano por el Eterno. ¡Pero este caminar a ciegas! ¡Este verse él obligado a pensar lo que no quería pensar! ¡Este ver ella que Dios inundaba su alma para abandonarla después a su suerte! Difícilmente ha habido en la historia dolor más agudo y penetrante que el que estos dos muchachos sintieron entonces. ¡Y no poder consultar a nadie, no poder desahogarse con nadie! Callaban y esperaban. El silencio de Dios no sería eterno.

El misterio se aclara con un nuevo misterio

No lo fue. No había llegado José a tomar una decisión cuando *en sueños se le apareció un ángel del Señor* (Mt 1, 20). En sueños: si el evangelista estuviera inventando una fábula habría rodeado esta aparición de más escenografía. No hubiera elegido una forma tan simple, que se presta a que fáciles racionalismos hicieran ver a José como un soñador. Pero Dios no usa siempre caminos extraordinarios. En el antiguo testamento era frecuente esta acción de Dios a través del sueño. *Entre sueños, con visiones nocturnas* —decía el libro de Job— *abre Dios a los hombres los oídos y los instruye y corrige* (Job 4, 13 y 36, 10).

Era además un sueño preñado de realidad. Difícilmente se puede decir más de lo que el ángel encierra en su corto mensaje. Comienza por saludar a José como «hijo de David» (Mt 1, 20), como indicándole que cuanto va a decirle le afecta no sólo como persona, sino como miembro de toda una familia que en Jesús queda dignificada. Pasa después a demostrar a José que conoce todo cuanto estos días está pasando: *No temas en recibir a María* (Mt 1, 20). Dirige sus palabras al «justo», al cumplidor de la ley. No temas, al recibir a María no recibes a una adúltera, no violas ley alguna. Puedes recibir a María que es «tu esposa» y que es digna de serlo *pues lo concebido en ella es obra del Espíritu santo.* Son palabras gemelas a las que usara con Maria. Y contenían lo suficiente para tranquilizar a José. *Dará a luz un hijo a quien pondrás por nombre Jesús* (Mt 1, 21). El mensaje se dirige ahora a José, como diciéndole: aunque tú no serás su padre según la carne, ejercerás sobre él los verdaderos derechos del padre, simbolizados para los hebreos en esta función de ponerle nombre. El nombre tiene en el mundo bíblico mucha mayor importancia que entre nosotros. Casi siempre posee un sentido que trata de definir la vida de quien lo lleva. Y el cambio de nombre adquiere siempre en el antiguo testamento el doble sentido de una «elección» y de una especial «misión». El nombre es, en cierto modo, la primera revelación de Dios sobre el hombre.

Y el nombre que el ángel dice no carece de sentido, es un tesoro inagotable comenta san Juan Crisóstomo. Se llamará Jesús (Ya-chúa, en hebreo) es decir: «Yahvé salva». Este nombre de «salvador» se aplica a Dios unas cien veces en el antiguo testamento. *Dios es mi salvador, viviré lleno de confianza y no temeré* (Is 12, 2). *Cuán hermosos son los pies de aquel que pregona la salvación* (Is 52, 7).

El ángel anuncia así que Jesús traerá lo que el hombre más necesita, lo que sólo Dios puede dar, lo más que Dios puede dar al hombre: la salvación. Salvación, en primer lugar, para su pueblo, para Israel. Habla el ángel a José de lo que mejor puede entender, de lo que más esperaba un judío de entonces. En su hijo se cumplirá aquello que anunciaba el salmo 130: *Espera, oh Israel, en el Señor. Porque en el Señor hay misericordia y salvación abundante. El redimirá algún día a Israel de todas sus iniquidades.*

Aún es más fecundo el mensaje del ángel: puntualiza en qué consistirá esa salvación. *El pueblo* —explica el comentario de san Juan Crisóstomo— *no será salvado de sus enemigos visibles, ni de los bárbaros, sino de algo más importante: del pecado. Y esto nadie podía haberlo hecho antes de Jesús.* Parece que el evangelista tuviera prisa por señalar el eje de la misión de Cristo, salvador, sí, de todos los males, liberador, sí, del hombre entero, pero salvador de todo porque atacaría a la raíz de todo, a la última causa de todo mal: los pecados. No venía a dar una batalla directa contra el hambre en el mundo, ni contra la dominación romana, ni contra la divinización humana que incluía la cultura helenística. Venía a dar la batalla contra todo pecado que corrompe el interior del hombre, sabiendo, eso sí, que en ella quedarían también incluidas la lucha contra el hambre, la opresión, la idolatría de la inteligencia. Venía a cambiar al hombre, sabiendo que, cuando el hombre fuera mejor, sería también más feliz.

El ángel ha concluido ya su mensaje. Pero el evangelista aún tiene algo que añadir. Mateo se ha propuesto como fin fundamental de su evangelio mostrar a sus contemporáneos cómo se realizan en Cristo todas las profecías que anunciaban al Mesías y aquí nos señala cómo en este misterioso nacimiento se realizan las palabras de Isaías: *He aquí que una virgen concebirá y parirá un hijo...* (Mt 1, 23). Estas palabras que son tan importantes para nosotros, no lo eran tanto para los contemporáneos y antecesores de Cristo, por la simple razón de que no lograban entenderlas. Las escuelas judías apenas comentaban este oráculo y no solían referirlas al Mesías. Esperaban la venida de este enviado revestido de poder y de majestad: mal podían imaginarle a través de un bebé que nace de un ser humano. Pensaban en la llegada de un vencedor adulto, nadie hablaba de su posible nacimiento. Menos aún podían intuir un nacimiento virginal y misterioso. La palabra que nosotros traducimos por «Virgen» (almah, en hebreo) la traducían simplemente por «doncella», «jovencita». Sólo José aquella noche comenzó a vislumbrar el sentido de esa palabra y entendió que a él se le aclaraba el rompecabezas de su espíritu. Ahora todo cuadraba: la pureza incuestionable de su esposa, la misteriosa serenidad de ella, su vocación personal. Ahora supo por qué quería a María y, al mismo tiempo, no la deseaba; por qué su cariño era casi sólo respeto. Entendía cómo podían unirse ideas tan opuestas como «virginidad» y «maternidad»; cómo él podía ser padre sin serlo, cómo aquel terrible dolor suyo de la víspera había sido maravillosamente fecundo.

¿Temió, por un momento, que todo hubiera sido un sueño, una «salida» que se buscaba su subconsciente para resolver el problema? Tal vez sí lo temió. Pero, cuanto más reflexionaba, más se daba cuenta de que aquello sólo podía ser obra de Dios. ¿Cómo iba a haber inventado él aquel prodigio de un embarazo obrado por Dios que, despierto, ni hubiera podido pasar por su imaginación? Una idea así le hubiera parecido una blasfemia. Pero ahora veía que era posible. Que no sólo era posible, sino que en ella se realizaban las profecías que antes no había podido comprender. No, no era un sueño.

Sintió deseos de correr y abrazar a María. Lo hizo apenas fue de día. Y a ella le bastó ver su cara para comprender que Dios había hablado a José como antes lo había hecho con Isabel. Ahora podían hablar ya claramente, confrontar sus «historias de ángeles», ver que todo cuadraba, «entender» sus vidas, asustarse de lo que se les pedía y sentir la infinita felicidad de que se les pidiese. Comprendían su doble amor virginal y veían que esta virginidad en nada disminuía su verdadero amor. Nunca hubo dos novios más felices que María y José paseando aquel día bajo el sol.

Un destino cambiado

Pero no sólo alegría. También miedo y desconcierto. Cuando José volvió a quedarse solo comenzó a sentir algo que sólo podía definirse con la palabra «vértigo». Sí, habían pasado los dolores y las angustias, se había aclarado el problema de María, pero ahora descubría que todo su destino había sido cambiado. El humilde carpintero, el muchacho simple que hasta entonces había sido, acababa de morir. Nacía un nuevo hombre con un destino hondísimo.

Como antes María, descubría ahora José que embarcarse en la lancha de Dios es adentrarse en su llamarada y sufrir su quemadura. Tuvo miedo y debió de pensar que hubiera sido más sencillo si todo esto hubiera ocurrido en la casa de enfrente.

Un poeta —J. M. Valverde— ha pintado minuciosamente lo que José debió de sentir aquella tarde, cuando se volvió a quedar solo:

> ¿Por qué hube de ser yo? Como un torrente
> de cielo roto, Dios se me caía
> encima: gloria dura, enorme, haciéndome
> mi mundo ajeno y cruel: mi prometida
> blanca y callada, de repente oscura,
> vuelta hacia su secreto, hasta que el ángel,
> en nívea pesadilla de relámpagos,
> me lo vino a anunciar:
> el gran destino
> que tan bello sería haber mirado
> venir por otra calle de la aldea...

¿Y quién no preferiría un pequeño destino hermoso a ese terrible que pone la vida en carne viva? Todos los viejos sueños de José quedaban rotos e inservibles.

> Nunca soñé con tanto. Me bastaban
> mis días de martillo, y los olores
> de madera y serrín, y mi María
> tintineando al fondo en sus cacharros.
> Y si un día el Mesías levantaba
> como un viento el país, yo habría estado
> entre todos los suyos, para lucha
> oscura o para súbdito. Y en cambio
> como un trozo de monte desprendido
> el Señor por mi casa, y aplastada
> en demasiada dicha mi pequeña
> calma, mi otra manera de aguardarle.

Pero aún había más: la venida del Dios tonante ni siquiera era tonante en lo exterior. Dios estaba ya en el seno de María y fuera no se notaba nada. *Solamente* —dirá el mismo poeta— *más luz sobre María, más lejano el fondo de sus ojos.* Sólo eso, ni truenos en el aire, ni ángeles en la altura. El trabajo seguía siendo escaso, los callos crecían en las manos, el tiempo rodaba lentamente. Sólo su alma percibía el peso de aquel Dios grande y oscuro a la vez. «Quizá —pensó— cuando el niño nazca termine por aclararse todo».

6

Belén: el comienzo
de la gran locura

Es difícil, casi imposible, escribir sobre Belén. Porque ante esta historia de un Dios que se hace niño en un portal los incrédulos dicen que es una bella fábula; y los creyentes lo viven como si lo fuera. Frente a este comienzo de la gran locura unos se defienden con su incredulidad, otros con toneladas de azúcar.

Porque de eso se trata: de defenderse. Por un lado, sucede que —como señaló Van der Meersch— *todas las cosas de Dios son vertiginosas*. Por otro, ocurre que el hombre no es capaz de soportar mucha realidad. Y, ante las cosas grandes, se defiende: negándolas o empequeñeciéndolas.

Dios es como el sol: agradable mientras estamos lo suficientemente lejos de él para aprovechar su calorcillo y huir su quemadura. Pero ¿quién soportaría la proximidad del sol? ¿Quién podría resistir a este Dios que «sale de sus casillas» y se mete en la vida de los hombres?

Por eso —porque nos daba miedo— hemos convertido la Navidad en una fiesta de confitería. Nos derretimos ante «el dulce Niño de rubios cabellos rizados» porque esa falsa ternura nos evita pensar en esa idea vertiginosa de que sea Dios en verdad. Una Navidad frivolizada nos permite al mismo tiempo creernos creyentes y evitarnos el riesgo de tomar en serio lo que una visión realista de la Navidad nos exigiría.

La idea de que, en su pasión, Jesús suba a la muerte llega a conmovernos, pero el que Dios se haga hombre nos produce, cuando más, una tonta ternura. Sin percibir —como Góngora intuyó en dos versos inmortales— que *hay distancia más inmensa de Dios a hombre, que de hombre a muerte.*

De este «salto de Dios» vamos a hablar. Y a él sólo puede acercarse el hombre por la puerta de la sencillez. Hay en la basílica de Belén una puerta —la única que da acceso al templo— que se ha convertido en todo un símbolo: Durante los tiempos de las Cruzadas no era infrecuente que soldados musulmanes irrumpieran en el templo con sus caballos acometiendo a fieles y sacerdotes. Se tapió la gran puerta para impedirlo y se dejó como única entrada un portillo de poco más de un metro de altura. Aún hoy hay que entrar a la Iglesia por esa puerta, agachándose, aniñándose.

Así hay que acercarse a esta página evangélica: aniñándose. (Aniñándose; no abobándose. Porque en la historia de la Iglesia siempre han llamado bobos a los santos y santos a los bobos). Belén es un lugar no apto para mayores, una auténtica fiesta de locos. Sí, hay que estar un poco locos para entender lo que voy a contar.

El silencio tras el huracán

Cuando los ángeles se fueron, todo volvió a la rutina en la casa de José y María. No hubo apariciones ni milagros en los meses siguientes. Tanto que, si ellos hubieran tenido menos fe, habrían llegado a pensar que todo había sido un sueño. Dios era extraño: invadía como un huracán y luego se alejaba dejando una desconcertante calma, más honda ahora, tras el temblor del momento terrible. Todos los días esperaban que el ángel regresara con más explicaciones, pero Dios debía de preferir la fe a las cosas demasiado claras. Les dejaba así: con aquellas medias palabras.

José y María daban vueltas en sus cabezas a aquellos mensajes. Se los repetían el uno a la otra. Lo sabían ya de memoria. Y era claro lo que era claro: que aquella criatura que empezaba a patalear en el seno de María era nada menos que el Esperado de las naciones. Pero nada sabían de cómo vendría, de cómo sería, de por qué les habían elegido a ellos, de qué tendrían que hacer cuando viniese.

Buscaban entonces ayuda en los libros santos. Quizá Zacarías había intentado explicárselo a María durante los meses que pasó en Ain Karim. Y José leería y releería —si es que sabía leer— los pocos rollos de los profetas que pudieran tener en su casa o que hubiera en aquel poblacho de Nazaret. Los sábados, en la sinagoga, beberían las palabras de los escribas y todas les parecerían referirse a su Hijo. ¡Pero cuántos misterios quedaban en la sombra...! Empezaron a experimentar aquello que decía Rosales:

> No hay término medio:
> lo cierto no es claro;
> lo claro no es cierto.

Lo que sí resultaba indudable era el peso creciente de aquel niño en su seno. Y también aquella misteriosa alegría que les invadía a los dos como un sol de primavera.

Sin embargo, algo esperaban: ¿No estaba profetizado que el Mesías vendría rodeado de majestad? Poca majestad traería, si llegaba a nacer en su casa. Tal vez un día vendrían los sacerdotes —celestemente iluminados— para llevar a María al templo... Tal vez los ángeles llenarían el país de luminosos anuncios... Tal vez... Pero el tiempo pasaba y nada ocurría. El seno de María iba abombándose, sin que nada extraordinario sucediese. Las vecinas sonreían al verla pasar, pero como lo hubieran hecho ante otra madre cualquiera. No se arrodillaban las gentes a su paso; no florecían las azucenas cuando ella rozaba sus varas al pasar; el sol se levantaba en las mañanas y se ponía en las tardes como si nada estuviera ocurriendo en el mundo. María y José comenzaron a preparar la casa y la cuna, convencidos ya de que ellos, y no los ángeles, cuidarían al recién nacido. ¡Dios era extraño, sí!

Un rompecabezas para los historiadores

Y un día —según cuenta el evangelio de Lucas— algo ocurrió: de Roma llegó una orden según la cual el emperador ordenaba un censo que obligaría a José a desplazarse hasta Belén.

Pero aquí llega un nuevo rompecabezas para los historiadores. ¿Es realmente histórico lo que cuenta san Lucas? ¿Estaba bien informado el evangelista al escribirlo? ¿O se trata de una pura fórmula literaria para hacer concordar la realidad con las profecías del antiguo testamento y mostrar más claramente que Jesús era hijo de David?

Son preguntas realmente graves y que llevan hoy a muchos científicos católicos a ver como simbólico todo lo que Lucas cuenta en torno al nacimiento de Jesús. Es, desde luego, cierto que hay, a veces, contradicciones entre lo que este capítulo de Lucas dice y lo que aportan otros evangelistas y que bastantes de sus afirmaciones son hoy puestas en duda por la historia que conocemos.

Por de pronto la alusión al censo parece bastante discutible. El procurador Quirino —durante cuyo mandato en Siria se habría hecho ese censo, según Lucas— fue nombrado para ese cargo bastante más tarde, unos diez o doce años después. Y no hay el menor rastro histórico de ese censo coincidente con el nacimiento de Cristo. Hay, en cambio, datos muy claros de otro censo en el año sexto después de Cristo. Por otro lado cuando Cristo nació, Palestina no era aún provincia romana, sino que estaba bajo el mandato de Herodes, por lo que difícilmente se podía imponer un censo desde Roma. Aparte de lo cual la costumbre romana era que el censo se hiciera donde se residía y no en el lugar de origen familiar, al estilo judío.

Todo ello hace pensar que Lucas —que escribe unos ochenta años más tarde— incurre en una confusión. Tal vez no supo cómo explicar ese traslado de Nazaret a Belén por parte de la sagrada familia y «encontró» la causa en un censo cuya fecha trabucó. O quizá su afirmación tiene sólo un sentido teológico: para explicar que hasta el poder del emperador estuvo sometido a los designios de la providencia; o para subrayar que, en contraposición a los celotes, que comenzaron su insurrección bélica como motivo del censo de Quirino el año 6 después de Cristo, éste se había sometido desde el principio a las leyes civiles.

No hay, de hecho, inconveniente alguno en aceptar que las causas del viaje de José y María a Belén pudieran ser otras: simplemente la de buscar más trabajo para el carpintero —Belén era entonces algo mayor que Nazaret— ahora que la familia crecía.

Pero algunos investigadores van más allá y niegan simplemente todo el viaje a Belén, para sostener que Jesús nació y vivió siempre en Nazaret y que todas las alusiones a Belén no tienen más sentido que subrayar su condición de descendiente de David. Esta opinión la sostienen muchos de los más recientes investigadores: Pikaza, Bornkamm, Blank, Hahn, Trilling. Se apoyan en el hecho de que Jesús es conocido durante toda su vida simplemente como «el nazareno» y en que, cuando Natanael arguye que Jesús no puede ser el Mesías porque *de Nazaret no puede salir nada bueno* (Jn 1, 46), nadie se preocupa de recordar que en realidad había nacido en Belén.

En contra de esta interpretación está la coincidencia de Lucas y Mateo (dos fuentes claramente diversas) que dicen con claridad que el nacimiento se produjo en Belén. Y toda la tradición cristiana —la más antigua incluso— acepta esto sin la menor de las dudas. Cuando Constantino, en el año 325, construye allí la famosa basílica, nadie plantea la posibilidad de que no fuera este el lugar del nacimiento de Jesús. Por todo ello, prefiero seguir en estas páginas la interpretación más tradicional.

Pero aún mucho más complejo es el problema de la fecha del acontecimiento natalicio. Y aquí sí que debe decirse, sin rodeos, que no es exacto —como suele creerse— que el niño Jesús naciera el año primero de la era cristiana (sino cinco o seis antes) y que muriera el año 33 de la misma. En realidad no sabemos con absoluta exactitud el año en que Cristo nació. Sabemos sí que su nacimiento ocurrió entre el año 5 y el año 8 antes de Cristo (aunque parezca una paradoja). Fue en el siglo VI de nuestra era cuando se implantó la cronología que hoy nos sitúa en el siglo XX. Hasta entonces, se contaban los años según la llamada Era de Diocleciano o «Era de los mártires». Es en pleno siglo VI cuando un clérigo romano, Dionisio el Exiguo, meditando la frase de san Pablo que señala a Cristo como «centro de todos los tiempos» (Gál 4, 4) propuso comenzar a contar los años a partir del nacimiento de Cristo. Pero Dionisio era mejor teólogo que cronólogo y calculó que Jesús había nacido el año 754 de la fundación de Roma y bautizó este año como primero de la era cristiana. Mas se equivocó, por lo menos en cuatro años, y, probablemente, en siete u ocho. Sabemos efectivamente que Cristo nació antes de morir Herodes (la noticia de esta muerte la recibe la sagrada familia estando ya en Egipto). Y sabemos que Herodes murió en abril del año 750 de la fundación de Roma. Si Cristo tenía ya por entonces verosimilmente unos tres años, habría que situar su nacimiento en torno al 747 de la fundación de Roma, es decir unos siete años antes del que hoy llamamos año primero después de Cristo.

Gobernaba en Roma —y esto exacto— César Augusto o, con su nombre completo, Cayo Julio César Octaviano Augusto. De él nos ofrece Papini —siempre amigo de dramatizar— un retrato macabro:

> Cuando Cristo apareció entre los hombres los criminales reinaban, obedecidos, sobre la tierra. Octaviano habíase mostrado cobarde en la guerra, vengativo en las victorias, traidor en las amistades, cruel en las represalias. A un condenado que le pedía, por lo menos, sepultura, le respondió: eso es cosa de los buitres. Obtenido el imperio, extenuados y dispersos los enemigos, conseguidas todas las magistraturas y potestades, se había puesto la máscara de la mansedumbre, y no le quedaba, de los vicios juveniles, más que la liviandad. Se contaba que de joven había vendido dos veces su virginidad: la primera vez a César; la segunda, en España, a Irzio, por trescientos mil sextercios. A la sazón se divertía con sus muchos divorcios, con las nuevas nupcias con mujeres que arrebataba a sus enemigos, con adulterios casi públicos y con representar la comedia de restaurador del pudor. Este hombre contrahecho y enfermizo era el amo de Occidente cuando nació Jesús y no supo nunca que había nacido quien había de disolver lo que él había fundado.

Un juicio histórico tendría que completar este cuadro: no porque no sea exacto que hubiera ascendido al poder —y se mantuviera en él— a base de mancharse las manos de sangre o porque no sea cierto que ni su juventud ni su vida matrimonial fueran precisamente un ejemplo de virtud, sino porque además fue —o quiso ser al menos— constructor de un imperio menos desordenado y corrompido del que habían dejado sus predecesores. Trabajador y personalmente modesto, Augusto quiso dar a sus ciudadanos un mundo en paz y orden. Había nacido con espíritu burocrático y organizador, aunque ya en los años de Cristo —abatido por las desdichas familiares, roído por el eczema y el reumatismo— se había entregado al escepticismo al encontrarse incapaz de organizar aquel imperio que moral y humanamente se desplomaba. Mantenía, sin embargo, el espíritu ordenancista que le llevaba a contabilizarlo todo. A la hora de su muerte —como cuenta el historiador Suetonio— se encontró entre sus papeles un

«Breviarium Imperii» en el que *indicaba los recursos públicos, cuántos ciudadanos romanos y aliados estaban bajo sus armas, el estado de las flotas, de los reinos asociados, de las provincias, de las tribus, de los impuestos, de las necesidades.*

Para poder tener este control necesitaba haber hecho frecuentes censos y hay datos históricos de que en Egipto se realizaba uno cada catorce años. No es, pues, inverosímil que también en Palestina estos censos se repitieran con frecuencia y hubiese más de aquellos de los que tenemos datos rigurosamente históricos.

Pero, fuese por motivo del censo o por cualquier otra razón, lo cierto es que en el evangelio nos encontramos a José y a María en viaje hacia Belén. Un traslado especialmente difícil en las circunstancias en que ella se encontraba. Un camino que era, prácticamente, el mismo que María había hecho, meses antes, bajando hacia Ain Karim.

¡Mas qué distinto era todo! Si entonces predominaba el júbilo, ahora el centro total era el misterio. Y un poco el desconcierto. Además, María llevaba ahora una preciosa carga, que no por preciada hacía menos pesado su andar. ¿Llevaban consigo un borriquito? En los evangelios no lo encontramos por ninguna parte, pero no es inverosímil que lo tuvieran. De todos modos el camino era largo: 150 kilómetros, y Palestina no tenía aún las buenas calzadas romanas que pocos años más tarde abrirían los romanos. Los caminos eran simples atajos de cabras y en no pocos tramos el suelo era rocoso y resbaladizo. Había que mirar bien dónde se ponía el pie. Y la embarazada necesitaba descansar de vez en cuando. Debieron de tardar no menos de cuatro días en llegar a Jerusalén.

Desde el monte de los Olivos contemplaron la Ciudad Santa que debió de parecerles más sagrada que nunca. Bajaron, sin duda, al templo, pues ningún israelita entraba en la ciudad sin acercarse, aunque fuera un momento, a orar. Y María comprendió —aunque no se atreviera a decirlo— que aquellas piedras eran sólo una figura de su seno, convertido por Dios en templo viviente. De cuantos iban a venerar a Yahvé en el Sancta Sanctorum nadie sospechó que el Altísimo estaba más presente que nunca entre aquellas paredes, vivo en la sangre de aquella aldeana.

Siguieron luego hacia el sur, dispuestos a cubrir los ocho kilómetros que separan Jerusalén de Belén. Un piadoso apócrifo imagina que *José volvió su rostro hacia María y la encontró triste; y se dijo a sí mismo: «Es que el embarazo debe causarle molestias». Pero al volverse otra vez, la encontró sonriente. Y le dijo: «María ¿qué es lo que te sucede que unas veces veo sonriente tu rostro y otras triste?». Y ella repuso: «Es que se presentan dos pueblos ante mis ojos: uno que llora y se aflige, y otro que se alegra y regocija». Y al llegar a la mitad del camino María dijo a José: «Bájame, porque el fruto de mis entrañas pugna por salir a la luz». Y la ayudó a apearse del asno.*

Pudo ser así, pudo no ser así. El peregrino que hoy repite a pie aquel camino y cruza aquel paisaje —porque cambian los hombres y las ciudades, pero no los paisajes— prefiere creerlo y sentarse en el asiento en que la leyenda dice que María descansó y en torno al que se levantó ya en el siglo V un pequeño monasterio.

Belén: patria de la infancia de todos

Y poco después avistaron Belén. Todos los que nos llamamos cristianos tenemos un rincón de nuestro corazón para esta ciudad. Se diría que hemos vivido en ella de niños, conocemos sus calles, sus casas. En nuestro corazón hay un belén nevado, con ríos alegres de papel de plata, con pastores que se calientan en torno a rojas hogueras de celofán. Tal vez por eso se decepcionan todos cuantos llegan, viajeros, a la ciudad. El Belén de la realidad no es el de nuestros sueños. No hay, por de pronto, nieve. Casi nunca nieva en Belén, casi nunca nieva en Palestina. El Jesús, que imaginamos nacido bajo la nevada, murió en realidad seguramente sin haber visto nunca la nieve. Y no hay ríos de plata, ni tejadillos rojos.

El paisaje que José y María vieron era el de un pequeño poblado de no más de doscientas casas apiñadas sobre un cerro, como un grupo de monjas asustadas. En las pendientes, suaves, que bajan al poblado, se mezclan la roca calcárea y los bancales de olivos, que descienden en sucesivas terrazas. Las casas, como cuadritos blancos brillarían bajo un sol rojo ardiente en un cielo muy azul. En torno a las casas, higueras que, en aquel mes del año, estarían terminando de perder sus hojas que yacerían en el suelo como una colección de manos de plata. También los sarmientos de las vides estarían secos y los olivos tan retorcidos como hoy, cual si trataran de huir de la roca que todo lo invade.

Pero, probablemente, José y María no tuvieron siquiera ojos para el paisaje. Lo que a José le preocupó es que, de pronto, su pueblo de origen le parecía mucho más pequeño de lo que decían sus sueños o sus recuerdos. Todos soñamos más grandes y hermosos los lugares donde hemos sido felices o donde fue más feliz nuestra familia. Pero aún le preocupó más a José el ver que eran muchos los que, como ellos, bajaban a la ciudad.

No había sitio en la posada

La tradición popular ha gustado imaginarse a José de puerta en puerta y de casa en casa, recibiendo negativa tras negativa de sus egoístas parientes. Nada dice de ello el evangelio y la alusión a la posada hace pensar que José no tenía parientes conocidos en Belén y que fue directamente, con su esposa, a la posada.

De nuevo viene a nuestra imaginación la figura del posadero que, con rostro avariento, se asoma a un ventanuco con un farol para examinar la catadura económica de quienes piden albergue. Y le vemos cerrando la ventana, codicioso del rendimiento que pueden producirle sus habitaciones, cedidas a huéspedes mejor trajeados.

Pero otra vez nos engaña la imaginación, basada en una incorrecta interpretación del «no había sitio» del texto evangélico. En las posadas palestinas, en realidad, siempre había sitio y a esa frase hay que darle un sentido diverso. La posada —el Khan— oriental, de ayer y aun de hoy, es simplemente un patio cuadrado, rodeado de altos muros. En su centro suele haber una cisterna en torno a la cual se amontonan las bestias, burros, camellos, corderos. Pegados a los muros —entre arcadas a veces— hay unos cobertizos en los que viven y duermen los viajeros, sin otro techo que el cielo en muchos casos. A veces pequeños tabiques trazan una especie de compartimentos, pero nunca llegan a ser habitaciones cerradas.

Escribe Ricciotti:

> En aquel amasijo de hombres y bestias revueltos se hablaba de negocios, se rezaba, se cantaba y se dormía, se comía y se efectuaban las necesidades naturales, se podía nacer y se podía morir, todo en medio de la suciedad y el hedor que aún hoy infectan los campamentos de los beduinos en Palestina, cuando viajan.

A este patio se asomó José y comprendió enseguida que allí no «había sitio». Sitio material, sí. Jamás os dirá un oriental que no hay lugar. Amontonándose con los demás, siempre cabe uno nuevo. Lo que no había era sitio adecuado para una mujer que está a punto de dar a luz. A José no le molestaba la pobreza, ni siquiera el hedor, pero sí aquella horrible promiscuidad. Su pudor se negaba a meter a María en aquel lugar donde todo se hacía al aire libre, sin reserva alguna. Quienes han conocido el subarriendo saben que esa es la mayor pobreza: la falta de intimidad para hablar, para amar, para orar. José lo habría aceptado para un simple pasar una noche, pero José sabía que tendrían que pasar allí días, tal vez semanas. Y que uno de esos días nacería su hijo. Un poco de silencio, un poco de paz era lo menos que podía pedirse. Tal vez preguntó al posadero si no le quedaba algún cobertizo independiente. Y el posadero levantaría los hombros y le señalaría con la mano aquel amontonamiento. Tal vez el mismo dueño de la posada le dijo que había en los alrededores muchas grutas abandonadas que se usaban para guardar el ganado y que en una de ellas podría refugiarse. No es siquiera imposible que el propio posadero soliera guardar en ella su ganado. Lo cierto es que a ella fueron a parar José y María.

La cueva sin adornos de escayola

Y otra vez vuelven a jugarnos una mala pasada la imaginación y el arte. El lugar donde Cristo nació no es el alegre pórtico de columnas —con alguna pared semiderruida, para dar impresión de abandono— que gustan pintar muchos artistas. Tampoco es el pesebre de confitería, color rosa y crema, de nuestros nacimientos en el que, muy compuestitos, una limpísima mula y un beatífico buey hacen oración en torno a un lindo y pulcro pesebre. Tampoco fue —como pinta melodramáticamente Papini, yéndose al otro extremo— *el lugar más sucio del mundo* lleno de *excrementos y montones de estiércol*. Fue simplemente una gruta natural como tantas que hay hoy en los alrededores de Belén. Un simple peñasco saliendo de las montañas como la proa de un barco y bajo el cual unas manos de pastores seguramente han oradado una cueva para guarecerse de la lluvia o del sol. Una gruta como la que se venera bajo la basílica de la Natividad en Belén —doce metros de larga, por tres y medio de ancha— y en la que los sacerdotes al celebrar hoy no pueden elevar mucho el cáliz porque pegaría en el techo.

Aquí llegaron. El rostro de María —cubierto del polvo blancuzco del camino— reflejaba cansancio. José —como avergonzado y pidiendo perdón de algo que no era culpa suya— preguntó a María con la mirada. Ella sonrió y dijo: «Sí».

Y *estando allí, se cumplieron los días de su parto* (Lc 2, 5). La frase del evangelista hace pensar que ocurrió varios días después de llegar a Belén y no la misma noche de la llegada, como suele imaginarse. José tuvo, pues, tiempo de adecentar un poco la cueva, de clavar algunas maderas que protegieran del frío algún rincón, de limpiar la paja del pesebre, de comprar quizá algunas cosillas.

Un parto era siempre un acontecimiento en los pueblos de Palestina. Todos los vecinos participaban en él y, a los ritos religiosos, se mezclaban las más torpes supersticiones. En torno al lecho de la parturienta alguna amiga trazaba, con tiza o carbón, un círculo para preservar a la madre de la influencia de los demonios. Y en cuanto el niño nacía, se colgaban amuletos sobre el lecho y en las jambas de la puerta para ahuyentar a Lilith, el demonio femenino. Si el parto era difícil, la parturienta apretaba en su mano derecha un rollo de la Thora. A la hora del parto los familiares acudían a visitar las tumbas de los antepasados y, con frecuencia, se medían los muros del cementerio y se enviaban a la sinagoga tantos cirios como medidas tenían las paredes. Nacido el pequeño, todos los vecinos acudían a verle y recitar oraciones sobre él. Y los niños del pueblo eran obsequiados con manzanas, nueces y dulces.

En el silencio de la noche

Nada de este movimiento rodeó el nacimiento de Jesús. El evangelista, parco en datos, señala claramente la soledad de la madre en aquella hora. Fue casi seguramente de noche (el evangelista dice que los pastores estaban velando) y muy probablemente una noche de diciembre (así lo avala una antiquísima tradición, que precisa —casi desde el siglo primero— la fecha del día 25). Haría ese fresco nocturno de los países cálidos, que no llega a ser un verdadero frío, pero que exige hogueras a quienes han de pasar la noche a la intemperie.

José habría encendido uno de estos fuegos fuera de la gruta. En él calentaba agua y quizá algún caldo. Dentro de la gruta María estaba sola, tal vez contemplada por la mirada cándida de los animales que verosímilmente había en el establo. Su aliento formaba nubecillas de blanco vapor en torno a sus húmedos hocicos. Sólo el removerse de los animales rompía el alto silencio de la noche. El tiempo avanzaba lentamente. Podríamos decir que solemnemente, como si comprendiera que aquella era la hora más alta de la historia.

Fuera, el fuego ardía juguetón, avivado por el vientecillo que venía del sur. José rezaría o pasearía nervioso, como han hecho todos los padres de la historia y como seguirán haciéndolo. Tal vez pensaba que debía haber llamado a una comadrona, pero María se había opuesto con un simple agitar negativamente la cabeza. Todo era tan misterioso, que había obedecido sin rechistar. Aunque ahora se preguntaba si había hecho bien. Debió de sentir muchas veces deseos de entrar en la gruta, pero la ley prohibía terminantemente que el padre estuviera en el cuarto de la parturienta a esa hora. Además María había dicho que ya le llamaría cuando hiciera falta.

Al fin, oyó la voz de su esposa, llamándole. Se precipitó hacia la cueva, con la jarra de agua caliente en la mano. Esperaba encontrarse a María tumbada en la paja, pero estaba sentada junto al pesebre, limpiándose tal vez el cabello. Sonreía y le hacía señas de que se aproximase. La cueva estaba casi a oscuras. Iluminada sólo por débiles candiles que no eran capaces de romper tanta sombra (53 lámparas iluminan hoy esa cueva en Belén, y sigue siendo oscura). Por eso tomó uno de los candiles y lo acercó al pesebre que María le señalaba. Vio una tierna carita rosada, blanda y húmeda aún, apretados los ojos y los puñitos, con bultos rojos en los hinchados pómulos. Al tomarlo en sus manos temió que pudiera deshacérsele —¡tan blando era!— y, mientras lo colocaba en sus rodillas, en gesto de reconocimiento paternal, sintió que las lágrimas subían a sus ojos. «Este es —pensó— el que me anunció el ángel». Y su cabeza no podía creerlo.

¿Cómo fue este parto que la fe de la iglesia siempre ha presentado como virginal? El evangelista nos lo cuenta con tanto pudor como precisión: *Se cumplieron los días de su parto y dio a luz a su hijo primogénito y le envolvió en pañales y le acostó en un pesebre* (Lc 2, 6-7). No nos dice que María estuviera sola, pero sí nos pone a «ella» como único sujeto de los tres verbos de la frase: ella le dio a luz, ella le envolvió, ella le acostó. No hubiera hecho la parturienta estas últimas acciones de haber allí alguien más. Tampoco dice el evangelista cómo fue el parto, pero la estructura de la frase (tres verbos activos, unidos por esa conjunción «y» que les da rapidez) insinúa mejor que nada que todo fue simple y transparente. Ella pudo hacerlo todo —envolverle, acostarle— porque estaba fresca y entera, porque como dice la famosa frase del catecismo— el hijo había salido de ella *como el rayo de sol pasa por un cristal, sin romperlo ni mancharlo.* San Jerónimo lo expresará con otra bella imagen: *Jesús se desprendió de ella como el fruto maduro se separa de la rama que le ha comunicado su savia, sin esfuerzo, sin angustia, sin agotamiento.*

Un bebé, sólo un bebé

Allí estaba. María y José le miraban y no entendían nada. ¿Era aquello —aquel muñeco de carne blanda— lo que había anunciado el ángel y el que durante siglos había esperado su pueblo? Rilke se dirige en un bellísimo poema a esta Virgen de la Nochebuena y le pregunta: *¿Te lo habías imaginado más grande?* Y el propio poeta responde: *Pero ¿qué es ser grande? A través de todas las medidas que él recorre, va la magnitud de su destino.* La inmensidad de ser Dios. Sí, *el Dios que retumba en las nubes, se hace benigno y viene en ti al mundo.*

Pero ellos no lo entendían. Lo adoraban, pero no lo entendían. ¿Aquel bebé era el enviado para salvar el mundo? Dios era todopoderoso, el niño todo desvalido. El Hijo esperado era la Palabra; aquel bebé no sabía hablar. El Mesías sería «el camino», pero éste no sabía andar. Sería la verdad omnisciente, mas esta criatura no sabía ni siquiera encontrar el seno de su madre para mamar. Iba a ser la vida;

aunque se moriría si ella no lo alimentase. Era el creador del sol, pero tiritaba de frío y precisaba del aliento de un buey y una mula. Había cubierto de hierba los campos, pero estaba desnudo. No, no lo entendían. ¿Cómo podían entenderlo? María le miraba y remiraba como si el secreto pudiera estar escondido debajo de la piel o detrás de los ojos. Pero tras la piel sólo había una carne más débil que la piel, y tras los ojos sólo había lágrimas, diminutas lágrimas de recién nacido. Su cabeza de muchacha se llenaba de preguntas para las que no encontraba respuestas: si Dios quería descender al mundo, ¿por qué venir por esta puerta trasera de la pobreza? Si venía a salvar a todos, ¿por qué nacía en esta inmensa soledad? Y sobre todo ¿por qué la habían elegido a ella, la más débil, la menos importante de las mujeres del país?

No entendía nada, pero creía, sí. ¿Cómo iba a saber ella más que Dios? ¿Quién era ella para juzgar sus misteriosos caminos? Además, el niño estaba allí, como un torrente de alegría, infinitamente más verdadero que cualquier otra respuesta.

Porque, además, ningún otro milagro espectacular había acompañado a este limpísimo parto. Ni ángeles, ni luces. Dios reservaba sus ángeles ahora para quienes los necesitaban, los pastores. María tenía fe suficiente para creer sin ángeles. Además, de haber venido ángeles a la cueva ¿los hubiera visto? No tenía ojos más que para su hijo.

No hubo milagros en torno del milagro

También esta vez los apócrifos han llenado de milagros la escena. El evangelio del Pseudo-Mateo nos dice que *el recinto se inundó de resplandores y quedó todo refulgente como si el sol estuviese allí dentro. Aquella luz divina dejó la cueva como si fuera al mediodía y, mientras estuvo allí María, el resplandor no faltó ni de día ni de noche.* El «Liber de infantia salvatoris» aún añade más prodigios:

> El niño lanzaba de sí resplandores, lo mismo que el sol. Estaba limpísimo y era gratísimo a la vista. En la misma hora de nacer se oyó la voz de muchos espíritus invisibles que decían a la vez: «Amén». Y aquella luz se multiplicó y oscureció con su resplandor el fulgor del sol, mientras que esta cueva se vio inundada de una intensa claridad y de un aroma suavísimo. Esta luz nació de la misma manera que el rocío desciende del cielo a la tierra.

El evangelio árabe de la infancia pintará al recién nacido haciendo milagros, curando de su parálisis a la buena partera que habría tratado de ayudar a María.

Pero nada de esto ocurrió. Ninguna luz vieron los habitantes que dormían en Belén, ningún prodigio innecesario acompañó al soberano prodigio de un Dios entre nosotros.

Porque de eso se trataba. La misma María no pudo entenderlo plenamente hasta después de la resurrección, pero nosotros lo sabemos. Era Dios, era Dios en persona, un Dios hecho asequible, digerible, un Dios en calderilla, un Dios a la medida de nuestras inteligencias. En verdad que *ninguna otra nación tuvo a sus dioses tan cerca*. Nos asustan la gruta y el frío y el establo. Pero ¿qué es eso frente al otro salto desde la infinitud al tiempo, desde la plenitud de Dios a la mortalidad del hombre? Porque era hombre, hombre verdadero. Los hombres, siempre aburridos y seriotes, se habían imaginado al Mesías anunciado de todos modos menos en forma de bebé. Si hubiera aparecido con las vestiduras de pavo real de los Sumos Sacerdotes, probablemente todos habrían creído en él. Si se hubiera mostrado sobre un carro de combate, vencedor fulgurante de todos sus enemigos, hubiera resultado «creíble» para sus compatriotas. Pero... ¿un bebé? Esto tenía más aspecto de broma que de otra cosa. ¡No era serio!

Y sin embargo aquel bebé, que iba a comenzar a llorar de un momento a otro, era Dios, era la plenitud de Dios. Y se había hecho enteramente hombre. El mundo que esperaba de sus labios la gran revelación recibió como primera palabra una sonrisa y el estallido de una pompa en sus labios rosados. ¡Esta era, en verdad, su gran palabra! ¿Quién hubiera podido creer en este niño-Dios si hubiera abierto sus labios en la cuna para explicarnos que Dios era uno en esencia y trino en personas? Su no saber hablar era la prueba definitiva de que se había hecho íntegramente hombre, de que había aceptado toda nuestra humanidad, tan pobre y débil como es. Su gran revelación no era una formulación teológica, ni un altísimo silogismo, sino la certeza de que Dios nos ama, de que el hombre no fue abandonado a la deriva tras el pecado. Descubríamos al fin, visiblemente, que ¡no estamos solos! El cielo impenetrable se abría y nos mostraba que no era tan solemne como en nuestro aburrimiento le habíamos imaginado. Dios era amor. Siéndolo ¿cómo no entender que viniera en forma de bebé? El reinado de la locura había comenzado.

Esta locura, como es lógico, tenía que escandalizar a los «inteligentes». Ya el hereje Marción en los primeros siglos se escandalizaría de este Dios indigno: *Quitadme esos lienzos vergonzosos y ese pesebre, indigno del Dios a quien yo adoro.* El dios a quien él adoraba era más excelentísimo señor, más faraón de Egipto, más empingorotado. Por lo menos Marción lo decía con claridad. Peor son todos los que en lugar de cristianos, son marcionitas y se dedican a buscar un «dios decente». Aceptan quizá al niño de Belén, pero siempre que sea guapito, siempre que crezca pronto y deje de hacer pucheros y decir «buh-buh».

Pero el Dios verdadero es este bebé inerme, envuelto en los más humildes pañales, nacido en la más total pobreza. ¿Por qué la riqueza habría de ser más digna de Dios que la humilde sencillez de los pobres?

Ya lo he dicho: aquella noche se instauraba el reinado de la locura. A la misma hora que él nació, alguien se revolcaba en las próximas casas de Nazaret, alguien contaba sextercios en un palacio de Roma, algún sabio daba en Alejandría los últimos toques a la piedra filosofal, algún general demostraba en las Galias que la espada es la reina del mundo. Pero el bebé del portal comenzaba a dar a todas esas cosas su verdadera medida: estiércol. Traía una nueva moneda para medir las cosas: el amor. Sabía bien que nadie terminaría de aceptar del todo esta nueva moneda (su nacimiento en una cueva era ya una demostración) pero no por eso sería menos verdadero que amar era el único verdadero valor.

Era Dios, era «nuestro» Dios, el único que como hombres podíamos aceptar. El único que no nos humillaba con su grandeza, sino que nos hacía grandes con su pequeñez (Ortega y Gasset lo formuló muy bien: *Si Dios se ha hecho hombre, ser hombre es la cosa más grande que se puede ser*). Era, sobre todo, el único Dios a quien los hombres podíamos amar. Puede temerse al Dios de los truenos, puede reverenciarse al Dios de los ejércitos, pero ¿cómo amarles? *Nadie puede amar una cosa a menos que pueda rodearla con sus brazos,* ha escrito Fulton Sheen. Y he aquí que ahora se ponía a nuestra altura y podíamos rodearle como María lo está haciendo ahora con su abrazo. En verdad que —como intuyó Malague— *lo difícil no es creer que Cristo sea Dios; lo difícil será creer en Dios si no fuera Cristo.*

Lo era. María lo sabía aunque no lo entendiera. Por eso le miraba y remiraba, por eso le abrazaba con miedo de romperlo, por eso cantaba, por eso reía, por eso rezaba, por eso se le estaban llenando de lágrimas los ojos.

Vinieron unos pastores

De nuevo tenemos que detenernos aquí para preguntarnos si en la escena de los pastores que cuenta san Lucas —y a la que dedica mucho más espacio que al mismo nacimiento— hace el evangelista historia o sólo teología, aprovechando el mundo pastoril que tuvo que rodear a la gruta para una proclamación mesiánica de Jesús. Esta vez casi todos los historiadores se inclinan a esta segunda posibilidad:

Lucas aquí pondría en boca de los ángeles alguno de los himnos con los que los primeros cristianos celebraban a Jesús. De hecho, son frases que son gemelas a las que el antiguo testamento dice que oyó Isaías a los serafines del templo y a los mismos cantos que el propio Lucas pondrá en boca de los discípulos en la entrada solemne de Jesús en Jerusalén el domingo de ramos. No hay, pues, el menor inconveniente en aceptar que en este apartado hay que dar a los textos de Lucas mucha más importancia por las ideas teológicas que encierran que por los detalles narrativos que aporta. Leámoslo con este criterio.

La escena que el evangelio describe es muy sencilla: *Había en la región unos pastores que pernoctaban al raso y de noche se turnaban velando sobre su rebaño* (Lc 2, 8). Belén era región de pastores. Lo había sido muchos siglos antes cuando David fue arrancado de sus rebaños para ser ungido por Dios como rey y guía del pueblo de Israel. Pero este glorioso precedente no había influido en la fama que los pastores tenían en tiempos de Cristo. Un pastor era entonces un ser despreciable, de pésima reputación. En parte la suciedad a que les obligaba el hecho de vivir en regiones sin agua, en parte su vida solitaria y errante, les habían acarreado la desconfianza de todos. *Si no les fuésemos necesarios para el comercio* —comentaba un «hombre de la tierra» que logró llegar a rabino— *nos matarían. No dejes* —decía un adagio de la época— *que tu hijo sea apacentador de asnos, ni conductor de camellos, ni buhonero, ni pastor, porque son oficios de ladrones.* Esta creencia hacía que los fariseos aconsejasen que no se comprase leche ni lana a los pastores, porque había gran probabilidad de que fuera robada. Y los tribunales no aceptaban a un pastor como testigo válido en un juicio. Es a estos hombres a quienes Cristo elige como testigos de su nacimiento.

Fue entonces —cuenta el evangelista— cuando vino el ángel con su gran luz. Ellos «*quedaron sobrecogidos de un gran temor*» (Lc 2, 9). Ya hemos conocido este temor —y el consiguiente «no temas» del ángel— pero esta vez el temor de los pastores fue mucho mayor que el de María, Zacarías y José. Se comp. nde: aquella enorme luz en pleno campo a hombres rudos que nada conocían. El ángel, sin embargo, no gasta palabras en presentarse ni en explicar que viene de parte de Dios. Comienza a dar su buena noticia y la da con un lenguaje que supone que los pastores son expertos en lo anunciado por los profetas. ¿Lo eran? ¿Cómo comprendieron los pastores que habían entrado en la órbita de lo sobrenatural? Nada sabemos. Sabemos sólo que entendieron y que se pusieron en camino.

Un anuncio mesiánico

Pero, mientras ellos van hacia la gruta, tendremos que detenernos nosostros, porque el texto evangélico dice mucho más de lo que aparenta. El evangelista parte de una idea base: el recién nacido es el Mesías descendiente de David que estaba profetizado. Si recuerda esta escena de los pastores —de suyo una simple nota de color— es porque ve en ella la ocasión de explicar esta verdad. Subraya por dos veces que Belén es «la ciudad de David» (Lc 2, 11). Recuerda que David ejercía oficio de pastor (1 Sam 16, 1-13) y que la imagen del pastor la usaba el profeta Miqueas —«*pastoreará su rebaño con el poder de Yahvé*»— (Miq 5, 4) en el famoso texto que anunciaba que el Mesías nacería en Belén.

También las palabras que los ángeles dirigen a los pastores son un empedrado de citas mesiánicas. La idea de «anunciar un gozo» era típica en Isaías para hablar de la venida del Esperado. La frase «para todo el pueblo», que subraya el carácter público del acontecimiento que se anuncia, es igualmente clásica en el antiguo testamento. La misma palabra «hoy» se usa siempre —*hoy estarás conmigo en el paraíso*— para hablar del triunfo del Salvador. Más notable es aún la frase en que se habla del «Mesías Señor». En el antiguo testamento era más frecuente la frase «el ungido del Señor» (aunque la fórmula «Mesías Señor» se encuentra literalmente en Lamentaciones 4, 20) pero en las primeras comunidades cristianas la frase «Mesías Señor» cristalizó pronto como denominación de Jesús. Podemos concluir que el evangelista Lucas está resumiendo en las palabras del ángel muchos de los testimonios mesiánicos que usaba habitualmente la comunidad a la que su evangelio se dirigía.

Aún adopta un tono más abiertamente litúrgico lo que sigue: la «legión de ángeles» que alaba a Dios y que después se aleja para volver «al cielo» era, para la comunidad primitiva, la manera litúrgica de expresar la presencia de Dios que se realiza en la comunidad que le adora. Lucas está subrayando la presencia de Dios en el acontecimiento y con ello la divinidad del recién nacido. Y el canto de los ángeles nos recuerda el trisagio que los serafines cantan en Isaías 6, 3, trisagio que repetían en sus liturgias los judíos en las sinagogas y los primeros cristianos en sus celebraciones. Aún lo cantamos hoy como comienzo del Gloria en nuestras misas.

Los hombres de buena voluntad

En este himno que cantan los ángeles hay una frase que bien merece que nos detengamos en ella. Es la que la liturgia antigua traducía por *paz a los hombres de buena voluntad* (Lc 2, 14) y que la actual presenta como *los hombres que ama el Señor.* ¿Por qué este cambio? ¿Cuál de estas dos versiones es realmente la exacta?

Una traducción literal diría «paz a los hombres de la buena voluntad» o «del beneplácito». ¿Pero esa buena voluntad es la de Dios o la de los hombres? La casi totalidad de los exegetas piensa hoy que ahí se habla de la voluntad de Dios y no de la conducta moral del hombre, es decir: que el hombre está en paz porque Dios le ama y no sólo porque él sea bueno. Los textos de Qumran acentúan esta posibilidad.

Por lo demás parece que lo aconseja el buen sentido: ¿En el momento del nacimiento del Hijo de Dios los ángeles habrían venido a anunciar paz sólo a los buenos? ¿No venía a curar enfermos y pecadores? ¿Es éste el momento ideal para discriminaciones? Los ángeles están, además, anunciando «una gran noticia». Que los buenos tendrán paz no parece un anuncio excepcional. Lo excepcional es que Dios ame a los hombres, a todos los hombres y que el nacimiento de su Hijo sea la demostración de la anchura de ese amor. Si Dios sólo trajera paz a los de «buena voluntad» ¿dónde nos meteríamos los malos, los mediocres, los cobardes? Y los mismos pastores, en su sencillez, ¿no habrían pensado que el anuncio angélico era más adaptado para otros que para ellos, que no tenían fama de hombres de buena voluntad y que no hay ninguna razón para creer que fueran, sin más, canonizables?

Una carita rosada entre pañales

Por eso salieron corriendo los pastores: se sabían amados, se sentían amados. E iban en busca de ese amor.

La señal que les habían dado era más bien extraña: envuelto en pañales y reclinado en un pesebre. ¿Pues no decían que era el Mesías? Le esperaban entre rayos y truenos y venía entre pañales. Era extraño, pero estaban tan alegres que no se detuvieron a pensarlo.

Lo más probable es que bajaran derechamente al pueblo (el ángel nada había dicho del lugar del nacimiento) y que preguntaran a quienes dormían por las calles. «¿Cómo?» decían soñolientos los recién despertados. «¿Qué Mesías? ¿Ángeles? ¿Qué ángeles?». Nadie había visto ni escuchado nada. Debieron de decirles que no eran horas de broma o preguntarles si habían bebido.

Tampoco estaban en la posada y quizá el posadero (que recordaba la mujer embarazada que pidió asilo unos días antes) les encaminó hacia el establo.

Se acercaron tímidamente, con ese temor que congela los pasos de los pobres al acercarse a las casas de los ricos. Llevaban sus regalos, claro. Nunca un pobre se hubiera atrevido a saludar a una persona importante en Palestina sin presentar un regalo como primer saludo. Pero sabían que sus regalos eran pobres: leche, lana, quizá un cordero. Esto ya era para ellos un regalo enorme.

En la cueva encontraron «a María, a José y al Niño» (Lc 2, 16) dice el evangelista señalando muy bien el orden en que fueron viéndolos. Ellos se habían quitado las caperuzas que cubrían sus cabezas y sus melenas largas y rizosas quedaban al aire. En la gruta apenas había luz y sobre el pesebre entreveían un gurruño de paños blancos. María apartó los pañales y, entre ellos, apareció la carita rosada. Los recién llegados le miraron con la boca abierta, quizá quisieron todos tocarle como hace la gente de pueblo y los sencillos. No entendían, pero se sentían felices. No dice el evangelista que se arrodillaran, pero ciertamente sus corazones estaban arrodillados. En sus cabezas sencillas no casaban muy bien las cosas tremendas que habían dicho los ángeles con esta carita de bebé indefenso, pero nadie duda de nada cuando tiene el alma alegre. En el fondo este Dios empezaba a gustarles más que el que se habían imaginado. Se confesaban a sí mismos que un Dios que hubiera nacido en el palacio de Herodes habría sido más lógico, pero decepcionante. Un Dios naciendo como ellos, en lugares como los que ellos habitaban, les llenaba de orgullo. Aunque les daba un poco de pena por Dios. Ellos sabían que iba a sufrir, si se atrevía a ser como ellos. Pero este Dios «valiente» les gustaba.

Se fueron enseguida. Se dieron cuenta de que aquella alegría era para «todo el pueblo». Además en su vida habían tenido ocasión de contar una cosa tan bonita. Intuían misteriosamente que habían sido más elegidos para contarlo que para verlo. Se despidieron a la manera judía: pidiendo perdón por haber molestado. Se lo repitieron muchas veces a José (no era correcto hablar directamente a las mujeres); salieron andando de espaldas; y echaron a correr hacia el pueblo.

La alegría de la madre

A María le alegró la llegada de los pastores. Necesitaba que el mundo supiera que su Hijo había nacido y nunca se hubieran atrevido ella o José a contarlo. Además los pastores habían hablado de ángeles que, por cierto, ni ella ni José habían visto este día. ¿Para qué los necesitaban? Bueno era, sin embargo, comprobar que Dios no les abandonaba.

Pero a María la venida de los pastores le alegraba aún por otra razón. El que fueran ellos los primeros llegados le parecía la mejor prueba de que su hijo era Dios, el Dios de quien ella había hablado proféticamente en el Magníficat, el Dios que *derriba del trono a los poderosos, ensalza a los humildes, sacia de bienes a los hambrientos y despide vacíos a los ricos* (Lc 1, 52-53). Los pastores pertenecían al grupo de los humildes y en su alegría intuía ya María cómo entendería a Jesús más tarde el pueblo sencillo.

María pensaba todo esto, le daba vueltas en su corazón, almacenaba lo que veían sus ojos y oían sus oídos como quien amontona un tesoro.

Los pastores habían regresado ya a Belén y contaban a la gente lo que habían visto y todos «se maravillaban» (Lc 2, 18). No dice el evangelista que ninguno fuera a comprobarlo con sus ojos. Debieron de pensar los más que los pastores tenían buena fantasía para pensar semejantes absurdos. ¿Cómo casaba el anuncio de los ángeles con el nacimiento en un pesebre? Bromas, sueños de pastores, deseosos de llamar la atención, pensaron.

Belén siguió su vida rutinaria. Pocos debieron de enterarse de aquel nacimiento. Cuando Jesús comience su vida pública nadie aludirá a hechos extraordinarios ocurridos durante su nacimiento. Ni siquiera recordarán que nació en Belén. «El nazareno» le llamarán.

Sólo María «conservaba estas cosas en su corazón» (Lc 2, 19) dice Lucas, como citando la fuente de sus informaciones. Sólo María entenderá esta *noche, hermosa más que la alborada.* Esta noche en la que el Sol eterno pareció eclipsarse en la carne de un bebé, para mostrarse más plenamente: como puro amor. Esta noche en la que el fulgurante Yahvé de la zarza ardiendo *se identificó en el regazo de una Virgen.* Pero el mundo estaba demasiado ocupado en pudrirse para descubrir tanta alegría.

7

La primera sangre

Sólo cinco líneas dedica san Lucas a la escena que sigue al nacimiento. Y los demás evangelistas ni la citan, probablemente dándola por supuesta. Y, sin embargo, ocurren en ella dos hechos importantes: la circuncisión y la imposición del nombre de Jesús. Y se añade un dato simbólico emotivo: el Pequeño derrama su primera sangre.

Más importancia le han dado los pintores que han llevado cientos de veces a sus telas la circuncisión, pero mezclada, en muchos casos, con la escena de la purificación de María —sucedida un mes más tarde, en realidad— de donde puede que venga la confusión que muchos cristianos tienen entre ambos momentos de la vida de Cristo.

Tuvo lugar la circuncisión a los ocho días justos del nacimiento y aquella fecha fue, sin duda, importante para María y José. Aquel día entraba oficialmente su hijo en alianza con Dios; con aquella sangre derramada se constituía en heredero de las promesas hechas a Abrahán.

Para un judío de la época, la circuncisión era lo que hoy es el bautismo para una familia de creyentes. El rito no tenía origen rigurosamente hebreo (antes que ellos los madianitas lo usaban como rito de iniciación al matrimonio y los egipcios como signo de la entrada de un muchacho en la pubertad) pero sólo los judíos le dieron sentido religioso primero y profundidad teológica después.

El Génesis nos cuenta (17, 10) cómo ordenó Dios a Abrahán la circuncisión como signo distintivo de los varones del pueblo escogido y como sello de la alianza concluida entre el mismo Dios y el patriarca: «*Este es mi pacto que guardaréis entre mí y vosotros y entre la descendencia después de ti: circuncidad todo varón, circuncidad la carne de vuestro prepucio y ésta será la señal de mi pacto entre mí y vosotros*».

Este era —y es aún hoy— el signo visible de agregación al pueblo judío, el sello físico de la alianza. Ser llamado «incircunciso» era para un judío el más grave y grosero de los insultos. El no circuncidado, para el judío, era como si no existiese, un hombre incompleto. En cambio un esclavo circuncidado podía –como cuenta Ex 12, 44– participar libremente en la cena pascual.

Durante siglos la circuncisión fue un simple rito mágico que aseguraba —con su simple existencia física— la salvación. Será el profeta Jeremías quien le dará un sentido espiritual y comenzará a hablar de la *circuncisión del corazón* (Jer 4, 4 y 6, 10) planteando a sus contemporáneos la necesidad de una conversión del corazón para ser verdaderos hijos de Abrahán.

Serán los años del exilio quienes mejor harán descubrir a los judíos la importancia de la circuncisión. Todos los pueblos perseguidos acentúan todo aquello que les separa de sus perseguidores. En su humillación los hebreos profundizarán en lo que es su único bien: la pertenencia a la posteridad de Abrahán y la certeza de que de ese tronco elegido saldrá el Salvador, un circuncidado como ellos.

La persecución de Antíoco Epifanes —167 años antes de Cristo— pondrá a prueba la fe del pueblo judío en la circuncisión. Prohibida por Antíoco algunas mujeres sufrirían la pena de muerte por haber circuncidado a ocultas a sus hijos, mientras que algunos jovenzuelos renegados procuraban borrar los vestigios de la circuncisión para poder frecuentar los gimnasios sin recibir burlas (1 Mac 1, 14).

La circuncisión tenía, así, en la época de Cristo una importancia enorme, hasta el punto de ser considerada —junto con la celebración del sábado— uno de los dos pilares del judaísmo. Los sabios judíos la valoraban, a veces hasta extremos ridículos. Un apócrifo palestino de unos cien años antes de Cristo afirmaba, por ejemplo, que los ángeles en el cielo estaban circuncidados. Y la tradición rabínica aseguraba que en el otro mundo el padre Abrahán se colocaría a la puerta de la Gehenna (infierno) para no permitir que descienda a ella ningún circunciso. ¿Y si se presentaba ante él algún judío cargado de pecados? Abrahán, entonces, borrará milagrosamente de su cuerpo las señales de la circuncisión. Sólo así podrá entrar en la condenación.

Pero, aparte estos excesos, la circuncisión era, para los judíos piadosos, una gran fiesta, alegre y emotiva. Lo fue también, sin duda, para María y José.

La costumbre pedía que siete días después del alumbramiento, a la caída de la tarde, los amigos y parientes se reunieran en la casa del recién nacido, iluminada con velas y candelabros. Durante la cena —compuesta de habas y guisantes— se salmodiaban oraciones y se estudiaba la Thora, la ley, hasta la media noche.

La ceremonia de la circuncisión tenía lugar por la mañana del día octavo y podía hacerse en la misma casa de los padres —era lo más corriente— o en la sinagoga del lugar. Los testigos debían ser al menos diez. En la sala se colocaban dos sillas; una para el padre del recién nacido, otra, que permanecía vacía, para el profeta Elías que presidía espiritualmente el acto.

La costumbre antigua pedía que la circuncisión la hiciera el mismo padre del niño, pero en la época de Cristo esta tarea solía encomendarse a un especialista, llamado «mohel» que no tenía por qué ser forzosamente rabino o sacerdote. Este —rápidamente, con arte de cirujano— cortaba, con un cuchillo de sílex, la carne del bebé, arrancaba la membrana, secaba el acceso de sangre y cubría la herida con un ungüento hecho de vino, aceite y comino.

Durante la ceremonia se decían las frases que aún hoy se dicen en las familias judías.

El «mohel» dice: *Alabado sea el que nos santificó por sus mandamientos y nos ordenó la circuncisión.*

El padre del niño añade: *Alabado sea el que nos santificó con sus mandamientos y nos ordenó introducir a este hijo en la alianza de nuestro padre Abrahán.*

Los asistentes concluyen: *Como él entró en la alianza, así puede entrar también en la ley.*

Luego todos entonaban un canto de bendición. Y pronto la alegría religiosa se fundía con la de un nuevo banquete.

¿Fue así la circuncisión de Cristo? Muy parecida, seguramente. La tradición pictórica cristiana ha situado siempre la escena en un templo de hermosas columnas. Nunca se pintó en el portal. Sólo Goya eligió como fondo para la escena un bosque de pinos. ¿Proviene ese ambiente de columnas de una confusión con la purificación? Probablemente, pues si es posible que la circuncisión se realizara en la sinagoga, lo seguro es que, en este caso, la Virgen no estuvo presente, pues la mujer no podía pisar el templo hasta transcurridos cuarenta días del parto.

La tradición poética se inclina a colocar la circuncisión en la sinagoga o el templo, porque «el pesebre no era lugar digno». Valdivielso, en su vida de Cristo, lo contará así:

> Aunque en el portalejo mal labrado
> circuncidarse al niño Dios pudiera,
> pareció que no estaba ataviado
> con la decencia justa que debiera.

Puede que hubiera otras razones más sólidas y verosímiles: el ser María y José dos desconocidos en Belén; el no contar con los diez amigos que eran necesarios como testigos para la ceremonia; el no tener José los instrumentos y ungüentos necesarios... Quizá no sea usar indebidamente la imaginación si pensamos que esta circuncisión de Jesús se hizo de prestado en la sinagoga... como se hacen hoy en nuestras parroquias algunos bautizos de hijos de soltera, con el sacristán y la sillera haciendo de padrinos. Los pastores se habían ido ya. La «maravilla» por lo que éstos habían contado habría pasado ya. José tomaría el niño bien fajado en sus lienzos. «Vuelvo enseguida» diría a María. Pediría permiso al rabí encargado de la sinagoga para utilizar los instrumentos de circuncidar. El rabino distinguiría en él —con una sonrisa— al padre novato y se dispondría a ayudarle. Jamás podría imaginarse que aquellas gotas de sangre que resbalaron sobre la mesa —y aquellas lágrimas del niño— eran el primer paso para el sacrificio del Cordero.

Nuesto Dios es un judío

Jesús —comenta Jim Bishop— *era ya un niño judío.* Tenemos miedo a esta afirmación. Leon Bloy la formuló aún más tajantemente: *Nuestro Dios es un judío.* Aquel niño estaba asumiendo en sus hombros toda la historia de una raza ensangrentada. Perseguida antes de él; perseguida también —¿era por esto por lo que lloraba?— después de él. No «en su nombre», pero sí con abuso de su nombre. Sí, fue un judío. *Era un judío* —escribirá Rabi Klausner— *y siguió siéndolo hasta el último suspiro.*

Ahora estaba allí, sobre el altar, sin poder hablar. O hablando con su sangre. Dignificando la circuncisión al aceptarla y, al mismo tiempo, abriendo los cauces de una alianza más ancha. Ni José, ni el rabino que le ayudaba podían siquiera soñar cuántas incomprensiones surgirían en torno de este niño. Su pueblo —el mismo que ahora le recibía en la circuncisión— le rechazaría, en gran parte, como traidor a esa cultura y esa sangre que hacía totalmente suyas al circuncidarse. Y discípulos de este niño mancharían sus manos con sangre judía, esta misma sangre que el niño derramaba ahora. Lloraba, ¿cómo no iba a llorar él, que hubiera querido ser —en frase de Martin Buber— *el hermano universal que tiende la mano a derecha e izquierda, a los judíos por un lado y a los cristianos por otro?*

Un niño llamado «salvador»

El «mohel» preguntó a José cómo iba a llamarse el niño y el padre respondió que Jesús. Seguramente el «mohel» sonrió ante aquella idea un poco absurda de poner por nombre «Salvador» a un pequeño nacido en tanta pobreza y debilidad. Pero era el padre quien decidía y prefirió callarse.

El nombre era algo muy importante para los judíos. Una persona no existía si no tenía nombre. El nombre no se elegía además por simple capricho: trataba de significar un destino y, de hecho, después influía en el carácter de quien lo llevaba, como un lema que le hubieran impuesto realizar.

Era el padre quien elegía el nombre. En los más de los casos lo tomaba del viejo fondo tradicional judío: nombres de patriarcas (Jacob, José), de profetas (Elías, Daniel) de héroes nacionales (Simón, Judas, en recuerdo de los macabeos). En muchos casos eran nombres que contaban con las raíces «Ya» o «El» alusivas a Dios. Otros nombres estaban tomados de la misma naturaleza: Raquel (oveja), Débora (abeja), Yona (paloma), Tamar (palmera). Tampoco faltaban nombres de raíces extranjeras: Marta o Bartolomé tenían origen arameo; Felipe, Andrés o Esteban eran nombres que venían del griego; y no faltaban nombres romanos como Rufus o Niger.

El nombre de Jesús no había sido elegido por José, sino transmitido por el ángel. Y ningún nombre como el suyo era tan vivo signo de un destino. «Jesús» es la forma griega del nombre hebreo de Josué, abreviatura a su vez del verdadero nombre Yahosúah. En tiempos de Cristo este nombre se pronunciaba Yeshúah en la zona de Judea y Yeshú en el dialecto galileo.

Por entonces era un nombre corriente. Flavio Josefo cita otros 20 Jesús contemporáneos de Cristo. Entre ellos hombres tan diversos como Jesús, hijo de Damnee, nombrado sumo sacerdote el año 62 por Herodes Agripa, y Jesús, hijo de Saphas, bandolero y jefe de la resistencia judía el año 67.

Pero sólo uno, el hijo de José (este era el único apellido que entonces se usaba: el nombre del padre) realizó en plenitud lo que su nombre significaba: «Dios salva», «Yahvé es el salvador». Este niño inerme, que ahora lloraba bajo el cuchillo circuncidador, iba a cambiar el mundo y a salvar al hombre. ¿Quién lo hubiera pronosticado? ¿Quién habría podido imaginar que, treinta años más tarde, ese mismo nombre que su padre acababa de imponerle, lo escribiría Pilato en la tablilla que, ensangrentada, explicaría sobre la cruz el porqué de su condena a muerte? Con sangre empezaba este nombre, con sangre concluiría y se realizaría.

Cuando José regresó con el niño y lo puso sobre las rodillas de María, ella pronunció por primera vez esa palabra: «Jesús». Lo recordaba muy bien; el ángel había dicho: *Concebirás un hijo y le pondrás por nombre Jesús* (Lc 1, 31). Y había dicho más, había explicado el porqué de ese nombre: *Será grande y será llamado hijo del Altísimo. Reinará en la casa de Jacob eternamente y su reino no tendrá fin* (Lc 1, 32). Recordaba las palabras temblando, allí en la gruta abierta a todos los aires. Temblando al ver aquella sangre que manchaba los pañales y que no tenía olor a reinos ni a victoria. Tenía miedo. No a que todo aquello fuera un sueño, sino a que aquella salvación fuera verdad. Sabía que salvar era hermoso, pero también que nunca se salvaba sin sangre. Por eso temblaba al pronunciar el nombre de Jesús.

Una espada en el horizonte

Después de la circuncisión del niño todo regresó a la normalidad. María y José decidieron quedarse en Belén, al menos por algún tiempo. Tenían que acudir al templo de Jerusalén cuando se cumplieran los cuarenta días del parto, y no era natural que regresaran a Nazaret para rehacer el camino un mes después.

¿Seguían viviendo en la gruta donde nació el niño? Es bastante probable. Las casas en que vivían los betlemitas no eran mucho mejores y José no debía de tener mucho dinero para permitirse el lujo de buscar extraordinarios. Un albañil-carpintero como era José pudo muy bien adecentar la gruta con piedras y maderas hasta hacerla aceptable para vivir.

Y nada ocurrió en aquel mes. No hubo ángeles, ni milagros. José conseguiría en Belén trabajos tan eventuales y grises como los que hacía en Nazaret. Y María sería una madre más que dedicaba todas las horas del día a su pequeño: a bañarle, lavar sus ropas, mecerle arrullarle. Y a pensar. Quizá María y José no hablaban mucho de cuanto les había sucedido. Cosas tan altas daban pudor. Pero pensarían en ellas sin descanso. Y nunca acabarían de entenderlas.

María y José eran felices. Quejarse de la pobreza les hubiera parecido simplemente ridículo, cuando se sentían tan llenos de gozo. Mas este gozo no era pleno. O mejor: era pleno, pero tras él se veía un telón de fondo que anunciaba que no duraría siempre. El misterio gravitaba sobre ellos y tenían muchas más preguntas que respuestas: ¿Qué iba a ser de aquel niño? ¿Cómo iba a realizarse aquella obra de salvación para la que estaba destinado? ¿Por qué algo tan grande había empezado tan apagadamente? Y, sobre todo, ¿qué papel iban a jugar ellos en aquella empresa? ¿Qué se les pedía? ¿Qué se esperaba de ellos? Las preguntas giraban en torno a su corazón. Pero no encontraban respuesta.

Así fue como, un mes más tarde, se pusieron en camino hacia Jerusalén, sin sospechar que allí comenzarían a aclararse algunas cosas y sin imaginar que esa respuesta iba a presentarse desgarradora.

La purificación de la Purísima

La ley mandaba que cuarenta días después del alumbramiento de un niño (o después de ochenta, si se trataba de una niña) las madres hebreas se presentasen en el tempo para ser purificadas de la impureza legal que habían contraído. No es que los hebreos pensasen que una madre «pecaba» dando a luz un hijo, pero evidentemente una visión pesimista del mundo del sexo había influido en ver en el parto una impureza legal que durante cuarenta días impedía a la recién parida tocar cualquier objeto sagrado o pisar un lugar de culto.

Los comentaristas cristianos han hecho a lo largo de los siglos un gran esfuerzo para convencernos de la lección de humildad que nos dio María al someterse a una purificación que evidentemente no necesitaba. ¿De qué iba a purificarse la que era inmaculada? Pero, en rigor, desde el punto de vista moral ninguna madre necesitaba entonces, ni ha necesitado nunca, de purificación alguna por el hecho de dar a luz un niño. Al contrario: san Pablo llegará a decir, con aguda intuición, que *la mujer se salvará por ser madre* (1 Tim 2, 15). Nada puede purificar tanto como una colaboración consciente en la obra creadora de Dios.

Digamos, pues, sencillamente que María aceptó algo que, por un lado, era costumbre del pueblo al que pertenecía; y algo que, por otro, era un signo de sumisión a la grandeza de Dios, un signo confuso de un amor verdadero. Más tarde su hijo purificaría la ley; pero, mientras tanto, ella la cumplía con sencillez y sin ver nada extraordinario en el hecho de cumplirla.

Bajaron, pues, a Jerusalén. Rehicieron el camino que cuarenta días antes habían andado portando ella en su seno a quien ahora llevaba en brazos. Iban alegres. Ir al templo era siempre un gozo para todo judío creyente y esta alegría se multiplicaba en ellos, al pensar que llevaban a la casa de Dios a aquel pequeño que tanto tenía que ver con él.

Los alrededores del templo burbujeaban de gente: aburridos que iban a matar allí su curiosidad, mendigos que tendían la mano entre gritos y oraciones, camellos tumbados que movían los cuellos soñolientos y, sobre todo, mercaderes que vendían y compraban al asalto de ingenuos a quienes engañar. Las gentes con las que se cruzaban en el camino o en las calles no tenían rostros amigos. En la Palestina de entonces no se consideraba apropiado cambiar saludos por las calles y, cuando dos personas se hablaban, apartaban los ojos del otro interlocutor, pues se consideraba inmodesto mirar fijamente a otra persona. Además ¿quién iba a fijarse en aquella joven pareja de pueblerinos que tenían aspecto de pisar por primera vez la ciudad?

Sólo los mercaderes les tentarían con sus ofertas, sabedores de que probablemente necesitarían corderos o palomas para la oferta que tenían que hacer, tal y como lo demostraba el pequeño que ella llevaba en brazos.

El profeta Ageo, cuando se construyó este templo, mucho más pobre que sus predecesores (Esd 3, 12) había animado a sus contemporáneos anunciando la importancia de lo que construían: *Vendrá el Deseado de todas las gentes y henchirá de gloria este templo. Mayor será la gloria de este nuevo que la del primero* (Ag 2, 7). Y la gloria estaba allí, pero no el brillo. La gloria sí, con aquel niño, el templo estaba siendo invadido por una presencia de Dios como jamás el hombre había soñado. Pero aquel era un sol eclipsado en la figura de un bebé. Y quienes sólo veían con los ojos, no vieron.

Dos palomas

La purificación que mandaba el Levítico se cumplía por la madre, después del rito del «sacrificio perpetuo» en el que, meses antes, se produjo la visión de Zacarías. María dejó al niño en brazos de José (sonreía al ver lo mal que se apañaba para tenerlo en brazos) y entró sola en el atrio de las mujeres. Se colocó en la grada superior de la escalinata que conducía desde este atrio al de Israel, cerca de la puerta llamada de Nicanor. Junto a María había otras muchachas, jóvenes muchas y alegres todas como ella. Apenas se atrevían a mirarse las unas a las otras, pero todas sabían que compartían el orgullo de ser madres recientes. Estaban seguras de que todas las demás mujeres —que las contemplaban 15 escalones más abajo— las miraban con envidia, sobre todo aquellas que aún no hubieran conocido la bendición de la maternidad.

Ante María estaban las inmensas trompas que abrían sus bocas, como gigantescos lirios, para recibir las ofrendas. En una de ellas depositó dos palomas. Era la oferta de los pobres. Las mujeres de mejor posición ofrecían un cordero. Pero María no se sentía humillada de ser pobre. Una pareja de tórtolas costaba dracma y medio, día y medio de trabajo de un obrero. Un cordero hubiera costado el fruto de siete días de trabajo: demasiado dinero para ellos, que ya se habían visto mal para reunir los cinco siclos que luego tendrían que ofrecer como «rescate» por su hijo. No, no le humillaba ser pobre. Tampoco le enorgullecía; simplemente pensaba que, si Dios había hecho las cosas como las había hecho, sería porque le gustaba la pobreza. (Verdaguer lo diría siglos más tarde con ternura emocionada: *Nuestro Señor Jesucristo / quiere tanto la pobreza / que, no hallándola en el cielo, / vino a buscarla a la tierra*).

Fue entonces cuando los levitas encargados del servicio llegaron, precedidos por el humo del incienso, hasta el grupo de mujeres que esperaban. Rociaron a las recién paridas con agua lustral y rezaron oraciones sobre ellas y sus hijos. Luego el oficiante tomó una de las aves ofrecidas y de un solo tajo cortó el cuello sin terminar de desprender la cabeza. Con su sangre (María tembló, no sabía por qué, al verla) roció el pie del altar. Luego arrojó el cuerpo del ave sobre las brasas del altar de bronce. Las mujeres bajaron después las quince escaleras. Y todas se sentían más alegres y como aliviadas de un peso.

El rescate del primogénito

María regresó adonde le esperaban José y el niño. Algo dentro de ella le explicaba que lo que ahora iba a hacer era mucho más importante que lo que acababa de realizar, aunque sólo fuera por el hecho de que la segunda ceremonia tenía a su hijo como protagonista. Tenía que «rescatarlo».

En el Exodo estaba escrito:

> Y el Señor dijo a Moisés: declara que todo primogénito me está consagrado. Todo primogénito de los hijos de Israel, lo mismo hombre que animal, me pertenece. Rescatarás a todo primogénito entre tus hijos. Y cuando te pregunte qué significa esto, tu le responderás: el Señor nos sacó, con mano fuerte, de Egipto, morada de nuestra esclavitud. Como el faraón se empeñaba en no dejarnos partir, Yahvé hizo perecer a todos los primogénitos de Egipto, tanto entre los hombres como entre las bestias. Por eso inmolo yo a Yahvé todo animal primogénito y rescato al primer nacido entre mis hijos (Ex 13, 1-16).

Los primogénitos eran así, la propiedad de Dios, una especie de signo permanente de la salvación de Israel, un memorial de la pascua. En rigor los primogénitos hubieran debido dedicar su vida entera al servicio de Dios. Pero eran los miembros de la tribu de Leví los que «cubrían» este servicio en representación de todos los primogénitos de todas las tribus que debían pagar un precio por este «rescate».

María intuía un gran misterio en esta ceremonia. Sabía que, si todo primogénito era propiedad de Dios, este hijo suyo lo era más que ninguno. Todas las madres comienzan pronto a sospechar que sus hijos no son «propiedad» suya, pero se hacen la ilusión de que lo serán al menos durante unos pocos años. Luego los verán progresivamente alejarse, embarcados en su libertad personal. María debió de comprender esto mejor y antes que ninguna otra madre. Aquel hijo no sería «suyo». La «desbordaba» como persona y pronto su misión se lo arrebataría del todo. Ella le había dado a luz, pero apenas entendía cómo podía haber estado en su seno. Ana, la madre de Samuel, el día en que Dios hizo florecer su esterilidad, exclamó: *Yo cedo al Señor todos los días de la vida de este niño* (1 Sam 1, 28). María, en realidad, no podía dar ni eso. Su hijo no era suyo, era infinitamente más grande que ella ¿cómo podía dar lo que siempre había sido de Dios?

Max Thurian, de la comunidad de Taizé, dirá con precisión de teólogo:

> María era en aquel momento figura de la madre iglesia que un día y todos los días se sentirá llamada a presentar el cuerpo de Cristo, en la eucaristía, como signo memorial de la redención y la resurrección. María no puede, en este momento, ofrecer a Dios más que lo que él le ha dado en la plenitud y gratuidad de su amor. Como la iglesia, que dirá en su liturgia eucarística: «Te ofrecemos de lo que tú nos has dado». Las manos de María y de la iglesia están vacías: sólo Dios puede llenarlas de Cristo para que le ofrezcan a este mismo Cristo, su salvador, mediador e intercesor.

Así avanzaba María, hacia aquel misterio cuya simbología no podía entender, pero confusamente presentía. Iba a rescatar a su hijo, pero sabía que, después de hacerlo, su hijo seguiría siendo total y absolutamente de Dios. Ella lo tendría en préstamo, pero sin ser nunca suyo. Poseer aquel hijo era como poseer una cordillera, inmensa ante nuestros ojos.

José llevaba en la mano cinco siclos de plata, ése era el precio del rescate. El siclo era la moneda sagrada. En la vida común se usaba el dracma griego y el denario romano, pero en el templo era la tradicional moneda judía la única que tenía valor. Cinco siclos eran para ellos mucho dinero: veinte días de trabajo de José. Y con tantos viajes José no había podido trabajar mucho últimamente. Pero el precio les parecía pequeñísimo para rescatar a su hijo. (Tal vez se les habrían saltado las lágrimas si hubieran sabido que ellos ahora le «compraban» por cinco siclos y que alguien le vendería por treinta, años más tarde).

Un anciano de alma joven

Avanzaban hacia el sacerdote cuando ocurrió la escena que cuenta el evangelista Lucas: un anciano, llamado Simeón, se acercó a María y, como si la conociese, le tomó el niño en los brazos y estalló en un cántico de júbilo reconociendo en él al salvador del mundo.

La escena nos desconcierta. En un primer momento pensamos que es la clásica leyenda que coloca en la vida de todos los hombres ilustres a una viejecita o un viejecito que el día de su bautismo pronostica que será obispo o papa. O acaso —pensamos sin atrevernos a ver pura leyenda en la escena— ¿se trata de una presentación literaria de la expectación de Cristo simbolizada por el evangelista en este anciano piadoso? ¿No resulta demasiado teológico el cántico de Simeón, no estaremos ante un cántico típicamente litúrgico de la comunidad primitiva y puesto por Lucas en el comienzo del evangelio como una proyección de la fe de los cristianos para quienes escribía?

Muchos exegetas modernos zanjan sin más esta cuestión con una simple explicación simbólica. Es posible. Pero, en todo caso, hay que añadir que el dibujo que Lucas hace de Simeón es perfectamente coherente con la espiritualidad de muchos judíos de la época. Incluso puede verse en Simeón un resumen de la visión religiosa sadocita que han descubierto los manuscritos de Qumran. Dos cosas subraya en Simeón el evangelista: que era judío observante y que *esperaba la consolación de Israel* (Lc 2, 25). Estos dos datos —la estricta fidelidad a la ley y la anhelante y gozosa espera mesiánica— caracterizan la comunidad religiosa que hoy llamamos de Qumran. Las mismas expresiones *le había sido revelado por el Espíritu santo que no vería la muerte antes de ver al Ungido del Señor* (Lc 2, 26), son mucho más representativas del judaísmo contemporáneo a Cristo que de la primera comunidad cristiana que habría hablado más bien del «Cristo Señor» que de «el Ungido del Señor». Incluso podría pensarse que este Simeón de que habla Lucas fuese el personaje que, con el mismo nombre, se cita como hijo del rabino Hillel en el Talmud. Ambos esperan la inminente venida del Mesías, ambos respiran el mismo clima espiritual.

Habría que pensar, pues, con Danielou que *Lucas parte del hecho histórico del encuentro con Simeón en el templo,* aun cuando pueda aceptarse que las frases proféticas dichas por Simeón son luego redactadas por el evangelista *en un sentido litúrgico sobre el que se proyecta la fe de toda la Iglesia posterior a pentecostés.*

Estamos, pues, ante una narración cargada de un densísimo contenido teológico.

Simeón era un anciano, era casi el paradigma del verdadero anciano que vive en la esperanza. Escribe Fulton Sheen:

> Era como un centinela al que Dios hubiera enviado para vigilar la aparición de la luz. No era como el anciano del que nos habla Horacio: no miraba hacia atrás, sino hacia adelante y no sólo hacia el futuro de su propio pueblo, sino al futuro de todos los gentiles, de todas las tribus y naciones de la tierra. Un anciano que, en el ocaso de su vida, hablaba de la promesa de un nuevo día.

No hay, desgraciadamente, muchos ancianos así. Los más se jubilan de la vida mucho antes de que les jubilen de sus empleos. Otros, cuando les jubila la sociedad, se arrinconan en el resentimiento y la amargura y se dedican a no dejar vivir a un mundo que no les permite seguir siendo los amos.

Pero hay también ancianos en los que la alegría se enciende al final de su vida como una estrella. Nuestro siglo ha tenido la fortuna de conocer algunos de estos grandes, magníficos ancianos. Un Juan XXIII que se «encendió» cuando la vida parecía que había concluido para él, podría ser una especie de Simeón moderno.

Sólo se enciende la luz para quien la ha buscado mucho. Simeón llevaba muchos años buscándola. Había envejecido en la espera, pero no había perdido la seguridad de que la encontraría. Día tras día iba al templo. «Sabía» que no se moriría sin ver al deseado.

Por eso aquel día estalló de júbilo su corazón. Ahora ya podía morirse contento (Lc 2, 29). Sus ojos habían visto al Salvador, su vida estaba llena, completamente llena.

Pero no se limitó al estallido de alegría. Anciano como era, se convirtió en profeta. Y con sus palabras descorrió varias de las cortinas que cubrían los secretos que María y José no lograban comprender.

El enorme destino del pequeño

El primer gran descubrimiento fue el de que su hijo había venido a salvar no sólo al pueblo de Israel, sino a todos los hombres. El ángel en la anunciación había hablado sólo de un Mesías que *reinaría en la casa de Jacob* (Lc 1, 33). Los ángeles que habían cantado en Belén hablaban de paz *a los hombres bienaventurados de Dios* (Lc 2, 14), frase que un israelita fácilmente interpretaba como exclusiva para el pueblo elegido. Ahora Simeón habla de que este niño trae la salvación para «todos» los pueblos. Dice también que sera *gloria de tu pueblo, Israel* (Lc 2, 32), pero pone esto en segundo lugar, después de decir que será luz para todos.

El corazón de María y José debía de estallar de alegría. En primer lugar porque las palabras de aquel anciano volvían a asegurarles que Dios no les abandonaba, a pesar del silencio del mes que habían vivido sin ángeles ni luces celestes. En segundo lugar por las cosas que el anciano decía de su Hijo y que les enorgullecían mucho más que si les hubiera cubierto de elogios a ellos.

Pero el anciano siguió hablando, y ahora para descorrer una cortina dolorosa:

> Mira, este niño está destinado
> a ser la caída y la resurrección de muchos en Israel,
> a ser signo de contradicción.
> Y una espada traspasará tu alma
> y quedarán al descubierto
> los pensamientos de muchos corazones (Lc 2, 34-35).

La alegría debió de helarse en el corazón de María. Algo de esto ya lo había intuido ella, pero, hasta ahora, todos los anuncios eran jubilosos. El ángel había dicho que su hijo sería el Rey-Mesías, Simeón ahora añadía que sería también el «servidor-sufriente» profetizado por Isaías. Era el segundo rostro del Mesías anunciado, el rostro que el pueblo de Israel prefería ignorar.

Ahora se lo decía Simeón, sin rodeos, a María. Su hijo sería el Salvador, pero sólo de aquellos que quisieran aceptar su salvación. Sería resurrección para unos y para otros ruina. Ante él, los hombres tendrían que apostar, y muchos apostarían contra él. Sería alegría y tragedia, ruina y resurrección, salvación y condena. Ante él, los pensamientos de los hombres quedarían al descubierto: estarían a su favor o en su contra, con su luz o, contra él, con la tiniebla. Pero no dormidos, pero no neutrales. Su hijo dividiría en dos la historia y en dos las conciencias.

Y María estaría en medio. Casi diríamos que Simeón fue cruel con aquella jovencísima madre. ¿Por qué anticipar el dolor? Una tristeza esperada veinte años son veinte años de tristeza. Ya llegaría la sangre cuando tuviera que llegar; ¿por qué multiplicarla, anticipándola? Ya nunca podría contemplar serena a su niño. Al ver su carita rosada contemplaría en ella un rostro de adulto, desgarrado de golpes y ensuciado de salivazos. Al clavar Simeón una espada en el horizonte de su vida, la había clavado en todos y cada uno de los rincones de su alma. ¿Por qué esta crueldad innecesaria?

Tendremos que profundizar en el sentido de esa espada, que es mucho más que un dolor físico o el miedo a un dolor físico. Lucas usa para denominarla una palabra muy concreta: «ronfaia», una espada de grandes dimensiones, terrificante. Pero, significativamente, esta palabra no volverá a usarse ya en todo el nuevo testamento más que en el Apocalipsis y aquí, cinco de las seis veces que aparece, para simbolizar la palabra de Dios.

Se trata, pues, de mucho más que de un dolor físico o de la compasión que sentirá un día por su hijo. Dejemos de nuevo la palabra al teólogo Max Thurian:

La espada de la que se habla aquí no es otra cosa que la palabra viva y eficaz que revela la profundidad y juzga los corazones. La espada que traspasará su alma es la palabra de Dios viva y eficaz en su Hijo. Para María esta palabra viva de Dios es su hijo, toda su vida y su misión, todo lo que él es y representa como Mesías, hijo de Dios y varón de dolores. Puesto que ella ha aceptado la maternidad divina, debe llevar a cuestas en su vida todas las consecuencias. La realidad del sufrimiento de su hijo penetrará en ella como una prueba de la fe en su misión mesiánica. La espada de la palabra de Dios revelará los pensamientos de su corazón, juzgará su fidelidad y probará su fe. También en esto será María figura de la Iglesia, de la comunidad de creyentes probados en su fe por el sufrimiento. Su victoria sobre la fe será aceptar la cruz en la vida de su hijo. María tendrá que vivir, como todos los cristianos, la palabra de san Pablo: completar «en su carne» lo que falta a la pasión de Cristo. Nada faltaba a la pasión de Cristo en él mismo. A Cristo le faltaba sufrir «en» María.

¿Entendió María todo esto al oír al anciano? Probablemente no, pero las palabras quedaron en ella y fueron calando dentro al mismo tiempo que la espada crecía. Ahora empezaba a entender el sentido de su vida y lo que de ella se esperaba. No sólo la alegría que había creído vislumbrar en las palabras del ángel. También la alegría, sí, pero además este dolor. Dios quemaba. Era luz, pero fuego también. Y ella había entrado en su órbita, no podía dejar de sentir la quemadura. Iba entendiendo que su vida no era una anécdota, que el eje del mundo pasaba por aquel bebé que dormía en sus brazos. Pagaría por él cinco siclos y un millón de dolores.

No dolores suyos, no. No eran estos los que la preocupaban. Eran los de su niño los que le angustiaban. ¿Es que realmente era necesario, imprescindible? ¿No podía salvar a los hombres sin dejar su sangre por el camino? ¿No podía ser un gran abrazo esta salvación que comenzaba? ¿Todos los hombres tendrían que apostar arriesgadamente y su hijo, además, perdería su apuesta o la ganaría pagándola con su vida?

Era duro de aceptar. Le hubiera gustado un Dios fácil y sencillo como era su vida, un Dios dulce y bondadoso. Pero no podía fabricarse a su capricho una salvación de caramelo. Si había tanto pecado en el mundo, salvar no podía ser un cuento de hadas. ¡Y tendría que pagarlo su hijo!

Recordó sus sueños de niña, sus proyectos de una vida en los brazos de Dios, sin triunfos y sin sangre. Y ahí estaba. Una sangre que no lograba entender que le dolía aceptar porque era la de su hijo.

Obedecer, creer: le habían parecido dos verbos fáciles de realizar. Ahora sabía que no. Volvió la vista atrás y contempló sus quince años como un mar en calma. Ahora entraba en la tempestad y ya nunca saldría de ella. No sabía si viviría mucho o poco. Pero sí que viviría siempre en carne viva.

Regresaron a Belén silenciosos. El camino se hizo interminable. De vez en cuando escrutaba el rostro del pequeño dormido. Pero nada nuevo percibía en él. El rostro de un niño, sólo eso. Un niño que dormía feliz. Pero ella, en realidad, no veía ya su rostro. Sólo veía la espada en el horizonte. Una espada que estaba allí, enorme y ensangrentada, segura como la maldad de los hombres, segura como la voluntad de Dios. Cuando llegaron a Belén tuvo miedo de que la gente se preguntase cómo era posible que aquella muchacha hubiera envejecido en aquellas pocas horas de su viaje a Jerusalén.

8

Tres Magos de Oriente

Pocas páginas evangélicas tan batidas por la crítica como ésta de los reyes magos. Un buen número de exegetas —incluso entre los más conservadores— no ve en esta capítulo de Mateo sino una bella fábula con la que el evangelista no trata de hacer historia, sino de explicar que Jesús viene a salvar a todas las naciones y no sólo al pueblo judío. La imagen de unos misteriosos e innominados personajes orientales que vienen a adorar al niño sería, para el apóstol, una bella manera de exponer esta apertura universalista de la misión de Cristo. Con ello, los tres reyes magos, no sólo no serían tres, ni reyes, ni magos, sino que simplemente nunca habrían existido en la realidad. Quienes luego añadieron la leyenda de unos señores bondadosos que, el seis de enero de cada año, traen juguetes a los niños, no habrían hecho otra cosa que seguir la línea poética inaugurada por el evangelista.

Digamos enseguida que desde el campo de la ortodoxia nada hay que oponer a esta interpretación. Cabría aceptar que el episodio de los magos fuese un caso típico de género literario, tanto más cuanto que nada afectaría esta posibilidad a la fe de la Iglesia. El que Mateo hubiese creado esta escena nada rebajaría de su contenido teológico universalista. El amor de Dios expresado en la parábola del hijo pródigo nada pierde por el hecho de que este hijo no haya existido nunca.

Pero parece que no habrá que precipitarse a la hora de llamar fábula a una escena por el simple hecho de que esté narrada poéticamente. Un análisis minucioso muestra que hay en ella muchos datos típicamente históricos; que la cronología, la topografía, los apuntes psicológicos con que se nos describe a Herodes, las preocupaciones de la época que en ella se reflejan, son más bien indicadores de que estamos ante la narración de un episodio que el escritor considera fundamentalmente histórico, aunque luego lo elabore desde perspectivas teológicas de ideas preconcebidas.

El episodio de los magos lo cuenta únicamente san Mateo. Si lo encontráramos en Lucas podríamos ver en él una ampliación de la apertura universalista profetizada por Simeón. Pero hay dos razones que explican por qué Mateo se detiene en esta escena: la primera es su interés en subrayar la ascendencia davídica de Jesús, que le lleva a poner el acento en los acontecimientos protagonizados por José y referidos a Belén. Y otra más honda: el evangelio de Mateo —escrito directamente para los paganos que en aquel momento se convertían en Siria— tiene un interés especial en resaltar la infidelidad de los judíos y la conversión de los gentiles como algo que encajaba perfectamente en los misteriosos designios de Dios, manifestados ya en esta escena en que Jerusalén ignora, rechaza, e incluso persigue al pequeño, mientras le adoran unos magos venidos de lejanas tierras.

Quiénes eran y de dónde venían

Pero —reconociendo esta doble intención apologética del evangelista— llama la atención lo poco que insiste en esos dos datos, davídico y universalista. Es la narración directa lo que domina y está hecha con tal sencillez cronística que, aun al crítico más desconfiado, le haría pensar que el escritor quiere mucho más contar unos hechos que fabricar una moraleja. Comienza su narración diciendo simplemente que *en los días del rey Herodes llegaron del Oriente a Jerusalén unos magos* (Mt 2, 1). ¿De dónde procedían exactamente? ¿Quiénes y cuántos eran? ¿Qué camino habían seguido? ¿Cuánto tardaron en él? ¿A qué venían exactamente? ¿Eran o no judíos? Todo son incógnitas. Un fabulista hubiera sido infinitamente más concreto. Mateo sólo lo es en la topografía (llegaron «a Jerusalén») y en la cronología («en los días de Herodes»). Todos los demás datos quedan en la penumbra y tenemos que llenarlos con hipótesis más o menos probables.

Algo podría orientarnos la palabra «magos» que Mateo usa sin más explicaciones, como dando por supuesto que sus lectores entendían. No era palabra de origen semítico, sino ario. De la raíz «mag» saldría el vocablo griego «megas», el latino «magnus», el sánscrito «maha», el persa «magh» y en todos los casos significaría simplemente «grande», «ilustre», sin nada que ver con el concepto moderno de magia. Primitivamente encontramos a los magos formando, en Media y Persia, una casta sacerdotal muy respetada, que se ocupaba de las ciencias naturales, la medicina, la astrología, al mismo tiempo que del culto religioso. Originariamente aparecen como discípulos de Zarathushtra (Zoroastro). Aristóteles presentará su doctrina de la eterna lucha entre el bien y el mal con victoria del primero, como «clarísima y utilísima». Herodoto señalará su prestigio en la resolución de los problemas del Estado. Sólo mucho más tarde se les verá como dedicados a la brujería. En tiempos de Cristo entre los magos de Persia, como señala Ricciotti, *estaba difundido el conocimiento de la esperanza judía en un Rey-Mesías y es verosímil que esta esperanza extranjera fuera identificada con la esperanza persa de un «sashyant» o «socorredor» y que algunos de entre los persas se interesaran, de un modo o de otro, por la aparición de este gran personaje.*

¿Venían, pues, de Persia? Tampoco nos aclara esta duda el evangelista. Dice simplemente «de Oriente» y Oriente para los judíos de la época era todo cuanto quedaba más allá del Jordán. Los padres más antiguos —san Clemente, san Justino, Tertuliano— les hacen provenir de Arabia, basándose en que el incienso y la mirra eran productos arábigos. Pero ni el uno ni la otra se producían exclusivamente en Arabia y tampoco dice el evangelista que sus dones fueran productos de su tierra. Por ello se multiplican las opiniones. Orígenes les hace venir de Caldea y no han faltado quienes hablen de Etiopía, de Egipto, de la India y hasta de China. Tal vez por ello la leyenda haya terminado haciendo venir a cada uno de un país, como representantes de diversas razas y distintas religiones. Pero el tono evangélico hace pensar que juntos tomaron la decisión de partir y juntos lo realizaron.

Lo que evidentemente carece de toda base seria es la idea de que fueran reyes. Ni el evangelio les atribuye esta categoría, ni Herodes les trata como a tales. El que la tradición cristiana comenzara tan pronto a presentarles con atributos reales hay que verlo como una transposición de las palabras del salmo 71 *los reyes de Tarsis y de las islas ofrecerán dones; los reyes de Arabia y de Saba le traerán presentes* y, aún más claramente, del conocido pasaje en que Isaías habla de que *todos los de Saba vendrán trayendo oro e incienso* (Is 60, 6).

¿Eran tres? Tampoco nos dice nada el evangelio sobre su número. Orígenes es el primero que habla de tres, basándose, sin duda, en que fueron tres los presentes ofrecidos al Niño. Pero la tradición primitiva fluctúa. Los textos sirios y armenios hablan de doce y san Juan Crisóstomo acepta esta cifra. En las primeras representaciones de las catacumbas encontramos dos (en las de san Pedro y Marcelino) y cuatro (en las de Domitila). Más tarde la tradición y la leyenda fijan para siempre el número de tres y buscan para esta cifra los más peregrinos apoyos (tres como la trinidad; tres como las edades de la vida: juventud, virilidad y vejez; tres como las razas humanas: semítica, camítica y jafática...).

¿Cómo se llamaban? De nuevo el silencio del evangelista. Silencio que ningún escritor occidental rompe hasta el siglo VII en el que, como muestra un manuscrito que se conserva en la Biblioteca nacional de París, se les llama Bithisarea, Melchior y Gathaspa. En el siglo IX se les dan ya los nombres hoy usuales de Melchor, Gaspar y Baltasar y en el siglo XII san Beda recoge estos nombres y hasta nos da un retrato literario de los tres personajes: *El primero fue Melchor, viejo, cano, de barba y cabellos largos y grisis. El segundo tenía por nombre Gaspar y era joven, imberbe y rubio. El tercero negro, y totalmente barbado, se llamaba Baltasar.* En esta visión imaginada se inspirarán durante siglos los pintores occidentales.

¿Por qué se pusieron en camino?

Pero tampoco parece que sea muy importante conocer nombre y números. Mayor importancia tendría conocer con exactitud qué les puso en camino, qué esperanzas había en su corazón para emprender tamaña aventura.

También aquí el evangelio es parco. En boca de los magos pondrá la frase *hemos visto su estrella y venimos a adorarle* (Mt 2, 2) y luego nos contará que esa estrella se movía, caminaba ante ellos y señalaba el lugar concreto de la «casa» donde estaba el niño. ¿Estamos nuevamente ante una narración realista o simbólica? Durante siglos se han hecho cientos de cábalas sobre esa estrella. ¿Era un cometa como han escrito muchos, siguiendo la insinuación de Orígenes? ¿Era la conjunción de Júpiter y Saturno, que según señaló Kepler, debió producirse el año 747 de la fundación de Roma, fecha que pudo coincidir con el nacimiento de Cristo? ¿Pudo ser el cometa Halley, que apareció unos doce años antes de nuestra era? Seguimos en el camino de las hipótesis, dificultadas todas por ese clima milagroso que Mateo da a su narración con la estrella que aparece y desaparece. Más simple sería —y ese mismo «clima milagroso» lo sugiere— ver en la estrella un adorno literario y simbólico, conectado, eso sí, con el clima astrológico tan difundido en la época. Una estrella, se decía, había aparecido coincidiendo con el nacimiento del rey Mitridates. Otro astro habría anunciado el nacimiento de Augusto. Y la profecía de Balaam —«una estrella se levantará de Jacob y un cetro brotará de Israel»— hacía que muchos judíos hablaran por entonces de la estrella del Mesías. Entre los textos hallados en Qûmram hay un horóscopo del rey mesiánico esperado, lo que demuestra —como escribe Danielou— que *en los círculos judíos de la época, en que estaban difundidas las creencias astrológicas al mismo tiempo que las esperanzas mesiánicas, se hacían especulaciones para determinar bajo qué astro nacería el Mesías.*

Vieran pues los magos una estrella especial o simplemente dedujeran del estudio de los horóscopos que algo grande había ocurrido en el mundo, lo cierto es que el hecho de ponerse en camino para adorar a este recién nacido demuestra que sus almas estaban llenas de esperanza. Esto es —me parece— lo sustancial del problema. A la misma hora que en Belén y Jerusalén nadie se enteraba del Dios que ya habitaba en medio de ellos, unos hombres guiados por signos oscuros se lanzaban a la absurda empresa de buscarle. San Juan Crisóstomo lo ha dicho con una frase audaz pero exactísima: *No se pusieron en camino porque hubieran visto la estrella, sino que vieron la estrella porque se habían puesto en camino.* Eran almas ya en camino, ya a la espera. Mientras el mundo dormía, el corazón de estos magos ya caminaba, ya avizoraba el mundo. Esperaban como Simeón, confiaban en que sus vidas no concluirían sin que algo sucediese. Simeón iba todas las tardes al templo porque esperaba, ellos consultaban al cielo, examinaban su corazón. Si la estrella se encendió o no en el cielo no lo sabemos con exactitud. Lo que sí sabemos es que se encendió en su corazón. Y que supieron verla.

Nunca ningún humano emprendió aventura más loca que la de estos tres buscadores. Porque si en el cielo se encendió una estrella, fue, en todo caso, una estrella muda. ¿Cómo pudieron entender que hablaba de aquel niño esperado? ¿Cómo tuvieron el valor de abandonar sus casas, su comodidad, para lanzarse a la locura de buscar a ese niño que soñaban? La locura del Dios que se hace hombre empezaba a resultar contagiosa y los magos de Oriente fueron los primeros «apestados».

No sabemos si el camino fue corto o largo. Pero siempre es largo para todo el que avanza entre dudas y tinieblas. Quizá sólo el hecho de ser tres hizo la cosa soportable. Porque lo difícil no es creer, sino creer a solas. Una locura compartida, en cambio, es, ya de por sí, media locura.

Caminaban. A veces la fe de uno de los tres se venía abajo. O quizá más la esperanza que la fe. Y entonces eran los compañeros, los otros dos, quienes tenían que reencender la llama de la confianza.

Quizá también la gente se reía de ellos. No se ha hecho en la historia ninguna gran tarea que no fuera rodeada, a derecha e izquierda, por las risas de los «listos» de siempre. Y hay que reconocer que los «inteligentes» de entonces tenían buen motivo para reír de quienes se echaban al camino sólo porque una estrella se encendió en su cielo. O en su alma.

Debieron de sentirse liberados, cuando, al fin, Jerusalén apareció en el horizonte. Allí todo sería claro. Alguien tendría respuestas. Quizá incluso se encontrarían la ciudad ardiendo de fiestas como celebración del recién nacido.

Pero su corazón se debió de paralizar cuando les recibió una ciudad muerta y silenciosa. Algo gritó en su corazón que ahora los problemas iban a multiplicarse.

Buscando el «nuevo» rey en la corte del tirano

Porque el riesgo de la incertidumbre era menor que el que iba a presentarse. El mayor fue el de sus vidas cuando entraron en Jerusalén preguntando ingénuamente dónde estaba el nuevo rey de los judíos. Los primeros transeúntes a quienes los magos se acercaron interrogantes debieron de escucharles con espanto y huyeron, seguramente, sin abrir la boca. Aquella pregunta en Jerusalén no tenía más respuesta que la muerte.

¿El «nuevo» rey? Los judíos tenían ya uno, y dispuesto a defender su trono con dientes y garras. Por aquellas fechas en realidad Herodes ya no se dedicaba a reinar, sino a defender su trono, a olfatear posibles enemigos, dispuesto el puñal para degollar a quien se atreviera a disputárselo.

Herodes —escribirá Papini— *era un monstruo, uno de los más pérfidos monstruos salidos de los tórridos desiertos de Oriente, que ya había engendrado más de uno horrible a la vista.* No exagera en este caso el escritor florentino. Hijo de un traidor, Herodes había implantado el terror en Galilea cuando sólo tenía 15 años y toda su carrera se había inscrito bajo el doble signo de la adulación y la violencia. La adulación hacia quienes eran más fuertes que él, la violencia contra quienes era capaz de aplastar. Sólo tenía una pasión: el poder. Y a ella se subordinaba todo. Si su cetro se veía amenazado por alguien más fuerte que él, Herodes se convertía en el más servil de los aduladores. Si la amenaza venía de alguien a sus órdenes, Herodes se quitaba su careta y se convertía en el más sanguinario de los verdugos.

En este doble juego nunca había chocado con Roma. Oportunista y chaquetero como ninguno, siempre estuvo con el más fuerte: primero con Julio César; luego con su asesino, Casio; después con Antonio, el vengador; más tarde con su rival Octavio. Hubiera vendido a cualquiera y se vendería a sí mismo, con tal de seguir en el trono que los romanos le habían regalado.

Maquiavélico y sonriente de cara a Roma, en Palestina no tenía otro rostro que el de la fiera. Hizo ahogar a traición a su cuñado Aristóbulo, condenó a muerte a otro cuñado suyo, José. Mandó matar —comido por unos absurdos e injustificados celos— a Marianne, la única mujer que amó, entre las diez que tuvo. Asesinó después a Alejandra, la madre de Marianne y a cuantos de entre sus parientes podían disputarle el trono. El último gesto de su vida fue para mandar matar a su hijo Arquelao.

Enloquecido tras el asesinato de su esposa, como otro Otello, había implantado el terror entre sus súbditos. Su principio era: «Que me odien, pero que me teman». Había, sí, restaurado el templo, pero se cobraba este gesto vendiendo a precio de oro el puesto de sumo sacerdote y, para estar a bien con todos, levantaba igual que el templo a Yahvé otros al emperador romano.

En estos últimos años de su vida, corroído ya por la enfermedad cancerosa que le llevaría a la tumba, vivía asediado por el miedo y la superstición. Flavio Josefo nos lo describe atormentado noche y día por la idea fija de la traición y en un estado claramente paranoico. Empeñado en seguir pareciendo joven —para estar «en condiciones de ser temido»— se teñía el cabello y vestía como un jovenzuelo.

No creía en el Mesías —ni en nada— pero su simple nombre le hacía temblar. Muy poco tiempo antes de la llegada de los magos se había corrido por Jerusalén la idea de que el Mesías, que estaba a punto de llegar, arrebataría el trono al tirano y se lo cedería a su hermano Ferora y que Bagoas sería el omnipotente ministro que jugaría de árbitro en el nuevo reino mesiánico, después de recibir del Mesías el poder de engendrar —pues era eunuco— para que su descendencia reinara en el futuro. Bastó este rumor para que Bagoas fuera ejecutado y Ferora expulsado a Perea.

La turbación de Herodes

Este es el momento en que unos cándidos magos, llegados de Oriente, preguntan en Jerusalén dónde ha nacido el nuevo rey de los judíos. Se comprende —como señala el evangelista— que Herodes se turbara *y toda la ciudad con él* (Mt 2, 3). Fueron dos turbaciones diferentes. Herodes porque veía surgir una amenaza más. La ciudad porque —aunque la noticia hiciera renacer la esperanza de que alguien viniera a librarles del tirano— veían ya desencadenarse un nuevo río de sangre. Tantas esperanzas habían sido ya estranguladas, que los judíos casi preferían no esperar más, sabiendo como sabían que todas terminaban con una o muchas nuevas muertes.

La noticia no tardó mucho en llegar al trono del tirano. Herodes tenía toda una complicada red de policía y los espías del monarca —muchos y muy bien pagados— infectaban todos los ambientes privados y públicos de la ciudad.

Herodes no perdió los nervios. Rara vez los perdía. Su violencia llegaba en el momento justo y siempre iba precedida por su fría sonrisa maquiavélica. Mandó llamar a los extraños viajeros y se interesó cuidadosamente por el objeto de su viaje.

Los viajeros admiraron el palacio del monarca, sus magníficas torres construidas por gigantescos bloques de piedra de dos metros de largo por uno de espesor. Cruzaron sus jardines en los que pinos y cipreses escoltaban magníficas fuentes de caprichosos juegos de agua, cruzaron los grandes salones, los pórticos de columnas bajo los que trenzaban sus vuelos centenares de palomas (que eran la única ternura que cabía en el corazón de Herodes) y llegaron al salón, donde el rey —ya enfermo— les recibió tumbado en un diván. Les ofreció higos y uvas y les hizo muchas preguntas. Tal vez los viajeros admiraron el piadoso interés del viejo rey.

Herodes debió de admirarse de lo que los visitantes contaban: su policía no había registrado ninguna novedad en el reino durante los últimos meses. Si un rey había nacido, muy humildemente tenía que haberlo hecho para que ni un rumor llegara a aquel palacio siempre avaro de noticias que pudieran encerrar una amenaza para el trono. Además, el argumento que los extranjeros proponían no era como para preocuparse demasiado: ¡una estrella! El mundo —pensó sin duda Herodes— está lleno de locos.

Pero de todos modos habría que obrar con cautela. Lo primero era no llamar demasiado la atención. Podía convocar el sanedrín, pero esto haría correrse la noticia. Runió sólo a los príncipes de los sacerdotes y a los escribas. Nada les dijo de lo que los viajeros apuntaban. Como quien propone una cuestión teórica interrogó: «*Dónde ha de nacer el Mesías*» (Mt 2, 4). Los príncipes de los sacerdotes debieron de sentir un sordo rencor al oír esta pregunta. Si Herodes hubiera sido un verdadero judío —y no un advenedizo idumeo— habría sabido de sobra la respuesta. Pero callaron sus pensamientos y citaron las palabras de Miqueas: *En Belén de Judá* (Mt 2, 5).

¿Belén? La respuesta seguramente tranquilizó bastante al tirano. No era posible que allí, a sólo ocho kilómetros de su palacio, hubiera ocurrido algo importante, sin que él lo supiera. Se trataba, sin duda, de una locura de chalados dispuestos a correr cientos de kilómetros por haber tenido una visión.

Pero, en materia de aspirantes al trono, toda cautela era poca. Tendría que investigar hasta el fondo del problema y hacerlo sin levantar sospechas, ni difundir la noticia. Conocía a su pueblo y sabía que esta idea del Mesías —aunque no tuviera nada detrás— podía calentar muchas cabezas. Llamó en secreto a los magos y se informó de todo.

El miedo del dictador

Las respuestas de los magos dejaron al monarca más confuso todavía. Por un lado, aquello no parecía tener base ninguna y era absurdo que el Mesías viniera en forma de niño recién nacido. Por otro, Herodes sabía que no hay enemigo pequeño y su corazón comenzó a temblar. Su corazón supersticioso comenzó a llenarse de sombras. Más incluso que cuando le habían presentado batalla otros adversarios. Los tiranos siempre han temido de manera muy especial a todo lo que se presenta bajo formas religiosas. A los otros enemigos los conocen, ven sus espadas, saben cómo defenderse de ellas. ¿Pero cómo atacar a quien valora más su alma que su cuerpo? ¿Cómo defenderse de quien enarbola sólo el arma de su espíritu?

Herodes no podía imaginarse que su corazón temeroso estaba iniciando una historia muy larga de persecuciones. Fulton Sheen lo dijo con precisión:

> Los totalitarios se complacen en decir que el cristianismo es enemigo del Estado, lo cual es una forma eufemística de decir que es enemigo suyo. Herodes fue el primer totalitario que se dio cuenta de esto; comprendió que Cristo era enemigo suyo antes de que hubiera cumplido dos años. ¿Era posible que un niño nacido bajo tierra, en una cueva, hiciera temblar a los poderosos y a los reyes? Un niño meramente humano no podía provocar tal acto de violencia por parte del Estado. ¿Por qué, entonces, los soldados fueron llamados contra aquel niño judío? Seguramente porque los que poseen el espíritu del mundo abrigan odio y celos instintivos contra el Dios que reina sobre los corazones humanos.

Una vez que el miedo entró en el corazón de Herodes la sentencia ya estaba dictada: si aquel niño existía, conocería la muerte antes de que llegara a aprender a hablar.

Pero tendría que actuar con astucia. Y nada mejor que servirse de la ingenuidad de los mismos magos. Podía haber mandado con ellos una cohorte de soldados que acabasen con el pequeño, si lo encontraban. Pero había la posibilidad de que todo fuera un sueño y que los miedos del rey fueran objeto de la rechifla general. Dejaría a los magos ir a realizar su absurdo deseo de adorar al recién nacido. Ellos al regreso —que tendría que ser forzosamente pasando por Jerusalén— le informarían y así podría ir también él a llevarle el único regalo que Herodes conocía: la muerte. Debió de sentirse satisfecho al ver que los tres ilustres ingenuos se marchaban admirados de la piedad del anciano monarca.

El asombro de los buscadores

¿Qué esperaban los magos encontrar en Belén? Algo muy diferente de lo que en realidad encontraron. Su fe de aventureros había sufrido ya un duro golpe al llegar a Jerusalén. Esperaban encontrarse la ciudad en fiestas por el nacimiento del libertador. Y allí no había más que ignorancia y miedo.

Pero su fe era demasiado fuerte para quebrarse por este primer desconcierto. Y siguieron. Ya no esperaban encontrarse a un rey triunfador —esto se habría sabido en Jerusalén— pero sí estaban seguros de que algo grande señalaría aquel niño.

Siglos antes —por el mismo camino que ellos— una reina, la de Saba, había venido a visitar al rey Salomón y regresó impresionada de las riquezas y de la sabiduría del rey. Algo semejante encontrarían ellos.

Pero allí estaba aquel niño, fajado en pañales más humildes que cuantos conocían. Allí estaban sus padres, aldeanos incultos, malvestidos y pobres. Allí aquella cueva (o aquella casa, si es que José había abandonado el pesebre) chorreando pobreza. Ellos, nobles y grandes, acostumbrados a mirar al cielo y a visitar las casas de los poderosos, quizá nunca habían conocido pobreza como aquella. Se habían incluso olvidado de la miseria humana, de tanto mirar a las estrellas. Pero ahora la tocaban con sus ojos, con sus manos. Y aquel bebé no hablaba. No había rayos de oro sobre su cabeza. no cantaban los ángeles, no fulgían sus ojos de luces trascendentes. Sólo un bebé, un bebé lloriqueante.

Luis Cernuda ha descrito perfectamente su desconcierto:

> Esperamos un Dios, una presencia
> radiante e imperiosa, cuya vista es la gracia
> y cuya privación idéntica a la noche
> del amante celoso sin la amada.
> Hallamos una vida como la nuestra, humana,
> gritando lastimosa, cuyos ojos miraban
> dolientes, bajo el peso del alma
> sometida al destino de las almas,
> cosecha que la muerte ha de segar.

El esperado... ¿podía ser... «aquello»? Disponía de estrellas en el cielo ¿y en su casa no tenía más que el olor a estiércol? Ahora entendían que en Jerusalén nadie supiera nada. Lo que no entendían era todo lo demás. Quizá habían venido también un poco egoístamente. Venían, sí, con fe, pero también, de paso, a conseguir ponerse a bien con quien iba a mandar en el futuro. ¿Y... «éste» iba a ser el poderoso vencedor? Los reyes no son así, los reyes no nacen así. ¿Y Dios? Habían imaginado al dios tonante, al dios dorado de las grandes estatuas. Mal podían entenderlo camuflado de inocencia, de pequeñez y de pobreza.

La madre y el bebé sonreían, sí, y sus sonrisas eran encantadoras. Pero ¿qué vale en el mundo la sonrisa? No es moneda cotizable frente a las espadas. Si éste era Dios, si éste era el esperado, era seguro que venía para ser derrotado. Nacido así, no podía tener otro final que una muerte horrible, lo presentían. Incluso les parecía adivinarlo en la mirada de la madre que, tras la sonrisa, dejaba adivinar el terror a la espada.

El verdadero Dios

Pero fue entonces cuando sus corazones se reblandecieron. Sin ninguna razón, sin ningún motivo. «Supieron» que aquel niño era Dios, «supieron» que habían estado equivocados. Todo de pronto les pareció clarísimo. No era Dios quien se equivocaba, sino ellos imaginándose a un Dios solemnísimo y pomposo. Si Dios existía, tenía que ser «aquello», aquel pequeño amor, tan débil como ellos en el fondo de sus almas. Sus orgullos rodaron de su cabeza como un sombrero volado por el viento. Se sintieron niños, se sintieron verdaderos. Se dieron cuenta de que en aquel momento comenzaban a vivir. E hicieron algo tan absurdo —¡y tan absolutamente lógico!— como arrodillarse. Antes de este día se habían arrodillado ante la necedad del oro y ante la vanidad de los violentos. Ahora entendían que el único verdadero valor era aquel niño llorando.

Entendían lo que siglos después diría Jorge Guillén:

Dios no es rey, ni parece rey.
Dios no es suntuoso ni rico.
Dios lleva en sí la humana grey
y todo su inmenso acerico.

Sí, Dios no podía ser otra cosa que amor y el amor no podía llevar a otra cosa que a aquella caliente y hermosa humillación de ser uno de nosotros. *El humilde es el verdadero*. Un Dios orgulloso tenía que ser forzosamente un Dios falso. Se arrodillaron y en aquel mismo momento se dieron cuenta de dos cosas: de que eran felices, y de que hasta entonces no lo habían sido nunca. Ahora ellos reían, y reían la madre, y el padre, y el bebé.

Abrieron sus cofres. Con vergüenza. De pronto, el oro y el incienso y la mirra les parecían regalos ridículos. Pero entendían también que poner a los pies del niño aquellas tonterías que le habían traído era la única manera en que podían expresar su amor.

Cuando a la noche el ángel (o la voz interior de sus conciencias) les aclaró que Herodes buscaba al niño para matarlo, no dijo nada que ellos ya no supieran. Habían entendido muy bien que ante aquel niño sólo cabían dos posturas coherentes: o adorarle o intentar quitarlo de en medio. Y Herodes no era un hombre como para caer de rodillas.

Se levantaron, entonces, en la noche y se perdieron en las sombras de la historia. La leyenda —que nunca se resigna a la profunda sencillez de la verdad— ha inventado una cadena de prodigios: los magos se habrían vuelto convertidos en apóstoles y cuando, cuarenta años más tarde, llegó hasta su lejano país el apóstol Tomás encontró que, allí, ya se veneraba a Cristo. Encontró, incluso, a los reyes magos y les consagró obispos en su altísima ancianidad. Pero ¿acaso los magos necesitaban obispados y predicaciones y gestas? En realidad, el día que partieron de Belén ellos habían cumplido ya su vida y entraron en la oscuridad como cae una fruta madura. Con las pocas líneas que el evangelista les dedica, habían realizado ya en plenitud su tarea: ser los primeros que vivieron la locura evangélica que acepta como lógico el ponerse en marcha tras una estrella muda (que dice todo porque no dice nada) y el arrodillarse ante un Dios que acepta un pesebre por trono.

Tampoco María durmió bien aquella noche. Se sentía feliz al ver que lo anunciado por Simeón comenzaba a cumplirse: su hijo empezaba a ser luz para las gentes. Pero tuvo miedo de tanta alegría. Algo le decía que aquella misma noche iba a conocer el cruel sabor del filo de la espada.

9

Los salvadores del Salvador

Me parece que para un cristiano del siglo XX es ésta la página más cruel y difícil del evangelio. La vida de Cristo empieza con un reguero de sangre. Y de la más inocente. La liturgia —quizá en un intento de desdramatizar la cosa— ha rodeado de sonrisas esta escena y canta, casi divertida, a los inocentes:

Vosotros, las primeras victimitas de Cristo,
tierno rebaño de los inmolados,
sobre la misma piedra del altar, sencillos,
jugáis al aro con las aureolas.

Y también la tradición ha rodeado de bromas y de chistes ese 28 de diciembre en que se les conmemora. Es la táctica de siempre: rodeamos de sonrisas lo que nos aterra. Porque ante la escena de la huida de Cristo y la muerte de los pequeños betlemitas un verdadero creyente no puede sentir otra cosa que miedo y vértigo.

Tendremos que bajar al fondo de las cosas. Leeremos primero la página evangélica, luego intentaremos desentrañar la tragedia que encierra.

Es Mateo quien la cuenta con escueto dramatismo. En la noche el ángel se apareció a José, le anunció que Herodes buscaba al niño para matarle y le ordenó partir hacia Egipto *hasta que yo te avise* (Mt 2, 13). La orden era desconcertante y, en apariencia, disparatada. José —comenta san Juan Crisóstomo— hubiera podido contestar al ángel: *Hace poco tú me decías que este niño salvaría a su pueblo. Ahora me dices que él no puede salvarse a sí mismo, que tenemos que emprender la fuga y expatriarnos a tierras lejanas. Todo esto es contrario a tu promesa.*

Nada de esto dijo José. En parte porque era un hombre de obediencia y en parte principalísima porque estaba demasiado asustado como para ponerse a pensar y dialogar. Lo que el ángel anunciaba sobre Herodes era desgraciadamente demasiado verosímil. Y José sabía que los caballos de los soldados del rey recorrerían en pocos minutos los ocho kilómetros que separaban la capital de la aldea. Despertó a María, se vistieron precipitadamente aún medio dormidos, recogieron lo más imprescindible, se pusieron —despeinados y aterrados— en camino.

Los hombres de nuestro siglo conocemos demasiado bien estas fugas nocturnas, este escuchar anhelantes el menor ruido, este ver en cada sombra un soldado acechante, este corazón agitado de los perseguidos que saben que, de un momento a otro, llegarán para llevárselos al paredón de fusilamiento.

Así huyeron, sin pararse a pensar, sin estudiar el camino que habrían de seguir, ni dónde podrían refugiarse. Sabían únicamente que tenían que poner distancia entre su hijo y Herodes, que había que alejarse de la ciudad. Y que hacerlo sin dejar huellas, sin despedirse de nadie, porque, en un clima de terror, hasta el mejor amigo se convierte en un traidor. Huyeron. Allí estaba la espada que anunció Simeón. Los dos pensaban en ella, pero ninguno se atrevió a comunicar sus pensamientos a su compañero. Y ni María ni José sospecharon que la gran tragedia quedaba a sus espaldas.

Los terrores del tirano

Tampoco Herodes durmió bien aquella noche. Dando vueltas en el lecho, más de una vez se reprochó a sí mismo el no haber dado suficiente importancia a la historia de aquellos tres estrafalarios orientales. No porque creyera en aquella paparrucha del rey-mesías nacido en un poblacho, sino porque conocía a su pueblo: una historia romántica como aquella podía dar origen a una sublevación. Un recién nacido sólo es peligroso cuando se convierte en bandera de algo. Y en la idea del Mesías estaba la bandera que mejor podía hacer peligrar su trono.

Apenas se levantó, preguntó si los magos habían regresado. Nadie sabía nada de ellos en el palacio. Empezó a temer que aquel candor con que le prometieron que volverían a informarle fuera una burla y que el candoroso hubiera sido él en realidad. Envió a sus espías a Belén y, cuando estos regresaron, dijeron que en el pueblo nadie sabía nada de ellos. Les habían visto llegar, sabían, sí, que habían andado buscando a un niño nacido hacia pocos meses. Pero ni se sabía si lo habían encontrado. Lo que era cierto es que ya no estaban en el pueblo. Y debían de haber partido de noche, porque nadie les había vuelto a ver.

La cólera del rey estalló entonces. No podía aceptar la idea de que alguien se hubiera burlado de él, el poderoso. ¿Y si esta fuga significaba que realmente aquel misterioso niño existía? Quienes habían venido de tan lejos no habrían regresado inmediatamente de no haberlo encontrado. Tenía que darse prisa y cortar por lo sano.

Que Herodes tomase la decisión de asesinar a todos los recién nacidos de la comarca nos resulta hoy absolutamente inverosímil. Pero cosas como ésta ocurrieron demasiadas veces en la antigüedad —¿y acaso no siguen ocurriendo hoy?— para que la juzguemos imposible. Incluso podemos pensar que una decisión así encaja perfectamente en el carácter del monarca. En realidad —como señala con agudeza Günther Schiwy— en ese momento Herodes *no tanto quiere descargar su cólera sobre el infante, cuanto ahogar en sangre un posible movimiento mesiánico en torno a Belén.*

Otra escena de la vida de Herodes nos aclara mejor el trasfondo de su decisión: sabemos por la historia que, cuando sintió que le llegaba la muerte —poco tiempo después de la escena que contamos— comenzó a temer que su fin fuera un motivo de fiesta para sus súbditos. Nadie le lloraría. ¿Nadie... le lloraría? Mandó encerrar en el hipódromo de Jericó a un buen número de nobles de su reino y ordenó a su hermana Salomé que los acuchillara a todos en la misma hora en que él muriera. Si los judíos no le lloraban a él, llorarían al menos.

Este era Herodes: amigo de la violencia, incluso sabiendo que no sirve para nada. Sólo un hombre así pudo ordenar una matanza tan bárbara como la que cuenta el evangelista. Por lo demás, quien no había vacilado en asesinar a sus propios hijos, ¿dudaría en matar a un montón de harapientos? Con razón el historiador Macrobio pondría en labios de Augusto la afirmación de que *era preferible ser cerdo de Herodes que hijo suyo.* Al menos a sus cerdos —por aparentar ser buen judío que no come carne impura— no los mataba.

Nadie entendió el porqué de aquellas muertes

Los soldados cayeron sobre Belén como un huracán. Entraron en las casas, recorrieron las calles, arrancaron los niños de los brazos de sus madres y ante el terror de éstas —que no entendían, que no podían entender— estrellaron las cabezas de sus pequeños contra las paredes, alancearon sus cuerpecitos, les abrieron en canal como corderillos. «¿Por qué? ¿por qué?» gritaban las madres, que sentían más espanto que dolor, que no entendían por qué mataban a sus hijos y no a ellas. «Ordenes de Herodes» respondían los soldados que tampoco comprendían nada, que estaban, en el fondo, tan aterrados como las mismas madres. «Pero ¿por qué, por qué?» insistían las madres. Y nadie explicaba nada, nadie podría nunca entender el porqué de aquellas muertes. Lo único cierto eran aquellos cadaveritos cuya sangre aullaba más que sus propias madres.

¿Cuántos fueron los muertos? De nuevo la leyenda se ha precipitado a multiplicar las cifras, como si los números pudieran aumentar la crueldad de la escena. Se ha hablado de centenares, de miles. Se ha llegado a dar la cifra de 144.000 confundiendo a los inocentes con *los que preceden al Cordero* de quienes habla el Apocalipsis (Ap 7, 9). Las cifras reales fueron mucho menores. Conocida la natalidad de la época y, sobre todo, la altísima mortalidad infantil de aquel tiempo y, tenido en cuenta que sólo murieron los varones, puede juzgarse con verosimilitud que el número de muertos estuvo más cerca de 20 que de treinta.

Pero no es el número lo que nos horroriza, sino el hecho. Y aún más que el hecho, su misterio. ¿Por qué murieron estos niños? ¿Por qué «tuvieron» que morir?

Charles Peguy ha dedicado todo un libro a cantar el «hermoso» destino de estos pequeños:

> Fueron arrebatados de la tierra ¿Lo entiendes bien, hijo mío?
> Todos los hombres son arrebatados, en su día, en su hora.
> Pero todos somos arrebatados demasiado tarde,
> cuando ya la tierra nos ha conquistado,
> cuando ya la tierra se ha pegado a nosostros
> y ha dejado en nosotros su imborrable marca.
> Pero ellos, ellos solos, fueron arrebatados de la tierra
> antes de que hubieran entrado en la tierra y la tierra en ellos
> antes de que la tierra les tomase y poseyese.
> Y todas las grandezas de la tierra, la misma sangre de los mártires,
> no valen tanto como el no haber sido poseído por la tierra,
> como no tener ese gusto terroso,
> no tener ese sabor a ingratitud,
> ese sabor a amargura
> terrosa.

Sí, esto es verdad. Aquellos niños no fueron manchados por nuestra sociedad de hombres. Pero las madres que aullaban ante sus cadáveres ¿no les hubieran preferido un poco más sucios, pero vivos?

El misterio de esta sangre

Papini ha ido un poco más allá en su investigación:

> Hay un tremendo misterio en esta ofrenda sangrienta de los puros, en este diezmo de coetáneos. Pertenecían a la generación que lo había de traicionar y crucificar. Pero los que fueron degollados por los soldados

de Herodes este día no lo vieron, no llegaron a ver matar a su Señor. Lo libraron con su muerte y se salvaron para siempre. Eran inocentes y han quedado inocentes para siempre.

Aquí hay un poco más de luz, pero aún no suficiente. Desde luego, si yo hubiera tenido que elegir entre ser de los inocentes o ser de los asesinos, habría aceptado mil veces y gozoso la muerte. Y es cierto que buena parte de los destinos humanos tienen que plantearse esta opción entre matar y ser matados, pero ¿es que no hay otras posibilidades? ¿Es que alguno de estos niños no pudo formar parte de sus discípulos, de los que —bien o mal— le comprendieron y siguieron? ¿Por qué entonces esta muerte?

El hombre de hoy —y esto es una bendición— no logra digerir la muerte de los inocentes (aunque quizá nunca han muerto tantos inocentes como en nuestros días. Basta con pensar en el aborto organizado). Y sufre al ver este comienzo horrible de la vida de quien era la Vida.

Quizá nadie ha vivido esta paradoja tan hondamente como Camus que, admirando a Cristo, encontró siempre en el camino de su fe esta escena que le enfurecía. ¿Por qué huyó él y dejó morir a aquellos pequeños? se pregunta dramáticamente.

Escribe:

> Si los niños de Judea fueron exterminados, mientras los padres de él lo llevaban a lugar seguro ¿por qué habían muerto si no a causa de él? Desde luego que él no lo había querido. Le horrorizaban aquellos soldados sanguinarios, aquellos niños cortados en dos. Pero estoy seguro de que, tal como él era, no podía olvidarlos. Y esa tristeza que adivinamos en todos sus actos ¿no era la melancolía incurable de quien escuchaba por las noches la voz de Raquel, que gemía por sus hijos y rechazaba todo consuelo? La queja se elevaba en la noche. Raquel llamaba a sus hijos muertos por causa de él ¡y él estaba vivo!

No debemos huir el problema. Está ahí y este escritor sin fe puede iluminarnos más que mil consideraciones piadosas.

Muchos exegetas resuelven la cosa fácilmente diciéndonos que ésta es una escena simbólica y que no ocurrió en la realidad. El evangelista habría tratado simplemente de presentar a Cristo como un nuevo Moisés. Lo mismo que éste se salvó de la muerte a que el faraón había condenado a todos los hijos de los hebreos, así se habría salvado Jesús de la matanza de Herodes; lo mismo que Moisés sacaría de Egipto a su pueblo, así Cristo habría también regresado de Egipto para salvar a todos los hombres del demonio-faraón.

La explicación es demasiado bonita, demasiado sencilla. Parece preferible coger el misterio por los cuernos y atrevernos a decir que no entendemos nada. O mejor: atrevernos a reconocer que hemos entrado ya del todo en la vida de este Cristo que nos va a desconcertar en todas las esquinas. Cristo no es un resolvedor de enigmas, ni un proveedor de pomadas. No se entra en su vida como a una pastelería, dispuestos a hartarnos de dulzuras. Se entra en ella como en la tormenta, dispuestos a que nos agite, dispuestos a que ilumine el mundo como la luz de los relámpagos, vivísima, pero demasiado breve para que nuestros ojos terminen de contemplarlo y entenderlo todo.

Así ocurre en la escena de los inocentes. ¿Por qué no envió un ángel a todas las casas betlemitas? ¿Le faltaban ángeles acaso? Pudo hacerlo, pero no quiso rodear a su hijo de un clima de cuento de hadas. Le hizo encarnarse en un mundo de violencia y no en un mundo astral. Pudo fabricar una dulce Palestina sin Herodes ni soldados que asesinan sin pensar. Pero ¿habría sido ese un mundo verdadero?

Pero, entonces ¿por qué no murió él con ellos? ¿Por qué huyó? Podría haber muerto entonces. De haberlo hecho así su redención no habría sido menos verdadera ni menos válida de lo que fue en la cruz. He de confesar que más de una vez me he imaginado ese Cristo muerto a los pocos meses en manos de un soldado de Herodes. Tendríamos que creer en él lo mismo que ahora creemos, aquella muerte nos hubiera salvado lo mismo que la que llegó treinta años después. Pero ¿creeríamos? ¿Creeríamos en Jesús sin parábolas, sin milagros, sin resurrección? Su redención habría sido tan absoluta y total como la que ocurrió. Pero ¿y nosostros? ¿y nuestra fe?

Sí, huyó por nosotros. Huyó a disgusto. Se sentía más hermano de aquellos inocentes que de cuantos le rodearon en la cruz.

En realidad —Camus debió entenderlo— no huyó del todo. Simplemente empezó a morir un poco más despacio, prolongando su muerte treinta y tres años. Por nosotros, para que entendiéramos. Pero sí, se acordaba de estos niños. Tal vez Mateo le oyó alguna vez hablar de ellos. Podía el evangelista haber ocultado esta escena y la contó, sin miedo a escandalizar a quienes en el siglo XX no lo entenderían.

La Iglesia, venerando cariñosa a estos pequeños, lo ha entendido mejor. Ellos fueron, sin saberlo, los primeros mártires. Más aún: ellos fueron salvadores del Salvador, salvadores de quien engendra toda salvación. Fueron los primeros cristianos, por eso conocieron la espada. Todo cristiano tiene que conocer una: la espada de la fe, ésta de amar a Cristo sin terminar de entenderle, o la espada de la sangre. En el fondo, a ellos les tocó la más fácil.

María y Jesús huían mientras tanto, es decir: seguían bajo el filo de la espada que parecía no tener prisa en terminar de desgarrarles.

El exiliado más joven de la historia

Toda violencia es inútil. La de Herodes lo fue más que ninguna: mató a quienes no trataba de herir; dejó huir a quien buscaba; y no consiguió, con ello, prolongar un solo día su reinado. Reinado que, por lo demás, no le venía a disputar el recién nacido. Es el destino de todos los violentos. Siempre cometen, al menos, dos errores: se equivocan de víctima y hieren a un inocente.

Consiguió únicamente una cosa: dar a cuantos en el futuro emprenderían el camino del destierro la seguridad de que su Dios les comprende, porque ha vivido la misma agonía que ellos. Jesús, gracias al tirano, se convierte en el exiliado más joven de la historia. Antes y después de él, muchos otros bebés huirían en brazos de sus padres perseguidos. Pero ningún otro bebé ha sido perseguido por sí mismo, apenas nacido. Nadie ha sido odiado tan pronto, nadie ha empezado tan pronto a morir.

Al llegar aquí hay que decir —en honor a la verdad— que la mayoría de los investigadores no encuentra verosímil este viaje hasta Egipto, sobre todo si se tiene en cuenta que en el evangelio de san Lucas —en contraste con el de Mateo— se cuenta como muy normal el regreso de la sagrada familia a Nazaret y si se recuerda que en todo el resto de la vida de Cristo jamás se aludirá después a este hecho tan llamativo. Piensan, por todo ello, que Mateo quiere simplemente afirmar que Jesús hizo suyas todas las dificultades de su pueblo, que siglos antes vivió desterrado en Egipto.

Pero, junto a estas afirmaciones e hipótesis, está el hecho de la antiquísima tradición en las tierras egipcias que alude a su presencia en uno o varios lugares. ¿Surgió esta tradición del evangelio de san Mateo o, por el contrario, nació lo contado por Mateo de estas tradiciones? Nunca lo sabremos. Por eso yo prefiero meditar esta página en su contenido, tal y como el evangelista la cuenta. Página tremenda.

Porque en todo caso la huida no fue tan paradisíaca como han gustado de pintar los apócrifos. Los árboles no tendían sus ramas para que la madre del pequeño pudiera alcanzar sus frutas; no venían las fieras de la selva a extenderse a sus pies y lamerlos; no se ablandaban los corazones de los bandoleros —como cuenta un precioso esmalte que se conserva en el museo de Cluny— ni llegaba a socorrer su hambre el salteador de caminos que —otra tradición— sería en la cruz el buen ladrón. No. Huir era huir. Era dormir durante el día y caminar la noche entera. Suponía volver rápidamente la cabeza cuando se escuchaba cualquier paso por el camino. Incluía ver en cada sombra a la policía de Herodes o sospechar de cada caminante que, al cruzarse con ellos, les preguntaba dónde iban y de dónde venían.

Y no era siquiera huir por los caminos que hoy nos imaginamos. En rigor entre Palestina y Egipto no había entonces más camino que el que habían abierto las pezuñas de los animales y las pisadas humanas. Andar de noche por aquellas soledades —y José no era ciertamente un experto geógrafo— era un perderse continuo, andar y desandar lo andado, un continuo tratar de orientarse, sin saber en realidad hacia dónde dirigirse. Con un guía experto, hubieran hecho el trayecto en seis u ocho días. Yendo solos, de noche, sin planos, sin orientación alguna, el camino debió de ser larguísimo, sobre todo cuando —después de dejar Gaza— se adentraron en el desierto.

Nadie entonces se atrevía a cruzar solo el desierto. Esperaban en Gaza a que se formara una caravana para correr juntos los peligros de la arena, la sed y el sol. Pero no es probable que María y José pudieran permitirse el lujo de esperar. Gaza era aún territorio de Herodes y hasta no estar en tierra egipcia no estaban a seguro. Comprarían unas pocas provisiones —el oro de los magos se mostró ahora providencial— y se adentraron en las dunas arenosas. Avanzar por ellas era desesperante. Los soldados de Gabinio que hicieron este trayecto cincuenta años antes decían —como cuenta Plutarco— que temían más aquella travesía que la guerra que les aguardaba en Egipto. Y María y José no eran un ejército; podían considerarse afortunados si contaban con un borriquillo. En el camino —cuentan los historiadores— solían encontrarse huesos de animales muertos por agotamiento. Osamentas terribles que brillaban bajo el sol de justicia que asaetea el desierto y que se hace asfixiante en verano (y era casi seguramente verano cuando el niño huyó a Egipto). María y José comenzaron a temer que la sed y el sol lograrían lo que no habían conseguido las espadas de Herodes.

Sólo en Rhinocolura (el actual El Arish) se sintieron a salvo. Aquello era ya tierra egipcia. Pero aquí nacieron los nuevos problemas: los del emigrante en tierra extranjera. José ignoraba todo sobre el nuevo país, a nadie conocía, apenas debía de quedarle dinero, carecía de todo tipo de herramientas para realizar su trabajo. Era, además, un perseguido político al que siempre es peligroso ayudar. Y un perseguido político muy especial: no pertenecía a ningún grupo ideológico, no luchaba por ninguna causa. No era enemigo de Herodes, aunque Herodes obrase como enemigo suyo. Si hubiera intentado explicar a alguien las causas de su huida ¿quién le habría entendido?

Ignoramos dónde se instaló José en Egipto. Una antigua tradición (del siglo V) señala su presencia en Hermópolis, pero parece inverosímil que la sagrada familia se internase 340 kilómetros en Egipto. Más bien debió de buscar alguna de las colonias judías próximas a la frontera. El ángel (¿por qué esta inútil crueldad con ellos?) no había dicho cuánto duraría su destierro, pero José pudo esperar que fuera corto. Esto hace pensar que se dirigiera a Leontópolis (el actual Tell Yehudiyeh) donde vivía una floreciente colonia de judíos, comerciantes algunos, huidos de Herodes no pocos. Allí, al menos, viviría entre compatriotas, podría hablar con alguien, encontraría trabajo, pues los judíos de la diáspora eran amigos de ayudar a sus connacionales.

Para María y José todo era extraño en aquel mundo: les asombrarían las aguas rojas del Nilo, los grandes ibis que batían las alas en sus orillas, el modo de vestir y de vivir de las gentes. Muchas cosas llenarían su corazón de recuerdos: aquí habían vivido en esclavitud sus antepasados, aquí soportaron el látigo y la muerte. Pero sobre todo les impresionaría el nuevo mundo religioso que les rodeaba. Al cruzar ellos ante los templos paganos, no se derrumbaban estrepitosamente los ídolos, como cuentan los apócrifos. Al contrario: era su corazón quien se sentía desgarrado ante aquellas muestras de religiosidad que en un judío piadoso creaban hasta malestar físico. Contemplaban aquellos dioses con cuerpo humano y cabeza de vaca o de ave y aquellos otros en forma de carneros o hipopótamos. María —que llevaba en sus manos a quien era la Vida— no podía entender aquella religiosidad construida sobre la idea del temor a la muerte. El egipcio vivía bajo esta obsesión: defenderse de la muerte, negarla, vencerla. Por eso construían sus pirámides, por eso embalsamaban cuidadosamente los cuerpos muertos, esculpían sus retratos en piedra, fabricaban gigantescas necrópolis. Su vida era una batalla contra la consumación, un loco afán de pervivencia.

María recordaba ahora las palabras de Simeón: se preguntaba cómo podría su hijo ser salvación y luz para aquellas gentes. Y no lograba imaginarse cómo sería la vida de aquel bebé que estrechaba en sus brazos. ¿Se lanzaría acaso de mayor a recorrer los caminos del mundo? ¿O todo lo haría con la sangre?

¿Cuánto duró el exilio? Tampoco lo sabemos. Mateo no nos da pista alguna y los apócrifos y leyendas (que, como siempre, cuentan cadenas de milagros) son demasiado tardíos para ser atendibles. Lo que sí sabemos es que el destierro fue relativamente breve. Hay que desechar las opiniones de quienes hablan de hasta diez años y las de quienes se inclinan a pocos días o semanas. Los cálculos más serios hacen pensar que Cristo nació a finales del 748 de la fundación de Roma, que partió hacia Egipto en la primavera o más probablemente en el verano de 749 y que el regreso se produjo a los pocos días de la muerte de Herodes en marzo o abril del 750.

La noticia debió de llegar pronto a las colonias judías de Egipto. Eran muchos los hebreos que esperaban ese momento para volver a sus tierras, con lo que el regreso de la sagrada familia pudo ser más fácil. En las caravanas habría cantos de júbilo y execraciones al tirano muerto.

Ya en su tierra, comenzaron a enterarse de las circunstancias que habían rodeado la muerte del perseguidor: más trágica que su negra vida. Flavio Josefo la ha contado con precisión:

> Un fuego interior le consumía lentamente; a causa de los horribles dolores de vientre que experimentaba, érale imposible satisfacer el hambre ni tomar alimento alguno. Cuando estaba en pie apenas podía respirar. Su aliento exhalaba olor hediondo y en todos sus miembros experimentaba continuos calambres. Presintiendo que ya no curaría, fue sobrecogido de amarga rabia, porque suponía, y con razón, que todos se iban a alegrar de su muerte. Hizo, pues, juntar en el anfiteatro de Jericó, rodeados de soldados, a los personajes más notables y ordenó a su hermana Salomé que los hiciese degollar así que él hubiese exhalado el último suspiro, para que no faltasen lágrimas con ocasión de su muerte. Por fortuna Salomé no ejecutó esta orden. Como sus dolores aumentaban por momentos y estaba además atormentado por el hambre, quiso darse una cuchillada; pero se lo impidieron. Murió, por fin, el año treinta y siete de su reinado.

María y José debieron de conmoverse ante estas noticias. Pero, más que ante ninguna, ante aquella narración que alguien les hizo de la barbarie realizada un año antes en Belén. Una noche, el rey había mandado degollar a todos los niños del pueblo y nadie había entendido el por qué de aquella decisión absurda. Algunos escribas la unían a la idea de que de allí, de Belén, debía salir el libertador, el Mesías esperado. Pero nadie entendía qué tenía que ver el Mesías con los niños menores de dos años.

Estas noticias hicieron dudar a José. El había pensado regresar a Belén: allí era más fácil encontrar trabajo que en Nazaret y, por otro lado, se sentía unido a Belén: ¡habían pasado allí cosas tan hermosas!

Pero los últimos sucesos acabaron de decidirles. Los funerales de Herodes fueron solemnes y pomposos. El cadáver del rey —podrido ya y con los genitales destrozados por los gusanos— fue vestido de púrpura y adornado con piedras preciosas. La corona se colocó en su cabeza y el cetro en sus manos frías. En una litera de oro fue conducido de Jericó al Herodium, entre un cortejo impresionante que avanzaba entre el humo del incienso.

Pero pronto acabaron las fiestas. Los hijos del muerto se dividieron el reino. Y Arquelao, el hijo mayor, se mostró, desde el primer día, dispuesto a seguir el camino de su padre. Eran los días de la pascua y una gran multitud se había congregado en Jerusalén (tal vez María y José estaban entre ellos). Y bastó esta reunión para que el odio al rey muerto se manifestase. Un grupo de fariseos pidió al nuevo rey que se castigase a los consejeros de Herodes que habían mandado ejecutar a Judas, hijo de Sarifeo, y a Matías, hijo de Margalothos, dos insignes fariseos que habían protestado cuando Herodes mandó colocar el águila de oro imperial(¡horrible blasfemia!) en el templo de Yahvé. Pero Arquelao se negó a hacer justicia. Pronto la sublevación estalló. Miles de judíos se hicieron fuertes en el atrio del templo. Arquelao —temeroso de perder las bridas del país— envió contra ellos un contingente de soldados a caballo que entraron en el atrio sembrando el espanto. Tres mil muertos fueron el resultado del bárbaro ataque. Y el pueblo comprendió que Herodes había muerto, pero que la violencia continuaba.

Si José dudaba aún, esto debió de convencerle de que en Belén no estarían seguros. Si regresaban, alguien les reconocería, se preguntaría cómo había escapado aquel niño a la matanza del año anterior, y podría delatarles... No, no, regresarían a Nazaret. Allí gobernaba otro hijo del muerto, Herodes Antipas (el que treinta años más tarde juzgaría a Cristo y degollaría al Bautista) que tenía fama menos horrible que la de su hermano. Era, sí, un sensual y un orgulloso, pero parecía tener interés en ganar el apoyo de sus súbditos, con la esperanza de que le ayudasen a desbancar a su hermano Arquelao. Además, en Nazaret nadie sabría nada de la matanza de Belén o, al menos, nadie la conectaría con el hijo de María y de José.

Allá se encaminaron. Vivirían en paz y el mundo se olvidaría de ellos. Y podría crecer tranquilo su hijo. ¿Hasta cuándo? Nada sabían. El Dios que tantas cosas les había explicado cuando el niño iba a nacer, parecía haberse olvidado de ellos. O, cuando más, se limitaba a guiarles —vete aquí, vuelve allá— sin dar explicación ninguna. Nunca nadie ha vivido tan radicalmente en la fe y en la oscuridad, o mejor: en la oscuridad de la fe. ¿Tardaría mucho en regresar la espada? ¿Viviría muchos años a su lado el pequeño o sería arrebatado enseguida por el viento de su misión? Nada sabían. «Oh, Dios, —pensaba María— déjame al menos gozar de él durante unos pocos años». Y Dios llenaba su corazón de paz. Pero no daba ninguna respuesta aclaradora.

10
Un niño «como los demás»

La vida de Cristo —hora es ya de que vayamos comprendiéndolo— es el reino de lo humanamente absurdo. ¿Qué redentor es éste que «malgasta» treinta de sus treinta y tres años cortando maderitas en un pueblo escondido del más olvidado rincón del mundo? Habrá que decir pronto esto: un Dios que baja a morir trágicamente tiene su poco o su algo de lógica. Una crucifixión es, en definitiva, un gesto heroico que parece empalmar con la grandiosidad que atribuimos a Dios. Tampoco desencaja del todo un Dios-hombre dedicado a «seducir» multitudes o a pronunciar las bienaventuranzas. Un Dios que expulsa a latigazos a los mercaderes parece un Dios «digno», lo mismo que el que supera los sudores de sangre del huerto y acepta, como un Hércules, el combate y la muerte. Sí, lo absurdo no es un Dios que acepta la tragedia de ser hombre; lo verdaderamente desconcertante es un Dios asumiendo la vulgaridad humana, la rutina, el cansancio, el ganarse mediocremente el pan. A no ser que... nos hayamos equivocado de Dios y el verdadero nada tenga que ver con nuestras historias.

Los treinta años de oscuridad no son, pues, un preludio, un prólogo, un tiempo en el que Cristo se prepara —¿cómo se iba a «preparar»?— para hacer milagros y «entrar en su vida verdadera». Son, por el contrario, el mayor de los milagros, la más honda de las predicaciones. En rigor tendríamos que decir que fueron estos treinta años la «vida verdadera» de Jesús y que los otros tres fueron, sencillamente, una explicación para que nosotros entendiéramos lo que, sin hechos exteriores, nunca hubiéramos sido capaces de vislumbrar. ¿O es que pronunciar las bienaventuranzas será más importante que haberlas vivido durante treinta años o hacer milagros será más digno de Dios que haber pasado, siendo Dios, la mayor parte de su vida sin hacerlos? Pasar sin detenerse junto a estos treinta años de oscuridad, sería cortar a la vida de Jesús sus raíces, comer el fruto ignorando la savia que lo ha alimentado y formado. El silencio es, sí, la más alta de las palabras. Tendremos que escucharlo. Y comenzar por respetar que el silencio sea silencio. Difícil tarea, a la que los hombres no nos resignamos. De ahí nuestro esfuerzo por llenar de milagros este tiempo en que Cristo no quiso hacerlos. Ya a finales del siglo II comenzaron los escritores apócrifos este esfuerzo:

> Yo, Tomás Israelita, he juzgado necesario dar a conocer a todos los hermanos procedentes de la gentilidad la infancia de nuestro Señor Jesucristo y cuantas maravillas realizó después de nacer en nuestra tierra. El principio es como sigue:
> Este niño Jesús, que a la sazón tenía cinco años, se encontraba un día jugando en el cauce de un arroyo después de llover. Y recogiendo la corriente en pequeñas balsas, la volvía cristalina al instante y la dominaba con sola su palabra. Después hizo una masa blanda de barro y formó con ella doce pajaritos. Era a la sazón día de sábado y había otros muchachos jugando con él. Pero cierto hombre judío, viendo lo que acababa de hacer Jesús en día de fiesta, se fue corriendo hacia su padre José y se lo contó todo: «Mira, tu hijo está en el arroyo y tomando un poco de barro ha hecho doce pájaros, profanando con ello el sábado». Vino José al lugar y al verle, le riñó diciendo: «¿Por qué haces en sábado lo que no está permitido hacer?». Mas Jesús batió sus palmas y se dirigió a las figurillas gritándoles: «¡Marchaos!». Y los pajarillos se marcharon todos gorjeando. Los judíos, al ver esto, se llenaron de admiración y fueron a contar a sus jefes lo que habían visto hacer a Jesús.

No está mal como cuento. Pero en contraste con todos los datos evangélicos (¿cómo se habrían maravillado años más tarde los nazaretanos de la predicación de este niño a quien tales prodigios hubieran visto hacer a los cinco años?) y en contraste, sobre todo, con la verdadera dignidad de Cristo y de Dios. Más absurdo es aún cuanto sigue en este llamado «Evangelio del Pseudotomás». Porque este niño que nos pinta el apócrifo —con tanta buena voluntad como ignorancia— no se limitará a vivificar pajarillos de barro, sino que, en la escena siguiente, castigará con la parálisis —aunque para curarle después— a un compañero que ha cometido el terrible delito de estropear las balsas de agua hechas en su juego; y hará morir a un niño que, jugando, chocará con él; y cegará a cuantos comenten esa muerte absurda. Al final, el niño que el apócrifo pinta devolverá la vida, la vista y el movimiento a todos los «castigados» pero, todo ello, después de haber dejado bien clarito que a él no se le tose. Un niño insoportable, en suma, mucho más digno de ser hijo de Moloch que del Dios verdadero. La imaginación y los afanes exaltatorios terminan siempre por producir esta jugada de denigrar a quien se trata de elevar.

Treinta años de silencio

Nada de eso existió, ni milagros, ni mucho menos, vengancitas. Sólo silencio, un largo mutismo de treinta años. Los evangelistas son aquí de una parquedad absoluta: sólo tres líneas genéricas y la narración de una pequeña anéctota ocurrida a los doce años.

Este silencio es, en verdad, intrigante. Y no creo que la explicación sea la que es común entre los científicos. Robert Aron lo comenta situándolo en la tradición judía:

> El pensamiento judío auténtico, el de la Biblia y el del Talmud, que se prolonga en tiempo de Jesús, está poco interesado por los hechos cuando éstos no presentan una importancia espiritual o religiosa. La vida de un hombre, aun eminente, aun trascendente, no le interesa sino en los momentos en que manifiesta la voluntad de Dios. Así hace la Biblia con Moisés: da muchos detalles sobre su nacimiento y el hecho inicial de su predestinación. Después una serie de años oscuros cortados solamente por un episodio aislado, hasta el momento en que su destino se confunde estrechamente con el del pueblo elegido por Dios: sólo entonces su biografía abunda en acontecimientos precisos.

La misma idea sostiene el historiador israelita Klausner:

> De lo que había pasado antes de su encuentro con el Bautista, ni los judíos, ni Jesús mismo se inquietaron. En efecto ¿qué tenía que ver la vida privada de un hombre, en su hogar, en su familia, en su ciudad, con la historia, que para los judíos, como también para los primeros cristianos, tenía interés únicamente religioso y no servía sino para mostrar la intervención de Dios en el destino de la humanidad?

Me temo que un análisis más profundo no puede limitarse a estos planteamientos. Ello sería tanto como aceptar que Dios sólo actúa en lo extraordinario; como reconocer que la voluntad divina sólo se manifestó en los últimos años de Cristo; que el hecho de que Dios viviera treinta años entre nosotros siendo y pareciendo un hombre corriente nada nos dice sobre la intervención de Dios en el destino de la humanidad. Los evangelistas no eran tan malos teólogos como para pensar estas cosas. ¿No será más sencillo y, sobre todo, más verdadero, decir que los evangelistas nada contaron de estos años porque en ellos nada extraordinario pasó, o, más exactamente, porque estos años fueron tan extraordinarios que nada fuera de lo normal ocurrió? ¿No habrá que pensar que en ese tiempo se realizó la gran revelación —la de que Dios nos amaba, hasta el punto de hacerse uno de nosotros con una vida idéntica a la nuestra— y que todo lo demás fue ya explicación y añadidura?

Pienso que el hombre del siglo XX debe detenerse más que ningún otro en estos años: está surgiendo entre nosotros la imagen del Cristo-astro, del Cristo-rebelde, del Cristo-luchador, del Cristo-supermán. Y puede que todo provenga de nuestro pánico a aceptar ese otro rostro del Cristo-vulgar o —si parece estridente— del Cristo-cotidiano.

Recientemente hemos vivido una historia parecida: Juan XXIII apareció en la Iglesia como un astro de luz. Las intuiciones geniales de sus últimos años iluminaron el mundo y engendraron el concilio. Pronto nos precipitamos a imaginar un Juan XXIII —supermán, ultramoderno, un coloso que abría al mundo de la fe las puertas del siglo XXI. Y eso era verdad, pero no toda. Un día conocimos su diario, sus cartas familiares. En ellas se hablaba de un seminarista como tantos, atado a sus pequeñas costumbres y rutinas, preocupado por el número de jaculatorias que había dicho y maniático casi de la obediencia. Y nos precipitamos a olvidar esas raíces que no parecían congeniar con el papa-supermán que estábamos inventándonos.

Algo así ocurre hoy con el Cristo-cotidiano: nos encantan sus frutos, nos aterran sus raíces. Tal vez porque la imagen del muchacho treinta años «sumiso» no cuadra bien con nuestro famoso «rebelde». Quizá porque nos agrada encontrar un modelo relumbrante para nuestros sueños de brillo y nos ilusiona menos un modelo para nuestra cotidiana vulgaridad de hombres. Pero el camino hacia la verdad no puede ser el de engañarnos a nosotros mismos. Ea, tengamos el coraje de acercarnos hacia el Cristo verdadero, el que —como nosotros— consumió la mayor parte de su vida en grandes pequeñeces.

Las fuentes para conocer una infancia

¿Qué fuentes tenemos para conocer esa infancia? Sólo tres, pero mucho más fecundas de cuanto suele suponerse. La primera es el conocimiento de la vida cotidiana de la época. Si sabemos que nada extraordinario vivió Cristo en su infancia y, al mismo tiempo, sabemos con toda precisión cómo vivía un niño galileo de la época, podemos estar muy cerca de su verdadera infancia sin acudir a la imaginación. La segunda fuente no es menos importante: si estudiamos las ideas, las actitudes, las expresiones del adulto Jesús, lograremos, con sólo buscar las raíces, excavar grandes territorios de su infancia. De sobra es conocida esa enorme verdad que Vigny logró resumir en una sola frase: *Una gran obra es un pensamiento infantil realizado en la edad madura.*

Los únicos adultos verdaderamente vivos son aquellos que logran llegar a la madurez sin dejar morir al niño que fueron. ¡Y Cristo estuvo ciertamente bien vivo! O —dicho con la famosa frase de Dostoyevski— *el que logra acumular muchos recuerdos en la infancia, ese está salvado para siempre.* Por eso, si toda infancia es sagrada, ninguna más sagrada, más alta, más ancha que ésta.

Tenemos aún una tercera fuente, que no hemos de olvidar: la naturaleza de este niño, radicalmente hombre, radicalmente transcendente. Por eso cada puerta que abramos será para encontrar al fondo una nueva puerta. Veremos a este niño como en una galería de espejos, sin terminar de saber nunca cuál de las imágenes es la verdadera. Conoceremos sus gestos y sus obras, pero nunca lo que hay detrás de sus ojos. Sólo desde la reverencia y el amor podremos comprender algo. (Por lo demás ¿no es esto lo que ocurre en todo verdadero conocimiento humano?).

La casa

Esta es la casa. Una pequeña edificación de ladrillos y barro —sólo los ricos las tenían de piedra— adosada a la montaña, cuadrada y blanca como un dado. Cruzada la puerta de tablones verticales sujetos, por detrás, por otros tablones horizontales— entramos en su única habitación. La casa palestina es más dormitorio que morada. Cruzado el umbral, estamos en el recinto que sirve de establo al borriquillo o a las posibles cabras propiedad de la familia. A la izquierda, dos peldaños nos conducen a la zona que se usa como dormitorio. Está elevada unos cuarenta centímetros del suelo. En el bajo está el horno que calentará la superficie de tierra apisonada —cubierta por una capa de cal o de creta— sobre la que en la noche se extenderán las esteras de esparto sobre las que se duerme. No hay mobiliario alguno. No vemos cama alguna. En un empotrado de la pared están guardadas las esteras, las mantas —si la familia es rica— o, simplemente, esa sábana común bajo la que dormirán todos los miembros de la familia juntos, añadiéndole, si hace frío, el manto que cada uno ha usado durante el día.

En un rincón está el hornillo de barro. Es panzudo y en su parte baja tiene varias aberturas para meter la leña. Sobre él se colocarán para hacer la comida esas ollas de barro que ahora vemos colgadas de un clavo en la pared. Junto a ellas, medio empotradas, están las tinajas en que se guarda el trigo, el aceite, los higos secos. En el alfeizar de la ventana —diminuta, más tronera que ventana— las artesas de madera que servirán para amasar la harina. Una cortina de saco cubre el ventanuco. La casa queda, por ello, casi completamente a oscuras cuando se cierra la gran puerta, única iluminación y ventilación de la vivienda. Junto a ella arde —a veces de día y siempre de noche— una lamparita de aceite (esta es la que encenderá la mujer que ha perdido una moneda y la que, en tanta oscuridad, precisarán las vírgenes que esperaban al esposo).

El techo es seguramente de madera. Esas vigas eran caras por entonces, pero no debían de faltar en la casa de un carpintero. Sobre ellas, la terraza que va a morir en la roca de la montaña y limita con las de los vecinos (cuando Cristo hable de pregonar la buena noticia por las terrazas, sabe que estas limitan las unas con las otras y que son, en Palestina, el mejor camino de comunicación). El suelo de la azotea es de débil barro apelmazado. Por eso hay en la casa un rulo de piedra para apisonarlo de nuevo cada vez que llueve. Débil protección —fácil de quebrar—, como nos mostrará la escena del paralítico al que descuelgan del techo para que lo cure Jesús— que no impide las pertinaces goteras. El libro de los Proverbios (27, 15) nos explicará que defenderse del agua que atraviesa la techumbre es tan difícil como acallar a «la mujer rencillosa y gruñona».

Esta es la casa. Pero en realidad sólo se usa para dormir. La vida se hace en la terraza o, más comúnmente, en el patio delantero. En Galilea hace buen tiempo la mayor parte del año y se vive, por tanto, al aire libre. Las excavaciones en muchas ciudades de la época nos han mostrado que la mayor parte de estas casas se abren sobre un patinillo en el que coinciden generalmente varias viviendas. El galileo de tiempos de Jesús puede decir, en justicia, que vive «con derecho a patio». En él se trabaja —allí debió de tener José toda su carpintería—, allí se guisa y se prepara el pan, entre el piar de las gallinas y los gritos y carreras de los niños. En este corral hay con frecuencia árboles frutales, casi siempre alguna higuera. En uno de sus rincones puede haber un horno, que sierve para todas las familias que colindan. Y tal vez algún sombrajo para protegerse del sol.

Allí vivió la casi totalidad de su vida la familia de Jesús. Habrá que empezar a desechar esa idea de la «sagrada soledad» en que se encontraban. José trabaja en su madera al lado de su vecino el talabartero o el curtidor. María hila y guisa junto a sus convecinas. El niño vive en mezcla continua con la patulea de los críos de las casas próximas. Este patio es la habitación común que todos comparten y no hay que imaginarse un clima místico en el que las vecinas de María fueran santa Catalina y santa Eduvigis. En torno a ellos giran la murmuración y la envidia, el trapicheo y los líos de faldas, justamente igual que en cualquier piso de vecindad de hoy.

Los padres

En esta casa vive la familia que es como tantas otras. Netamente patriarcal, en ella el padre lo es todo. La casa palestina no es la «casa de la familia» sino la «casa del padre» que es, a la vez, padre, amo y señor. El tiene todos los derechos: decidir, dar órdenes, castigar... El es el único responsable de los bienes domésticos, el que decide la herencia de los hijos y el matrimonio de las hijas. Es, a la vez, el sacerdote, el maestro, el jefe indiscutido e indiscutible.

Junto a él, la esposa sólo existe en cuanto madre; sólo en cuanto engendradora es respetada y bendecida. Como mujer, simplemente no existe, no cuenta. El culto en la sinagoga no puede celebrarse si no asisten, al menos, diez varones. Poco importa el número de mujeres que haya. Ni a ellas, ni a los niños, se les contará al numerar las multitudes en las páginas evangélicas.

Nacer hembra en Palestina era una desgracia. El rabí Juda ben Ilay escribe:

> Tres glorificaciones es preciso hacer a diario: ¡Alabado seas Señor, porque no me hiciste pagano! ¡Alabado seas porque no me hiciste mujer! ¡Alabado seas porque no me hiciste inculto!

En la vida religiosa se las mira con desprecio. De Hillel procede el dicho: *Muchas mujeres, mucha magia.* Al rabí Eliecer se atribuye la máxima: *Quien enseña a su hija la torá (la ley) le enseña necedades.* Y aquella otra: *Mejor fuera que pereciera entre las llamas la torá antes de que les fuera entregada a las mujeres.* Libros rabínicos las presentan como *ligeras de cascos e incapaces de recibir instrucción* y afirman que a ellas *les son asignadas nueve décimas partes de la charlatanería del mundo. No hables mucho con la mujer* ordena el rabí José ben Yohanán y añade que *a la hora de la muerte se pedirá cuentas al varón por cada conversación innecesaria tenida con su mujer.*

Consecuencia de esta mentalidad es que no existían en la vida pública. Su testimonio no era válido en los juicios, no se las permitía servir en las comidas de varones, no podían saludar por la calle, pasaban de hecho la mayor parte de su vida en casa y aun aquí —fuera de los ambientes rurales— estaban siempre con una toca que les cubría el rostro. *Yo era una pura virgen y jamás había traspasado el umbral de la casa de mi padre* dice una muchacha en el libro de los Macabeos. Y una famosa mujer, Kimhit, que había tenido siete hijos, todos ellos sumos sacerdotes, llegaba a afirmar —aludiendo a su velo perpetuo—: *Jamás vieron mis trenzas las vigas de mi casa.*

El mismo lenguaje reflejaba este clima segregador: palabras tan fundamentales como «santo», «justo» o «piadoso» no tenían femenino.

Los niños

Tampoco los niños eran muy valorados en Israel. Nacer varón era una fortuna, pero sólo comenzaba a disfrutarse con la adolescencia. Antes, un niño era simple «propiedad» de su padre, que podía obrar con él a su antojo. Sólo en algún texto rabínico tardío encontramos frases de valoración de la infancia (como aquel que afirma que *el mundo se mantiene sólo por el aliento de los niños*) pues el pensamiento del tiempo de Jesús valoraba sólo al niño por el adulto que llegaría a ser. El rabí Dosa ben Arquinos llegó a escribir que cuatro cosas alejaban al hombre de la realidad y le sacaban del mundo: el sueño de la mañana, el vino de mediodía, el entretenerse en lugares donde se reúne el vulgo y el charlar con los niños.

¿Se respiraba este clima discriminatorio en la casa de José? Todo hace pensar que con muchos atenuantes. Jesús hablaba a sus padres con respeto, pero con una cierta distancia. Por otro lado, ya adulto no cumplirá precisamente ese mandato de no hablar con los niños. E incorporará a las mujeres a su comunidad, viéndolas como personas completas ante Dios. Mandará incluso a los adultos que se hagan como niños si quieren alcanzar el reino de Dios.

El trabajo

¿Cómo se vivía en la casa de José? Podemos estar seguros de que el trabajo llenaba la mayor parte de la jornada. No sabemos si José trabajaría siempre a domicilio. Lo más probable es que la tarea fuera muy variada y todo hace pensar que el pequeño Jesús acompañaría con frecuencia a su padre, ayudándole en lo que pudiera. Es un hecho que Jesús, de mayor, habla como un experto en muchas labores. Habla de la siembra y de la labranza como alguien que lo conociera por experiencia directa y personal: entiende de granos y de semillas, conoce los tiempos precisos para hacer la siembra y la recolección, distingue las calidades de la tierra y cómo debe ser cuidada para que produzca. Lo mismo podemos decir del pastoreo. ¿Sería muy atrevido asegurar que ocasionalmente practicó estos oficios junto a su padre, además de la carpintería?

Pero si el padre trabajaba no lo hacía menos la mujer. No era precisamente descansada la vida de una campesina nazaretana. El día comenzaba con la fabricación personal del pan para la familia. Cada mañana María tomaba unos puñados de trigo de la tinaja que tenía empotrada en la pared. Salía —probablemente el niño a su lado— al patio y lo molía personalmente. Los molinos eran rústicos: dos simples piedras, la más pequeña de las cuales giraba sobre la inferior. El sonido de la molienda era tradicional en la mañana de las aldeas de Galilea. Amasaba luego la harina —Jesús, más tarde sabría exactamente qué proporción de levadura hay que mezclar a cada medida— y la dejaba fermentar. Preparaba, mientras tanto, el horno. Cargaba la leña, la encendía con el fuego de la lamparilla que ardió durante la noche —se dejaba encendida, porque no era fácil sacar chispas del pedernal— y ponía sobre ella las tabletas de pan —unas tortas muy finas y un tanto insípidas— necesarias para la jornada. Era «el pan de cada día» de que hablaría más tarde Jesús.

Había, además, que acarrear el agua. Bajaba María con sus cántaros a la fuente, como las demás mujeres, mientras los niños correteaban entre ellas, expuestos siempre a hacer perder el equilibrio a las aguadoras. Luego, al regreso, un cántaro sobre la cabeza sostenido con un rodete de trapo y probablemente otro en cada mano, la cuesta se hacía empinada y sudorosa.

Las comidas

Las comidas no eran complicadas. Se comía dos veces al día: una más suave a mediodía y otra más fuerte a la puesta del sol. Casi nadie desayunaba. Sólo los ricos tomaban algún cocimiento de hierbas. El alimento principal era el pan. Lo había de muchas clases. El de la gente común era el de cebada que, en las ciudades, podía comprarse en cualquier esquina por poco precio, si bien aún era más barato el de mijo y lentejas que comían sólo los pordioseros. El de trigo era, en cambio, lujo de ricos. Solía comerse caliente y, con frecuencia, untado en aceite. Y nunca se cortaba: se partía con las manos como Jesús haría siempre.

El resto de la comida era principalmente vegetariano: calabaza, alubias, cebolla, ajo, pepinos, pimientos, lentejas, puerros y guisantes eran lo más frecuente en la mayoría de las mesas.

También el pescado era abundante. El lago de Genezaret era fecundo en peces y en los pueblecillos de las orillas había fábricas rudimentarias de salazón y escabechado. Pero con mayor frecuencia se comía asado sobre las brasas con un cierto sabor a humo.

La carne sólo llegaba a las mesas de la gente humilde en los días de fiesta y especialmente en la pascua. La preferida era la de vacuno, la de oveja y cabrito, aun cuando no faltaran las aves. No era infrecuente el asado del animal entero espetado sobre las llamas o colocado en una fosa, como suelen hacer aún hoy los samaritanos cuando llega la pascua.

Los judíos eran especialmente amigos de los dulces. Su tierra sería definida como «la que mana leche y miel» porque la miel era el plato preferido. Se decía que «daba brillo a los ojos» y se la consideraba un buen digestivo.

La fruta era abundante en Palestina y concretamente en Galilea. Flavio Josefo lo describía con estas palabras:

> La tierra que rodea el lago de Genezaret es admirable por su hermosura y fecundidad. No hay plantas que la naturaleza no le permita alimentar. El aire es tan templado que favorece a toda clase de fruta. Se ven nogales en gran cantidad, árboles que soportan climas muy fríos; y otros que necesitan de mayor calor, como las palmeras; los que requieren una temperatura templada y suave, como la higuera y el olivo: todos encuentran lo que desean y parece que todas las estaciones rivalicen en favor a esta tierra feliz, porque no sólo produce esta gran cantidad de frutos excelentes, sino que, además, los conserva durante tanto tiempo que es posible comer uvas e higos durante seis meses y otros frutos durante todo el año.

La fruta no faltaba nunca, pues, en una casa palestina y especialmente los higos y las nueces. No conocían en cambio la naranja y el plátano que hoy son característicos del estado de Israel.

Entre las bebidas era abundante la leche —que era lo primero que se ofrecía a un huésped—, los zumos de frutas, la mezcla de leche y miel y, como refrescante, al agua con un poco de vinagre (la misma que el legionario romano tendería a Cristo en la cruz).

Era abundante el vino. Había en la antigua Palestina muchos viñedos y su fruto se usaba para todo: como medicina (el buen samaritano unge las heridas del asaltado con vino y aceite), como parte de las comidas, como alimento mezclado con huevos.

Las comidas se hacían sentados en el suelo en cuclillas o levemente inclinados sobre el codo izquierdo. Un plato común servía para todos, que tomaban de él y en él mojaban. Todo se comía con los dedos. La misma carne se desgarraba con las manos y se comía a pequeños trocitos.

Los vestidos

Preparar la comida era una buena parte del trabajo femenino. Pero no la única. Estaba también la preparación y el cuidado de los vestidos de los suyos. Por el país circulaban buhoneros ofreciendo todo tipo de telas, pero era orgullo de la esposa prepararlas ella misma. En el himno bíblico a la mujer hacendosa se elogia a aquella *cuyos dedos toman el huso y cuya mano empuña la rueca* (Prov 31, 19). En Judea se trabajaba especialmente la lana, en Galilea era el lino el preferido. Con frecuencia las túnicas y mantos se tejían enteros, sin cortar. Una de estas túnicas —hecha quizá por María— es la que se sortean los soldados porque, al ser de una sola pieza, no la quieren repartir.

María hace, pues, los vestidos de su esposo y su hijo. Los cose ante los ojos del pequeño que, más tarde, hablará con acierto de qué tipo de remiendo hay que poner en una tela vieja para que no se haga mayor el roto. Hablará también de dónde se guardan los vestidos y cómo se defienden del entonces peligroso enemigo que era la polilla.

Y aún no concluye la jornada de la esposa. A la tarde tendrá que ir a recoger leña. Salían en grupos las mujeres a recoger rastrojos, zarzas, estiércol seco y, sobre todo, esos cardos que son tan abundantes en Nazaret y que serán tan fundamentales para encender el fuego. Volvían después con enormes haces cargados sobre la cabeza, desnudos los pies y sucios los vestidos.

Se trabajaba, sí. En la casa de Nazaret no había servidores. El niño va sabiendo que hay que ganarse el pan con el sudor de su frente; ve las manos de sus padres como de trabajadores; ve también cómo las suyas, ya desde pequeño, van encalleciendo.

El estudio y los juegos

No faltaban, como es lógico, ni el estudio ni los juegos. La educación era obligatoria en Palestina. Todos los pueblos, aun los más pequeños, tenían su escuela, unida generalmente a la sinagoga, y los niños tenían obligación de asistir a ella desde los seis años. Los fariseos enseñaban que era contrario a la ley vivir en un pueblo que no tuviera escuela.

La enseñanza era centralmente religiosa. Los pequeños estudiaban la Biblia, la historia patria, los mandamientos de la ley. Pero tampoco se olvidaban las matemáticas —reducidas a las cuatro operaciones fundamentales— y las lenguas. El arameo era la lengua materna de Jesús, pero en la escuela el estudio se centraba en el hebreo, la lengua de la Biblia, diferente del arameo como puedan hoy diferenciarse el español y el italiano. No es imposible, incluso, que Jesús supiera algo de griego, pues se hablaba mucho en su comarca y en esta lengua tuvo que entenderse con Pilato y con el centurión (nunca vemos en el evangelio aparecer la figura del intérprete y los romanos nunca se rebajaban a aprender las lenguas orientales).

El aprendizaje era puramente memorístico. Los estudiantes estaban siempre en pie mientras recibían su lección, salvo que el maestro les llevase —en los días de calor— a tener la clase en el campo.

Pero más que un estudio intelectual se enseña a Jesús un oficio. Nuestra división entre trabajo intelectual y manual no existía tan neta en la tierra y tiempos de Jesús. Mucho menos nuestro concepto de proletarios en lucha con los intelectuales. El trabajo manual es sagrado para los judíos. *Aquel que gana su vida con su trabajo es más grande que el que se encierra ociosamente en la piedad,* enseñaban los rabinos. Y precisaban aún más: *El artesano en su trabajo no debe levantarse ante el más grande doctor.*

El trabajo manual era, así, tarea de todos y no de una clase. Era normal que lo realizaran los sacerdotes y escribas. *Procúrate un oficio al lado del estudio,* dice el comentario rabínico al Eclesiastés. Y el Talmud llega a afirmar que *más grande es aquel que se hace útil por el trabajo que aquel que conoce a Dios.* Y no habla de oficios elevados. Afirma que *el más bello trabajo es el de la tierra; aunque sea menos ganancioso, debe ser preferido a cualquier otro.*

Siendo, pues, un trabajador no inicia Jesús un camino inédito. El famoso Hillel fue leñador; el Rabí Yehudi, panadero; Yohanan, zapatero; y en los Hechos de los apóstoles veremos a Pablo como experto en fabricación de tiendas de campaña.

José enseñó su oficio a su hijo como una simple obligación de padre. El Talmud lo decía: *Del mismo modo que se está obligado a alimentar a sus hijos, se está obligado a enseñarles una profesión manual, porque quien no lo hace es como si hiciera de su hijo un bandido.* El ser un obrero no es para Jesús una opción de clase, es un simple adaptarse a las costumbres de su pueblo y el cumplimiento de una obligación religiosa.

Y, junto al trabajo, el juego. El pequeño galileo de quien estamos hablando era radicalmente un niño y como tal obraría. Tendría, sí, una infancia más breve que la que tiene el occidental de hoy, pues el trabajo prematuro y la juventud en que los muchachos de entonces se casaban, aceleraba la llegada de la madurez. Pero, en sus primeros años, sus juegos serían los de siempre. En esto sí es útil lo que nos cuentan los apócrifos, sólo con que despojemos de milagros los juegos que describen. Los niños jugaban con el barro, hacían travesuras, saltaban sobre las terrazas, se caían de ellas a veces, correteaban entre sus madres cuando éstas iban a coger leña o a llenar sus cántaros a la fuente. Eran felices como los chiquillos de todos los siglos. No jugaban a fabricar cruces simbólicas; harían, en todo caso, carros, espadas o muñecos. Y hablarían de lo que iban a hacer cuando fueran mayores: tal vez entre sus sueños de muchachos estaría el Mesías, ese Salvador que iba a venir de un momento a otro y a cuyas órdenes se apuntarían para salvar a su pueblo.

La vida religiosa

No, no es una idea piadosa pensar que el Mesías figuraría entre sus sueños. Porque no habremos descrito la verdad de la vida nazaretana de aquel tiempo si olvidamos su dimensión religiosa, infinitamente más central de cuanto hoy podamos suponer.

Albert Schweitzer ha señalado con acierto cómo cada siglo ha ido inventándose «su» Cristo, cómo todas las biografías de Jesús han proyectado sobre su figura las ideas de sus autores o del contorno social en que eran escritas. Nuestro siglo tiende hoy a pintar un Cristo secularizado; gusta de acentuar todas las cosas en las que Jesús rompió con la tradición judía, aquéllas en las que fue más allá de toda religión. Pero olvidar todas las otras en las que Jesús vivió en plenitud el clima de su tiempo sería un modo de engañarnos y de conocer el Cristo que nos apetece y no el que realmente existió. Acentuar las zonas seculares de Jesús olvidando sus centrales raíces religiosas, ignorando la espiritualidad absolutamente sacralizada en que estuvo sumergido, sería tal vez un camino muy «moderno», pero no muy verdadero. Tiempo tendremos en estas páginas para conocer todas las cosas en que Jesús se «despega» de su tiempo. Pero deberemos antes conocer con exactitud ese ambiente en que nace y se educa.

Es un mundo total y radicalmente sacral. En la Palestina en que Jesús vivió, lo profano y lo religioso se equilibran y se permean mutuamente. No se distingue vida y oración, no hay tiempos de vivir y tiempos de orar; la vida es oración y la oración es vida. Lo religioso invade todos los conceptos —hasta la matemática y la geografía— y toda historia es historia sagrada. Palestina, por ejemplo, no tiene unos límites geográficos: la tierra de Israel son todas aquellas ciudades en las que de hecho se da culto a Yahvé. Los rabinos de aquel tiempo saben perfectamente que en su país hay sólo seis lagos, pero dicen que hay siete porque éste es el número perfecto. Creen —con un convencimiento absoluto— que los ríos «cumplen» el sábado, haciendo correr ese día más lentamente sus aguas. La misma tierra debe participar en el ritmo sacerdotal del mundo y descansar un año de cada siete, aunque ello suponga renunciar a las cosechas de doce meses. Israel se siente y vive como «un reino sacerdotal y una nación santa». Hay en el pueblo de entonces quienes no cumplen los preceptos de la ley, pero esa es la ración de pecado que nunca alterará la verdadera marcha religiosa del mundo.

Imaginarse, por ello, el Nazaret en que vivió Jesús como un seminario, no es una piadosa imaginación, sino una realidad. Y pensar que en una casa piadosa como la de Jesús —que, además, como familia de David se sentía llamada a un especial servicio de

Dios— se vivía en un clima que hoy llamaríamos obsesivamente religioso y sacral, no es ninguna exageración.

Un universo sacralizado

Un estudio objetivo de la vida pública de Cristo nos muestra que Jesús no es que haga actos o gestos religiosos, es que no sale jamás del mundo de lo religioso; no es que «ore», es que vive orando. Y con una vivencia de la oración que es típica y totalmente la que vivía el pueblo en que nació y se formó. Robert Aron escribe con exactitud:

> Lo que caracteriza la oración judía de aquel tiempo es que ella no pide nada para nadie en particular, sino que, al contrario, aporta a Dios el sostén de la comunidad humana considerada en su conjunto. Lo que un hombre puede hacer, en el límite de sus medios, cuando ora es aumentar, por así decirlo, la «carga» religiosa o el potencial religioso total del universo. El orante puede, con su súplica incesante aunque limitada, santificar la totalidad del universo. La oración judía consiste en reforzar la acción de Dios sobre el mundo y no, como en nuestra oración posterior, en dirigir esa acción hacia las necesidades humanas. No pide intervenciones milagrosas al margen de las leyes naturales: le bastan los milagros permanentes de la vida y del universo. El judío acepta la naturaleza como es, pero, junto a esta aceptación cósmica de la naturaleza, él cumple el acto que es propio del hombre y que consiste en acentuar el carácter sagrado del universo y embeberlo de lo divino.

Por eso la oración del judío —y la encontraremos en el Jesús adulto— es «bendición» mucho antes que «petición». En los evangelios Jesús bendice constantemente y para todo. Y al hacerlo quiere recordar el papel central que Dios tiene en toda vida y en toda cosa. Su espiritualidad se irá progresivamente diferenciando en muchos puntos de la espiritualidad judía de su tiempo, pero hay un punto en el que ambas espiritualidades, la judía y la cristiana, coinciden absolutamente: en el hecho esencial de la omnipresencia del espíritu. En este clima —que hemos llamado sacerdotal o seminarístico— vivió Jesús toda su infancia.

Un estudio objetivo de la vida de la Palestina del tiempo de Jesús nos presenta —con asombro por nuestra parte— este clima religioso que nosotros juzgaríamos obsesivo. El judío de tiempos de Jesús llenaba materialmente su día de bendiciones, no podía respirar sin bendecir. Había una para decirla apenas se abrían los ojos, una segunda para el gesto de estirarse, una tercera para el momento de ponerse en pie, una cuarta para el primer paso que se daba, varias para cada uno de los vestidos que se ponían, otra para ponerse las sandalias, una para cubrirse la cabeza, otra más para el momento de lavarse. No faltaba —hoy nos haría reír— una oración para el momento de hacer las necesidades corporales, llena del más absoluto realismo. Cuando el judío se sentaba a comer tenía plegarias para antes de la comida, para bendecir el pan, el vino, los cereales, la fruta, para después de concluida la comida. El judío bendecía a Dios cuando olía un perfume, tenía una oración para cuando recibía una buena noticia, para cuando encontraba a un amigo a quien hacía tiempo no había visto y una diferente para cuando el amigo se curaba de una enfermedad. Conocemos hoy todas esas plegarias y son bellísimas. ¿Se recitaban de hecho? Sí, ciertamente en las familias piadosas y podemos estar ciertos que este ritmo realmente sacerdotal se percibía en la casa de Jesús. Se haría sin hipertrofias farisaicas, pero ciertamente se vivía.

La sinagoga

Tampoco seríamos objetivos si ignorásemos la parte que tuvo la sinagoga en la vida infantil de Jesús. Acostumbrados como estamos a saber que Jesús «superó» la sinagoga, nos olvidamos demasiado fácilmente de que el evangelio multiplica las citas de presencia de Jesús en ellas y de participación activa en el culto. La frase *Jesús recorría toda Galilea enseñando en las sinagogas* (Mt 4, 23), la encontramos con ligeras variantes al menos nueve veces en los distintos evangelios. Y, cuando (como en Lucas 4, 16) se nos describe más minuciosamente esta presencia de Jesús en una sinagoga, vemos que cumple con la más absoluta exactitud todo cuanto en ellas solía practicarse. Podemos tener la certeza más absoluta de que la de Nazaret —cuyas ruinas se conocen aún hoy— fue uno de los centros vitales de la infancia de Jesús, de que en ella aprendió la Escritura que conocía tan bien como su nombre, de que en ella practicó junto a sus padres con absoluta exactitud todos cuantos actos cultuales se celebraban.

El sábado

También la vida pública nos mostrará la superación que Jesús hace de cuanto el espíritu farisaico había añadido a la idea del sábado, pero volveríamos a equivocarnos si olvidásemos que este día jugó en toda su infancia un papel decisivo y que lo vivió, junto a sus padres, con una exactitud ejemplar, tanto en el culto como en los ritos de las comidas. San Pedro, que fue comensal habitual de Jesús durante años, dirá en los Hechos de los apóstoles (10, 14) que él no ha comido jamás nada impuro. Es evidente que en la mesa de Jesús –aunque supiera que es el corazón quien hace impuras las cosas— se practicaba, sin embargo, con fidelidad lo prescrito, como signo de fidelidad a la voluntad de Dios.

Vivía, sin duda, Jesús en toda su infancia la religiosidad del sábado y en muchos de sus actos de culto participó, como todos, en la función de lector de la Escritura, dentro de la mentalidad judía en la que toda la comunidad tenía funciones sacerdotales, turnándose los hombres del pueblo en las tareas de presidir la oración.

El niño iría descubriendo progresivamente lo incompleto de aquel culto, percibiría la insatisfacción que dejaba en las almas más puras que aspiraban a una visión más plena y paternal de Dios. Pero sabría también que aquella oración era lo más alto que había en el mundo y que a través de ella se entraba en contacto con el Dios verdadero. De aquellas esperanzas vivían todos cuantos esperaban la manifestación de Dios; de esa religiosidad se habían alimentado los mejores campeones del espíritu y todos los profetas que anunciaron la venida del Esperado. El, que no había venido a destruir, sino a completar, llevaría a la plenitud lo que los mejores de su pueblo vivían.

Toda infancia es misteriosa

En este clima humano y espiritual pasó su infancia, siendo un chiquillo más de Nazaret, un niño bueno de Nazaret. ¿Sólo eso? Era más, mucho más, ciertamente. Pero ¿se notaba en algo?

Esta es la más ardua y difícil de las preguntas. Toda infancia es misteriosa, pero la de Jesús debió de serlo mucho más. Y no hará falta inventar milagros. La profundidad de los seres es ya de suyo más desconcertante que la alteración de las leyes de la naturaleza. ¿Qué peso externo tenía su realidad de Hijo de Dios? ¿Cómo influía en este niño la responsabilidad, sin duda creciente, de su misión?

Todos los genios destinados a una gran tarea, han sido desconcertantes en sus años infantiles, sin que haya que recurrir a hechos extraordinarios. Los padres de la Iglesia —temerosos quizá de que se olvidase la plena transcendencia que existía ya en aquel niño— han tendido a presentárnoslo como un adulto prematuro. San Agustín escribe que *la ignorancia del hombre en la cuna no alcanzó a este niño, en quien el Verbo se había hecho carne para habitar entre nosotros; y yo no admitiré que Cristo niño haya pasado por esta flaqueza de espíritu que en los otros niños vemos.* Pero —sin entrar ahora en el arduo problema de la ciencia divina y humana en Cristo— lo que es claro es que, si aceptamos la verdadera y no simbólica encarnación de Cristo, tenemos que asumir todas las consecuencias de esta total humanidad. *No puede haber encarnación* —señala Christian Duquoc— *si el Hijo no entra en toda la densidad de la condición humana.*

Parte de esta «densidad de la condición humana» —que aceptó en todo menos en el pecado— es el hecho de ser un niño, no un adulto disfrazado de niño. Una piedad ingenua y no muy teológica nos lleva a ver como «indigno» este «eclipse» de Dios en la realidad débil de un chiquillo que ciertamente no es, ni en pureza, ni tampoco en profundidad, inferior a la sabiduría adulta. En verdad que privar de su infancia —¡de una infancia verdadera!— a quien mandó que nos hiciéramos niños, sería robarle a Jesús algo muy grande. Es en ella donde se realiza por primera y única vez la plenitud del espíritu infantil que han predicado Francisco de Asís y Teresa de Lisieux. Es más: Jesús ha sido el único ser humano que ha logrado permanecer niño durante todos los segundos de su vida, el único «pertinaz en la infancia», el único ser —junto con María— nunca violado. *¡Permaneced fieles a la infancia! ¡No os hagáis nunca personas mayores!* gritaba Bernanos a los adolescentes, ¿y nosotros robaríamos a Cristo este altísimo tesoro, sabiendo como sabemos que el mundo sólo *se sostiene por la dulce complicidad de los niños, los santos y los poetas?*

Sí, sí, era un niño, fue un niño, totalmente niño. Lo que no quiere decir que el misterio no gravitara sobre él y que este misterio no desconcertara a cuantos le rodeaban. Que, incluso, nadie le entendiera. A los doce años le veremos dominado ya, dirigido por una vocación misteriosa. Y encontraremos que sus padres no «comprenden» (Lc 2, 50) las palabras con que el muchacho descubre su misterio.

Sería, sí, ese niño raro que desconcierta a quienes le rodean, no porque haga algo distinto de los demás, sino porque todo cuanto los demás hacen lo vive él de un modo distinto, con una extraña profundidad.

Un poeta español lo ha expresado con cuatro versos inquietantes:

Cuando con los otros niños
de Belén, jugabas tú
¿sabías o no sabías
que eras el Niño Jesús?

Nunca encontrará respuesta esta pregunta de Manuel Fernández Sanz. Jamás sabremos cómo ni cuándo en la conciencia humana de Cristo brotó el conocimiento pleno de su personalidad y su misión, aquel sentirse llevado por una vocación más alta que la humana.

Lo que sí sabemos es que la suya fue la más difícil de todas las infancias. Su alma, su terrible ser, desbordaba de la pequeñez de su cuerpo humano y de la creciente inteligencia del hombre que era. Otro poeta —ellos siempre tratan de llegar al misterio, pero saben que nunca lo alcanzarán— ha tratado de definir esa casi tragedia:

Siendo Dios era difícil,
casi imposible jugar;
las canicas en su mano
tenían sabor a sal.
Sobre su espalda infantil
cargaba la eternidad;
demasiado peso para
poder reír y cantar.
Por eso a veces sentía,
viendo a los otros jugar,
la nostalgia de no ser
sólo un niño y nada más.

Sí, esto lo sabemos: era plenamente niño, pero era también mucho más. Lo que conocemos de su carácter de mayor nos hace ver en él al niño integrado en la plenitud de la vida, pero, al mismo tiempo, amigo de la soledad, sabiéndose distinto y percibiendo que cuantos le rodeaban le amaban y le temían al mismo tiempo, como nos inquieta acercarnos a un pozo demasiado hondo.

«Un niño raro» dirían en Nazaret. Y tendría que vivir esa soledad que viven todos los pequeños, pero multiplicada; esa terrible soledad de los que saben que su tarea es más importante que su vida. No jugaría con cruces, pero una cruz misteriosa se abría ya paso en su alma de chiquillo, una cruz que le hacía amar tan terriblemente que casi envenenaba la limpia alegría de jugar.

11

Un muchacho arrastrado
por el viento de su vocación

En medio del desierto de silencio de los treinta años de la vida oculta de Jesús, aparece, como un oasis, la narración de Lucas sobre el viaje a Jerusalén, cuando tenía doce años. El evangelista, que sólo ofrece grandes datos genéricos sobre el resto de la infancia, se vuelve aquí detallista y minucioso. ¿Es el afán de los biógrafos que gustan de encontrar cosas que, ya en los comienzos de la vida de sus héroes, anticipen la grandeza de su destino? ¿Estamos ante una fábula típica de las hagiografías? La verdad es que, si el evangelista trataba de inventar, hubiera podido encontrar mil historias más exaltantes. Lo que en realidad nos cuenta, no es nada maravilloso, si lo leemos tal y como Lucas lo narra y no como lo ha revestido la tradición florida. Al contrario, la misma cotidianeidad de la anécdota viene a confirmar la historicidad del suceso que hoy aceptan como clara los críticos más cuidadosos. Más bien parece que habrá que preocuparse de la profundidad de la narración, que no podemos reducir a una simple anécdota. Algo muy grande ocurrió en realidad en aquel viaje, aparte de la pequeña historia del niño que se pierde.

La fecha era importante para Jesús: era el día de su entrada oficial en la vida religiosa de su pueblo. Algo parecido a lo que hoy supone la primera comunión para un niño cristiano, pero hecha con la mayor conciencia que los doce años permiten.

El viajar a Jerusalén era un elemento permanente de la vida judía. Todo israelita varón tenía obligación de acudir al templo tres veces al año, aunque de hecho quienes vivían lejos lo hacían sólo por la pascua. Esta obligación comenzaba a regir para los niños a los doce años, en vísperas del Bar-Mitswa que, a los trece, les constituía en elementos de pleno derecho del pueblo sacerdotal.

Sus padres, nos dice el evangelista, hacían este viaje todos los años. María no estaba, en rigor, obligada a ello, pero una mujer piadosa gustaba de ir con su marido. ¿Les acompañaba el niño en años anteriores? No acaban de ponerse de acuerdo los comentaristas. En realidad podía hacerlo y había escuelas rabínicas que recomendaban que los niños fueran apenas sabían andar. Pero el tono de novedad con que el evangelista cuenta la escena hace más verosímil que ésta fuera la primera vez que el pequeño acompañaba a sus padres.

El viaje era casi una fiesta nacional. En las vísperas de la pascua toda Palestina se ponía espiritualmente en pie. Los caminos se poblaban de peregrinos. Las autoridades se volcaban en facilidades: se arreglaban los puentes, se cavaban pozos en las orillas de los caminos que conducían a Jerusalén. Desde todos los rincones del país se organizaban caravanas y el aire se llenaba de cantos de marcha. Como en un año santo cristiano.

El camino desde Nazaret solía hacerse en cuatro etapas y todo el trayecto tenía un estilo de procesión litúrgica. Se rezaban largas oraciones al comenzar el camino, se saludaba con plegarias el levantarse y el ponerse del sol, se bendecía a Dios al pasar junto a un árbol, al respirar un perfume, al acercarse a una ciudad, al contemplar un relámpago o escuchar un trueno, al ver el arco iris, al llegar a la cima de un monte. Al borde de los caminos los comerciantes vendían frutas y tortas de pan. Y, al acercarse a Jerusalén, todo el paisaje se llenaba de acentos sacrales: los árboles del diezmo, destinados al servicio del templo, estaban rodeados de una liana que sostenía un cartel que, en letras rojas, decía: «Sagrado».

Para María y José, el camino estaba lleno de recuerdos (sobre todo el de aquel otro viaje —¡tan distinto!— de doce años antes). Pero, para Jesús, todo era nuevo. Su boca estaría llena de preguntas y curiosidades, sus ojos no darían abasto de tanto como tenían que ver.

Una ciudad en fiestas

Sobre todo al llegar a la ciudad. Jerusalén era en aquellos días un hormiguero en fiesta. Flavio Josefo llegará a decir que la capital alcanzaba en los días de pascua una población de dos millones y medio de habitantes. Pero la cifra es completamente inverosímil. Ya es mucho suponer que los 30.000 habitantes que —según los cálculos de J. Jeremias— tenía Jerusalén en tiempos de Cristo se vieran por aquellos días doblados o triplicados. No sólo todas las casas y posadas estaban abarrotadas, sino que, en torno a las murallas, surgía una auténtica ciudad de tiendas de campaña.

Los vendedores —que en aquellos días hacían su agosto— llenaban las calles con sus mercancías; en torno a la ciudad pastaban enormes rebaños de corderos, listos para ser sacrificados en la comida pascual. Los cambistas colocaban sus mesas en las esquinas próximas al templo, ofreciendo el cambio —quedándose con un buen porcentaje— de la moneda romana común por los siclos, única moneda aceptada en el templo.

Otro hecho debió de golpear enseguida al pequeño: Jerusalén era una ciudad ocupada por el ejército romano. Soldados de Roma eran los que controlaban las entradas y salidas de la ciudad santa. Y, sobre las murallas de la Torre Antonia, próxima al templo, se les veía patrullar con sus lanzas enhiestas. Aquella presencia exasperaba los espíritus de los judíos que veían en ella, no sólo una blasfemia, sino, sobre todo, una humillación para su patria. Había odio en todas las miradas y se respiraba ese aire tenso que tienen las ciudades ocupadas militarmente por un ejército invasor.

Pero al muchacho —aunque le doliera esta presencia como a todo el buen patriota y, más aún, siendo religioso— le dominaban mayormente otras ideas: iba a entrar por primera vez en el templo —su estancia como bebé no contaba para su psicología de adolescente—, en aquel santuario que, desde siempre, era el centro de su corazón.

Todo judío entraba en él con el pecho agitado y a Jesús debía de golpearle el corazón al pisar por primera vez aquellas losas doradas que cegaban casi, al herirlas el sol. Esta era la casa del Dios de los judíos, la casa de su Padre. Jamás un muchacho ha sentido en la historia una emoción como la suya aquella tarde cuando, hacia las tres, comenzó el «sacrificio vespertino».

El primer sacrificio

Tenía lugar al aire libre, ante la puerta del templo, en la cara este del monumento. Vio avanzar el cortejo de los oficiantes: once, al frente de los cuales tres sacerdotes revestidos con toda la pompa de sus vestidos litúrgicos: las largas túnicas que apenas cubrían sus pies desnudos, las tiaras doradas refulgentes como coronas imperiales. Vio al sacrificador avanzar cuchillo en mano hacia el cordero que sujetaba uno de los levitas. Vio cómo ponía sobre él sus manos, cual si tratara de asociar su alma a la del animal. Le vio hundir después el cuchillo en la garganta del cordero. La sangre corrió. Los sacerdotes la derramaron sobre el altar.

Esta era la primera vez en su vida que Jesús veía a un sacerdote. Era también la primera que presenciaba un sacrificio. En la sinagoga de Nazaret estaba acostumbrado a un culto bien diferente de éste, un rito de tipo familiar en el que toda la comunidad era sacerdotal y en el que todos presidían por turno. Ahora, por vez primera, se encuentra con un sacerdocio muy distinto: el de los hombres elegidos a quienes su misión les aleja de la comunidad. Se encuentra con un culto más oficial, jerarquizado, clericalizado. Y, al mismo tiempo, pasa del mundo religioso de las bendiciones, al de los sacrificios. Entra en el mundo de los símbolos sagrados, de la sangre redentora y purificadora. De una religiosidad más sencilla —más próxima a su mundo infantil— pasa a otra más honda y misteriosa. Sabe que lo que el sacerdote está haciendo es un símbolo, pero un símbolo cargado de sentido: al poner las manos sobre aquel cordero está expresando que su alma, y la del pueblo que representa, pasan a la de aquel cordero que va a ser ofrecido. Entiende que, en cierto modo, la sangre de aquel animal se ha convertido en otra sangre y su carne en otra carne.

¿Qué sentía aquel muchacho al ver lo que veía? ¿Comprendía ya que un sacrificio más alto tendría que ver con su carne y su sangre? ¿Se sentía y sabía cordero destinado a morir por el mundo, no simbólica, sino realmente?

Nunca conoceremos los caminos del conocimiento que vivió aquel niño. Jamás sabremos hasta qué punto su ciencia divina iluminaba su naturaleza real de muchacho. Lo que sí podemos descubrir es que, en todo caso, la experiencia tuvo que ser desgarradora. Por primera vez en su vida, se encontraba con toda la plenitud de su destino dibujada con sangre ante él. Se sentía representado en aquel sacerdote, se veía figurado en la víctima sangrante. A sus doce años tenía ya capacidad suficiente para asumir en plenitud este encuentro total con su Padre Dios y con la vocación que le estaba destinada.

Es natural que su alma se sintiera golpeada, que quisiera ver más y más, que intentara enterarse de todo, preguntar, conocer; que tratara de llegar hasta el fondo de aquel mundo misterioso que se le había descorrido como una cortina. Su pérdida en el templo no fue, pues, una casualidad, ni una aventura. Jesús, a los doce años —y en aquella época esta edad era mentalmente la de los dieciséis o dieciocho de nuestro tiempo— no es el chiquillo que se pierde entre un gentío. Es, por el contrario, el muchacho ávido de encontrar respuestas a las preguntas que le arden en el alma.

Los corros de doctores

El ambiente del templo se prestaba, además, a esta investigación. En los atrios abundaban los doctores dispuestos a responder a las preguntas de los curiosos que deseaban instrucción. Doctores egregios muchos de ellos, dedicados durante años a investigar la palabra de Dios y a conocer sus caminos. No vivía ya el sabio Hillel —muerto muy pocos años antes— pero sí sus discípulos. Vivía, en cambio, el anciano Schammai, rodeado sin duda por sus muchos seguidores, opuestos a Hillel y mucho más rigoristas. Las dos escuelas cruzaban allí sus fuegos dialécticos: ritualistas, legalistas, minuciosos los discípulos de Schammai; espiritualistas, carismáticos, casi diríamos que precristianos los de Hillel. En torno a ellos los curiosos se arracimaban, escuchaban, preguntaban, discutían. Jesús debió de pasar en estos corros buena parte de los dos días que seguramente estuvieron sus padres en Jerusalén.

Las fiestas pascuales duraban en realidad siete días, pero sólo los dos primeros y el último eran de «plena fiesta». En los cuatro intermedios se podía caminar y eran muchos los peregrinos que los aprovechaban para regresar a sus ciudades. Es probable que así lo hicieran María y José y su corta estancia en Jerusalén demostraría mejor el porqué de la insatisfacción del muchacho. ¿Cómo marcharse tan pronto ahora que tantos misterios se habían abierto ante sus ojos?

Sus padres no descubrieron probablemente el terremoto espiritual que se había producido en la conciencia humana de su hijo y prepararon con normalidad el regreso. El mismo hecho de que no se fijasen en la ausencia de Jesús demuestra la total confianza que tenían en él. Era, por otro lado, tal el clima eufórico, el tumulto casi, en que se vivía este regreso, que, mezcladas las familias unas con las otras, era perfectamente normal que pensaran que su hijo iba en cualquiera de los grupos de muchachos que —como todos los niños de la historia— gustaban de correr delante de las caravanas.

La angustia debió de llegar por la noche, cuando al llegar a El-Bireh (a 16 kilómetros de Jerusalén) la caravana se reagrupó, y María y José vieron que el muchacho no aparecía. Al principio seguramente pensaron que Jesús se había retrasado y preguntaron a todos los conocidos. Pero nadie le había visto.

En cuanto amaneció, regresaron a Jerusalén y vivieron allí la tarde más larga de su vida. Volvieron a la zona de tiendas donde habían comido la pascua dos días antes, pero allí nadie sabía nada del muchacho. La ciudad seguía siendo un hervidero de gente y no era fácil buscar en tanta aglomeración.

¿Cómo no le buscaron en el templo? Esta es otra de tantas preguntas para las que no tenemos respuesta. Tal vez sí le buscaron en los atrios, pero no se les ocurrió que pudiera estar en la zona en que enseñaban los doctores.

Le vieron, por fin, al tercer día. No estaba —como quisieron los apócrifos y le han pintado después los artistas— sentado él y todos los doctores rodeándole. El evangelista sólo nos dice que estaba allí sentado «entre los doctores» (Lc 2, 46), es decir, en el semicírculo que los doctores formaban y en el que solían sentarse cuantos querían escuchar. Tampoco estaba pronunciando doctos discursos. Más bien oía y preguntaba. No era un niño prodigio, era simplemente un chiquillo especialmente agudo en su modo de preguntar y responder. A todos asombraba su claridad en los problemas bíblicos que allí se debatían.

Una respuesta misteriosa

Verle allí fue para los padres una gran alegría, y, al mismo tiempo, un gran desconcierto: si estaba allí no es que se hubiera perdido, es que se había quedado voluntariamente, que había abandonado a sus padres más que haberlos perdido.

Por eso las palabras de María tienen más de queja que de pregunta. No entiende la conducta de su hijo. Es más: esto es lo que menos podía esperarse de él. ¡Ha sido durante tantos años un hijo obediente y respetuoso!

La respuesta de Jesús son las primeras palabras suyas que conocemos. Y son profundamente desconcertantes: *¿Por qué me buscabais?* (Lc 2, 49). ¿Quiere decir a sus padres que no debían haberle buscado? ¿O se limita simplemente a decir que no tenían por qué andar dando vueltas siendo tan claro dónde tenía que estar?

La frase que sigue es aún más extraña. María le ha dicho que «tu padre y yo» andábamos buscándote y él va a responder aludiendo a otra paternidad más alta. *¿No sabíais que yo debo ocuparme en las cosas de mi Padre?* (Lc 2, 49). Cierto que sus padres de la tierra sabían que él tenía una paternidad más alta, cierto que sabían que su hijo tenía una vocación que les desbordaba a ellos y a cualquier hombre. ¿O estará la clave de todo en ese «debo» ocuparme?

Los científicos aclaran que las seis veces que Lucas usa expresiones parecidas regidas por ese «deber» alude siempre a la pasión de Cristo como cumplimiento de las profecías. ¿Está Cristo aludiendo a este terrible viento que conduce su alma como nunca ninguna vocación condujo a hombre alguno? ¿Está diciéndoles que él no es de ellos, ni de nadie y ni siquiera de sí mismo? ¿Está descorriendo el tremendo misterio de obediencia que será su vida y que quizá él mismo, en cuanto hombre, ha descubierto en su contacto con el templo y con los sacrificios?

María y José —dice el evangelista— *no entendieron lo que les decía* (Lc 2, 50). Ellos conocían, sí, el misterio que en su nacimiento había rodeado a su hijo. Sabían que, si nadie es «propiedad» de sus padres, éste lo sería menos que ninguno. Pero, en tantos años de oscuridad, casi habían llegado a olvidarlo.

Y he aquí que, de pronto, el muchacho, como en un violento e inesperado golpe de remo, se alejaba de su orilla de simples hombres.

¿Iban a perderle ya para siempre? ¿Iba a empezar aquella tarea que sería salvación y ruina de muchos, y una espada para ellos?

Por un momento debieron de pensar que el niño había decidido quedarse para siempre en el templo y hasta les extrañó que —después de sus palabras— hiciera además de regresar con ellos. Tampoco entendían esto. Pero ya estaban acostumbrados a vivir en la fe y de la fe. Callaron, por ello, y comenzaron de nuevo su camino. Ahora iban silenciosos. En torno a ellos estallaba la fiesta. Pero María y José sabían ahora que el otro Padre de quien su hijo había hablado, era el único que debía conducir la partida de aquella enorme vida. Les pareció que Jesús hubiera crecido de repente. Y se sintieron envueltos en aquel viento que arrastraba a su hijo hacia playas maravillosas a la vez que terribles.

12

El eclipse de Dios

Bajó con ellos y vino a Nazaret y les estaba sujeto. Y crecía en sabiduría, en edad y en gracia ante Dios y ante los hombres (Lc 2, 51-52). Difícilmente se puede encerrar mayor número de misterios en menor número de palabras. Lucas, el evangelista, que ha sido minucioso y detallista al contarnos la anécdota ocurrida a los doce años, se refugia ahora en la más general de las fórmulas, como desconcertado —o asustado quizá— de lo que está contando. Escribe Robert Aron:

> Aquí el historiador vacila y el misterio aparece. Aquí se anuda, en la intimidad de una conciencia convertida en adulta y consagrada a Dios, uno de los dramas más asombrosos y de más graves consecuencias que haya conocido la historia del mundo. Aquí se prepara una de las principales mutaciones que haya sufrido el pensamiento humano y la historia de Dios sobre la tierra.

¡Es comprensible que el misterio se resista a dejarse analizar y que prefiera esa discreta sombra a la luz de la frivolidad humana! Con razón Proudhon, que, aun siendo ateo, se sentía profundamente atraído por la persona de Jesús, se reía de los creyentes que hacían preguntas tontas ante el misterio. *A esta gente —decía— lo que más les interesa de la Ultima Cena es saber si en ella se usaron tenedores.*

Tendremos, pues, que bajar a la raíz de los problemas que esas palabras plantean. Que son tres fundamentalmente: ¿Por qué volvió con sus padres a Nazaret y por qué estuvo allí tanto tiempo? ¿Qué obediencia es ésa que se nos pinta como lo fundamental de su vida durante todos esos años? ¿Cómo puede hablarse de progreso y crecimiento de quien era el infinito, el eterno, el omnisciente?

El primero de estos misterios no es el más profundo, pero sí el más desconcertante. ¿No acaba de proclamar en Jerusalén que él tiene que ocuparse de las cosas de su Padre, que ha sido encargado de una misión que forzosamente le alejará de sus padres y de su diaria rutina? Hasta ahora era un niño, pero, de pronto, le hemos visto crecer, tomar entre sus dos manos el timón de su destino y señalar hacia un misterioso norte. Pero, apenas dichas estas palabras, todo regresa a la sombra. El muchacho parece olvidarse de «las cosas de su Padre», pospone de nuevo su misión —que ha brillado en sus ojos con la intensidad, pero también con la celeridad de un relámpago— y vuelve ¡durante dieciocho años! a la vulgaridad de la carpintería. ¿No estará traicionando con ello su misión? ¿No estará «desaprovechando» su vida? ¿No dirá él mismo más tarde que *nadie enciende una lámpara y la pone bajo el celemín, sino sobre el candelero para que alumbre a cuantos hay en la casa?* (Mt 5, 15). ¿No es un error dedicar más de nueve décimas partes de su vida a la oscuridad? ¿No hace con ello un daño irreparable a cuantos en el mundo podrían salvarse conociéndole?

Es éste uno de los puntos en que más claramente se muestra la diferencia entre Jesús y cualquier otro de los genios del espíritu que ha conocido el mundo. Todos los grandes hombres han vivido «a presión», con la sensación de no poder perder un momento de sus años, con la obligación de «vivirse» de punta a punta. Nada de este vértigo hay en Jesús, al contrario: una soberana calma, una —como ha señalado Cabodevilla— *señorial indiferencia ante el paso del tiempo.* Jesús, evidentemente, ni en su vida privada ni tampoco en la pública, tiene jamás prisa, nunca se ve dominado por la angustia de que la muerte pueda llegar sin haber concluido su tarea. Sabe cuándo vendrá; sabe que acabará joven; que tendrá pocos meses para predicar su mensaje; que no le quedará tiempo para salir de los límites de Palestina; que, incluso, dejará muchas cosas sin decir y tendrá que venir «otro» —el Espíritu— a completar su obra. Pero nada de esto le convierte en ansioso, nada le hace vivir angustiado y ni siquiera tenso. Jesús es el único humano en quien, en todo momento, se percibe que es más importante lo que es que lo que hace. Por eso no vive «a la carrera». Sabe que su simple existir como hombre, su humanidad son ya la gran revelación del amor de Dios hacia los hombres. Viviendo redime, viviendo predica, sin necesidad de palabras ni milagros. Estos serán simples añadidos a la gran realidad de su existencia sobre la tierra. En este caso el mensaje no es lo que trae el mensajero, sino el mensajero mismo; el mensaje es el hecho de que el mensajero haya venido. En él, respirar, cortar maderas son un testimonio tan alto como resucitar muertos. En sus años «perdidos» en Nazaret está ya enseñando y redimiendo, dando tanta gloria al Padre como con su muerte y su resurrección.

Por eso no teme a la oscuridad que ha aterrado a todos los grandes hombres. Por eso huye, incluso, del brillo y los milagros. Ya es demasiado grande la tendencia del hombre a medir como importante sólo a lo que refulge, para que también él nos engañara llenando de milagros todas las esquinas de su vida. ¿Cómo le habríamos reconocido como «uno de nosotros» si hubiera inundado de fulgores cada una de sus horas? Mal negocio ese de bajar del cielo a la tierra y luego subirse en una peanita; tonta aventura descender a ser hombre y luego disfrazarse de superhombre. Llenando de prodigios todas sus horas —comentará san Agustín— *¿no habría dado lugar a creer que no había tomado una verdadera naturaleza humana y, obrando maravillas, no hubiera destruido lo que hizo con tanta misericordia?* No tiene prisa, pues. Durante diez onceavas partes de su vida lo hace oscuramente como el noventa y nueve por ciento de la humanidad. ¿O acaso vino sólo a redimir a los que salen en los periódicos?

El santo desorden

El segundo misterio está en la palabra «obediencia». Esta palabra —que no está de moda (que nunca ha estado de moda)— fue, nos guste o no, la clave de la vida de Jesús. El gran rebelde fue antes que nada un obediente.

Pero hasta lo de obedecer lo hizo locamente. A los hombres —sobre todo cuando el número de los que nos obedecen ha llegado a ser mayor que el de aquellos a quienes debemos obediencia— esta virtud nos resulta agradable: sirve para organizar el mundo. El número diez se somete al nueve, el nueve al ocho, el ocho al siete... Y así hasta el uno, que manda sobre todos. Aun en la hipótesis de que el número uno acabe siendo algo tirano, el sistema tiene la ventaja de que resulta claro y uno sabe siempre dónde está situado. Una obediencia bien organizada es muchísimo más cómoda que una libertad en la que todo se deja a la conciencia.

Lo malo es cuando la obediencia se une a la locura. Entonces uno se expone a no gustar —por lo de la obediencia— a los partidarios de la absoluta libertad de conciencia, ni —por lo de la locura— a los amigos de la obediencia «sensata».

Jesús no tuvo, ciertamente, esa cobardía inteligente que los hombres solemos llamar sensatez. En Nazaret todo estaba perfectamente desordenado, o locamente ordenado, si se prefiere. El que todo lo sabía aprendía de los que casi todo lo ignoraban; el creador se sometía a la criatura; el grande era pequeño y los pequeños grandes. Sólo en el amor había una cierta igualdad. No porque todos amasen igual, sino porque ninguno podía amar más de lo que amaba.

Santo Tomás —siempre experto en organizar las cosas— ha hablado de tres grados en la virtud de la humildad: el primero consistiría en someterse a quienes son mayores y no tratar de ser

mayor que los que son iguales; el segundo grado sería el de quien se
somete a los iguales y no trata de ser mayor ni preferido a quienes son
de hecho menores; el tercer grado consistiría en someterse a quienes
de hecho son menores. Jesús practicó un cuarto grado de humildad
obediente: someterse a quienes eran infinitamente menores que él (y
luego vamos los tontos y contamos que en Nazaret no pasó nada
extraordinario).

Los miedos de María

Pero aun en el orden de la obediencia todo había cambiado tras el
viaje a Jerusalén. No porque el muchacho obedeciera más o menos,
sino porque ahora para sus padres esta obediencia resultaba tan
enigmática como su «desobediencia» en el templo.

Tras el viaje, el amor de María y José hacia el niño creció. El amor
crece siempre cuando hemos corrido el riesgo de perderlo. Pero también creció el miedo. Aquel temblor que sacudió el alma de María al
imaginar que el pequeño pensaba abandonarles ya, nunca desapare-
ció del todo de su corazón. Lo que había ocurrido una vez, podía
repetirse cualquier día, y el muchacho se iría de su lado arrastrado por
la voz de aquel otro Padre que era el verdadero dueño de su alma.
Cuando hemos estado a punto de perder un amor, aun las cosas
menores nos parecen riesgos y amenazas. Y si esta vez, siendo todavía
tan pequeño, se había ido sin el menor aviso ¿quién les aseguraba que
la próxima no ocurriría lo mismo? Simplemente, una tarde no regre-
saría a casa. Le esperarían a cenar, pero él no vendría. Habría
comenzado a «ocuparse de las cosas de su Padre». Se iría de su lado
misteriosamente, como misteriosamente había venido. Era su hijo, sí,
pero era más hijo de su destino que de la carne de María. Ella lo sabía.
Y lo había aceptado cuando el ángel vino. No sería su egoísmo
materno quien encadenase al águila entre las tapias del pequeño
corral de Nazaret. Sabía muy bien que su hijo había nacido para
desbordarla. Pero ¿qué madre se resigna a esto? Más de una noche
debió de despertarse angustiada con la sensación de que la cama del
muchacho estaba vacía. «No. No. Está ahí. Oigo su respiración».
Pero sabía que ya nunca dormiría como antes.

La muerte de José aún debió de influir más en el clima de estas
relaciones. Nada nos dicen los evangelios sobre ella. Sólo sabemos
que nunca aparecerá en la vida pública de Jesús y que, cuando se fue a
predicar, la gente de Nazaret se preguntaba: ¿No es éste el hijo de
María? (Mc 6, 3). De ordinario sólo referimos un hijo a su madre
cuando ésta lleva ya muchos años de viuda. Habría muerto, pues,
José. Cuando su sombra dejó de ser necesaria, entró en la luz que
nunca tendrá fin.

Los apócrifos nos han contado con todo detalle las «dulzuras» de esta muerte. Pero todos sabemos bien que nada hay capaz de endulzar ese hueco en el corazón. Y menos en el de este muchacho para quien vivir y morir eran mucho más que un simple salto de un lugar a otro. Sin duda Jesús había conocido ya otras muertes. De niño habría mirado extático el entierro de algún vecino o de algún compañero. Y algo, dentro de su alma infantil, gritaba ya que él era dueño de la vida y la muerte. Ahora medía bien —él que era eterno— el sentido de esta aventura humana que tiene ese único e inevitable desembocadero. Entendía la angustia con que los hombres entran en ese túnel; sus miedos, aunque la fe les haga presentir lo que hay al otro lado. Veía cómo se agarraban a la vida, cada uno a la suya y todos a las de quienes amamos. También él un día moriría, también él tendría miedo como ellos. ¿Miedo de qué? Sabía mejor que nadie que, al otro lado, sólo estaban las manos del Padre. Pero entendía, sin embargo, ese temblor humano, absurdo y ternísimo.

No debió de ser fácil para él la muerte de su padre, José. Un día se conmovería ante el llanto de una viuda, en Naín, y el milagro se escaparía de sus dedos, devolviendo la vida al muchacho muerto. Ahora otra viuda caminaba a su lado, tras el cuerpo del esposo querido. ¿Por qué no...? Acalló la pregunta antes de que naciese en su mente. Sabía bien que ni él ni su madre precisaban milagros para creer. Y no había venido a malgastar prodigios como un nuevo rico.

Y la vida siguió. Y el muchacho —casi un hombre ya— siguió obedeciendo. Y creciendo.

Un misterioso crecimiento

Tendremos que detenernos de nuevo ante esta palabra. Porque mucho más misterioso que esa obediencia es este crecimiento. ¿Cómo y en qué podía crecer quien era infinito? ¿Qué sabiduría podía adquirir quien es fuente de toda verdad? ¿Qué podían añadir los años a la edad de quien era eterno? ¿Y cómo podría aumentar en gracia quien era la misma santidad? ¿Qué progreso es éste del que nos habla el evangelista?

Todos cuantos se han acercado a Cristo y cuantos lo hagan en los siglos futuros, se encontrarán ante este enigma de que en él pueda ser una cosa verdad y también cierta su contraria. Si era Dios ¿cómo crecía? Y si era hombre ¿cómo no iba a crecer? Un crecimiento sin plenitud dañaría a la divinidad. Una plenitud que excluyera todo crecimiento haría fingida y no verdadera su humanidad. Esta es la ambivalencia que hay en todos sus gestos. Esta es la doble luz que hace que nunca nadie le haya llegado ni le pueda llegar a entender.

Ya los padres de la Iglesia se plantearon con crudeza este problema. Para san Justino, Jesús *crecía al modo de los otros hombres*. Para san Ireneo *vino a salvar a todos los hombres y por eso pasó por todas las edades, haciéndose niño con los niños y joven con los jóvenes*. Pero pronto los padres se asustarán ante esta idea de un verdadero crecimiento y san Agustín negará toda ignorancia y toda debilidad infantil en Cristo. San Cirilo explicará que no es que, en realidad, creciese, si no que su perfección *se manifestaba progresivamente*. Cornelio Jansenio encontrará al fin la fórmula que hará fortuna y que tantos repetirán después: Jesús no crecía ni en su ciencia ni en su persona, pero sí emitía rayos cada vez más brillantes *como decimos, cuando sube el sol a mediodía, que aumenta en claridad, no porque ésta crezca, sino por razón de su efecto, porque poco a poco va enviándonos más luz*.

La fórmula es hermosa, pero parece compaginarse mal con la realidad de la naturaleza humana y con la tajante afirmación de san Lucas que habla de un verdadero crecimiento *delante de los hombres* y también *delante de Dios*.

Tampoco esa absoluta plenitud parece compaginarse con cuanto más tarde nos mostrarán los evangelios: un Cristo que avanza y progresa en sus ideas y en sus formulaciones, un Jesús que pregunta, que quiere enterarse de qué piensan los hombres de él, o de cuántos panes tienen los apóstoles. ¿Es que está fingiendo —como dicen algunos comentaristas piadosos— para demostrarnos que era hombre? ¿Y nos demostraría esta verdad con un fingimiento mentiroso?

Una vez más tenemos miedo a aceptar la plena humanidad de Cristo. Sabemos que era Dios y que, como tal, no podía crecer ni en perfección ni en sabiduría, sabemos que la evolución no cabe en la divinidad. Pero también sabemos que una verdadera humanidad incluye un desarrollo, y que éste no sólo no es una imperfección, sino que es parte esencial de toda perfección humana. Así es como nunca entenderemos cómo, en una sola persona, pudieron juntarse a la vez perfección y crecimiento. Pero sí sabremos que esa unión no pudo destruir nada de lo limpio que hay en la humanidad. Y limpio es este crecer de nuestros cuerpos y nuestras almas.

Escribe Plumptre:

> Somos tardos en comprender que esta alma pasó por las mismas fases que la nuestra en el desarrollo de su inteligencia y de sus sentimientos; que le llegó el conocimiento como nos llega a nosotros mismos, por intermedio de libros y de enseñanza humana, o por la influencia de las circunstancias ambientes, creciendo más y más a medida que corrían los años. Interpretamos con dificultad las palabras que nos dicen que ese crecimiento intelectual y moral era tan rico como el del cuerpo; que Jesús crecía tanto en sabiduría como en estatura. Desde el principio, y aun desde la infancia, nos lo representamos como quien enseña y no

como quien aprende... Nos es difícil, a pesar de las terminantes declaraciones de los relatos evangélicos, figurárnoslo adquiriendo cualquier conocimiento de aquellos que le rodeaban.

Hijo de nuestra tierra

Tendríamos que atrevernos a aceptar que Cristo fue, como nosotros, hijo de nuestra tierra. Fue mucho más. Pero también hijo de esta tierra, de sus paisajes, de sus problemas, sus luchas y dolores. Crecía en estatura y en edad. No fue un astronauta que llegó a la tierra desde su lejano cielo con toda la humanidad ya construida en él. Fue un niño, un muchacho, un adolescente, un joven, un hombre. Crecía, maduraba. Crecía vital y sexualmente. Su virilidad le hacía cada día más varón, sin encanijamientos. Un día le llamarían «seductor». Sería antes un bello muchacho y un recio adolescente. Un muchacho misterioso y extraño, sí, que atraería y, en cierto modo, alejaría al mismo tiempo, como hechizan y espantan todas las cosas grandes. A los dieciocho años sus compañeros de edad se casarían y alguien, más de una vez, le preguntaría: «Y tú ¿cuándo te casas?». Pero cuantos le conocían entendían que en él había un misterio más hondo que los lazos de la carne y la sangre. Nunca en su vida pesaron esos lazos, pero no por falta de hombría, sino por un exceso de fuerza interior. Sus compaisanos verían en esta soledad del muchacho una rareza o quizá una locura. El, más tarde, hablaría de los *eunucos por el reino de Dios*. Y añadiría: *Quien pueda comprender que comprenda* (Mt 19, 12).

Y crecía en su conocimiento del mundo y de la realidad. Era hijo de su pueblo y de su paisaje. Si hubiera nacido en Castilla o en una gran ciudad, habría sido distinto. Era hijo de aquella naturaleza a la vez tremenda y tierna, arisca y alegre. Era hombre de pueblo y de campo. Sabía describir el colorido de la aurora y el reflejo del crepúsculo. Podía predecir las tormentas y el buen tiempo. Entendía de árboles y de pájaros. Conocía el vestido de los lirios, el color y la historia de los trigos, la amenaza de la cizaña, la ternura de los brotes de la higuera. Era experto en las costumbres de las aves de rapiña, sabía de la vida de las zorras, podía explicar cómo cobija la gallina a los polluelos, a qué hora cantan los gallos y cómo viven y pastan los rebaños. Podía describir el gesto del sembrador, la aspereza de la mano al aferrar el arado, el cansancio y el sudor de los sembradores.

Conocía todo esto porque lo había vivido. Su adolescencia no fue la del erudito, sino la del chico de pueblo que habla de cosas que ha visto y sudado.

Era también un experto en la pequeña vida cotidiana. Conocía el trabajo de la mujer en la casa, podía precisar el número de piezas de levadura que hay que poner a una medida de trigo, sabía cómo hay que combatir la polilla y qué tipo de tela se necesita para zurcir un vestido tazado. Hablaba con naturalidad de las viñas y de las bodegas, podía explicar cómo se echa a perder la sal o qué tipo de odres hay que poner a cada vino.

No era en absoluto un místico-lunático-celeste: conocía los precios de los mercados, las leyes de la contratación, las trampas y los líos de vecinos. Había visto a la pobre viuda lloriqueando ante el juez, había conocido la diferencia de ricos y de pobres, el banquetear de los opulentos y la miseria de los pordioseros.

Todo esto no lo había aprendido en los libros. Lo contaba con el lenguaje de quien lo ha visto y vivido, con los modismos y refranes de la pequeña gente de su tiempo. Conocía las historietas y el lenguaje coloreado e imaginístico de los sencillos. Participaba de su mentalidad. Se había hecho en verdad uno de ellos.

Sabía poco en cambio de la vida de las ciudades. Se encontraba menos a gusto cuando hablaba de los importantes. Si describía a los ricos, a los reyes y a los poderosos, había en su lenguaje esa ingenuidad que tienen siempre en esos temas los jóvenes recién llegados de la aldea. La política parecía importarle poco. Sabía, sí, que su país estaba ocupado por los romanos, pero nunca demostrará conocer demasiadas cosas sobre la política del imperio.

Entendía bien a los hombres. Conocía su terrible sed de ser amados y no ignoraba cómo estaban atenazados por el mal. No tenía una visión angélica del hombre. Un día fustigaría sus hipocresías, su condición de *raza adúltera y mala* (Mt 12, 39). Pero tampoco olvidaba sus esperanzas de salvación, su hambre de ser redimidos.

Había gustado a fondo su condición humana. Les había visto llorar y reír, sufrir desengaños de amor e incendiarse de nuevos enamoramientos. Nadie nunca como él entendió estos dolores y esperanzas. Y la soledad. Y el miedo a la muerte.

Tampoco había aprendido todo esto en los libros. El Dios que él era, lo sabía de siempre; el hombre que era también; iba comprobando hasta qué punto era cierto lo que como Dios sabía.

Dios profundiza en Dios

¿Y en lo religioso? ¿Podemos decir que hubo también un progreso en el conocimiento de Dios? ¿Podía alguien, que era Dios, alguien, que convivía en plenitud con el Padre, profundizar en su conocimiento?

También aquí tendremos que acudir al evangelista que nos dice que crecía *en sabiduría* (Lc 2, 52). Y sabemos que, en el sentido bíblico, esa sabiduría no es otra cosa que el conocimiento religioso.

Escribe uno de los mejores especialistas en el mundo psicológico de Cristo, el padre Galot:

> Se daba en Jesús un desarrollo en los conocimientos religiosos; esto nos hace suponer que las relaciones con el Padre eran cada vez más familiares y más profundas. Así se explica el crecimiento «en gracia a los ojos de Dios». No podríamos, pues, limitar el desarrollo psicológico de Jesús a la adquisición de conocimientos profanos y a la experiencia humana no religiosa. Jesús se ha enriquecido con las experiencias de sus contactos con el mundo y con los hombres, pero también ha progresado en el campo de los conocimientos de origen superior, de orden infuso o místico.

Si no queremos confundir a Jesús con un monstruo, no podremos, pues, pensar que siendo niño tenía ya una religiosidad de adulto. Su religiosidad de niño era infantil y la de sus años jóvenes era vida religiosa juvenil. Perfecta, en su infantilidad, pero no por ello menos infantil. Lo mismo que su gestación en el seno de María duró nueve meses, aun siendo hecha por obra del Espíritu santo, así *la presencia de un yo divino para nada restringió el tiempo de maduración psicológica.*

Por eso su religiosidad humana brota de la misma fuente que la de sus contemporáneos: de las sagradas Escrituras. Este es el gran alimento de su espíritu. Conoce las páginas de la Biblia como quien no ha hecho otra cosa que leerla y meditarla. Los patriarcas, los profetas, son para él personajes tan vivos como sus compañeros de escuela. Jamás hablará de ellos con ese aire de fábula con que hablamos nosotros. Los profetas reviven en su boca, hablan, siguen quemando. Los salmos son sus delicias. De ellos saca casi todas sus oraciones, en ellos se apacienta su espíritu. Le encanta Isaías, Jeremías le conmueve, Oseas, Malaquías, Daniel siguen pregonando penitencia en sus labios.

De esta palabra de Dios, leída y orada en los años juveniles, surgirá la vida religiosa interior que se nos irá descorriendo como un paisaje asombroso a los largo de su vida pública.

Sí, surgirá de ahí. Pero ¿sólo de ahí? Es evidente que la vida religiosa de Cristo era mucho más de lo que cualquier hombre puede lograr a través de la oración y de la lectura de la palabra divina. En él, en su única persona, «convivían» la humanidad y la divinidad. El no necesitaba «elevar el corazón a Dios»; él era Dios, participaba de su única vida, no había nada en su naturaleza humana que no estuviera dirigido por la persona del Verbo, del Hijo de Dios.

¿Podremos dar un paso más aún? Si esta unión era tan íntima ¿pudo haber en Cristo un desarrollo en la conciencia de su divinidad? Es decir: ¿hubo un progreso, una clarificación sobre su naturaleza y sobre su misión?

Estamos ante el más difícil de los problemas que sobre Cristo pueden plantearse. Tendremos que volver sobre él más de una vez. Hoy nos limitaremos a preguntarnos hasta qué punto aquel niño, aquel muchacho era consciente de lo que era y a lo que venía. Volvamos a cogernos de la mano del padre Galot que ha profundizado con minuciosidad de científico y de teólogo en este mundo vertiginoso:

> La conciencia de ser Hijo del Padre y la conciencia de ser su enviado para llevar a cabo una obra, estaban íntimamente unidas en la psicología de Jesús, hasta el punto de coincidir o unirse en un todo consciente. Por eso debemos analizar la naturaleza del progreso que se dio en Jesús en la conciencia de su misión.
>
> La ley del desarrollo psicológico humano nos obliga a admitir que la conciencia de la filiación divina y de las relaciones íntimas con el Padre se despertó gradualmente en Jesús, como se desarrolla la conciencia en los demás niños. No podríamos hacer remontar esta conciencia al primer instante. En el momento de la concepción, el ser humano es inconsciente. Esta inconsciencia se mantiene hasta el nacimiento, y, después del nacimiento, necesita tiempo para afirmarse y para reconocerse como tal. Jesús, como los otros niños, pasó por esta fase inconsciente; querer atribuirle la conciencia desde el primer instante, o en todos los momentos de su existencia humana, sería pretender divinizar su conciencia humana, imputarle una permanencia que no puede tener. Es precisamente en el momento en que la conciencia de todo niño despierta a su identidad personal, cuando también despertó la conciencia humana de Jesús. Pasó por todas las fluctuaciones de la conciencia humana que tiene, en el sueño, momentos de reposo, y que es capaz de percepciones más o menos agudas según las circunstancias. Los influjos del subconsciente o del inconsciente repercuten en ella con distinta intensidad. Resumiendo: todo lo que nos descubre el análisis de una conciencia humana, en su estructura íntima y en su ejercicio habitual, se da en Jesús desde su nacimiento hasta la muerte. Nada alteró la encarnación en el proceso de la conciencia humana.

Ahora comprenderá el lector por qué hemos hablado, al abrir este capítulo, de que en Nazaret *se anuda en la intimidad de una conciencia convertida en adulta uno de los dramas más asombrosos de la historia.* Jesús, que era plenamente Dios en el primer segundo de su vida humana, va tomando progresiva conciencia de esta vertiginosa realidad de su persona y de su misión. Va comprobando y ahondando lo que desde el primer momento ha intuido, infantilmente primero, más clara y reflexivamente después, hasta tener una conciencia filial de adulto, hasta vivir plenamente en cuanto hombre lo que era y vivía en cuanto Dios.

¿Cómo sucede todo esto? ¿Cómo pasa todo esto? ¿Quién podría decirlo o describirlo? *Encontraréis la verdad* —dice un padre oriental del siglo II— *y frente a ella sentiréis asombro, después temor, y por fin amor.* Sí, tal vez el asombro y el amor nos ayuden algo. El asombro de que esto haya ocurrido en nuestra tierra. El amor de que se haya hecho por nosotros. El temor de pasar junto al drama de estos tremendos años oscuros sin descubrir que en ellos se jugó la aventura humana más alta de la historia.

Los «maestros» de Jesús

Nos queda aún otra pregunta en el marco de la adolescencia de Jesús. ¿Tuvo Cristo maestros o fue, como se le ha llamado, *el maestro sin maestros?*

Habrá que comenzar por rechazar, una vez más, las fábulas. El hombre —que tiene un instintivo terror al vacío— ha buscado la manera de llenar esos 18 años de la vida de Cristo. Unos le han hecho viajar por Persia y entrar en contacto con los magos discípulos de Zoroastro. Otros han preferido colocarle en el camino de Katmandú para rastrear las corrientes budistas. Los terceros —la última moda— han preferido hacer vivir a Jesús durante largos años en los monasterios de los esenios, en la zona de Qumram. Pero ninguna de estas teorías tiene un mínimo de seriedad científica.

La primera de las razones que desmonta estos sueños es la de que Jesús no demuestra la más mínima gota de ninguna cultura que no sea la hebrea. No hay en sus discursos, en sus actitudes, en sus modos de pensar y ver el mundo, un solo rastro de las visiones de la India o del lejano Oriente, salvo en aquellos puntos en que estas culturas coincidían con las aspiraciones universales de la época y eran, por tanto, compartidas por la cultura judía.

Ni siquiera puede decirse que haya en Jesús rastros de cultura griega, incluso en todos aquellos puntos en que el helenismo había penetrado en Palestina. Galilea era un bastión de tradicionalismo hebraico y es esto lo que Jesús respira y en lo que, únicamente, se moverá.

Ciertamente si Jesús hubiera viajado durante estos sus años «oscuros» nada habría adquirido de esos mundos presuntamente visitados. Su pensamiento es hebreo al ciento por ciento.

¿Y en cuanto a los esenios? Sobre este punto tendremos que hablar largamente más tarde. Digamos ahora, simplemente, que, pasada hoy la euforia de los primeros momentos, tras los descubrimientos de Qumram, se ve con claridad que, si son muchas las proximidades que hay entre sus puntos de vista y los de Jesús, no son menores las diferencias. Su estilo de vida, sus ideas fundamentales, nada tienen que ver con la de estos grupos de cenobitas.

Por lo demás, es claro que si Jesús hubiera permanecido mucho tiempo fuera de su pueblo, viajando dentro o fuera de Palestina, no tendría sentido el asombro de sus compatriotas cuando le oyen predicar. Se maravillan de que se exprese con tanta facilidad, de que hable con autoridad. Se preguntan de dónde le viene esta sabiduría (Mc 6, 2; Mt 13, 54) y cómo sabe tanto de letras sin haber seguido lecciones (Jn 7, 15). Las dos frases están llenas de ironía y envidia, pero reflejan un hecho: que para sus paisanos no había la posibilidad de que Jesús hubiera aprendido aquello de ningún maestro conocido o en largas temporadas fuera de su pueblo.

Ni siquiera ha frecuentado a los doctores de Jerusalén. Hay en todo su lenguaje evidentes influencias del mundo judío que le rodea, incluso puede reconocerse una gran proximidad de muchos de sus pensamientos con los del famoso Hillel. Pero jamás cita Jesús a maestro alguno. Y, por lo demás, todos reconocen que habla como nadie ha hablado y que lo característico de su pensamiento no es tanto el tomar ésta o aquella dirección, sino el *hacerlo con autoridad*.

Habrá que buscar, pues, otras fuentes del pensamiento de Jesús. La primera, ya la hemos apuntado, su tierra y su gente. Jesús aprende del paisaje que le rodea, de las sencillas costumbres, de la sana religiosidad de sus paisanos de Nazaret. Aprende del equilibrio de una vida en la que el trabajo manual y la meditación personal se funden dentro de una vida serena y sin prisas.

Aprende de la paz de la familia en que vive. Si es probable que Jesús se pareciera físicamente a su madre, es también muy probable que esta semejanza se extendiera a sus modos de ser y de pensar humanos. Más de un hombre célebre ha debido buena parte de sus intuiciones a la educación maternal y no hay por qué excluir que el clima de la casa de María y José fuera, en lo humano, la escuela más soberana de esa obediencia que será el eje de la vida de Cristo.

La sinagoga y la lectura de la palabra de Dios fueron, sin duda, el maestro fundamental de Jesús. Quien en su naturaleza divina era la misma palabra de Dios, tuvo que ir educando su psicología humana a la luz de esa misma palabra escrita de Dios. Cuanto en ella se decía, iba aclarando lo que su intuición ya le había descubierto e iba clarificando su destino que se veía, así, a dos luces, o, más exactamente, a una luz que se recibía por un doble espejo.

Más allá de todo maestro

Pero, dicho todo esto, habríamos mutilado la verdad si no añadiéramos algo más: Jesús era parte de su pueblo, vivió sumergido en su cultura, pero fue infinitamente más allá. Aquel paisaje, aquellas oraciones, los mismos ejemplos de María y José hubieran podido formar un santo de la antigua alianza, un profeta, un Juan Bautista.

Pero Jesús es mucho más que eso. Jesús no es un «fruto» de Israel. No es, siquiera, un genio que, desde el trampolín de una cultura, va mucho más allá que todos sus predecesores. Jesús es algo completamente diferente. Allí donde terminan los caminos de la psicología humana, nace en él un segundo rostro que apenas si podemos rastrear. Dieciocho años de profundización en la palabra de Dios, en la más profunda oración, no son capaces de formar un alma como la suya. Va más allá. El misterio comienza donde termina el aprendizaje.

Es el tiempo —digámoslo de una vez— del eclipse de Dios. La oscuridad de esos años es lo que nos permite mirar a ese sol que no resistiríamos si no se eclipsara voluntariamente. *La verdad* —ha escrito Lucas Dietrich— *no puede descender sobre nosotros sino matándonos*. El era la verdad y no quiso matarnos. Vivió treinta años eclipsado para que nuestros pobres ojos humanos fueran acostumbrándose a su luz. Ese eclipse retrasó su muerte. Porque, cuando la luz se hizo definitivamente clara, los hombres *no la recibieron* (Jn 1, 11). Y trataron de apagarla con la muerte, antes de que ella desecara el lago de corrupción que ellos habían colocado en el lugar de sus almas.

El hermano universal

Así crecía. Pero no sólo en la inteligencia, sino también en el corazón. El era la verdad, pero también el camino y la vida. Y precisaba aprender a ser camino y a dar vida. Estos aprendizajes eran los más difíciles, pronto lo comprendió.

Ser hombre le gustaba. De todas las aventuras surgidas de su mano creadora, ésta era la que mejor le había salido. Estaba bien hecho esto de ser hombre, amar, soñar, reír, esperar. Las estrellas, las azucenas o los pájaros eran más ágiles, más puras o más brillantes, pero ¿cómo compararlas con un corazón humano? Se sentía a gusto incluso en el tiempo, él que llegaba de la alta estepa de la eternidad. Le gustaba esto de tener que amar de prisa, porque quizá mañana no podremos ya. Se estaba «contagiando de hombre», como escribió el poeta.

Pero no podía taparse los ojos ante la otra cara de la aventura humana. Vio, conoció y sufrió en su propia carne el dolor físico. Vio, sobre todo, el terrible mal moral que corroía todos los corazones. Palpó la injusticia. Cuando él hizo el mundo ¿dónde estaban los ricos y los pobres? Ahora bajaba aquí y se encontraba un mundo dividido, construido de zanjas y de odios.

El muchacho que él era, comenzó a tocar con sus ojos la injusticia, la idiota vanidad de los poderosos, la amargura resentida de los humillados, el odio de los que no tenían el coraje suficiente para amar, el cansancio de los que amaron una vez y no tuvieron valor para responder con un nuevo amor a la primera ingratitud, la mediocridad de quienes, por dedicarse a gozar más, se olvidaban de estirar sus almas. ¿Y éstas eran las criaturas hechas a su imagen y semejanza?

Si su inteligencia crecía como un río sin prisas, su amor aumentaba como un incendio. ¿Cómo pudo contenerlo treinta años? ¿Qué diques detuvieron la catarata que se le iba formando en el corazón? Años más tarde, con una sola palabra suya dejarían muchos las redes de pescar o las otras más recias del pecado, las multitudes le seguirían olvidándose incluso de comer, una mujer abandonaría sus demonios, los fariseos comprenderían, al oírle, que todo su tinglado se venía definitivamente abajo. ¿Cómo nadie percibió en su adolescencia aquel fuego que a tantos trastornaría después? Mauriac se ha imaginado que más de una vez tendría que decir a algún joven: «No, no me sigas aún». Pero la verdad es que sus paisanos no percibieron nada. Era un buen carpintero, nada más. Pero ¡cómo le ardía ya el alma! Conviviendo con los hombres, fue entendiendo lo necesario de su misión. El pecado, el mal, no eran ideas abstractas. Veía el cáncer corroyendo sus almas y sus vidas, sin que ellos lo percibieran siquiera. ¡En verdad que era necesario que todo un Dios muriera para restaurar tanta grieta en el mundo y en el hombre!

¿Hablaba de esto alguna vez con su madre? Una vez más no podemos contestar a la pregunta. Los evangelios nunca nos mostrarán a María y a Jesús manteniendo largas conversaciones teológicas; más bien, incluso, nos mostrarán una cierta distancia verbal entre ellos. Distancia sólo verbal, es claro. Los dos sabían que aquella aventura de amor debían vivirla juntos y que tenían una cita para «una hora» determinada, que no podía ser otra que la de la muerte. Pero, mientras, apenas hablaban. Se miraban, se entendían, esperaban. Mas el mismo amor ardía en las dos almas.

Quiero dejar esto bien claro: lo que más creció en estos años fue el corazón en su doble dirección hacia Dios y hacia los hombres. No es ésta una historia de simples inteligencias. *Ninguna de las grandes cosas humanas* —ha escrito Guardini— *ha surgido del pensamiento solo.* Y menos aún de las cosas divinas. Redimir no fue una operación matemática, ni siquiera una proclamación dogmática. El no había venido a contarnos bellas historias. Había venido a hacer lo suyo: a amarnos. A seguir amándonos desde más cerca, más vertiginosamente.

Por eso la historia de aquella adolescencia debió de ser antes que nada una historia de amor. Sintió, como todos los muchachos de todos los siglos, que su alma se abría necesitando amar y ser amado. No conoció los turbios sueños de nuestras adolescencias. Su amor era demasiado ardiente y demasiado puro como para detenerse en la carne. Pero era amor, amor verdadero. Cuando César Vallejo pinta a Dios como un enamorado, está pintando el despertar de este muchacho de Nazaret, al que, efectivamente, *debió de dolerle mucho el corazón*. Era el hermano universal de un mundo que se perdía en la mediocridad y en el mal, y su corazón tenía prisa de empezar a sangrar. Sostener treinta años este león hambriento, fue ya una gran azaña. Pero tenía que enseñar a los hombres que amar es esta pequeña cosa que se hace cada día y no sólo en la muerte.

Sí, así fue. Los treinta años oscuros no estuvieron vacíos. Porque la vida de Jesús de Nazaret no fue una historia de milagros. Fue —y sigue siendo— una historia de amor.

13

El profeta de fuego

Debe de haber algo sobre la superficie de otro planeta que pueda compararse al valle del Jordán. En el nuestro no hay nada parecido. Estas palabras de G. A. Smith, uno de los mejores geógrafos de Palestina, están muy lejos de ser una piadosa exageración. El viajero que hoy desciende desde Jerusalén a Jericó y, sobre todo, desde este bello oasis hasta el mar Muerto, lo experimenta en sus ojos y en su carne. Sobre todo si es tiempo de verano. En poco más de una hora de automóvil pasará de un clima templado al más rabioso de los trópicos. La luz cegadora irá acosando a sus ojos, sentirá que le falta el aire, que el calor se hace agobiante por momentos. En torno suyo el paisaje se irá volviendo estéril. Cuanto más descienda hacia el valle, más grande se hará esa sequedad que parece típica de las altas montañas. En torno a la carretera, se agrupan peñascos cadavéricos, rocas sucias de un limo color de orín, cubiertas de una especie de lívida mortaja de sal. Verá a derecha e izquierda verdes lagartos que cruzan la carretera, como asombrados de que alguien pueda adentrarse por aquellos parajes. Es el desierto, el más extraño que conozca el planeta; un desierto colocado en un valle.

¿Un valle o simplemente una trinchera de alguna prehistórica guerra de titanes? Se diría que es, literalmente, una enorme trinchera de doscientos cincuenta kilómetros de longitud y una anchura que oscila entre los tres y los veinticuatro kilómetros. Su hondura se va haciendo progresivamente mayor. A la orilla del mar Muerto son 400 metros bajo el nivel del mar. En el fondo del gigantesco lago son ya 500 metros de profundidad, como la de las más hondas minas.

Por el centro de este valle-trinchera serpentea una estrecha faja verde: es el río Jordán, en torno al que crecen sauces, tamariscos, grandes cañaverales que acompañan a este caudal caprichoso, que multiplica sus vueltas, haciendo que, en los cien kilómetros que hay en línea recta entre el lago de Genezaret y el mar Muerto, el río corra trescientos veinte de camino.

Y he aquí que de pronto, cuando el viajero desciende del automóvil, sediento y asfixiado, la orilla se le vuelve serena y familiar. El agua avanza lenta, acariciada en sus dos orillas por numerosos sauces que inclinan sus ramas hasta la humedad y se dejan mecer por la corriente. Aquí, en Betabara, «la casa del vado» (conocida también como Betania del Jordán) estaba la frontera que Yahvé ordenó atacar a Josué. Aquí iba a situarse de nuevo una frontera mucho más alta para iniciar una reconquista aún más profunda.

Durante los siglos fueron numerosos los peregrinos que bajaban a sumergirse en estas aguas. Lo cuenta ya el Peregrino de Burdeos que visitó Palestina el año 333. Y Teodorico nos dirá —usando sin duda no poca imaginación— que aquí vio él una tarde del año 1172 cómo se lanzaban al río sesenta mil personas. Hoy, es aquello literalmente un desierto: una capillita católica semiabandonada, un convento de negros monjes etíopes que cada seis de enero vienen a celebrar, medio sumergidos en el agua, la fiesta de Epifanía. Y en esta soledad, el silencio de las aguas que, turbias, avanzan, como sin prisa por llegar al mar de la muerte, y el aire mineral que rodea al visitante, le devuelven a aquel clima estremecido que rodeó en los últimos meses del año 27 la aparición del profeta de fuego.

Quinientos años sin profetas

Cuando llegó, el pueblo ya casi pensaba que ésta de los profetas era una raza extinguida. Quinientos años habían transcurrido desde que Zacarías había descrito la ruina de los grandes imperios que caerían pulverizados ante la gloria futura del pueblo elegido. Y el pueblo de Israel clamaba con las palabras del Salmo (74, 9): *Ya no vemos prodigios en nuestro favor, ya no hay ningún profeta, ya no hay nadie entre nosotros que sepa hasta cuándo.* Sí; ¿hasta cuándo iba a durar la humillación de Israel, hasta cuándo iba Dios a olvidarse de los suyos? Habían perdido ya casi la esperanza, aunque recordaban que Malaquías, había anunciado en el nombre de Dios:

> Enviaré a mi mensajero y él preparará el camino delante de mí... Ya viene, ya llega, ha dicho Dios fuerte... Ya llega su luz, abrasadora como un horno. Los orgullosos y los malvados serán como el rastrojo, y la luz que llegue los devorará con su fuego (3, 1; 4, 1).

Fuego. Se diría que esta palabra iba siempre unida al concepto del profeta. Fuego que da calor, que cuece el pan, que abrasa.

Escribe Cabodevilla:

El profeta es un hombre enardecido, terrible, tremendo, justiciero, arrebatado por la pasión de lo absoluto. Los profetas .amenazaban y maldecían. Eran igual que una llama. Hablaban como quien sacude un látigo, como quien perfora las entrañas, como quien arranca una mujer amada de los brazos de su amante. Sacerdotes y reyes empavorecían ante ellos. No era, en verdad, grato oficio el suyo. Lo cumplían a veces de mala gana, sabiendo qué terribles peligros se cernían sobre su cabeza. Pero no les era posible guardar silencio. Sus palabras, antes de encender los corazones, abrasaban su propia garganta. Tenían la misión de salvaguardar la esperanza mesiánica denunciando y corrigiendo cuantas depravaciones se oponían en el seno de Israel a esa esperanza. Habían sido encargados de curar por medio de la sal y del fuego.

Difícil oficio, sí, éste de cortar y quemar. Por ello casi todos los profetas aceptaban a regañadientes su vocación, dando *coces contra el aguijón,* rebelándose contra esa fuerza interior que les esclavizaba y les obligaba casi a —en frase de Guardini— *decir a su tiempo contra su tiempo lo que Dios manda decir.*

Y sin embargo el pueblo los amaba, o, por lo menos los necesitaba. Siempre es preferible un Dios que nos quema a otro que pareciera olvidarnos. Y ahora ese olvido parecía durar quinientos años.

Más que un profeta

Por eso es fácil comprender la emoción que recorrió ciudades y poblados cuando comenzó a circular la noticia: ¡Ha aparecido un profeta, uno verdadero!

Al principio la gente debió de recibir la noticia con desconfianza: en las últimas décadas habían surgido ya otros varios predicadores mesiánicos. Inmediatamente después de la muerte de Herodes el Grande se manifestó en Perea un tal Simón que arrastró tras de sí una multitud, quemó el palacio del rey muerto en Jericó y se proclamó rey. En Judea emergió Athronges y en Galilea otros dos con el nombre de Judas. Pero todos ellos mostraban enseguida que eran más caudillos políticos que profetas, y que estaban mucho más interesados por la lucha contra los romanos que por el reino de Dios.

Pero el que ahora gritaba en el desierto parecía distinto: su mensaje se centraba en las palabras «conversión» y «penitencia», no buscaba nada para sí y, sobre todo, comenzaba por dar ejemplo de esa penitencia que predicaba.

¿Conocían, quienes ahora acudían a él, las cosas ocurridas treinta años antes cuando el profeta nació? Es muy probable que no, aunque esto hubiera explicado aún mejor el que las multitudes se precipitaran en torno a él. Pero parece que todo ocurrió en el ámbito muy restringido de la familia de Juan.

Porque la mano de Dios le había señalado ya desde el seno materno, como a Isaac, como a Sansón. Ya hemos contado en otras páginas de esta obra cómo su madre quedó embarazada cuando la edad parecía haber cerrado ya su seno y hemos comentado el misterioso pataleo con el que —desde el vientre de su madre— comenzó anticipadamente el anuncio que ahora gritaba en el Jordán. Y Lucas contará con todo detalle, aún dentro de un clima de fábula, los prodigios que rodearon el nacimiento del pequeño. Cómo a su padre se le *soltó la lengua* para profetizar el nombre y la misión del recién nacido con uno de los himnos más bellos de la Escritura:

> Bendito sea el Señor, Dios de Israel
> porque ha venido a liberar a su pueblo,
> suscitándonos una fuerza salvadora
> en la casa de David, su siervo...
> Y a ti, niño, te llamarán profeta del Altísimo
> porque irás delante del Señor
> a preparar sus caminos
> anunciando a su pueblo la salvación,
> el perdón de sus pecados.
> Por la entrañable misericordia de nuestro Dios
> nos visitará el sol que nace de lo alto
> para iluminar a los que viven en tinieblas
> y en sombra de muerte
> para guiar nuestros pasos
> por el camino de la paz (Lc 1, 68-80).

Este era el niño-profeta que ahora gritaba en Betabara. Su nombre era Juan, *Yohohanán* en hebreo, que quiere decir «Yahvé fue favorable». Pero no era ya ciertamente un niño, sino un gigante de bronquedad y violencia.

Escribe con acierto Daniel Rops:

> Resulta bufo representarse al fanático santo bajo los rasgos de ese rubito de mejillas sonrosadas que, después del Correggio, muestran tantas amaneradas imágenes acariciando al Cordero místico o jugando con el niño Dios. Antes que la del adolescente de rostro delgado, tan encantador con sus largos bucles de «nazir» y su túnica corta de pastor, tal como lo esculpió Donatello, la figura que nosotros vemos como más cercana a la verdadera es la de ese individuo grandioso e hirsuto que, en el retablo de Matías Grünewald, tiende un dedo acusador hacia los pecados del mundo.

Sí, éste es el joven ya adulto —30 años— que nos encontramos en el Jordán. La pluma airada de Papini lo describe con exactitud:

Solo, sin casa, sin tienda, sin criados, sin nada suyo fuera de lo que llevaba encima. Envuelto en una piel de camello, ceñido por un cinturón de cuero; alto, adusto, huesudo, quemado por el sol, peludo el pecho, la cabellera larga cayéndole por las espaldas, la barba cubriéndole casi el rostro, dejaba asomar, bajo las cejas selvosas, dos pupilas relampagueantes e hirientes, cuando de la escondida boca brotaban las grandes palabras de maldición. Este magnético habitante de las selvas, solitario como un yogi, que despreciaba los placeres como un estoico, aparecía a los ojos de los bautizados como la última esperanza de un pueblo desesperado. Juan, quemado su cuerpo por el sol del desierto, quemada su alma por el deseo del reino, es el anunciador, el fuego. En el Mesías que va a llegar ve al señor de la llama.

Sí, si todos los profetas eran fuego, Juan lo era mucho más, puesto que era *más que un profeta* (Mt 11, 9), como más tarde dirá Cristo sin rodeo alguno.

¿Era el bautista un monje de Qumram?

¿Pero quién era ese hombre? ¿De dónde le venían su fuerza y su mensaje? ¿Quiénes habían sido sus maestros?

El evangelio es, una vez más, extremadamente parco en detalles. Nos dice únicamente que *vivió en el desierto hasta que se presentó a Israel* (Lc 1, 80). Pero ¿cuándo se fue al desierto: de niño, de muchacho, de adolescente, de joven? Y en el desierto ¿vivió siempre solo o en compañía?

Los descubrimientos del mar Muerto nos han aclarado que la zona del desierto era por entonces un bullir de vida religiosa. Y hoy son muchos los científicos que estiman que Juan Bautista fue o pudo ser, al menos durante algún tiempo, miembro de la comunidad religiosa de Qumram. Y, aunque la idea sigue estando en el terreno de las hipótesis, muchas cosas quedarían explicadas con ella. Lo que no puede en modo alguno negarse es que, de todos los personajes, neotestamentarios es el Bautista quien está más cerca del mundo espiritual de Qumram.

Y más cerca también en distancia física. El lugar donde Juan comienza su predicación está situado a dos kilómetros escasos del monasterio de los esenios y el castillo de Maqueronte, donde la tradición coloca su muerte, está situado justamente enfrente de Qumram.

Hay, además, un dato que aclararía enormemente ese dato evangélico que dice que el muchacho «vivió en el desierto» hasta que se presentó a Israel. Sabemos por Flavio Josefo que los esenios *renuncian al matrimonio, pero adoptan hijos ajenos todavía tiernos, la edad propicia para recibir sus enseñanzas; los consideran como de la familia y los educan en sus mismas costumbres.*

¿No pudo ser Juan uno de estos niños? Dos datos inclinan a una respuesta afirmativa: el hecho de que fuera de familia sacerdotal (y conocemos la preponderancia que el elemento sacerdotal tenía entre los monjes de Qumram) y el dato de que los padres del pequeño conocían que su hijo tenía una especialísima vocación de servicio a Dios: es perfectamente coherente que desearan que viviera su adolescencia en un clima plenamente religioso, en un verdadero seminario, como de hecho era Qumram. Digamos también, sin embargo, que no queda en los documentos de los esenios el menor rastro de la presencia de Juan, ni hay en los textos evangélicos la menor alusión a un enlace del Bautista con ellos.

¿Y en la doctrina y vida de Juan? Aquí nos encontramos junto a sorprendentes coincidencias, radicales discrepancias. Su ascetismo se parece y no se parece al de los esenios. Coincide, en parte, en las comidas. Las leyes sobre el alimento del *Documento de Damasco* señalan los tres tipos fundamentales de comida de los monjes: miel, pescado y langostas silvestres. Pero también sabemos que en Qumram se comía pan y vino. Por lo demás, Juan parece comer lo que le sale al paso, mientras que los esenios trabajaban durante el día en los campos o en industrias domésticas y comían del fruto de su trabajo. El precursor es, así, más un eremita, un vagabundo, que un monje. Tampoco en los vestidos hay parecido alguno.

¿Y en el bautismo? Es esto lo que, según el evangelio, define y hasta da nombre a Juan, como si de un invento suyo se tratase. Pero, en rigor, alguna forma de bautismo existía ya, tanto en el pueblo de Israel, como en la comunidad esenia. Pero el de Juan es muy diferente al que judíos y esenios practicaban: para los judíos era un gesto puramente ritual que concedía una pureza legal, sin que tenga nada que ver con el orden moral o con un verdadero perdón de los pecados. Entre los esenios aparece algún sentido moral, alguna relación entre estas abluciones y la purificación del alma, pero el bautismo sigue siendo para ellos fundamentalmente ritual y ceremonial. En Juan, el bautismo da un paso más: exige la confesión de los pecados y la penitencia como algo previo; es, además, una ceremonia irrepetible y se convierte en un anuncio de otro bautismo más alto que será realizado por el Espíritu santo en el fuego. Una nueva y sustancial diferencia: el de Juan está abierto a todos los judíos e incluso a quienes no lo son. El recibirlo significa la entrada en el reino de Dios no —como en el caso de Qumram— la adscripción a una comunidad cerrada y esotérica o misteriosa.

Es esta última la gran novedad espiritual del mensaje de Juan Bautista: su sentido abierto al mundo entero frente al separatismo espiritual y el aislacionismo de los hombres de Qumram. Y hay un dato enormemente simbólico de esta doble y diversa visión del reino de Dios: la diferente versión que Juan y los monjes hacen del texto de Isaías que ambos convierten en eje de su vocación.

Dice así la regla de Qumram:

> Cuando sucedan todas estas cosas a la comunidad de Israel, de acuerdo con estas disposiciones se separarán de en medio de la morada de los hombres impíos para ir al desierto, con el fin de preparar el camino de Yahvé, según está escrito: En el desierto preparad el camino de Yahvé, allanad en la estepa una calzada para nuestro Dios.

Juan tomará ese mismo texto de Isaías (40, 3) para resumir su vocación, pero cambiará sustancialmente la formulación. Donde Isaías y los qumranitas leen «*en el desierto preparad el camino al Señor*», el evangelio anticipa la fórmula *una voz clama* y parte luego en dos la cita de Isaías cambiándole así el sentido. Dice: *Una voz clama en el desierto: Preparad el camino al Señor* (Lc 3, 4). El desierto, que era para los esenios el lugar (el único lugar) donde podía realizarse esa vocación, donde podía prepararse el camino al Señor en la contemplación, se convierte en Juan en plataforma de lanzamiento de un reino cuyos caminos habrán de realizar todos en el mundo entero. Juan no invita a huir a la soledad, sino a cambiar el mundo; no pregona el aislamiento como sistema de vida, sino la conversión y la justicia en el amor. Juan no es, pues, ni un monje ni un pregonero del monacato, sino un profeta, el mensajero que abre las puertas de un reino universal. Por todo ello, su personalidad humana, su mundo interior, le alejan inevitablemente de Qumram.

¿Podríamos, entonces, concluir que Juan pasó o pudo pasar su infancia y su adolescencia en Qumram o en alguno de los monasterios similares que pululaban por el desierto, hasta que, más tarde, sintió una llamada superior a una espiritualidad más alta y más abierta y a convertirse en pregonero del gran Reino? Estamos en el terreno de las hipótesis. Pero ésta parece la más probable de cuantas hasta el momento se conocen.

El mensaje del Bautista

Este es el hombre que un día, vestido con poco más que un taparrabos de piel de camello, se lanza Jordán arriba a predicar y en torno a quien se levantará una oleada de apasionado interés. *Acudía a él* —dice exagerando Marcos— *toda la región de Judea y todos los habitantes de Jerusalén* (Mc 1, 5). ¿Por qué este entusiasmo? La respuesta —triple— parece muy sencilla: porque proponía un gran mensaje y lo hacía con tonos muy exigentes; porque comenzaba poniendo él en práctica lo que pregonaba; y porque había encontrado un signo visible, muy sencillo, que resumía muy bien lo que predicaba. La aventura a la que invitaba era grande: nada menos que a la preparación de un reino de los cielos ya inminente. Por una causa así era lógico que se pidiera un buen precio de penitencia. El hombre nunca ha temido pagar caras las cosas realmente importantes.

Lo anunciaba, además, con lenguaje sencillo y conocido para sus oyentes. Las palabras de Isaías se entendían, mejor que en ningún otro sitio, en aquella accidentada geografía que Juan señalaba con su dedo:

> Preparad el camino al Señor,
> enderezad sus senderos.
> Todo valle será rellenado
> y toda montaña y colina será rebajada,
> y lo tortuoso se hará derecho,
> y los caminos ásperos serán allanados;
> y toda carne verá la salud de Dios (Is 40, 3-5).

¿Qué reino de los cielos era éste que el profeta anunciaba? ¿Cómo iba a llegar ese Señor cuyo camino urgía preparar? El profeta no lo aclaraba mucho. Pero esto mismo contribuía a crear un clima de misterio en torno a su mensaje. En cambio era muy claro que Juan estaba dispuesto a marchar delante de todos por el camino de la penitencia. Aquel atleta vivía junto al río, sin casa, sin propiedades, comiendo saltamontes (alimento clásico, aún hoy, de los beduinos que los comen con vinagre, tras haberlos secado al sol como las uvas) y «miel silvestre» (la que abejas no domésticas pudieran dejar en los troncos huecos de los árboles o, más probablemente, el jugo de ciertas plantas al que los antiguos llamaban también miel).

Incluso su vestido era el de antiguos profetas. Alguien le preguntará más tarde si él es Elías, precisamente porque el profeta del Carmelo vistió como él ahora. *Un hombre hirsuto* —le pinta el libro 2 de los Reyes (1, 8)— *vestido de velluda piel, ceñida a los riñones por un cinturón de cuero*.

Pero lo que más curiosidad despertaba era su actividad bautizadora. El rito les resultaba extraño a cuantos lo veían. Entre los judíos eran frecuentes las abluciones de manos e incluso de pies, pero aquel bautismo en que se inmergía todo el cuerpo en el río y, sobre todo, aquel rito unido a la confesión de los pecados y a la promesa de un cambio de vida, era algo absolutamente novedoso para quienes acudían a verle. Porque se trataba evidentemente de un bautismo de inmersión. Así lo entendió el arte cristiano hasta el siglo XIV. Y, probablemente, era también un bautismo que se hacía en grandes grupos y no individualmente. Sólo el arte de siglos posteriores nos habituará a ver a Jesús solo en el río, mientras Juan derrama el agua sobre su cabeza.

Raza de víboras

Bajaban tantos al río, que los «ilustres» comenzaron a alarmarse: ¿sería éste el esperado? ¿O sería un falsario más a quien ellos debieran desenmascarar cuanto antes, para que no enloqueciera a las turbas? Juan no les recibió con palabras suaves: *Raza de víboras* —les gritó— *¿quién os ha enseñado a huir de la ira venidera? Haced, pues, frutos de penitencia. Y no intentéis decir: Tenemos por padre a Abrahán. Porque yo os digo que Dios puede suscitar de estas piedras hijos de Abrahán* (Lc 3, 7-9).

A los fariseos y saduceos no les dolió tanto el insulto —que Cristo repetiría dos veces más tarde— cuanto las palabras finales que les sonaron como la más horrible blasfemia. Para ellos el único mérito importante, el único que contaba, era precisamente el ser descendencia de Abrahán. Pertenecer a su familia era más que suficiente para obtener el perdón de todo pecado. El Talmud decía: *Aunque tus hijos fuesen cuerpos sin venas y sin huesos* (es decir, aunque estuviesen muertos en el orden moral) *tus méritos responderían por ellos.* Y las palabras de Isaías: *Viene la mañana, viene la noche,* las interpreta así el Talmud: *La noche está reservada a las naciones del mundo* (a los paganos) *y la mañana a Israel.*

Y he aquí que, de pronto, viene este bautizador a decir que el pertenecer o no al pueblo de Israel no es ni condición necesaria y ni siquiera un mérito especial para aspirar a ese reino de los cielos, porque Dios puede sacar hijos de Abrahán hasta de las piedras. La blasfemia debió de parecerles tan grande que el hecho de que no le prendiesen en aquel mismo instante prueba el prestigio moral de Juan entre los que le rodeaban.

Por lo demás el profeta no parecía tener miedo a nadie y, a su blasfemia, añadía tremendas amenazas:

> Ya la segur está puesta a la raíz de los árboles y todo árbol que no dé buen fruto será cortado y echado en el fuego. El que después de mí ha de venir tiene el bieldo en la mano y limpiará su era, y recogerá el trigo en los graneros y quemará la paja en fuego inextinguible (Lc 3, 9).

El Bautista empieza a hablar el mismo lenguaje vivo y colorístico que más tarde usará Cristo, poblado de imágenes que golpean la fantasía de quienes le escuchan. La imagen de las eras era familiar para todo palestino de entonces —y, en buena parte, de hoy—. Después de la siega hay por todo el país un polvillo dorado. Las gavillas recogidas se amontonan en las eras, a las afueras del pueblo. Bajo los pies de los animales y las piedrecillas de los trillos se va formando una mezcla de bálago, cascarilla y granos limpios que el viento se encargará de separar. Al atardecer, sopla sobre el país el aire del oeste y los aventadores tiran al aire la mezcla, para que paja, granos y cascarilla se separen. Y los poblados se rodean de nubes de oro. Granos y cascarilla, que ha caído a los pies del aventador, pasan después por tres cribas sucesivas. Más allá, se amontona la paja en grandes bancales. Cuando alguno de éstos se prende, arde horas y horas, días y días como si nunca fuera a apagarse.

Los judíos que le escuchan entienden: no será el ser judío lo que dé la salvación, sino el tener el alma llena y sólida para que no sea llevada por el viento.

Y, cuando menos lo esperamos, un giro en el modo de hablar del Bautista. El profeta, que ha hablado con látigos a la masa y a los fariseos, que ha gritado insultos y amenazado con el fuego inextinguible, he aquí que, de pronto, cambia de tono cuando se acercan a él las gentes con preguntas concretas.

Papini se escandaliza de este cambio de tono:

> Juan, tan majestuoso y casi sobrehumano cuando anuncia la terrible elección entre los buenos y los malos, apenas desciende a lo particular, dijérase que se hace vulgar. No sabe aconsejar más que la limosna: el donativo de lo sobrante, de aquello sin lo cual se puede uno quedar.

Si quitamos lo que de exageración siempre hay en el escritor florentino, tenemos que reconocer que algo de cierto existe en la observación de Papini. Pero también que esto es algo absolutamente normal en todos los profetas de ayer y de hoy: gritan a la masa, al grupo, señalan violentamente la meta del ideal cuando hablan a la comunidad; pero luego se hacen blandos cuando se tropiezan con el hombre concreto, con nombre y apellido. Tal vez porque la ternura les gana el corazón, o tal vez porque saben que al ideal sólo se sube por caminos reales.

Así hace Juan. Cuando alguien le pregunta: Pero, en concreto, ¿qué tenemos que hacer? ¿a qué nos obliga esa conversión que nos pides? Juan contesta ahora sencillamente: *Quien tenga dos vestidos, dé uno al que no lo tiene; y quien tenga qué comer, haga lo mismo* (Lc 3, 11). Juan sabe que entre sus oyentes —que son ya los mismos que un día seguirán a Jesús— no hay grandes propietarios; son gente pequeña que, con mucha suerte, puede llegar a tener dos vestidos y un poco de sobra en la comida. Lo que les pide es, por eso, que abran su corazón, que sean generosos, que aprendan a convivir como hermanos, de modo que todo sea de todos. No se trata, pues, de «limosnas» sino de un nuevo modo de entender la convivencia.

Pero la multitud que rodea a Juan se parece a la que correrá tras Jesús, no sólo por el hecho de estar formada por gente de clase humilde, sino también porque a ella se «pegan» los pecadores. Había allí también algunos «publicanos», gentes detestadas, vendidas a los romanos. Los gobernadores, que conocían bien el carácter levantisco de aquel pueblo, preferían no cobrar ellos directamente los impuestos. Y alquilaban el cobro a gentes de Israel dispuestas a aprovechar la ocasión para hacer negocio. Roma cobraba a los publicanos una cantidad fija por tal o cual demarcación o pueblo y luego el publicano en cuestión tenía que sacar a los habitantes de su zona todo lo que podía. Cuanto más exprimía mayor era su negocio.

Se entiende que sus compatriotas les odiasen: por vendidos al extranjero, por explotadores de la comunidad. El Talmud les colocará sin vacilación entre los asesinos y los ladrones y el mayor insulto que se dirigirá a Jesús es el de que come con publicanos y trata con ellos.

¿Qué responderá Juan a la pregunta de los publicanos que demandan consejo? ¿Les pedirá que abandonen tan sucia profesión? Nuevamente el consejo del profeta es realista y sencillo: *No exijáis más de lo que os está permitido* (Lc 3, 13). Es decir: cumplid, por ahora, la justicia, ya vendrá el día de la locura evangélica en que otro profeta os pedirá que dejéis todo para seguirle.

Había también por allí un grupo de soldados, probablemente romanos, enviados, sin duda, por Herodes o Pilato a quienes tenía que preocupar aquella concentración de gentes en torno a un visionario. Si mala fama tenían los publicanos, aún era peor la de los soldados. Es sabido que el ejército romano se formaba de voluntarios, aventureros salidos de las provincias más ariscas del Imperio, gentes huidas de la justicia o de sus acreedores, o sencillamente mozos aventureros y haraganes, ansiosos de un enriquecimiento rápido, gracias a la libertad que un soldado tenía siempre para arramblar con el botín de las tierras conquistadas. Su sueldo era, por entonces, de dos monedas diarias (el doble del de un trabajador a sueldo) pero ellos encontraban el modo de multiplicarlo con todo tipo de exacciones.

Estaban allí como simples curiosos y quizá les llamó la atención lo atentamente que Juan trató a los publicanos. Esto les empujó a preguntar también ellos: *¿Y nosotros, qué haremos?* La respuesta de Juan volvió a sonar sencilla: *No hagáis violencia a nadie, no denunciéis a nadie falsamente. Contentaos con vuestros sueldos* (Lc 3, 14). El profeta, cuyo dedo señalaba rígidamente la lejanía del altísimo ideal, aceptaba sin embargo el hecho de que a la gran conversión no se llega con sueños sino con el cambio en la lucha de cada día. Y era esta mezcla de violencia y realismo lo que mayormente conmovía a cuantos acudían a él.

El testigo de la luz

Pero en Juan lo importante no era el asceta, ni el moralista, y ni siquiera el profeta. Una cuarta vocación más honda era la que daba sus verdaderas dimensiones. El no era la luz, pero era el testigo de la luz, como diría más tarde el evangelio de Juan. Mas su testimonio era tan fúlgido que muchos comenzaron a pensar que él mismo era la luz. *El pueblo* —comenta san Lucas— *estaba en espera y todos se preguntaban en su interior, respecto de Juan, si no sería él el Cristo* (Lc 3, 15), el Mesías esperado.

El problema era demasiado grande como para que se quedaran tranquilos quienes se sentían responsables de la salud moral del pueblo. Por eso —como narra san Juan— *los judíos le enviaron desde Jerusalén sacerdotes y levitas para preguntarle* quién era (Jn 1, 19).

La escena volvió a ser dramática. El león dormido despertó en las entrañas de Juan. Y el diálogo tenso entre el bautizador que hablaba desde el centro del río y los inquisidores que le acosaban desde la orilla, fue sin duda seguido por el silencio expectante de la multitud.

Respóndenos ¿quién eres tú? ¿Eres el Mesías que esperamos? (Jn 1, 20).

La pregunta era directa. Si Juan contestaba que sí, los soldados romanos que estaban entre la multitud se verían obligados a detenerle. La palabra Mesías tenía entonces un sentido directamente político e incluso violento.

Pero Juan no temía a los soldados. Temía a la mentira. Sabía muy bien que no era aquél su papel. Y no iba a vestirse con plumas ajenas quien ni vestidos llevaba. Por eso *confesó y no negó.*

—*No, no soy el Mesías.*

La voz de los espías siguió acosando:

—*¿Quién eres entonces, eres acaso Elías?*

La pregunta tenía sentido en quienes esperaban una reencarnación de Elías para anunciar la venida del Mesías. Además vestido y modo de vivir asemejaban al Bautista con el profeta del Carmelo.

—*No, no soy Elías.*

La voz de Juan había sonado tajante, como gozosa de ir cerrando puertas a quienes le acosaban. Pero estos no cejaban:

—*Pues ¿quién eres? Dínoslo, para que podamos llevar una respuesta a quienes nos han enviado.*

La multitud ahora contenía el aliento. Todos ellos veneraban a Juan, pero también necesitaban saber claramente quién era, sin metáforas. La voz de Juan se alzó tremenda:

—*Yo soy la voz que clama en el desierto: enderezad el camino al Señor.*

La respuesta sonó en los oídos de muchos como una pura escapatoria. La frase de Isaías, que Juan citaba, la conocían de sobra. La habían oído comentar cientos de veces en las sinagogas. Para gritar eso, no hacía falta irse al desierto. Por eso muchos se sentían de acuerdo con los fariseos que contestaron a Juan:

—*¿Entonces quién te da autoridad para bautizar si no eres ni el Mesías, ni Elías, ni un verdadero profeta?*

La voz de Juan se hizo ahora más honda:

—*Mi bautismo es simplemente un bautismo de agua. Pero ya está viniendo alguien que es más grande y fuerte que yo, alguien a quien yo no merezco ni siquiera atarle las sandalias. El trae el verdadero bautismo en fuego y en el Espíritu santo* (Jn 1, 19-28; Mt 3, 11; Lc 3, 16).

Algunos de los que le oyeron se asustaron. Pero los más respiraron tranquilos: por lo menos ahora hablaba claro: el no era el Mesías esperado. Y, en cuanto a ese otro más fuerte que vendría, tiempo tendrían de juzgarle cuando llegase. Si llegaba.

Los enviados de Jerusalén se fueron contentos. La gente se alejó también, entre desconcertada y más llena de esperanza. Juan les vio irse y se quedó mirando a las montañas en dirección a Jerusalén. Sabía que un día, ya no muy lejano, por aquella pendiente vería descender a alguien distinto. A ese cuyas sandalias no era digno de atar. Trataba de imaginárselo y sin duda lo veía rodeado de majestad, como uno de esos magnates ante los que todos tiemblan y a quien sus esclavitos acuden presurosos para lavarle los pies cuando llega sudoroso, empolvadas las sandalias.

Juan no sospechaba que —como intuye muy bien Papini— *en Nazaret, entretanto, un obrero desconocido se ataba las sandalias con sus manos para ir al desierto donde tronaba la voz que por tres veces había contestado que no.*

14

La vocación bautismal

La noticia de la predicación del Bautista no debió de tardar en llegar a Nazaret. Las nuevas vuelan cuando responden a una gran esperanza colectiva. Y un profeta anunciando la proximidad del Reino era, para cualquier judío, la mejor de las noticias. Pero alguien había en Nazaret especialísimamente interesado en el asunto.

Jesús era ya, por entonces, todo un hombre. Había cumplido los treinta años y era el cabeza de familia. José había muerto sin duda, ya que ningún rastro de su presencia volverán a darnos los evangelios. Y ahora es Jesús quien lleva la casa y la carpintería.

Es, sigue siendo y pareciendo, un hombre como los demás. No salen palomas de sus manos, ni se escapan milagros de su boca. Es un carpintero, un buen carpintero simplemente.

Charles de Peguy ha contado —en sus «Dolores de Nuestra Señora»— la vida cotidiana de este hombre de Nazaret y el misterio de su cambio a los treinta años:

> Porque él había trabajado en la madera, su oficio.
> Era obrero carpintero.
> Había sido incluso un buen obrero
> como había sido bueno en todo.
> ¡Cuánto había amado él este oficio de la madera,
> el oficio de las cunas y de los ataúdes (que se asemejan tanto)
> el oficio de las mesas y las camas!
> ¡Cuánto había amado el trabajo bien hecho,
> la obra bien hecha!
> Había sido generalmente estimado.
> Todo el mundo le quería bien
> *hasta el día en que comenzó su misión.*
>
> Los camaradas de la escuela encontraban que era un buen camarada.
> Los amigos un buen amigo.
> Los compañeros un buen compañero
> sin pinta de orgullo.

Los ciudadanos encontraban que era un buen ciudadano.
Sus iguales un buen igual.
Hasta el día en que comenzó su misión.

Los ciudadanos encontraban que era un buen ciudadano
hasta el día en que comenzó su misión,
hasta el día en que se reveló como ciudadano de otra clase,
como el fundador, como el ciudadano de otra ciudad,
esto es: de la ciudad celeste,
de la eterna ciudad.

Las autoridades encontraron en él todo muy bien
hasta el día en que comenzó su misión.
Las autoridades encontraban que él era un hombre de orden,
un joven serio,
un joven tranquilo,
ordenado, fácil de gobernar,
y que daba al César lo que era del César.
Hasta el día en que comenzó su misión.
Hasta el día en que inició el desorden,
el mayor desorden que ha habido en el mundo,
es decir: el mayor orden que ha habido en el mundo,
el único orden que ha habido jamás en el mundo.
Hasta el día en que se ordenó
y, desordenándose a sí mismo, trastornó el mundo.
Hasta el día en que se reveló como el único gobierno del mundo,
el Señor y único dueño del mundo,
el día en que demostró al mundo que él no tenía igual.
Desde ese día el mundo comenzó a encontrarlo demasiado grande
y empezó a hacerle cochinadas.
Desde el día en que se empeñó en dar a Dios lo que es de Dios.

Sí, había sido, sin duda, querido por los suyos y la gente de Nazaret hasta que inició su «locura». Cuando más tarde comience a explicar la palabra de Dios en la sinagoga de su pueblo, se le escuchará inicialmente con interés y respeto. Sólo más tarde, al oírle, llegará el escándalo y la hostilidad.

Pero hasta entonces le respetaban y querían. Le juzgaban ciertamente extraño: ¡haber llegado a los 30 años sin casarse! Si tenía vocación de monje, ¿por qué no se iba al desierto? Y, si no la tenía ¿por qué no formaba una familia como los demás? Gozaba, sin duda, fama de hombre religioso y a nadie le hubiera extrañado verle partir hacia alguno de los monasterios de célibes que bordeaban el mar Muerto en la desembocadura del Jordán.

Precisamente de aquella zona llegaban ahora noticias extrañas. Galilea era especialmente sensible en esta espera de un Mesías vencedor de los romanos y la presencia de Juan y de su predicación debió de correrse como un reguero de pólvora. Tal vez algún viajante llevó la noticia al lugar donde trabajaba Jesús o la comentó un sábado después de las oraciones en la sinagoga.

Los galileos debieron de dividirse ante la predicación de Juan. A los que poseían mentalidad de celotes Juan tuvo que resultarles un colaboracionista: no predicaba la violencia e incluso dialogaba con soldados y publicanos. Pero para los más religiosos —y pronto veremos varios galileos entre los discípulos de Juan— lo importante era el anuncio que el Bautista hacía de la inminente llegada de un desconocido que sería el verdadero Mesías.

La hora de la despedida

La alusión a ese «desconocido» golpeó el alma de Jesús. ¡Era la hora! Sin duda, ésta era la señal que él estaba esperando desde hacía muchos años. Porque él recibía órdenes. El autor de la carta a los Hebreos (10, 9) colocará en sus labios estas palabras al entrar en el mundo: *Padre, he aquí que vengo a realizar tu voluntad.* Y ahora estaba esperando el aviso de su Padre, como espera un embajador a que le firmen sus cartas credenciales.

Y ahora su vida cambia: comienza a no aceptar nuevos encargos de trabajo; la carpintería parece habérsele hecho antipática de repente. Apenas come. Su rostro ha adquirido un aire preocupado. Su madre lo percibe. Le sorprende orando con más frecuencia que nunca, pegada la frente al suelo. Desvía la conversación cuando ella pregunta qué le pasa. María percibe que su hijo la mira con esa ternura que los hijos tienen cuando se van a marchar.

Y las palabras de Simeón regresan al corazón de la madre. Habían pasado tantos años, que ya casi había llegado a olvidarlas. Le gustaba a veces imaginarse que todos aquellos temores hubieran sido sólo un mal sueño.

Pero ahora «sabe» que el dolor ya está aquí. El aún no se ha despedido, pero ella entiende que él ya no tiene el corazón dentro de casa. Le ve prepararse en la oración como un gladiador se apresta al combate, un combate en el que habrá dos derrotados, porque también el vencedor morirá en la lucha.

¿Cómo resolvió el hijo la situación económica de su madre? No lo sabemos. Tampoco conocemos cómo anunció su partida. Es la hora de la hoguera y los evangelistas no nos cuentan cómo sufrieron todos de su quemadura. Tal vez fue todo muy simple, como Mauriac lo describe: *Toma un manto; se anuda las sandalias. Dijo a su madre una palabra de despedida que no será conocida jamás.*

La purificación del más puro

Si la vida privada de Jesús comienza con algo tan sorprendente como el nacimiento en un pesebre, la vida pública se abre con algo aún más desconcertante: con un bautismo de penitencia. Manés, el hereje de quien brotaría el maniqueismo, planteó el problema con toda crudeza ya en el siglo III: *Luego ¿Cristo pecó, puesto que fue bautizado?* Y los «ebionitas» y «adopcionitas» del siglo II encontrarían una peregrina solución al problema: Jesús fue un hombre pecador como los demás, pero se purificó y divinizó al ser «adoptado» por Dios en el bautismo.

Que esta torcida interpretación del bautismo preocupaba ya a los primeros cristianos, lo prueba el modo como lo presenta el Evangelio apócrifo llamado de los Hebreos:

> La madre del Señor y sus hermanos le decían: —Juan bautiza para la remisión de los pecados. Vamos, pues, a recibir nosotros su bautismo. Pero él mismo respondía: —¿Qué pecado cometí, pues, yo, para que vaya a que él me bautice?

Y el mismo modo en que Mateo pinta a Juan resistiéndose a bautizar a Jesús (*Soy yo quien necesita ser bautizado por ti ¿y vienes a mí?*) (Mt 3, 14), tiene una evidente intención apologética para evitar las malas interpretaciones de este bautismo.

Que Jesús no tenía pecado alguno que hacerse perdonar es algo que testimonian todas y cada una de las páginas evangélicas y algo que él mismo puede proclamar: *¿Quién de vosotros se atreverá a argüirme de pecado?* (Jn 8, 46).

La misma manera en que Jesús actúa es un testimonio de esta permanente limpieza. Señala con exactitud Papini:

> En Cristo no existen ni siquiera apariencias de conversión. Sus primeras palabras tienen el mismo acento que las últimas; el manantial de que proceden es claro desde el primer día; no hay fondo turbio ni poso de malos sedimentos. Empieza seguro, franco, absoluto, con la autoridad reconoscible de la pureza; se siente que no ha dejado nada oscuro tras de sí; su voz es alta, libre, franca, un canto melodioso que no procede del mal vino de los placeres, ni de la roca de los arrepentimientos. La limpidez de su mirada, de su sonrisa y de su pensamiento, no es la serenidad posterior a las nubes del temporal o la incierta blancura del alba que vence lentamente las sombras malignas de la noche. Es la limpidez de quien sólo una vez ha nacido y ha permanecido niño aun en la madurez; la limpidez, la transparencia, la tranquilidad, la paz de un día que terminará en la noche, pero que no se ha oscurecido antes; día constante e igual, infancia intacta que nunca se empañará.

Sí, era un niño el que bajaba al Jordán. Un hombre adulto y fuerte, pero con un alma infantil y una mirada transparente. ¿Entonces por qué este bautismo?, ¿de qué tenía que purificarse?

La tradición católica, preocupada por evitar toda apariencia de pecado en Jesús, ha dado a esta escena muchas explicaciones moralizantes, ejemplificadoras. San Ignacio de Antioquía (a quien seguirá santo Tomás) da como principal razón la de *purificar el agua del bautismo* para que este rito tenga, en adelante, vigor sacramental. San Cirilo de Jerusalén dirá que para conferir a las aguas *el olor de su divinidad*. San Melitón tratará de explicarlo con una metáfora bellísima: *Aun siendo totalmente puros ¿no se bañan en el océano el sol, la luna y las estrellas?*

Otros escritores modernos superarán este planteamiento moralista, pero no irán mucho más allá en hondura teológica. Nos dirán —como Papini— que fue *a certificar que el Bautista era verdaderamente el precursor;* o —como escribe Fillion— que lo hizo *para revelarse a Juan y, mediante él, al mundo.* O también que lo hizo *por razón de ejemplo: cuadraba al Redentor tomar apariencia y actitud de pecador.*

Es claro que todas estas respuestas son, por lo menos, insuficientes y empequeñecedoras. Sobre todo si se tiene en cuenta la enorme importancia que Jesús concede a su bautismo. Un día (Mc 11, 27) los fariseos le preguntarán con qué autoridad predica y hace curaciones y Jesús contestará a su vez con otra pregunta: *El bautismo de Juan ¿era de Dios o de los hombres?* La respuesta puede interpretarse como una pura escapatoria. Pero puede también entenderse como una respuesta directa: mi autoridad se basa en el bautismo de Juan, en lo que ocurrió cuando Juan me bautizó.

Además, Jesús alude varias veces a un segundo y total bautismo que ha de recibir. *Tengo que recibir un bautismo ¡y no veo la hora de que se cumpla!* (Lc 12, 50). *¿Sois capaces* —dice a los hijos del Zebedeo— *de recibir el bautismo que yo he de recibir?* (Mc 10, 38). Está aludiendo evidentemente a su muerte, de la que este bautismo del Jordán sería un comienzo, un prólogo o un ensayo al menos.

Ahora tenemos ya la respuesta al por qué de este bautismo: Jesús en su muerte no murió por pecados personales, pero sí asumió e hizo verdaderamente suyos los pecados del mundo. En este Jordán no tenía pecados personales que lavar, pero estaba empezando a lavar los pecados del mundo. Jesús se está bautizando no en cuanto persona, sino en cuanto nuevo Adán. No se bautiza para que se perdonen sus pecados, sino para que empiece a cumplirse toda justicia, para que la justicia se restaure. Era por nosotros por quien se bautizaba. No es que lo hiciera para darnos ejemplo, es que lo hacía en lugar nuestro.

Lanza del Vasto lo ha dicho con gran belleza:

> Al descender a las aguas del Jordán entró en nuestra vida. El bautismo
> es para Cristo un segundo nacimiento, o, con otras palabras, una
> segunda caída. Para nosotros el bautismo es un camino de salida, una
> huida y una liberación del mal. Para él es un camino de entrada en la
> caída. Entra, pues, por segunda vez, en este mundo, en el mundo de las
> tinieblas y en el mundo de los hombres. ¿Y qué tomó del agua del
> Jordán, del agua limosa que corre entre desiertos para desembocar en el
> mar Muerto? Tomó los pecados que los demás dejaron dentro.

No, no se trataba de un pequeño rito sin importancia. Era nada
menos que el comienzo de la gran batalla que concluiría en una cruz y
un sepulcro vacío.

El encuentro de los dos gigantes

¿Cómo fue el encuentro de estos dos colosos del espíritu? Muchas
cosas les acercaban, pero aún eran más las que les distinguían. Ambos
habían nacido entre anuncios misteriosos; ambos llegaron al mundo
cuando sus madres —por estéril una, por virgen otra— no les esperaban; ambos eran pregoneros del mismo Reino. Pero ya su aspecto
físico les distinguía: Juan era un atleta de torso desnudo y desnudas
piernas, quemado por el sol y ennegrecido por el aire del desierto.
Jesús vestía pobre pero cuidadosamente: su túnica y su manto rojo no
eran nuevos, pero sí estaban limpios y aseados. Jesús era masculino,
pero delicado; austero, pero sin olor a montaña. Juan era violencia;
Jesús equilibrio; Juan era el relámpago; Jesús, la luz.

Y esta apariencia externa reflejaba dos visiones del mundo. Juan
era radicalmente asceta, Jesús vivía abierto al mundo. Aquél renun-
ciaría al vino y a mezclarse con la gente; Jesús aceptará la compañía
de los pecadores y no temerá multiplicar el vino como primer signo
de su poder. Juan anuncia: *El juicio está a la puerta, ¡conviértete!* Jesús
dice: *El reino de Dios ya está en medio de vosotros* (Lc 17, 20). *Venid a
mí los que estéis cansados y fatigados* (Mt 11, 28). Juan permanece
todavía en el marco de la *expectación.* Jesús trae el *cumplimiento.* Juan
es *la voz;* Jesús es *el Verbo.* Juan permanece todavía en el ámbito de la
ley; con Jesús comienza el *evangelio.*

¿Cómo se vieron, cómo se conocieron? Los pintores nos han
acostumbrado a la idea de que Jesús y Juan pasaron juntos sus
infancias y aun sus adolescencias. La pintura occidental está llena de
tiernas escenas de los dos primitos jugando bajo la complaciente
mirada de sus madres. Pero la idea carece de toda base seria. No se
apoya en dato evangélico alguno y parece olvidar que entre las aldeas
de los dos muchachos había una considerable distancia y que viajes

así no eran frecuentes entonces. El texto de Juan (1, 33) es, además, concluyente: *Yo no le conocía; pero el que me envió a bautizar en agua me dijo: sobre quien vieres descender el Espíritu y posarse sobre él, ése es el que bautiza en el Espíritu santo.*

No se puede excluir la posibilidad de que Jesús y Juan se hubieran encontrado de niños alguna vez, con motivo de algún viaje de Jesús a Jerusalén con sus padres. Pero tampoco hay que olvidar que Juan se fue muy joven al desierto. A los treinta años, eran, pues, mutuamente, dos desconocidos.

¿Se encontraron a solas? Es imposible precisarlo, ya que son varias las versiones posibles del texto en que Lucas lo cuenta. La Vulgata traduce que Jesús *se bautizó cuando se estaba bautizando todo el pueblo.* San Ambrosio prefiere traducir: *cuando todo el pueblo se hubo bautizado.* Las versiones más modernas optan por: *Después de un bautismo del pueblo en masa y de bautizarse también Jesús...,* versión que coincidiría con la opinión de los científicos que aseguran que se trataba de bautismos colectivos y por inmersión: el grupo de bautizados entraría en el río e iría desfilando ante Juan, que sería no autor, sino testigo de este bautismo por inmersión.

Tampoco es claro en qué momento reconoció Juan a Jesús. En la narración de Mateo parece que antes de que se bautizara; en los demás evangelistas, después del bautismo, al abrirse los cielos. Parece más coherente este segundo momento, y es verosímil que Mateo haya colocado ese diálogo con una simple intención apologética frente a posibles interpretaciones que atribuyeran pecado a Jesús.

Lo más verosímil es, pues, que Jesús —dejados los vestidos en la orilla— entró desnudo en el agua en medio de la fila de los bautizados y se acercó a Juan, chorreando de agua cabeza y cuerpo. Fue entonces cuando el Padre habló.

Se abren los cielos

Y, de pronto, regresa lo maravilloso. El evangelio nos mostraba manifestaciones de Dios en sus primeras páginas: ángeles que se aparecen, cantos que se oyen, estrellas que conducen a unos viajeros... Luego, durante treinta años, todo regresa a la cotidianidad. Pero ahora reaparece el fulgor de Dios. Los tres sinópticos coinciden en contarnos que en aquel momento el cielo se abrió, que el Espíritu descendió en forma de paloma y que sonó en los cielos una voz proclamando su amor hacia el bautizado.

Los apócrifos, insatisfechos todavía de este «estallido» de la presencia de Dios, añaden muchos otros fenómenos físicos. El evangelio de los ebionitas dice que se hizo una gran luz y que iluminó todos los contornos. San Justino habla de que brotó fuego de las aguas del río. Las *Actas de Tomás*, apócrifo también, transcriben un canto de los ángeles pidiendo la bajada del Espíritu. Según el Evangelio de los nazarenos, la voz habría dicho a Jesús: *Hijo mío, yo te esperaba en todos los profetas, para descansar en ti, pues tú eres mi reposo.*

Pero ya dan bastantes quebraderos de cabeza a los exegetas los tres hechos que narran los evangelios para que les añadamos contornos imaginativos.

Para la crítica racionalista, se trataría simplemente de *una impresión experimentada por Jesús, víctima de una loca exaltación, motivada por la influencia de Juan.* Otros creen que simplemente se trata de *una piadosa invención imaginada por la Iglesia primitiva.*

Pero estas afirmaciones tienen tan poca base como las invenciones de los apócrifos. La historicidad del bautismo de Jesús no la discuten ni los más reticentes críticos. Y las fuentes coincidentes en esta «teofanía» (manifestación de Dios) son demasiadas como para negarlo sin más.

Más difícil es aclarar si esta indudable manifestación de Dios tuvo realidad exterior física o si fue algo que sólo se experimentó en el interior de las almas de Jesús y de Juan y que luego fue expresada con esos tres símbolos por los evangelistas.

Según los relatos evangélicos y la tradición permanente de los padres de la Iglesia, los tres fenómenos —cielo que se abre, paloma que desciende, voz que proclama— tuvieron realidad exterior, aun cuando no falten muchos teólogos católicos que acepten que esta realidad fue únicamente percibida por Jesús y por Juan. Tampoco parece que pueda excluirse como heterodoxa la opinión de quienes sostienen que hubo una efectiva y real manifestación de Dios a Juan y Jesús y que esa plenitud de Dios es expresada mediante una acumulación de símbolos. J. Jeremias escribe, por ejemplo, que *el que se abrieran los cielos, la revelación de la santidad desde el templo de gloria, la voz celestial del Padre, la proclamación de la gloria de Dios, el derramamiento y el «descanso» del Espíritu que desciende, el Espíritu de gracia, de entendimiento y de santificación, así como también el don de la filiación, son una múltiple circunlocución para describir la plenitud de los dones escatológicos de Dios y la aurora del tiempo de salvación.*

La paloma

De los tres datos que los evangelistas aportan, el más nuevo es el del Espíritu en forma de paloma. Quienes ven esto como un puro símbolo, han buscado las más diversas explicaciones. No ha faltado quien lo conecte con el hecho de que la paloma era el animal sagrado de los dioses Ishtar y Atargatis. Bultmann habla de que en Persia la paloma es figura del poder de Dios que llena al rey. Jeremias lo interpreta como una simple metáfora: el evangelista habría querido simplemente decir que el Espíritu descendió sobre Cristo con suave murmullo, como una paloma.

Sin llegar a tan extrañas interpretaciones, los exegetas católicos no acaban de ver con claridad el sentido de este símbolo. Algunos lo conectan con la paloma que Noé soltó en tiempos del diluvio y regresó al arca. Otros recuerdan que en el Cantar de los cantares la paloma significa siempre el amor. Algunos señalan que muchas tradiciones judías presentaban en forma de paloma al Espíritu de Dios que flotaba sobre las aguas del que habla el Génesis (1, 2). Fillion recuerda que no pocos escritos rabínicos unían la idea de la paloma a la del Espíritu. Así un rabino comentaba ese flotar del Espíritu sobre las aguas, añadiendo que lo hacía *como una paloma sobre sus pequeñuelos.* Y otra tradición rabínica comentando el Cantar de los cantares afirmaba que *la voz de la paloma es la voz del Espíritu santo.*

Sea el que sea el origen de esta imagen, lo cierto es que la tradición cristiana lo ha acogido y consagrado como símbolo de la tercera persona de la Trinidad. Desde entonces, aparecerá en tímpanos y altares de miles y miles de iglesias cristianas, junto al Padre y el Hijo, en millares de obras de los más grandes pintores. Y en la basílica Vaticana se convertirá en símbolo de oro de la santidad, campeando entre llamas de bronce en el centro mismo de su ábside central.

Una «hora alta» en la historia del mundo

Pero más allá del significado concreto de cada uno de los detalles, lo que no puede dudarse es que, lo que pasa y lo que se dice en el momento del bautismo de Jesús, señala una «hora alta» en la historia del mundo: se abre auténticamente una nueva era, de la que este bautismo es la inauguración. Cesa el silencio de Dios, porque Dios se hace palabra.

Esta apertura de los cielos es mucho más que un dato triunfalista con el que el Padre quisiera subrayar la función de su Hijo. Hay que verlo —diría Duquoc— *como la inauguración de unas nuevas relaciones entre Dios y los hombres y como la donación de unos bienes divinos. Tras un largo silencio, marcado por el cierre de los cielos, Dios se decide finalmente a hablar. Hacía ya mucho tiempo que el Espíritu de profecía «descansaba» en Israel. La apertura de los cielos significa la inauguración de una época de gracia.*

No es ésta, ciertamente, la primera vez que Dios aparece en Israel en el esplendor de su gloria. La historia del pueblo elegido está llena de teofanías parecidas. Y todas tienen un carácter solemne: vocación de un profeta, promulgación de la ley, dedicación del templo...

Tres de ellas —las vocaciones de Moisés, Elías y Ezequiel— tienen grandes zonas de parecido con cuanto ocurre en este momento del bautismo. Las de Moisés y Elías (Ex 33, 18 y 1 Re 19, 8) van acompañadas por un desencadenarse de los elementos. Pero en el Jordán no hay llama devoradora coronando las montañas, no hay huracán ni temblor de tierra. Sólo una ligera brisa movía las cañas de la orilla del río. La escena es apacible, Porque aquí —escribe Bruckberger— *no se trata ni de justicia ni de misericordia hacia el pueblo, sino únicamente de amor y de complacencia excepcional hacia uno solo, pero excepcional. Desde ese momento se afirma el estilo del destino humano de Cristo, que san Pablo ha definido tan bien: la obediencia y la exaltación, el descenso y la vuelta a subir. Son verdaderamente los dos polos de ese destino. Jesús empieza por obedecer a la tradición profética de su pueblo y en recompensa a esa obediencia, Dios se revela más completamente de lo que nunca había hecho, le da el nombre por encima de todo nombre, el de Hijo bien amado, de Hijo por excelencia, como lo era en efecto.*

El Hijo bien amado

Que Dios se presentase como Padre no era una novedad en Israel. El pueblo judío había tenido durante muchos siglos el conocimiento y la experiencia de este amor paternal. También estaba acostumbrado a oír hablar del Espíritu de Dios. Por ello, si estas palabras fueron percibidas por quienes rodeaban al Bautista, no debieron de sorprender a nadie. La denominación «Hijo de Dios» se empleaba a menudo para indicar una predestinación especial o simplemente un rango más alto en la jerarquía de las criaturas.

Pero esa palabra aquí parece usarse en un tono y un contexto nuevos. Bajo la antigua alianza, todo el pueblo de Israel se consideraba hijo del Altísimo (Ex 4, 22; Os 2, 1, etc.) y esta misma dignidad es reconocida a los reyes en cuanto representantes del pueblo ante Dios. Pero poco a poco esta realeza va pansando de los reyes materiales al Mesías que pasa a ser el único digno de ser llamado «Hijo de Dios». En el mundo de los salmos (uno de los cuales es citado aquí por las palabras que vienen de lo alto) el Mesías será llamado por Dios «mi Hijo» como signo de predilección y de misión, sin que, con ello, se aluda a una filiación divina propiamente tal.

Pero aquí las palabras y su contexto van más allá. Nos encontramos ante la primera manifestación por completo explícita de la santa

Trinidad. El Padre habla en el cielo desgarrado, el Hijo se sumerge orando en las aguas, el Espíritu se cierne sobre él, bajo la forma de paloma.

Nadie entendería, entonces, el sentido de esta triple aparición. Los mismos primeros cristianos tardarían mucho tiempo en pasar del concepto de Mesías resucitado al entendimiento de la Trinidad. Pero, evidentemente, algo nuevo ha ocurrido aquí. Dios habla directamente a su «Hijo bien amado» y afirma que en él tiene su complacencia. Estamos ante una visión de familiaridad que profundiza y singulariza la noción de paternidad divina y le confiere una trascendencia personal que nunca tuvo antes. La palabra «Hijo de Dios» tiene aquí un color, un tono nuevo y muy diferente del que ha tenido cuando se dirigía a los reyes de Israel.

Comenzamos a descubrir que existe un ser único que es, por excelencia, el Hijo bienamado de Dios y que entre ambos existe un amor, una complacencia, una compenetración que es una vida compartida y no una simple providencia exterior. Esta intimidad de relaciones que constituyen la más honda realidad de Dios, quedan aquí apuntadas: Jesús irá, a lo largo de toda su vida, descorriendo esta misteriosa cortina.

La unción del nuevo rey

Jesús es, además, el verdadero rey que merece el título de Hijo de Dios. El representará, como ningún otro, al pueblo de Israel y a la humanidad entera ante Dios. Por ello, el bautismo tiene también algo de unción real. Era corriente que, en la antigüedad, los reyes se atribuyesen origen divino. Jesús no necesitaba atribuirse lo que ya tenía. Y la liturgia —que desde la antigüedad ha unido, sobre todo en oriente, las fiestas de Epifanía, de las bodas de Caná y del Bautismo de Jesús— ha reconocido en la teofanía del Jordán una especie de consagración real. En la Epifanía se conmemora el que reyes o grandes de la tierra reconocieron a Jesús por su rey. Esta vez la consagración venía de lo alto, del mismo Espíritu santo. Y en Caná, donde cambió el agua en vino —figura de la sangre— al mismo tiempo que revelaba su poder, significaba que su bautismo sería de sangre y fuego y que con él se santificarían las bodas liberadoras de la humanidad con su Redentor. Así lo expresa una antífona del breviario dominicano para la fiesta de la Epifanía: *Hoy la Iglesia está unida a su Esposo del cielo, porque Cristo la ha lavado de sus crímenes en el Jordán. Con las manos llenas de regalos, los Magos corren a las bodas reales. Y todos los comensales saborean el agua transformada en vino.*

El bautismo de Jesús es, así, el lavatorio antes del gran banquete que será toda su vida. Sólo que, en esa mesa, se comerá y se sacrificará a este mismo Cordero que ahora desciende a purificar las aguas purificadoras.

La vocación clarificada

¿Qué sienten Juan y Jesús cuando las palabras del Padre caen sobre ellos igual que, poco antes, el agua sobre la cabeza de Jesús? Juan descubre que su vida ya está llena. Ha hecho lo que tenía que hacer; lo que profetizaba se ha cumplido; lo que anunciaba ha llegado; el hombre cuyas sandalias no podía ni siquiera desatar, está ya listo para salir a los caminos del mundo. Por eso está alegre Juan, por eso grita con alegría señalando al Cordero. Por eso también comienza a inclinar su cabeza, dispuesto ya a comenzar a disminuir para que él crezca. El sol ha llegado, el mensajero desciende a la sombra.

¿Y para Jesús? Esta es, sin duda, una hora clave en su vida. Los herejes ebionitas tendían a exagerar la importancia de este momento, como si Jesús acabara de ser «elegido» para Mesías y elevado desde el espesor de la naturaleza humana a la dignidad de la divina. Pero es evidente que la voz del cielo no elige, sino proclama una elección. Bastaría comparar el texto bíblico con cualquier otro de los relatos de vocaciones en el antiguo y nuevo testamento: aquí no hay una llamada de Dios, ni hay una respuesta aceptadora por parte del llamado.

En cambio, es cierto que esa vocación que Jesús tuvo desde su nacimiento (la tuvo ya por su naturaleza) se hace aquí más clara y definitiva. Lo que se iluminó en la visita del muchacho al templo, es aquí proclamado con trompeta y tambor, y no por los hombres, sino por Dios directamente desde los cielos. Jesús no recibió aquí una vocación, pero tal vez la experimentó por primera vez plena y totalmente.

J. Jeremias lo explica así:

> En el bautismo Jesús tiene conciencia de ser poseído por el Espíritu. Dios lo toma a su servicio, lo equipa y lo autoriza para ser su mensajero y el inaugurador del tiempo de salvación. Con ocasión de su bautismo, Jesús experimentó su vocación.

Entendidas estas palabras como una definitiva explicitación y toma de conciencia de lo que estaba ya en su alma, son perfectamente aceptables y hasta iluminadoras. De hecho Jesús atribuirá siempre gran importancia a este momento, que es mucho más que un prólogo y muchísimo más que una simple comedieta ejemplificadora. Jesús se chapuza en su vocación salvadora, entra hasta el fondo en las aguas turbias de la humanidad. Pronto esas aguas le traerán el dolor y la tentación. Por eso Jesús sale del río para entrar en la oración. El desierto le espera. Y Satanás en él.

15

Combate cuerpo a cuerpo en el desierto

A ocho kilómetros del lugar donde Juan bautizaba, está Jericó, una de las ciudades más bellas de Palestina y más antiguas del mundo. Y poco más allá, al oeste, está el Djebel Kuruntul (monte de la Cuarentena) en el que la tradición coloca la más dramática batalla contada por los evangelios: la lucha cuerpo a cuerpo de Jesús con Satán.

El historiador que hace unas décadas narraba estos hechos tenía que comenzar explicando cómo era posible que Jesús, impecable, fuera tentado y sometido, por un momento, a las manos del demonio. Pero el cronista de hoy, a poco que conozca el mundo que le rodea y aun cuando escriba para cristianos, tiene que comenzar preguntándose si el tentador existe o si sólo es un fantasma para asustar a los ingenuos.

H. Marrou lo ha dicho con crudeza, pero con realismo: *Hoy en día se puede asegurar que, aparte de algunas almas privilegiadas, son muy raros los cristianos que creen real, efectivamente, en el diablo.* Existen también —que todo se ha de decir— quienes creen *demasiado* en el diablo (todas esas almas aterradas que parecen confundir al demonio con un segundo Dios y que viven más obsesionadas por huir de Satanás que por unirse a Cristo), pero la verdad es que, salvo fugitivas ráfagas de demonismo, que ponen de moda tales novelas o cuales películas, el hombre actual dice «haberse librado» del demonio, haberle *cortado* —como ha escrito Arthur Miller— *las barbas a Dios y los cuernos al diablo.* Satanás, en nuestra civilización, sólo aparece como objeto de burla en los vodeviles y los cabarets. Y nunca pasa de la categoría de «pobre diablo».

Que esto ocurra en el mundo de lo profano no tiene mucho de extraño: al hombre siempre le ha gustado reírse de todo lo que le desborda y prefiere ignorar cuanto no puede ser digerido por su estómago o su mente. Pero lo desconcertante es que eso ocurra también en el mundo de los creyentes y hasta en la misma teología. Papini lo ha denunciado con palabras bien ácidas:

> Los teólogos hace siglos que apenas cuchichean algo sobre él, como si se avengonzasen de su «presencia real» o tuviesen miedo de mirarlo de frente, de sondear su esencia, como si temieran escandalizar a los espíritus «libres» que han expulsado de la «buena sociedad» de la «intellighenzia» todas estas «supersticiones medievales».

Puede que Papini exagere en lo que se refiere a las causas de ese silencio (que probablemente se deba, más que a ese miedo, a una simple reacción ante los tiempos en que construyó una demonología sobre bases más fantásticas que seriamente bíblicas), pero el hecho parece evidente: al demonio se le dedica bien poco espacio en los tratados teológicos y menos aún en los púlpitos de hoy.

No es imposible, incluso, encontrarse rotundas negaciones de su existencia. Herbert Haag, por ejemplo, desde su cátedra de la universidad católica de Tubinga y en su libro *El diablo, un fantasma* defiende abiertamente que el demonio es una simple personificación literaria del mal y del pecado, pero que no existe en cuanto ser real y concreto.

Desde este punto de vista, es evidente que habría que dar a la escena de las tentaciones un sentido puramente simbólico. Así lo hace Haag. Para él, la breve frase que Marcos dedica al tema (1, 13) sería la sustancia del problema y subrayaría el hecho de que Jesús fue sometido a la tentación a lo largo de toda su vida. Los textos de Lucas y Mateo no serían sino ampliaciones de la Iglesia primitiva, ansiosa de conocer cómo fue esa tentación de Jesús. Por lo demás, para Haag, cuando Cristo y los apóstoles se refieren de algún modo al demonio, lo que hacen es, simplemente, aceptar las categorías que eran corrientes en su época, que presentaban al diablo como un exponente del mal, como una personificación metafórica del pecado, sin que de ello pueda deducirse una verdadera existencia real del demonio como ser concreto.

La verdad es que se hace difícil entender cómo puedan caber estas teorías dentro de la ortodoxia católica y aun dentro de una lectura objetiva de los evangelios. Su existencia y su acción tentadora sobre el hombre son parte evidente del magisterio de la Iglesia en los concilios IV de Letrán, Trento y Vaticano I. Y recientemente Pablo VI, que define al demonio como *agente oscuro y enemigo* y como *un ser vivo, espiritual, pervertido y pervertidor,* ha dicho tajantemente:

> Quien rehúsa reconocer su existencia se sale del marco de la enseñanza bíblica y eclesiástica; como se sale también quien hace de ella un principio autónomo, algo que no tiene su origen, como toda criatura,

en Dios; o quien la explica como pseudo-realidad, una personificación conceptual y fantástica de las causas desconocidas de nuestras desgracias.

Habrá entonces que huir tanto de convertir al demonio en protagonista del evangelio, como de construir un evangelio expurgado de Satanás. No sería, ciertamente, el evangelio de Jesucristo. Si algo hay claro en una lectura de las páginas del nuevo testamento es que para Jesús y los apóstoles el demonio es una realidad, una realidad viva y no una simple figuración o un fantasma. Explicarlo como una simple aceptación por parte de Jesús de las categorías corrientes de su época no resulta convincente: Jesús modificó en muchas cosas esas categorías, las modificó incluso en ciertos aspectos de la visión del demonio. Dar por supuesto, sin prueba ninguna positiva, que Jesús habla en metáforas sobre un tema tan importante, cuando todo en su lenguaje y su comportamiento dice lo contrario, parece demasiada imaginación y poca ciencia. A no ser que, con un planteamiento puramente racionalista, se parta del supuesto de que el sobrenatural no puede existir.

Pero dejemos por ahora este tema —sobre el que habremos de volver en otro lugar de esta obra— y leamos el texto evangélico tal y como los sinópticos nos lo presentan. Tras un revestimiento literario en detalles, nos encontramos con la primera gran batalla de Jesús, prólogo de la gran lucha que concluirá en una cruz.

La tentación del Hijo de Dios

Y una vez más, los extremos se tocan: si desde ciertas posiciones avanzadas se cree que las alusiones al demonio son pura literatura, desde otros planteamientos conservadores se cree literario el hecho de que Jesús fuera tentado. ¿Cómo va a rozar, aun de lejos, la tentación al Hijo de Dios? No, dicen ciertas falsas devociones a Cristo, en realidad el Señor no fue tentado sino de mentirijillas. Se trataba de dar una lección a la Iglesia para que no caiga en mesianismos temporales y Jesús habría aceptado, cuando más, una tentación puramente simbólica, para dar un ejemplo a los cristianos. Pero sin estar verdaderamente sometido al fuego de la tentación. La escena, dicen estos comentaristas píos, no tendría otro valor que el puramente pedagógico para nosotros. Escribe Duquoc:

> Creen estos que de esta manera respetan y salvaguardan la dignidad de Cristo, Hijo de Dios, suprimiendo toda significación individual a su tentación. En realidad este respeto no es más que aparente. Se hace de la tentación de Jesús una comedia, a la que él se hubiera prestado para darnos ejemplo. Pero si Jesús no ha vivido la tentación como tentación,

si la tentación no ha significado nada para él, hombre y Mesías, su actitud no podría ser ya un ejemplo para nosotros, ya que no tiene nada que ver con la nuestra. Sólo será ejemplar cuando, tras haber vivido la tentación, la haya superado desde su interior. ¡Se trata de la verdad misma de la encarnación! ¡No nos interesa una comedia o un ejercicio estilístico!

No fue, pues, un juego. En Jesús no hubo la menor connivencia con el pecado, pero la tentación cruzó su vida como cruza las nuestras. Y no sólo una vez. Si el evangelio sólo nos describe estas tres tentaciones, hay en el nuevo testamento muchas frases que nos dicen que la tentación acompañó a Jesús durante toda su vida. *Porque no tenemos* —dice la carta a los Hebreos 4, 15— *un sumo sacerdote incapaz de compartir el peso de nuestras debilidades, sino al contrario: tentado en todo, como semejante nuestro que es, pero sin pecado.* Sí, *en todo* fue tentado en todos los terrenos y en todas las formas: en el hambre y la sed, en el frío y en la fatiga, en éxitos clamorosos y en fracasos desalentadores, en la soledad y en la incomprensión de los más allegados, en la inoportunidad de las gentes y en la hostilidad de los gobernantes. Se entiende, por ello, que cuando Jesús, en los últimos días de su vida, al echar una ojeada retrospectiva a su vida, habla con intimidad a sus apóstoles les diga con palabras de agradecimiento: *Vosotros habéis permanecido constantemente conmigo en mis pruebas* (Lc 22, 28). Aún se irá más allá al afirmar que *porque él mismo soportó la prueba, es capaz de socorrer a los tentados* (Heb 2, 18). Y el evangelio de Juan resumirá esta lucha y su desenlace con estas palabras dichas por Jesús en vísperas de su pasión: *Viene el príncipe de este mundo, que en mí nada puede, pero conviene que el mundo conozca que yo amo al Padre* (Jn 14, 30).

Las tres tentaciones del desierto iban a ser, así, como el resumen, la obertura, de la gran lucha que duraría tres años. Y en ellas la tentación iba a tratar de herir en lo esencial: en la misma sustancia del mesianismo de Jesús.

Las tres preguntas capitales

Esta pregunta que Satanás plantea a Cristo sobre la substancia de su mesianismo, deja en sombra todas las muchas cuestiones que nuestra curiosidad formularía en estos momentos y que me limitaré a rozar para centrarnos, después, en aquélla.

¿Sabía Satanás que aquél a quien tentaba era Dios en persona? No parece probable. Difícilmente se hubiera esforzado en tentar a Dios mismo. Sabía, sí, porque acababa de oírlo en el bautismo, que Jesús era el Mesías, el nuevo Moisés, el Hijo de Dios, pero difícilmente pudo interpretar esta expresión en todo su hondísimo sentido. La humanidad de Cristo le cegó, sin duda. San Gregorio Magno lo ha dicho graciosamente: *Como a un pez sin seso le cautivó el cebo de la humanidad, y el anzuelo de la divinidad lo sacó fuera, a la pública vergüenza.*

¿Sucedieron las tentaciones en la realidad exterior visible o todo ocurrió simplemente en el interior de la conciencia de Jesús? Nuevamente la duda. Desde un punto de vista teológico es perfectamente posible que las tentaciones sufridas por Jesús fueran hermanas gemelas de las que todos los hombres padecemos en nuestro corazón, sin necesidad de apariciones diabólicas. Es perfectamente posible que la forma literaria con que se cuenta el suceso fuera aportada por los evangelistas, que reunieron en una sola ocasión todas las tentaciones que —como ya hemos señalado— Cristo vivió a lo largo de su vida.

De haber ocurrido en la realidad exterior, ¿qué forma habría adoptado el demonio? Nuevamente lo ignoramos. En todo caso no parece que haya que acudir a las fórmulas melodramáticas adoptadas por los pintores a lo largo de los siglos.

¿Los evangelistas al hablar del desierto y de que las tentaciones ocurrieron tras cuarenta días de ayuno hacen historia o presentan símbolos? Las dos hipótesis son perfectamente posibles, aunque todo hace pensar que ese desierto y esa cuarentena no son, en su literalidad, sino recuerdos del antiguo testamento.

Lo que es evidente es que todas estas preguntas en nada alteran el fondo de la gran batalla que, en el desierto o en el alma de Cristo, va a librarse. Las que realmente aquí cuentan son las tres cuestiones sobre el contenido de su misión que Satanás va a plantear a Cristo.

Dostoyevsky, en una de las páginas más bellas de toda la historia de la literatura (*La leyenda del gran inquisidor* en *Los Karamazov*) ha intuido como nadie la hondura de lo que aquí se juega. Transcribiré lo fundamental de su comentario:

> Si hubo alguna vez en la tierra un milagro verdaderamente grande, fue aquel día, el día de esas tres tentaciones. Precisamente en el planteamiento de esas tres cuestiones se cifra el milagro. Si fuera posible idear, sólo para ensayo y ejemplo, que esas tres preguntas del espíritu terrible se suprimiesen sin dejar rastro en los libros y fuese menester plantearlas de nuevo, idearlas y escribirlas otra vez, y a este fin se consagrase a todos los sabios de la tierra —soberanos, pontífices, eruditos, poetas—, sometiéndoles esta cuestión, imponiéndoles esta tarea: «Discurrid, redactad tres preguntas que no sólo estén a la altura del acontecimiento, sino que, además, expresen en tres palabras, en tres frases humanas, toda la futura historia del mundo y de la humanidad...». ¿Piensas tú que toda la sabiduría de la tierra reunida podría discurrir algo semejante en fuerza y hondura a esas tres preguntas que, efectivamente, formuló entonces el poderoso e inteligente espíritu en el desierto? Sólo por esas preguntas, por el milagro de su aparición, cabe comprender

que nos encontramos con una inteligencia no humana, sino eterna y absoluta. Porque en esas tres preguntas aparece compendiada en un todo y pronosticada toda la ulterior historia humana y manifestadas todas las tres insolubles antítesis históricas de la naturaleza humana en toda la tierra.

¿Cuáles son esas tres formulaciones en las que el Espíritu del mal resume *toda su filosofía* de la historia? ¿Cuáles las tres antítesis que, frente a ellas, presenta Jesús? Ese es el eje de esta escena que estamos comentando.

Pero señalemos, antes aún de entrar en su análisis, dos datos importantes: los evangelistas sitúan este encuentro de Cristo con el demonio inmediatamente después de su bautismo y en el prólogo mismo de su vida pública, como queriendo señalar la concatenación de este momento con los otros dos. En el bautismo se ha hecho pública por primera vez cuál es la vocación de Jesús. La escena de las tentaciones nos aclarará el verdadero sentido de esa vocación Y servirá, a la vez, de prólogo y resumen —de *clave musical* de fondo dirá González Faus— de toda su predicación.

Porque lo que aquí está verdaderamente en juego, es, nada más y nada menos, que el sentido y la dirección de la obra redentora de Jesús. Satanás ha oído proclamar, en el bautismo, la vocación mesiánica de Cristo y su especialísima unión con Dios. Por ello, parece dar por supuesta esa condición de Hijo de Dios en Cristo. Pero busca la manera de conducirle hacia un mesianismo distinto del querido por Dios. Jesús es aquí, literalmente, tentado para que dé a toda su obra una configuración distinta a la que realmente tuvo. ¡Había en Israel —y hay hoy entre nosotros— tantos mesianismos alicortos con los que el tentador podía sentirse tan de acuerdo! ¡Tal vez si consigue inducir a Cristo a marchar por uno de esos caminos, termine el nuevo Mesías por encontrarse más cerca del demonio que de ese Padre del que habla! Así, Satanás no propone a Cristo elegir entre el bien y el mal, sino simplemente entre el bien tal y como es querido por Dios y otros aparentes bienes de factura y categoría humana. Empuja a Cristo por los caminos de «nuestra» lógica. Le ofrece sendas hermosas y brillantes. Desde luego más brillantes que los caminos señalados por su Padre. Dios parece ser siempre gris y aburrido frente a este tan imaginativo tentador. ¿Es que a Dios no se le puede ocurrir un camino para mejorar el mundo que no pase por la muerte y el dolor? ¿Sólo el sudor y la sangre han de ser salvadores? Satanás propone a Cristo, no el mal, sino algo muy inteligente: la redención sin dolor, lo que Fulton Sheen definió como los *tres atajos para no pasar por la cruz*.

Un reformador social

La primera tentación propone a Cristo que reduzca su función redentora a una reforma social de uno o de otro color. El —le dice— puede convertir las piedras en pan, primero para sí, después para todos los demás. Con ello realizará ese gran sueño que durante siglos han tenido todos los pueblos y, muy concretamente, el de Israel a lo largo de los siglos. Ese sueño que atraviesa toda la Biblia: un reino de Dios en el que, al fin, todos podrán comer, en el *habrá profusión de trigo en la tierra, en la cima de los montes ondeará* (Sal 72, 16). Los israelitas hacía siglos que venían viendo el estómago repleto como el gran signo de su amistad con Dios y reduciendo toda su esperanza del paraíso a una simple plenitud de bienes materiales. ¿No viven todos los hombres de hoy idéntica ambición? ¿No reducen y confunden con eso su esperanza? Por eso Satanás se lo propone ahora a Cristo: si se dedica a convertir en panes las piedras del mundo pronto todos le seguirán y su palabra no tendrá que esforzarse en buscar corazones abiertos porque tendrá suficiente con contar con los vientres satisfechos. Pero Satanás —como para Israel, como para todos los hombres de todos los tiempos— el pan (entiéndase el dinero, el confort, el placer, el paraíso en la tierra) no sólo es lo primero, sino realmente lo único importante.

Hay, sí, algo de demoníaco en el materialismo, de todos los colores, que hoy domina el mundo. Dostoyevsky también lo intuyó perfectamente cuando, por boca de su gran Inquisidor, echaba en cara a Cristo haber elegido el dar libertad a los hombres en lugar de darles pan, sólo pan. Con ello había podido después exigirles que fueran buenos. Convirtiendo las piedras en pan *correrá detrás de ti la humanidad como un rebaño agradecido y dócil, aunque siempre temblando, no sea que tú retires tu mano y se les acabe el pan.*

Pero, frente a este mesianismo de vía estrecha —que no es, en definitiva, otro que el que hoy ofrecen todas las dictaduras— Jesús recuerda que él no es un repartidor de pan, que trae algo más importante y muy distinto: la palabra de Dios, único alimento que puede saciar definitivamente el corazón del hombre.

¿Desprecia Jesús con ello lo material? ¿Se desinteresa de los estómagos de los hombres? No. El pan es necesario. El lo sabe. El hombre necesita pan. Hay que luchar porque todos lo tengan. Como seres humanos esa es una de nuestras más importantes tareas. Pero él, como hombre y como Dios, trae más que pan. Es decir: ha traído la palabra de Dios que, si es aceptada, traerá el pan de la tierra como añadidura, después de haber dado la plenitud interior y por el hecho de darla.

Jesús no desprecia ninguna de las luchas humanas. Pero luchar por la justicia humana era algo que podríamos y sabríamos hacer sin que él viniera. El trae otra cosa. Otra cosa que, *además,* ayudará a encontrar ese pan para todos. Jesús sabe que, si él se dedica a cambiar las piedras en panes, las multitudes le seguirán y fingirán creer cuanto él diga, pero, al final, ni siquiera sabrán de qué les ha hablado. Por eso él, a lo largo de su vida, multiplicará los alimentos sólo cuando sea estrictamente necesario y, aun entonces, a regañadientes. Predicará algo que es tan necesario como el pan aunque no lo veamos así: el amor, el entusiasmo, la verdad, la gran esperanza. Jesús, al contrario de ciertos cristianos, que hoy parecen reducir todo su evangelio a la pura justicia material, sabe que con sólo pan no se consigue el amor, pero que, con el amor —si de veras existiera—, ya se habría conseguido el justo reparto de los bienes materiales. ¿Su mesianismo entonces no tiene que ver con la justicia terrestre? Sí, pero *no se reduce* a ella. Jesús traerá muchas más cosas: la alegría, el entusiasmo, el encuentro con el agua que quita toda sed: con la viva realidad de Dios.

Dramáticamente hay que reconocer que esta primera batalla entre el demonio y Cristo sigue librándose en nuestra vida cotidiana de hombres del siglo XX: el demonio sigue predicando por mil voces no cristianas (¡y algunas cristianas!) que sólo de pan vive el hombre y los seguidores de Jesús (¡aunque tan mal!) seguimos repitiendo que hay que buscar el pan de cada día, pero además, el Dios y el amor de cada día para todos.

La tentación del uso de Dios y de la eficacia

Tras el mesianismo materialista, Satanás propone el mesianismo milagrero y fosforescente. ¿Por qué Jesús no se arroja desde el pináculo del templo y hace así una brillante y espectacular presentación ante sus compatriotas? Un éxito como ese, hará que todo el pueblo se ponga en pie tras él. No será necesario predicar, mucho menos morir. Bastará con triunfar. Satanás sabe que los hombres aman lo maravilloso. Están dispuestos a postrarse ante cualquier taumaturgo, tanto si es diabólico como si se trata de un charlatán. *Hágase el milagro, aunque sea del diablo,* dice uno de nuestros refranes. Porque el hombre siempre preferirá una mentira brillante a cien verdades grises.

Pero esta tentación tiene más hondura de la que aparenta. En ella entra en juego el mismo concepto que Jesús tiene de Dios y el absurdo modo de entenderlo que tiene el demonio. Para éste, como para tantos supuestos creyentes, Dios sería sólo —dicho con frase brutal— una *vaca lechera,* una fuente de beneficios. Por eso el diablo incita a

Cristo a *usar a Dios,* poniéndolo al servicio de sus intereses o de su misma misión.

Porque aquí está la clave de la tentación diabólica: el demonio no tienta a Cristo pidiéndole un milagro para demostrar que es el Hijo de Dios o para beneficio propio, sino *para que los hombres crean en él.* Es la misma tentación que formularán a Cristo cuando esté en la cruz pidiéndole que baje de ella, no como un triunfo propio, sino como un supuesto cumplimiento de su misión: *para que creamos en él* (Mt 27, 42).

Es decir, estamos en la tentación de la eficacia apostólica. Ahora podemos medir la profundidad de esta tentación: en ella —como escribe Duquoc— *el demonio parece como si recogiera el hilo de los pensamientos que, con frecuencia, se le presentaron a Jesús: la escasa eficacia aparente de su vida y de su ministerio. Sabido es cómo Cristo sufrió al ver cómo no le comprendía el pueblo judío: lloró sobre Jerusalén. Y varias veces tuvo que aislarse para escapar de la voluntad popular que quería convertirlo en rey. El mesianismo del siervo le prohibía procurar todos esos medios humanos, demasiado humanos; pero, al mismo tiempo, parecía entregarse a una eficacia estrictamente limitada.* Y es aquí donde concentra sus preguntas la inteligente tentación diabólica: el mesianismo del siervo —el que pasa por la cruz— *¿no será demasiado idealista?* ¿De qué sirve esa pureza si conduce finalmente a una mayor dureza de los hombres y a la repulsa de la mayor parte de ellos? ¿No sería mejor cierto relajamiento temporal de ese mesianismo? ¿No sería preferible inscribirlo de una manera más potente y sustancial en el mundo, sin perder nada de sus orientaciones fundamentales? Las preguntas nacen de la propia experiencia del fracaso de la predicación de Cristo, de la desproporción entre la universalidad del mensaje y su empresa concreta. Satanás saca así la conclusión que brota de semejantes cuestiones: el mesianismo del siervo traiciona a los hombres que pretende servir.

Este tremendo dilema que el demonio presenta a Cristo sigue vivo en los creyentes de hoy. Y puede formularse así: ¿El triunfo o la santidad? ¿La rápida e inteligente eficacia de la sabiduría de este mundo o la forzosamente lenta eficacia del amor? No se trata, como es lógico, de apostar por la estupidez frente a la eficacia. Se trata de preguntarse si la eficacia es un ídolo al que todo —incluso la sustancia del mensaje— deba ser sacrificado. Se trata de comprobar si hay que «suavizar» la palabra de Jesús para que sea más fácil de tragar por los hombres «de hoy», como siempre decimos. Se trata de saber si hay que eliminar la cruz para hacer un cristianismo más llevadero. Se trata de investigar si son mejores los caminos de los hombres que los de Dios, sólo por el hecho de que éstos sean más duros y, por tanto, más lentos.

Esta substancial *lentitud* del camino del amor es una de nuestras grandes apuestas. Desde luego por la revolución (o por la informática) se llega más rápidamente a ciertas metas. Pero ¿de qué tipo es la eficacia evangélica?

Endo Shusaku —el primer biógrafo moderno de Jesús en japonés— ha insistido largamente en eso que él llama «la tristeza de fondo» del alma de Jesús:

> El se daba cuenta de una cosa: de la impotencia del amor en la realidad actual. El amaba a aquella gente infortunada, pero sabía que ellos le traicionarían en cuanto se dieran cuenta de la impotencia del amor. Porque, al fin de cuentas, lo que los hombres buscaban eran los resultados concretos. Y el amor no es inmediatamente útil en la realidad concreta. Los enfermos querían ser curados, los paralíticos querían caminar, los ciegos ver, ellos querían milagros y no amor. De ahí nacía el tormento de Jesús. El sabía bien hasta qué punto era incomprendido, porque él no tenía como meta la eficacia o el triunfo; él no tenía otra meta que la de demostrar el amor de Dios en la concreta realidad.

Esa es la segunda tentación que Satanás presenta a Cristo: que se decida a usar a Dios, que se lance a los milagros espectaculares, que se dedique a resolver los problemas concretos de los hombres en su vida diaria. Con ellos triunfará, todos le seguirán unánimes. Que no elija, en cambio, el lento camino del amor y la predicación en libertad con la que lo único que conseguirá es no ser oído por la mayoría y terminar dramáticamente en una cruz. Con ello Cristo será «eficaz», pero se habrá convertido en un mesías de vía estrecha. En un mesías, en todo caso, distinto del que su Padre quiere. Por eso le lleva al pináculo del templo —desde el que se arrojaba a los blasfemos— porque sabe que si Jesús acepta su oferta se habrá convertido, sin más, en un blasfemo.

Pero Jesús se niega a la milagrería. El milagro provechoso, el milagro-trampa, es algo que no entra en sus cálculos. El puede aceptar que los milagros sean útiles para otras personas, jamás para sí mismo, jamás como centro de su labor redentora. Cuando los saduceos le tienten un día —repitiendo la propuesta diabólica— para pedirle, como prueba de su poder, que haga *un signo en el aire,* no les concederá otra señal que el trueno de su imprecación: *¿Por qué tentáis a Dios, camada de víboras?* (Mt 12, 34). Cuando Herodes le pide un milagro, igual que pediría brincos a un saltimbanqui o magia a un prestidigitador, Jesús responderá sólo con su silencio. Y, cuando Satanás regrese para pedirle —por boca de los fariseos— que baje de la cruz para que crean en él, responderá sólo con un silencio que es repetición muda de lo que ahora, en el desierto, le dice al tentador: su confianza en el Padre es tal, que ni le pedirá ahora ayudas especiales para un milagro espectacular, ni en la cruz pedirá ser salvado del dolor. Para Jesús —para el creyente— no hay otro camino.

La tentación del poder

Pero será en la tercera tentación donde Satanás mostrará su verdadera naturaleza. Una primera lectura da la impresión de alguien que, tras sus dos primeras derrotas, ha perdido los papeles y se lanza al ataque al buen tun-tun. Pero un estudio más atento descubre que no hay nada de improvisado, de enloquecido. Al contrario, el adversario descubre aquí toda su realidad.

Empieza por ser aparatoso, como siempre es el mal: monta —dice Bruckberger— *una fantasmagoría que debió de ser de una suntuosidad como para cortar el aliento.* Toma al Señor y le lleva a una montaña altísima y, enseñándole todos los reinos del mundo, le dice: *Todo esto te daré, si, postrándote ante mí, me adorares* (Mt 4, 8-11; Lc 4, 5-12).

No se sabe qué admirar más: si la audacia y el descaro con el que Satanás pide ser adorado o si la tranquilidad con la que alardea de que todo el poder de este mundo es suyo y puede dárselo a quien quiera. El diablo se muestra aquí como un ídolo, como lo que él quisiera ser: un antidios. A ello se añade el aire chulesco del ofrecimiento: la tentación —dice Bruckberger— *se presenta bajo la forma de chalaneo: yo te doy lo que me pertenece, el poder político y la gloria que lleva consigo, y tú me das lo que te pertenece: el homenaje de adoración de la criatura libre.* Al diablo hay que agradecerle, al menos, la claridad de sus planteamientos.

Si en las tentaciones anteriores no ha logrado que Cristo rebaje su mesianismo al simple materialismo de un puro reformador social o a la fosforescencia del puro obrador de milagros, intentará ahora que, al menos, se limite al puro poder humano, a esa posesión de la tierra que era el sueño dorado de todos los miembros de su pueblo, los israelitas y que seguirá siendo, a lo largo de los siglos, el sueño de todos los humanos (incluidos los creyentes). Que se contente con el mundo y se olvide de las almas y la verdad. Y, si se obstina en anunciar el amor y la verdad, que, cuando menos, use el poder como camino para pregonarlos. El sabe que Satanás puede derrotar a todos los poderosos, pero fracasará con los pobres y los humildes. Sabe que a él no le vencerán los imperios, pero le aniquilará una sangre derramada. No le derrotarán ni el oro, ni los ejércitos, pero sí una cruz.

La tentación es honda: si viene a salvar al mundo ¿no será un buen camino empezar por dominarlo y hacerlo suyo? Cuando todos sean sus súbditos, todos oirán su voz. *Cuius regio eius et religio* repetirán diabólicamente siglos después. Y se pensará que, convertido el rey, conquistados los que mandan, ya se ha convertido todo un pueblo. Sí, dice el demonio: si le ven subido en un trono, le seguirán muchos más que encaramado en una cruz. ¿No es el alma del hombre lo que él busca? ¿Y no van los hombres tras el brillo de los poderosos?

El demonio descubrirá aquí, proféticamente, en pocas palabras algo que la historia ha necesitado siglos para descubrirnos: que todo poder humano es demoníaco. Escribe Papini:

> Satanás podrá ofrecer lo que es suyo: los reinos de la tierra están con frecuencia fundados en la fuerza y se mantienen con el engaño; allí está su campo. Satanás duerme cada noche a la cabecera de los poderosos; ellos le adoran con sus hechos y le pagan tributo diario de pensamiento y de obras.

Hoy lo decimos con la tremenda y verdaderísima frase de Lord Acton, que se ha convertido casi en un adagio popular: *El poder corrompe, y el poder absoluto corrompe absolutamente.* Porque ésta es la clave del problema: *el carácter absoluto que el poderoso se atribuye a sí mismo,* como formula González Faus. De ahí que todo poder sea hermano gemelo de la idolatría. Frente a ello, Jesús recordará que sólo Dios es el Absoluto. Pero el poderoso termina convenciéndose de que también él lo es. ¿Quién de nosotros no se ha sentido en sueños al mismo tiempo poderoso y Dios? Porque curiosamente —como ha escrito Simone Weil— *la mayor parte de los hombres, exceptuados los santos, se imaginan de buena fe que, si ellos obtuvieran el poder, ya poseen por sí mismos bastante justicia como para hacer el mejor uso de ese poder para sí y para el mundo entero. El hombre más mediocre es capaz de convencerse a sí mismo de que, si pudiese mandar en el tiempo, siempre haría buen tiempo.*

Pero la realidad es la idolatría con toda su corte de mentiras. ¿No enseña la experiencia diaria que el campo de la política y del poder parece estar particularmente abierto a las influencias de lo que la Biblia llama el príncipe de este mundo? ¿No es *por excelencia el mundo del engaño, de la restricción mental, de la propaganda, de la fuerza?*

Nadie como un cristiano debería entender esto. Nadie sabe como él hasta qué punto *es imposible* —escribe Bruckberger— *una entente absolutamente cordial, sin reticencias y sin reservas, entre el estado y los cristianos. Por cuanto los cristianos son cristianos, les es imposible tomar completamente en serio el estado y la razón de estado.*

Y, sin embargo, asombrosamente ¿cuántas veces se ha intentado ese «círculo cuadrado» que es un estado-cristiano? ¿Cuántas se ha creído que el poder, el dinero, la fuerza, eran caminos apostólicos? ¿Cuántas veces los creyentes nos hemos arrodillado ante el demonio del poder, con la disculpa de difundir así mejor el Reino?

Jesús responde con un «no» rotundo: *a sólo Dios adorarás,* no hay más que un absoluto, que es Dios, no hay más poder que el que no es de este mundo. Un poder que camina por las sendas del amor, del fracaso aparente y de la cruz. Desde la altura de un trono es muy difícil, casi imposible, amar. El trono aleja, la cruz acerca. Y de nada sirve que el demonio ofrezca a cambio de su eficacia todos los reinos de este mundo. Jesús sabe que, incluso gratis, el poder corrompe. Sabe que un Cristo «poderoso» no sería el verdadero. Y que su redención con oro sería una conquista, no una redención. Por eso —como dice Lanza del Vasto— *Jesús es el primero en enseñar que la salvación no puede llegar bajo las especies de la fuerza, el poder y la riqueza.*

Jesús, que en el bautismo, nos mostró ya cuál era su vocación, nos muestra en el desierto por qué misteriosos e inéditos caminos la realizará. Por eso debe comenzar derrotando al demonio y a las falsificaciones del mesianismo. San Hilario lo describirá con frase plástica:

> Cristo reconoce públicamente que todo el poder del diablo fue liquidado por él en la primera tentación, dado que no se puede entrar en la casa del fuerte y robarle su hacienda si previamente no se ha maniatado al fuerte. Y es evidente que quien tal cosa puede hacer ha de ser más fuerte que el fuerte aquél.

Por eso Jesús, antes de comenzar a predicar el reino de Dios, señala ya, con claridad, qué distintos son los caminos de ese reino de los del reino del mundo y del demonio. La tentación del demonio —dice Von Balthasar— *nos conduce al meollo de su vocación, a su acción primera y estable: la derrota de Satanás para siempre. Y, cuando, luego, expulsa demonios, eso no hace más que verificar, extender y ratificar su victoria.*

No estamos, pues, en esta escena, ante una anécdota, sino ante un prólogo. Si Satanás esperaba milagros, los encontró, pero mucho más serios que convertir piedras en panes o que arrojarse por un precipicio. Milagros tan importantes como preferir el servicio y el amor a la victoria fácil del poder; como aceptar los caminos oscuros y sangrientos y dejar de lado los esplendorosos. Y si quería saber si Cristo era más que un hombre, ciertamente que lo descubrió: tenía que ser Dios quien prefiriera lo doloroso y lo pequeño.

16

Doce pescadores

Tras su primer encuentro con Satanás —y plenamente clarificado ya el sentido de su vocación— volvemos a encontrarnos a Jesús a la orilla del Jordán, donde Juan sigue bautizando a la gente que se arremolina en torno suyo. Y no parece ser reconocido. De su bautismo, de los cielos abiertos, ya nadie se acuerda. Tal vez porque todo ocurrió en el interior de los corazones de Jesús y de Juan, sin que el hecho trascendiese en toda su importancia. Por eso Jesús se presenta, en este momento, todavía como un discípulo más del Bautista. Incluso, parece imitarle en su tarea tal y como señala el evangelio de san Juan (3, 22) dedicándose también él a bautizar.

¿Cuánto duró este período? ¿Qué influjo real ejerció sobre Jesús la figura de Juan? No lo sabemos. Pero sí el enorme aprecio que Cristo dará durante toda su vida a la personalidad del Bautista. Mas pronto adoptará un camino muy diferente al suyo.

Porque en este momento podemos situar un nuevo paso en el esclarecimiento del camino de Jesús. Ya se ha clarificado su vocación mesiánica. Ya sabemos de qué tipo será su mesianismo. Pero aún puede realizarse éste de muy diversas maneras. Y allí —a la orilla del Jordán— tiene Cristo, como expuestas, sus posibilidades. ¿Será un predicador solitario y huraño como Juan, llamado sólo a despertar las conciencias, pero no a iniciar una gran obra colectiva? ¿Asumirá el camino de los monjes de Qumram, que, allí, a sólo dos kilómetros de donde él bautiza, huyen del mundo y buscan a Dios en la soledad y el encastillamiento personal? ¿Será uno de tantos levitas que, desde el templo, tratan de interpretar y explicar la ley?

El Jesús que hasta ahora hemos conocido es un solitario. Un solitario, es cierto, muy especial: no hay en él —dice Comblin— *esa tensión psicológica que aflige, a veces, a ciertos líderes religiosos. No se volvió aéreo, distante, inalcanzable, como ciertas personas importantes*

*sumidas en las responsabilidades. No aborda a las personas como con
aire de quien siempre tiene prisa porque tiene mil negocios que le
esperan. No deja nunca de ser un sencillo artesano en su relación con las
personas. Trata los asuntos uno a uno. No hace síntesis. No planea. No
organiza. Trata a cada persona teniendo en cuenta que se trata de un
amigo —o de un enemigo—, en todo caso, como una persona concreta.*

¿No planea? ¿No organiza? Es cierto que Jesús, a lo largo de su
vida parece dejarse llevar por los acontecimientos, sin otro plan
previsto que el cumplimiento de la voluntad de su Padre. Es cierto. Y,
sin embargo, aquí asistimos a un giro en su vida. Su obra, que inicial y
teológicamente, parece única y exclusiva suya, que él y sólo él debe
realizarla, se va a llenar de amigos y seguidores, como si ya desde aquí
quisiera darle continuidad para cuando él falte.

¿Cómo, cuándo y por qué se produce este cambio, en el que, en
definitiva, va a estar el origen de la Iglesia? El evangelio parece sugerir
que un poco casualmente: porque un par de personas se interesan por
él, al oír las palabras del Bautista. Y, sin embargo, Jesús repetirá
siempre a sus seguidores: *No me elegisteis vosotros a mí, yo os elegí a
vosotros* (Jn 15, 16). No pudo ser, pues, casual esta elección y la
decisión de adoptar un estilo de vida que hasta entonces era desconocido:
el predicador ambulante rodeado de un grupo de discípulos que
nunca se independizarán de él —como se independizaban los de los
escribas y levitas del templo— sino que serán verdaderamente sus
continuadores.

Porque, además, estos discípulos no serán simplemente un grupo
de amigos. Los evangelios no hacen el menor esfuerzo por reflejar las
relaciones personales de los discípulos con Jesús. Sólo ofrecen leves
pistas para adivinar el sentido de esta amistad. Realmente reducen
toda la relación de Jesús con ellos a *la participación en una misión*. No
son tanto compañeros, como cooperadores. No hay jamás entre
Cristo y los suyos esas escenas emocionantes que se nos cuentan, por
ejemplo, entre Sócrates y sus discípulos o entre Francisco de Asís y
sus compañeros. Aquí la idea de la misión prima sobre la amistad,
aunque no se trata de una misión deshumanizadora que destruya la
confianza y el cariño. Al contrario, la colaboración en el servicio a un
gran ideal funda un verdadero entroncamiento entre Jesús y los
suyos, que da origen a uno de los frutos más altos que la amistad haya
producido en toda su historia.

¿Cómo nació esa misión-amistad o esa amistad para la misión?
Será de nuevo, según los evangelios, Juan, el bautista, quien dirija la
atención hacia Jesús, como si reconociera que ya nada le queda a él
que decir —salvo con su muerte— y que ya es hora de que la «gran
voz» se despierte. Por eso levanta ahora su dedo, sin vacilaciones, y
señala a Jesús repitiendo: *He aquí el cordero de Dios* (Jn 1, 29).

Los que le escuchaban debieron de quedar desconcertados. ¿Qué quería decir con aquella extraña y novísima denominación? ¿Y quién era aquel hombre al que Juan presentaba como cordero, víctima y comida de Dios?

Muchos de los que rodeaban al Bautista debieron de pensar que habían escuchado mal o que, en todo caso, el profeta había vuelto a pronunciar una de sus frases incomprensibles. Pero dos de sus oyentes quedaron hondamente conmovidos, a la par que desconcertados. Volvieron sus rostros al señalado con tan extraño apelativo y, aunque vieron en él a un campesino más, algo en su rostro y su porte acentuó más el descontento que sentían.

Se llamaban Juan y Andrés y eran dos pescadores galileos. Físicamente eran dos hombres muy distintos entre sí. Andrés era fornido, barbudo, debería de rondar los cuarenta años. Juan era más joven, notablemente más joven. Tal vez superaba en poco la veintena. Pero era también un recio mozo, bien diferente al que nos han transmitido los pintores. El pelo que llegaba hasta sus hombros, como entonces era costumbre, no quitaba nada a su realidad varonil. Su rostro reflejaba una rara mezcla de afectividad y violencia. De sus ojos podía esperarse desde el más intenso gesto de amor hasta el más rápido estallido de cólera.

Pero muchas cosas unían también a estos dos hombres. Por de pronto la búsqueda de algo que llenase sus vidas. Eran pescadores, de eso vivían y sus manos no se asustaban a la hora de llenarse de callos de remar y remar. Pero aquello no podía bastarles. Su corazón era más grande que sus manos. No podían haber venido al mundo sólo para sacar un mayor o un menor número de peces en el lago de Tiberíades. Y no eran simples curiosos, de esos que se acercaban un momento al Jordán, para alejarse de nuevo, saciada su curiosidad.

¿Qué era exactamente lo que buscaban? Probablemente ni ellos mismos lo sabían. Los ideales religiosos y los políticos se entremezclaban en sus almas, sin que fueran capaces de desenmarañarlos. Probablemente la palabra «libertad» era el eje de sus conciencias, pero ni ellos mismos sabían qué querían decir cuando la pronunciaban. Querían, es claro, la libertad para su patria y buscaban un jefe, un maestro a cuyas órdenes ponerse. No eran orgullosos, no se sentían con fuerzas para capitanear nada, pero sí con el coraje de seguir a alguien que propusiera una meta alta y grande. Llevaban mucho tiempo buscando a ese líder. Quizá se habían decepcionado ya de algunos de los cabecillas que, con frecuencia, surgían de su belicosa Galilea. Pero no se desanimaban. Seguían buscando. Y, al oír hablar de un nuevo profeta surgido en la desembocadura del Jordán, corrieron ciento cincuenta kilómetros para verle. Habían dejado sus barcas y se habían puesto en camino. Debía de ser muy importante para ellos encontrar ese jefe, cuando, para ello, dejaban sus casas y su oficio y se lanzaban al sur del país para escuchar a este nuevo profeta.

Que Juan les interesaba lo demuestra el que siguieran a su lado —alguno, tan apasionado como Pedro, se había alejado ya— y el que obedecieran a su simple gesto de señalar al Cordero. Pero también parece claro que no veían en Juan al jefe que ellos buscaban. Era un buen mensajero, su penitencia era una gran preparación para la tarea, pero no era «la tarea», la «aventura» que ellos esperaban y necesitaban. Si siguieron tan rápidamente a Jesús es porque, antes, habían visto ya con claridad esta vocación puramente provisional y preparatoria de Juan.

Los buscadores

Eran, pues, buscadores, aventureros, gente con el alma abierta y hambrienta. Más tarde Jesús diría: *No me elegisteis vosotros, yo os elegí* (Jn 15, 16). Pero es dudoso que Cristo les hubiera elegido de no haber estado ellos tan preparados a esa elección.

Por eso, porque tenían tanta necesidad de una aventura que llenase sus vidas, se levantaron en cuanto el Bautista les señaló este nuevo camino.

Decididos y tímidos al mismo tiempo, se pusieron a seguir a Jesús, sin atreverse a abordarle, sin osar llegar hasta su altura. Veían su largo pelo y su ancha espalda, admiraban la seguridad de su andar. Por un momento les pareció que retrasaba su paso, tal vez para dejarse alcanzar, pero también ellos se detuvieron. ¿Se habría dado cuenta de que le seguían? ¿Lo sabía y afectaba indiferencia para aumentar su curiosidad o para probar si realmente estaban dispuestos a seguirle o si era, por el contrario, un capricho momentáneo? No lo sabemos, pero el caminar silencioso debió de durar bastante trecho.

Tal vez fue en un recodo donde él se volvió. *¿Qué buscáis?* (Jn 1, 38) preguntó. Y se les quedó mirando con ojos enigmáticos que eran, a la vez, acogida y prueba.

Jesús se define a sí mismo en esa pregunta y en el modo de hacerla. No comienza con saludos, ni habla del tiempo como quien trata de entrar en conversación con un desconocido. Va directo al fondo del asunto: *¿Qué buscáis?* Es pregunta que, en diversos tonos y formas, repetirá muchas veces a lo largo de sus años de actividad pública. Volverá a planteársela a los soldados que en el huerto van a prenderle. Y después de su resurrección serán las primeras que diga como resucitado.

Y es que sabe que él ha venido para encontrar a los hombres, pero también para ser encontrado por ellos. Busca a todos, pero antes que nadie a los buscadores. Habla para todos, pero sabe que sólo será oído por quienes tienen oídos para oír.

Andrés y Juan, ante pregunta tan directa, ven aumentar su desconcierto y contestan con otra pregunta que aún es menos lógica que la de Jesús: *Maestro ¿dónde vives?* Por un lado, empiezan por llamar «maestro» a alguien que, según todas las apariencias, es un trabajador como ellos. Por otro, no responden a lo que se les ha preguntado y, en cambio, se meten indiscretamente en la intimidad del desconocido. ¿Y a vosotros qué os importa? ¿Quiénes sois para invitaros a mi casa? Esta hubiera sido la respuesta lógica a su indiscreción.

Pero Jesús sabe que la respuesta de los dos asustados es mucho más honda de lo que parece. El les ha preguntado «qué» buscan y ellos responden «a quién» buscan. No buscan una cosa, ni siquiera una idea o una verdad. Buscan a una persona, o porque, humildemente, saben que lo que necesitan es un líder a quien seguir, o porque, confusamente, intuyen que ha pasado el tiempo de las ideas abstractas y ha llegado la hora en que la única verdad es una persona, porque la palabra se ha hecho carne. Quizá fue Juan quien dio esa respuesta que, en cierto modo, resume el futuro prólogo de su evangelio y su mensaje de que «el Verbo se hizo carne».

Y no buscan una persona a quien conocer, buscan a alguien con quien vivir, alguien cuya vida y tarea puedan compartir. Por èso no temen ser incorrectos y se atreven a preguntar por su casa.

Ahora la sonrisa de Jesús pierde lo que tenía de enigmática y acentúa cuanto en ella había de afectuosa. *Venid y lo veréis.* Le han pedido su amistad y él se la abre de par en par.

¿Cómo era la morada que Jesús tenía en aquellas soledades? No lo sabemos. La frase nos demuestra, sin embargo, que de algún modo estaba Jesús instalado en la orilla del río y que no estaba allí simplemente de paso. Y no parece que se tratara de una casa prestada —como será tan frecuente en la vida de Jesús—. Ahora todo habla de un lugar suyo y solitario. Probablemente alguna de las muchas grutas que habitaban los eremitas que abundaban en los contornos. O tal vez una simple choza construida de ramas y sin otro piso que la tierra dura. *Aquí es,* diría él al llegar. Y *fueron y vieron donde moraba y se quedaron con él aquel día,* comenta el evangelista. Que añade: *Era alrededor de la hora décima* (Jn 1, 40). La descripción es asombrosa, si tenemos en cuenta que quien narra es uno de los personajes de la escena. Nada se dice de lo que en la entrevista hablaron. Se precisa en cambio con gran exactitud la hora y la duración de la conversación. Pero es esa parquedad y ese extraño detallismo lo que da verosimilitud y emoción a la página evangélica. *Cuando escribía esta página, ya de viejo, con mano temblona* —señala con profundidad Cabodevilla— *el evangelista se debió de conmover igual que cuando uno recuerda un primer amor, el principio de un amor único.* Exactamente: por eso se mezclan el pudor y la precisión. Nada se cuenta de la íntima conversación, sólo se dice que fue íntima y larga. Y se precisa con exactitud la hora que el evangelista no olvidaría jamás, como no olvida el enamorado la esquina y la hora en que conoció a su verdadero amor.

Podemos imaginar que Jesús les invitó a comer algo con él y que a ellos les sorprendió el extraño modo en que partía el pan, podemos pensar que comentó ante ellos las profecías que anunciaban un liberador de las almas y los hombres. Y estamos seguros de que experimentaron —como más tarde lo experimentarían los de Emaús— que, según él iba hablando, sus corazones se iban calentando y que se sentían maravillosamente confortados y serenos. Vieron que sus palabras daban, a la vez, vértigo y reposo, que eran, al mismo tiempo, aterradoras y pacificantes. Entendieron por qué Juan le había llamado «cordero», porque era manso como un recental y se encaminaba hacia una tarea que sólo podía conducir al matadero. Y supieron que habían encontrado todo lo que buscaban. Sus corazones inquietos se sentían como llegados a casa. Ahora sabían que sus vidas no se perderían en vano, puesto que habían encontrado alguien a quien seguir y algo por lo que luchar. Abandonaron sus casas y sus redes para escuchar a un profeta que mantuviera su esperanza, y, ahora, conocían a alguien que era más que esperanza, puesto que era ya la realidad. Hablaron, pues, desde las cuatro de la tarde hasta bien entrada la noche. Y, probablemente, no pudieron dormir de tanto gozo.

Tú seras una roca

Andrés debía de estar deseando que amaneciera. Cuando tenemos una alegría dentro nos parece que no es completa hasta que no la compartimos con alguien. Y Andrés, sin duda, debió de pensar durante toda la noche en el gozo de Simón cuando le contase lo que habían encontrado. Conocía a su hermano; era aún más apasionado que él. Quizá, incluso, la idea de bajar al Jordán había sido del propio Simón, que parecía tener el alma como un arma arrojadiza: allá donde veía una esperanza, allí corrían sus pies. Y, ahora, había tenido la mala suerte de verse precedido por Andrés en el hallazgo. Quizás Andrés se reía por dentro, pensando en los celos que iba a dar a su hermano.

Y apenas se hizo de día —quizá dejó a Jesús y Juan aún dormidos— salió en busca de Simón, que puede que le hubiera estado buscando desde la tarde anterior.

Cuando los hermanos se encontraron, Andrés espetó a Simón, sin dejarle hablar: *Hemos hallado al Mesías* (Jn 1, 41). Así, sin rodeos, con una afirmación tajante, que demostraba a Andrés absolutamente convencido de lo que decía. No habló de un profeta, no de un hombre de Dios; el Mesías.

Si Simón hubiera sido distinto, se hubiera reído de su hermano. Habían estado juntos al mediodía de la jornada anterior y, en pocas horas, no sólo había encontrado al Mesías, sino que se había convencido de la certeza de su hallazgo.

Pero Simón conocía bien a su hermano Andrés; sabía que era todo menos un visionario. Un pescador llama al pan, pan y al vino, vino. Además su hermano mayor era un hombre serio, poco amigo de bromas y menos en asunto tan serio. Por eso, se puso en camino sin más preguntas, sin vacilaciones.

Cuando ambos llegaron ante Jesús, este *fijó en él sus ojos* dice el evangelista, que parece estar obsesionado por los ojos del Maestro recién descubierto. Fue una mirada que bajó hasta el fondo del alma del recién llegado, una mirada que interpretaba y creaba un destino. Y, antes de que Andrés hiciera las presentaciones, Jesús habló: *Tú eres Simón Barjona, tú te llamarás Pedro* (Jn 1, 42).

No hay que acudir a milagros, pensando que Cristo adivinó el nombre de Simón. Es perfectamente verosímil que en la larguísima charla de la tarde Andrés hubiera contado a Jesús que había venido acompañado de Simón y hasta que describiera el alma apasionada de su hermano.

Lo que hizo la mirada de Jesús fue comprobar que la descripción de Andrés se había quedado corta. Simón era e iba a ser mucho más de lo que su hermano suponía.

¿Qué quiere decir el apelativo Barjona? Durante muchos siglos se ha interpretado como «hijo de Jonás o de Juan» pero hoy buen número de exegetas —siguiendo el antiguo léxico hebreo estudiado por Dalman— prefieren verlo como un vocablo derivado del acádico que querría decir «terrorista», con lo que más que un patronímico sería un apodo que le haría perteneciente al grupo de los celotes y que no enlazaría nada mal con su carácter violento y con su facilidad para manejar la espada en el huerto de los Olivos.

Si esta interpretación es verdadera, el juego de palabras de Jesús toma una mayor resonancia: la violencia del terrorista va a convertirse en el peso de la piedra que sirva de cimiento. Se trataría de un cambio, de un giro decisivo en el destino del pescador galileo.

La escena tiene aún mayor importancia dado lo que el nombre significaba para los judíos contemporáneos de Jesús. No era algo casual que sirviera como signo de diferencia entre las personas. Un nombre era un destino, una vocación. Sólo podía imponerlo quien tuviera autoridad. ¡Cuánto más si se trataba de cambiarlo! Además, quien daba un nombre tomaba a su cargo al nominado, se declaraba, de algún modo, su padre o su dueño.

¿Contestó Simón a Jesús o quedó anonadado por aquella mirada y por aquel misterioso cambio de nombre? Piedra ¿por qué? ¿Qué quería decir al designarle la función de roca? ¿Roca por la dureza o por la solidez, por cuanto habría de estrellarse en ella o por cuanto sobre ella podría construirse?

Nada dice el evangelio de una respuesta de Pedro. Probablemente porque no la hubo, arrastrado el futuro apóstol por el misterio que le desbordaba. Sólo de una cosa estaba Pedro seguro: de que Andrés no había exagerado. Sólo el Mesías podía llenar su alma como la había invadido aquel desconocido.

El nacimiento de la amistad

Estas jornadas a la orilla del Jordán fueron importantes por muchas cosas. Y no fue la menor de ellas el nacimiento de una gran amistad. Si nos atenemos a los evangelios, Jesús había sido hasta entonces un enorme solitario. Su familia, con excepción de su madre, parece mirarle con desconfianza y hasta con hostilidad. No parece tener amigos en su pueblo. Ni uno solo de sus apóstoles será natural de Nazaret. Podemos concluir que Juan, Andrés y Simón son, en verdad, los primeros verdaderos amigos de Jesús. Hasta entonces, ha tenido compañeros de vida o de trabajo, paisanos, convecinos. Sólo ahora nace la amistad, esa gran amistad de creer en las mismas cosas y estar dispuesto a luchar y hasta morir por ellas. Por eso, si esta hora fue importante para los tres pescadores de Tiberiades, no lo fue menos para el carpintero de Nazaret.

Ya no podrían separarse. Y juntos emprendieron el camino de regreso a su tierra. Juntos cruzaron Judea, Samaria, Esdrelón. Ya en Galilea, los cuatro parecieron sentirse más a gusto, como acompañados por el paisaje amigo de sus almas. Hacía ya meses que Jesús había abandonado Galilea. Ahora había pasado el tiempo de las lluvias y los campos estallaban de verdura y de flores. Se acercaba la hora de la cosecha.

Pero antes había que seguir «contagiando» amistad. Porque la amistad crece por contagio, como la más hermosa de las enfermedades. Andrés y Simón contaron su alegría a Felipe, que era, como ellos, de Betsaida, y a Felipe le bastó encontrarse con Jesús para sentirse encandilado. A su vocación, a la del más humilde de los apóstoles, dedica sólo Juan unas palabras: Jesús le dijo: «*Sígueme*» (Jn 1, 43) y todo quedó hecho.

Todo no. Porque Felipe se sintió de pronto tan misteriosamente alegre, que no pudo contener su gozo y se fue a buscar a su mejor amigo para comunicárselo, lo mismo que María corrió hacia Isabel después de la anunciación.

Pero su amigo, Natanael, no era tan cándido como Felipe. Quizá porque éste era de un pueblecillo de pescadores, mientras que Natanael era de Caná, una ciudad más orgullosa, en el camino principal. O quizá porque Felipe era dócil y un poco infantil, mientras que Natanael estaba ya escarmentado de falsos profetas.

Lo cierto es que al encontrarse los dos amigos, Felipe, hablando a chorro como hacen los chiquillos, espetó, sin respirar, a su amigo toda su alegría: *Hemos encontrado a aquél de quien escribieron Moisés en la ley y los profetas. A Jesús, hijo de José, el de Nazaret* (Jn 1, 45). Natanael le escuchó con una cierta sonrisa compasiva. ¿De Nazaret? ¡Qué cosas! Natanael pensaba que era comprensible que Felipe, tan cándido, Pedro, tan fogoso, o Andrés, tan inculto, se tragaran esa historia. Al fin y al cabo ellos eran de la otra orilla del lago. Pero él era de Caná, a muy pocas millas de Nazaret. ¿Era posible que el Mesías saliera de Nazaret sin que él, que llevaba toda la vida buscándole, se enterara siquiera? Y, además, ¿qué podía salir de Nazaret, aquel poblacho en el que vivían los que no podían vivir en otro sitio, en aquel rincón perdido cuyos habitantes tenían fama de groseros y torpes, de rústicos y fanáticos? Natanael sintió lástima por Felipe y se limitó a decirle irónicamente: *¿Pero es que de Nazaret puede salir cosa buena?* (Jn 1, 46).

Felipe era ingenuo, pero no era tonto. No quiso, por ello, entrar en discusiones. Su amigo era mucho más inteligente que él, pero él sabía bien que su corazón no se había engañado. Por eso contestó simplemente: *Ven y lo verás* (Jn 1, 46). Estaba seguro de que los ojos de Jesús harían el resto.

Debajo de la higuera

Cuando Natanael llegó a donde estaba Jesús, conversaba éste con algunos discípulos, quizá con los tres pescadores que encontró en el Jordán. Y, antes de que llegara a él, Jesús vio a Natanael. Interrumpió su conversación y dijo a los que le rodeaban: *He aquí un verdadero israelita, en el que no hay doblez* (Jn 1, 47). Natanael debió de quedarse sorprendido. El elogio, naturalmente, le agradaba. Pero sin duda era una trampa hábil para atraerlo a sí, alimentando su vanidad. Por eso se endureció en lugar de ablandarse. Trucos tan ingenuos, pensó, no valían para él. Levantó la cabeza y preguntó con altivez: *¿De qué me conoces?* Era como un reto y Jesús lo aceptó. Por eso acentuó su sonrisa y dijo: «*Antes de que Felipe te llamara, cuando estabas debajo de la higuera, te vi*» (Jn 1, 48).

¿De qué higuera hablaba? ¿Qué había ocurrido debajo de la higuera? Nunca lo sabremos. Tal vez allí estaba Natanael cuando llegó Felipe y allí despotricó contra el presunto Mesías de Nazaret. Tal vez bajo una higuera había sucedido algo muy importante —bueno o malo— a Natanael. Quizá allí había prometido solemnemente seguir al Mesías si lo encontraba. Lo cierto es que Natanael sintió que aquellas palabras desnudaban su alma. Era un signo. Quien conocía aquello no podía ser sino un enviado de Dios. Por eso, sin que mediara una palabra más, prorrumpió en elogios aún más intensos de los usados por el ingenuo Felipe: *Maestro, tú eres el Hijo de Dios, tú eres el rey de Israel* (Jn 1, 49).

Creció de nuevo la sonrisa de Jesús. Pensaba, por un lado, que ni el propio Natanael se daba cuenta de hasta qué punto era verdad lo que estaba diciendo y se maravillaba, por otro, de que Natanael se asombrase por tan poco. Por eso añadió: *¡Por haberte dicho que te vi debajo de la higuera, crees! Mayores cosas verás* (Jn 1, 50). Giró la vista y vio que cuantos le rodeaban estaban desconcertados. Le miraban con esa mezcla de alegría y de miedo con la que los niños inician un viaje aventurero. Creían ya en él, empezaban a amarle, pero, al mismo tiempo, les daba un poco de miedo. Se les escapaba. No lograban entenderle.

Pero Jesús sabía que este asombro era bueno y por eso no temió adentrarles aún más en ese primer sabor de la aventura peligrosa: *En verdad, en verdad os digo* —añadió— *que algún día veréis el cielo abierto y a los ángeles del cielo subir y bajar sirviendo al Hijo del hombre* (Jn 1, 51).

Ahora sí que no entendieron nada. Comprendieron, sí, que aludía a algo que habían oído leer muchas veces en las sinagogas: un día Jacob, como signo de la bendición de Dios sobre su persona y su estirpe, había soñado que el cielo se abría y que los ángeles subían y bajaban hasta él por una amplia escala. Pero ¿qué quería decir con ello este carpintero de Nazaret? ¿Se comparaba al patriarca Jacob? ¿Y qué implicaba aquel nuevo título de «hijo del hombre» que se atribuía? No comprendieron nada. Le miraron desconcertados y empezaron a darse cuenta de que, aunque caminasen a su lado, siempre estarían muy lejos de él. Era su amigo, pero también mucho más. A su lado se sentían a gusto, pero también extrañamente nerviosos. Daba paz y exasperaba al mismo tiempo. Y todas las palabras parecían ser mucho más profundas cuando él las decía. En sus labios, todo adquiría un segundo y un tercer sentido. Uno nunca podía estar seguro de haberle entendido del todo. Y tenían que estar preparados para estos vertiginosos descensos al misterio. ¿Quién era este hombre que así conocía a las personas, que con una simple mirada bajaba hasta lo más profundo de los corazones y que anunciaba, además, que esto era sólo el prólogo de cuanto se avecinaba?

Se sentían felices y asustados de haberle conocido. Ya no dudaban. No entendían nada, pero estaban seguros de que sus vidas ya no tendrían otro sentido que seguirle.

Pescadores de hombres

Pero aún no había llegado la hora. Jesús no les pedirá que le sigan apenas nacida la amistad. Una vocación es una cosa muy seria, y Jesús quiere jugar limpio, sin aprovecharse de un primer impulso del corazón. Por eso les deja regresar a sus casas, a sus familas, a su trabajo. Probablemente, él mismo regresa a Nazaret.

La decisión de los apóstoles no debió de ser tan sencilla como suponemos. Buena parte de ellos, la mayor parte, estaban casados. El celibato no era corriente en la vida ordinaria de los judíos. El que no huía al desierto con los esenios, se casaba. Muchos de los apóstoles tendrían, pues, familia, negocios. A más de uno debió de acorralarle la risa de su mujer cuando contara su «hallazgo» del Mesías. ¡Estos galileos siempre tan soñadores! Seguramente no era ésta la primera vez que Pedro o Juan se encandilaban tras uno de los abundantes profetas de la época. Aunque había que reconocer que nunca habían tenido el entusiasmo de ahora. Literalmente no dormían, como si aquel Rabí les hubiera arrebatado el alma. Para ellos, en verdad, todo había cambiado. Trabajar, preparar las redes, salir a alta mar se les había hecho insuficiente. Pescar mucho o pescar poco les resultaba idéntico, ahora que sabían que tantas cosas estaban a punto de pasar en el mundo.

«¿Así que piensas irte?» Lo habían discutido mucho con sus mujeres. Y nunca sabremos si ellas consintieron gustosas, pero tendremos que pensar que no se opusieron, pues Cristo no hubiera aceptado una vocación que destruyera un hogar. Es cierto que, para él, la familia de la tierra debía someterse a la más alta del cielo, pero se habría sentido perseguido por el llanto de los hijos de sus apóstoles si éstos les hubieran dejado abandonados.

Dejó, por eso, que pasara un tiempo para que la vocación de sus amigos madurara y para que pudieran dejar resueltos sus problemas materiales. Y volvió. Y esta vez, para arrastrarlos con el viento de su gran aventura.

Pedro y Andrés estaban en el lago, echadas en el agua las anchas redes. Santiago y Juan estaban en la misma orilla, recosiéndolas en la barca. Y, en los dos casos, se trató más de una orden que de una invitación: *Seguidme y os haré pescadores de hombres* (Mt 4, 19). No debemos pensar que fue sencillo el que ellos lo dejaran todo y fueran tras él. En primer lugar, por lo inusitado de la invitación. En la Palestina de aquel tiempo un predicador jamás invitaba a sus oyentes a seguirle. La santidad era un puro cumplimiento material de una serie de normas, no un modo de pensar y menos aún un modo de vivir. Tampoco existían por entonces grupos nómadas cruzando el país y viviendo solos. El mismo Bautista a nadie invitaba a seguirle o quedarse con él. Pedía un cambio de alma, un hacer tales o cuales cosas, un dejar de cometer injusticias, pero nunca señalaba el vagabundeo y el abandono de los hogares como forma de vida.

Jesús sí: no sólo pedía un cambio de corazón; señalaba una tarea para la que era necesario dejar todo lo anterior. Una tarea que, además, se presentaba como profundamente enigmática: iba a hacerles pescadores de hombres. Ellos recordaban, quizá, el texto de Habacuc (1, 14) en el que se pintaba a los hombres como *semejantes a los peces del mar o a los reptiles de la tierra, que no tienen dueño,* y que describe como tarea de Dios el *pescar todo con su anzuelo, apresarlo en sus mallas y barrerlo en sus redes.* Pero pensaban que esta red de Dios sólo se llenaría en el fin de los tiempos. ¿Es que había sonado la última hora del mundo? ¿Y cómo y en qué podrían ayudar ellos a Dios, único verdadero pescador?

Pero no hicieron preguntas. Jesús había crecido de tal modo en sus almas, que ya sabían que harían por él todo lo que les pidiese, hasta la mayor locura. Por eso Andrés y Pedro dejaron sus redes tal y como estaban, tendidas en el agua y expuestas a ser arrastradas por la corriente. Por eso Santiago y Juan dejaron boquiabierto a su padre y se fueron sin despedirse de los jornaleros que, de pronto, se quedaban sin amos y sin timonel.

Mateo, el vendido a los romanos

De todas las vocaciones hechas por Jesús, la que más se distingue de las demás es ésta de Mateo, que en nada parece encajar con los restantes del grupo. Practicaba el más sucio de los oficios, el de publicano, que no suponía sólo sacar dinero a sus compatriotas —y con no poca usura— sino que incluía, sobre todo, el haberse vendido a los paganos y ayudar a llenar las arcas romanas con el sudor del pueblo elegido. Es fácil imaginar la repulsión con que los demás apóstoles —fanáticos patriotas— recibieron a este traidor a sus ideas más sagradas.

Pero hay un misterio en la figura de Mateo: no encaja su oficio con el testimonio de su alma que nos ha transmitido su evangelio, que ha sido designado, con justicia, el *evangelio del patriotismo*. Efectivamente: ningún otro subraya tanto las virtudes del pueblo judío, ninguno tiene tan vivo el recuerdo de la historia de su nación. Más de cien veces regresa al pasado el evangelio de Mateo para citar a Isaías, Jeremías, David, Daniel, Miqueas...

Habría que concluir, pues, que Mateo amaba a su patria mucho más de lo que su oficio parecería indicar. O mucho cambió en su contacto con Jesús y los demás apóstoles, o había aceptado el oficio de publicano contra los deseos de corazón, como todas esas tareas que el hombre hace más por imperativos del estómago que de la cabeza.

Ciertamente no debía de tener mucho apego al oficio y al dinero cuando le bastó una sola palabra de Jesús para dejarlo. Sin duda había oído antes hablar de él; quizá le había escuchado muchas veces desde lejos; es probable que en su corazón estuviera ya la idea de seguirle; lo cierto es que bastaron una palabra y una mirada para que su alma girase.

Los doce

De cómo fue el encuentro de Jesús con los otros cinco apóstoles nada en absoluto sabemos. Eran probablemente amigos o conocidos de los primeros elegidos y fueron progresivamente acercándose a Jesús. Incluso el grupo era inicialmente bastante más ancho. Eran varias docenas de hombres que, más o menos fijamente, se interesaban por la doctrina de Jesús y le acompañaban en algunos de los desplazamientos. Sólo más tarde, el grupo se fija definitivamente en doce. Y Jesús rodea de solemnidad el momento. La noche antes de la selección definitiva, la pasa entera en oración, como las grandes vísperas. Jesús está eligiendo sus doce testigos, las doce columnas de su reino y tiene que dialogar largamente con su Padre antes de dar el gran paso.

Lo hace al fin, y los tres evangelios sinópticos trasmiten cuidadosamente el momento y las listas. En cabeza de las tres aparece Pedro, de cuya primacía nunca dudan los evangelistas: su nombre aparece citado 195 veces y los de todos los demás, juntos, llegan sólo a 130. Juan, segundo en número de citas, alcanza sólo 29.

Detrás de Simón Pedro vienen —con leves variantes de orden— Andrés, Santiago, Juan, Felipe, Bartolomé o Natanael, Tomás, Mateo, el otro Santiago, hijo de Alfeo, Judas Tadeo y Simón el Cananeo. El nombre de Judas Iscariote cierra las listas en los tres sinópticos. Y los tres recuerdan, ya en el momento de la elección, que éste fue el que le entregó traidoramente.

Y se formula ahora la gran pregunta: ¿por qué elige a estos doce, *precisamente* a estos doce? Socialmente carecen de todo peso y de todo influjo, son, literalmente, «insignificantes». Intelectualmente, son poco menos que analfabetos y más bien duros de mollera. Tampoco religiosamente son seres de excepcióm: egoístas, codiciosos, amigos de litigar por pequeñeces. En lo político son una extraña mezcla: junto a algunos claramente violentos y sin duda pertenecientes al grupo de los celotes, está Mateo el colaboracionista y tipos como Natanael que espiritualmente parece un esenio o amigos de los sumos sacerdotes como los hijos del Zebedeo. ¿Es que no había en todo el pueblo de Israel hombres de mayor categoría, mayor peso, de más fundadas esperanzas?

Desgraciadamente los evangelios ofrecen tan pocos datos sobre la personalidad de cada uno de ellos que es imposible hacer una galería personal con sus retratos. Pero quisiera reflejar aquí, al menos, esos pocos apuntes diferenciadores.

Pedro tiene la más recia personalidad del grupo y es un hombre de una sola pieza, un bloque de granito incluso en sus contradicciones. Tiene evidentes condiciones de líder, tanto en su pasión por las grandes tareas, como en su incapacidad para ocultar sus propios defectos. Es ardiente, orgulloso, terriblemente seguro de sí mismo, enemigo de las medias tintas, duro en sus palabras, emocionante en su fidelidad hacia el Maestro, dramático en su traición, generoso en su arrepentimiento final, terco en su misión prolongadora de la obra del Maestro.

Andrés es el hermano de Pedro, pescador como él, pero, según parece, con un carácter muy diferente del de su hermano. Es —dice Sergio Fernández— *un místico a su manera.* Tímido, profundamente religioso. Más constante que su hermano en sus búsquedas, austero. Un buen patrón para las iglesias orientales.

Santiago el Mayor es uno de los Zebedeos. Hombre violento y de genio vivo. Ambicioso, violento. Será él quien pida *fuego del cielo* (Lc 9, 54) para quienes no comprenden a su Maestro. Será también el primero a la hora de morir por él. Era, muy probablemente, del grupo de los celotes, comido por el celo de Dios, decidido a imponer las cosas a sangre y fuego. Será, junto a Pedro y Juan, uno de los tres preferidos del Maestro.

Juan es el hermano menor de Santiago. Hay en toda su alma un aire de juventud y de frescura virginal, pero mostrará, a la hora de la pasión, un coraje muy superior al de todos sus compañeros. Es hijo de mejor familia que los demás, probablemente bastante más culto. Tienen los suyos relaciones con familias sacerdotales y, durante el juicio de Jesús, le veremos entrar con naturalidad en la casa del sumo sacerdote. Cristo le considerará —él al menos se lo llama a sí mismo seis veces en su evangelio— «el discípulo amado». Y Jesús mostrará con descaro esta predilección, dejándole reposar la cabeza sobre su pecho durante la última cena. Y será este amor por el maestro lo que le llevará a ser el único al pie de la cruz, para recibir allí la más sagrada de las herencias: la custodia de María, su madre. Su evangelio le mostrará como un enamorado de la luz y de la verdad.

Felipe es de Betsaida, posiblemente también pescador. Parece ser un hombre sencillo, sincero, comunicativo. Le bastará ver a Jesús para seguirle y luego será apóstol de apóstoles, atrayendo hacia su grupo a Bartolomé. Su alma cándida aparece cuando Cristo bromea con él antes de la multiplicación de los panes, con tiernas y desconcertantes ironías. Será también el mediador entre el grupo de griegos que quieren conocer a Jesús y su Maestro. Y es también Felipe quien con su alma un tanto de niño, preguntará ingenuamente en la última cena pidiendo a Jesús que les muestre al Padre.

Bartolomé —a quien sólo Juan llama Natanael— aparece como una mezcla de mística y realismo. Es uno de los de mayor vida interior del grupo, pero es también cauteloso y desconfiado. Alguien que, antes de aceptar las razones del que le habla, las mira y las remira sin precipitaciones. Tal vez ha tenido ya alguna gran desilusión en su vida cuando Felipe le habla de que ha descubierto al Mesías. Puede que fuera engañado una vez y no quiere que se repita. Por eso responde a la invitación con una frase cruel y casi cínica: *¿Acaso de Nazaret puede salir algo bueno?* (Jn 1, 46). Pero luego se entregará con armas y bagajes a Cristo y proclamará —signo de su adhesión a la ley— que Jesús es el *Rey de Israel* (Jn 1, 49).

Pero será Tomás quien pase a la historia como símbolo de la desconfianza. Es un personaje contradictorio que sólo tres veces aparece individualizado en los evangelios y las tres con intervenciones espectaculares. Será él quien, cuando en torno a Jesús aparecen en Jerusalén las primeras amenazas, diga impetuosamente: *Vayamos también nosotros a morir con él* (Jn 11, 16). Es un Tomás apasionado, capaz de arriesgarse a todo por Cristo. La segunda vez será quien, en la última cena, interrumpa bruscamente a Cristo, molesto por lo que no comprende: *Señor, si no sabemos a dónde vas ¿cómo vamos a saber el camino?* (Jn 14, 5). Es otra vez el sincero, un tanto destemplado. Su tercera aparición es la que le hace entrar en la historia. Por algo —tal vez por su temperamento arisco y solitario— es el único que no está con los apóstoles cuando Jesús resucitado se encuentra con ellos. Y Tomás se negará a creer. ¿Tal vez porque su amor es tan apasionado que teme engañarse en algo que desea demasiado? Sólo se derrumbará con una de las más bellas y hermosas oraciones jamás pronunciadas —*Señor mío y Dios mío*— (Jn 20, 28), ante el gozo del amigo reencontrado.

La más extraña figura del grupo es, ya lo hemos dicho, Mateo. ¿Cómo pudo entenderse este publicano en medio de aquel grupo de celotes? Era, parece, un alma mezclada. Un hombre —a juzgar por su evangelio— ordenado y metódico, como es propio de un recaudador, pero también un hombre generoso que, tras su encuentro con Jesús, organiza un banquete al que invita a todos los conocidos y desconocidos y alguien que, con una sola mirada, es capaz de *dejarlo todo* (Lc 5, 28) sin preocuparse por las muchas complicaciones que el abandono de un trabajo como el suyo implicaba.

De Santiago el Menor nada nos dicen los evangelios, a pesar de que era, probablemente, primo carnal de Jesús, hijo de otra María, hermana de la madre de Jesús. De su vida y su carácter lo único que podemos saber surge de la carta que conocemos como suya. En ella aparece un hombre que detesta la envidia, la murmuración y la mentira y ama la misericordia y la comprensión. Hombre duro en su palabra, trata a latigazos a los ricos, pero levanta en todas sus páginas la bandera de la tolerancia entre los hombres y sus ideas.

Menos aún sabemos de Judas Tadeo, el hermano menor de este segundo Santiago, primo también de Jesús. La leyenda cuenta de él historias tiernísimas, pero imposibles de verificar. También se atribuye a él una de las cartas apostólicas que le muestra como un hombre todo corazón: en poquísimas líneas repite cuatro veces los adjetivos *amados* y *queridísimos*. E impresiona su declaración de pertenencia integral a Jesús.

También se cierne la oscuridad sobre el undécimo apóstol, Simón, de quien sólo nos dan los evangelistas los apelativos de «el cananeo» y «el celote», sinónimos los dos que expresan su pertenencia al grupo más revolucionario de los judíos del tiempo de Jesús. ¿Cómo se convirtió este ardiente personaje en el mudo apóstol del evangelio? Es uno de tantos misterios para los que no tenemos respuesta.

Y Judas. Los evangelistas le colocan siempre el último en la lista de los doce. Y en todos los casos con la apostilla de que sería él quien traicionara y vendiera a Jesús.

De este misterioso apóstol tendremos que hablar largamente cuando se acerque la pasión y veremos cuántas complicadas interpretaciones han surgido en torno a su persona. Hoy daríamos oro por conocer la evolución espiritual de Judas y los vericuetos que le condujeron a la traición final. Pero hay almas cerradas como la piedra.

¿Con «aquello» iba a redimir el mundo?

Eran —ya se ve— doce personajes sin relieve. Tal vez, sí, doce diamantes en bruto, porque personalidad no les faltaba. Pero muy lejos todos ellos de la categoría de lo que se les iba a encomendar. ¿No pudo Cristo encontrar en su país, en su tiempo, doce compañeros de mayor calibre? ¿Por qué les eligió precisamente a ellos?

Los escritores han buscado todo tipo de explicaciones al misterio. Chesterton nos ofrece como respuesta una de sus paradojas:

> Cuando nuestra civilización quiere catalogar una biblioteca o descubrir un sistema solar, o alguna otra fruslería de este género, recurre a sus especialistas. Pero cuando desea algo verdaderamente serio reúne a doce de las personas corrientes que encuentra a su alrededor. Esto es lo que hizo, si mal no recuerdo, el fundador del cristianismo.

Papini busca en la misma condición de los pescadores la razón de esta elección:

> El pescador, que vive gran parte de sus días en la pura soledad del agua, es el hombre que sabe esperar. Es el hombre paciente que no tiene prisa, que echa su red y confía en Dios. El agua tiene sus caprichos, el lago sus fantasías; los días no son nunca iguales. El pescador no sabe, al partir, si volverá con la barca colmada o sin siquiera un pez que poner al fuego para su almuerzo. Se pone en manos del Señor, que manda la abundancia y la carestía. No desea enriquecimientos imprevistos, contento con poder cambiar el fruto de su pesca por un poco de pan y de vino. Es puro de alma y de cuerpo, lava sus manos en el agua y baña su espíritu en la soledad.

Todo muy hermoso. Pero la verdad es que se puede hacer la lírica del pescador, como haríamos la del agricultor, del carpintero o del oficinista.

Un poeta actual lo ha dicho con mayor amargura:

> Y ¿con «aquello» tendría que redimir el mundo?
> Sabía bien que si hubiera elegido
> generales o sabios, todo sería igual,
> pero más idiota.
> Esperar en un hombre era como regar un árbol cortado por la mitad del tronco.

¿Era quizá eso lo que quería decir: que no era el hombre, que no eran los valores humanos los que conquistarían el mundo de las almas? ¿Quiso protegerse del orgullo, de la vanidad y prefirió la cortedad al cretinismo? Hay, sí, en todo el evangelio una especie de descaro a la hora de contar los defectos de los apóstoles. Nada se oculta de sus incomprensiones, de sus cobardías. Los Hechos de los apóstoles nos les presentan como *iletrados y plebeyos* (4, 13). ¿Qué grupo social, qué clase política dibujaría así a sus líderes?

Pero aquí el liderazgo poco tiene que ver con la inteligencia o la ideología. Para Dios todos los hombres son árboles cortados por la mitad del tronco. Y, sin embargo, es de esas manos de las que saldrá la más ancha, la más perdurable aventura de la historia humana. Con «eso» se redimirá el mundo; sobre ese barro se asentará la fe que llega hoy al último rincón del mundo.

El misterio de la vocación de Judas

Pero si misteriosa es la elección del grupo de pescadores, mucho más lo es la vocación de Judas. ¿Es que Cristo no conocía el alma de Judas? ¿Se equivocó al elegirle? O ¿lo elegió «para» que le traicionara?

Volvemos a caminar entre sombras. Lanza del Vasto —autor de una de las más bellas obras sobre Judas— no se atreve a poner a Judas como elegido por Jesús. Es —piensa— Judas quien se acerca al grupo; una casualidad le hace sentirse metido dentro de él. Jesús en realidad no le elige, le recibe con un beso como un beso de Judas le despedirá al enviarle a la muerte.

Pero en el evangelio no hay base ninguna para creer que fuera así. Cristo le eligió, y le eligió para apóstol, no para traidor. Le escogió para ser una de las doce columnas de su reino y porque esperaba que lo fuera, porque sabía que *podía* serlo. No fue el destino, ni mucho menos Cristo, quienes hicieron traidor a Judas. Fue él quien eligió traicionar. Y no ciertamente desde el primer día. Si Jesús hubiera unido un monstruo a su grupo, esa sola espina hubiera envenenado desde el primer momento todas sus relaciones con los apóstoles. Pero no fue así. Judas era un buen muchacho. Egoísta y materialista como los demás, ambicioso y pendenciero como los otros, pero no un monstruo. Jesús le eligió «en» esperanza. Sabiendo que de él —como de los demás— podría salir un santo o un traidor. Sólo con su ciencia divina conocía ya el trágico desenlace que libremente elegiría Judas.

Por eso fue difícil elegirle. Tal vez la noche que pasó en oración antes de llamar a sus doce se pareció muchísimo a la del jueves santo. Tal vez por primera vez sudó sangre. Porque veía ya dormidos a once de los que iba a elegir. Y sentía los labios del duodécimo acercándose a él como los de un sapo.

17

El vino mejor

La vida pública de Jesús comienza con una fiesta. Porque el anuncio de la buena nueva sólo puede empezar con un estallido de alegría. Cristo no puede presentarse ante los hombres como un aguafiestas que viene a rebajar el vino de la alegría humana. El trae un vino mejor, no una tinaja de aburrimiento.

Ya su llegada al mundo se vio rodeada de un estallar de maravillas: Isabel, la vieja estéril, da a luz; Zacarías, el funcionario incrédulo de Dios, se vuelve profeta; la virgen es madre virginal; los pastores, torpes y analfabetos, hablan con los ángeles; los magos, abandonan sus tierras y su seguridad y se lanzan a buscar a un chiquillo; Simeón y Ana, dejan de temer a la muerte y ven colmados sus inverosímiles sueños.

Jesús llega a un mundo triste y aburrido y entra en él por la ya casi olvidada puerta de la alegría.

Porque Caná no fue una celebración mística, sino una gran fiesta humana. Difícilmente se encontrará en el evangelio una página que haya sido más desfigurada por el arte de todos los tiempos. Esa comida nupcial celebrada en un prodigioso salón de columnas de mármol, los suelos de brillantes y coloridas losetas, la magnífica mesa a la que se sientan, compuestos y devotos, los novios, Cristo, María y los invitados...

Nada tiene que ver todo esto con una fiesta nupcial en un pueblo de la Palestina de los tiempos de Jesús. Aquella no era la boda de una hija de Herodes, sino la de una humilde pareja de muchachos de pueblo.

Para la gente de pueblo, una boda es siempre algo muy importante. En las aldeas —y más en los tiempos de Jesús— la gente se divierte y expansiona raramente, pocas veces come todo lo que quiere. Una boda es, para el pueblerino, una de esas pocas ocasiones de quedar harto, de comer esos manjares que de ordinario sólo puede soñar. El campesino de los tiempos de Jesús no salía durante toda su vida de comer hortalizas, pan de cebada, huevos y algún pez que otro. La carne sólo la olía en las grandes fiestas. Una boda era, por tanto, para él como un paréntesis de riqueza; un alto en la larga mediocridad de su vida; algo que recordaría durante meses y aun años. Por algo Jesús, en sus parábolas, hablará tanto de banquetes y festines que eran, para quienes le escuchaban, un sueño de oro, un paraíso de felicidad.

La celebración de una boda duraba varios días. Siete, si la familia era más o menos pudiente. Comenzaba a la tarde, generalmente un miércoles, como día más distante del sábado. Con antorchas se salía en busca de la esposa y se la trasladaba en triunfo hasta la casa del esposo. Y allí las bendiciones, los bailes y la comida se entremezclaban en una continuidad inacabable.

Como es lógico toda esta celebración era imposible en las diminutas viviendas de la época que eran, como ya hemos dicho, simples dormitorios. El patio, fuera del período de lluvias, servía de templo, de comedor y de sala de baile. Las gentes se sentaban en corros, generalmente en el suelo o en pequeñas banquetas. Y los platos cruzaban de mano en mano y de corro en corro repletos de carnero hervido en leche, de toda clase de legumbres frescas, de frutas secas. Y, naturalmente, circulaba el vino. Entre los antiguos palestinos, al igual que entre los héroes homéricos, el vino no se consideraba bebida de placer, sino alimento. Y se mezclaba siempre con agua, en mayor o menor cantidad según los grados de la bebida.

El vino era fundamental en estas fiestas. El evangelio habla expresamente del «vino para la boda». Porque las familias pobres iban guardando vino para este día, tal vez durante años. Las grandes tinajas iban llenándose y no se tocaba su contenido hasta ese gran día.

La boda no era, naturalmente, un acontecimiento sólo para las dos familias de los novios: casi todo el pueblo era invitado a ellas e incluso venían los parientes, más o menos próximos, de las aldeas cercanas. No todos los invitados participaban en los siete días de celebración. Iban y venían. Y, por cada nuevo grupo que llegaba, se repetían las bendiciones nupciales, las libaciones, las danzas y el desfile de fuentes con alimentos.

La puerta estaba, además, abierta a todos los habitantes del lugar, sin que la invitación fuera estrictamente precisa. En vano buscaremos en las costumbres judías de la época ese aire de estricto ceremonial y de solemnidad que nos han habituado a ver los cuadros de la escena de Caná.

Un punto sí hay en el que las costumbres de la época eran más estrictas de lo que son hoy las nuestras: raramente se mezclaban las mujeres con los hombres y jamás se sentaban a la misma mesa. En el patio, sentados sobre esteras, los corros de los hombres se separaban claramente de los de las mujeres y éstas solían permanecer casi siempre en torno a los hornos, preparando los alimentos al mismo ritmo en que iban consumiéndose. Y recordemos que los hornos solían estar en algún rincón de los mismos patios comunes.

Por lo demás, la celebración tenía una gran libertad: los invitados iban y venían, cantaban o danzaban, o se sentaban a conversar a la sombra de las higueras o sobre las terrazas.

Entre los grupos, circulaba el maestresala que atendía a los huéspedes. Su principal función era escanciar el vino. Era él quien lo preparaba. El se cuidaba de mezclarlo con el agua necesaria y de adobarlo con especias. Se paseaba luego entre los comensales, para comprobar si todo estaba a punto.

Así duraba la fiesta días y días, dependiendo tanto del número de los comensales como de la posición de los esposos, pero siempre más de una jornada. Era una fiesta alegre, pero contenida. Rara vez se registraban excesos. En parte, porque nunca perdían su carácter religioso, y en parte porque la borrachera no era frecuente entre los judíos, que solían guardar escrupulosamente las normas de urbanidad.

Además, para un judío una boda era siempre algo cargado de sentido: a través del amor se peremnizaban las promesas hechas por Yahvé a su pueblo. Por eso sus cantos y sus bailes nunca separaban la alegría humana de la religiosa. Eran como dos rostros de una misma y sagrada alegría.

El reencuentro de la madre y el hijo

Es en este ambiente donde Jesús hará su primera presentación como Mesías. De la narración del evangelista Juan parece deducirse que Jesús llegó cuando la boda estaba ya a media celebración. Diferencia cuidadosamente la venida de María y la de Jesús: María, dice, «estaba allí» y Jesús «fue invitado con sus discípulos». Vinieron, pues, por distintos caminos y en diferentes momentos.

María era, probablemente, pariente de alguno de los dos desposados: Caná está a muy pocos kilómetros de Nazaret y entre ambos pueblos había, a la vez, relaciones y hostilidad.

Y María debió de sentirse encantada de bajar a ayudar a sus parientes en el trajín de la boda. Tal vez Jesús acudiera también a la boda. Y, además, se encontraba muy sola.

Ha señalado con acierto Willam:

> Con frecuencia se pasa por alto la soledad en que había vivido María antes de ir a Caná. Hacía varias semanas que la había dejado sola su

querido hijo, después de haber vivido juntos treinta años. Cada vez que veía las herramientas del taller sentía como una punzada en el alma. El silencio no era ya interrumpido por el agradable ruido del trabajo, que le sonaba antes como una conversación con su hijo. Las mujeres que pasaran por la puerta asomarían la cabeza y le preguntarían cuándo volvería su Yesuah; porque no podían interpretar la acción del hijo como un abandono de su madre, poco digno, pues siempre la había ayudado como buen hijo. De cuando en cuando entra algún hombre para algún trabajo. Y se entabla un diálogo doloroso: —¿No está Yesuah? —No. —¿Cuándo volverá? —No lo sé—. ¿A dónde ha ido? ¿Qué hace en tierra extraña?

María había, sí, comenzado a gustar una de las más anchas soledades que ha conocido un ser humano. Porque el vacío dejado por aquel hijo, era más ancho que el de otro cualquier ausente. Porque aquella marcha misteriosa a predicar un mensaje que ni ella misma entendía del todo, había hecho nacer en Nazaret la burla y la ironía, que iban a rebotar sobre la madre en forma de risas y de miraditas. Pero lo que más ahondaba aquella soledad era el saber —esto sí: con certeza— que aquella marcha del hijo sólo podía terminar con la muerte. Era la sombra de la espada que llevaba treinta años creciendo.

Por eso el encuentro en Caná fue tan importante. Hacía pocas semanas que Jesús había dejado Nazaret. Pero ¡qué cambiado estaba! María le ve por primera vez rodeado por un grupo de discípulos. No de simples amigos y compañeros. Bastaba verles para comprender que él no era uno más del grupo. El modo en que le miraban, la manera de andar, demostraba que él era para ellos un verdadero jefe. Es la primera vez que María ve a su hijo en su función de Mesías.

Describe Pemán:

> No sabemos cómo se saludaron la madre y el hijo aquel día. Probablemente María tenía ya en su corazón suficiente conciencia de que había empezado algo nuevo: la vida pública. De que su hijo empezaba a ser ya de todos. Ninguna madre abraza lo mismo a su hijo, delante de la gente, cuando en la «entrega de despachos» de la Academia Militar, lo ve, por primera vez, de uniforme. Acaso se le llenan los ojos de lágrimas: pero el saludo es más contenido. Las mujeres tienen un seguro instinto para saberse reprimir, y para delimitar lo que ya no es de ellas: política, profesión, vida exterior. Entonces la ternura se les hace húmeda y silenciosa.

El profeta que come con la gente

¿A qué se debió la presencia de Jesús en la boda? ¿Fue expresamente a Caná porque le habían invitado o fue a Caná casualmente —de allí era uno de sus discípulos— y, una vez allí, le invitaron? No lo sabemos. Pero sí sabemos que su llegada no debió de pasar inadvertida. Un hombre de pueblo, sin especial cultura, que viaja seguido por un grupo de discípulos no es algo corriente. Los monjes vivían en la soledad. Juan estaba rodeado de discípulos, pero no andaba con ellos por las ciudades y mucho menos se mezclaba en las juergas de la gente común.

Jesús empieza a ser, ya desde el primer momento, un profeta muy extraño. «Come con pecadores» murmurarán más tarde los fariseos. Ahora no con pecadores, pero sí con gente vulgar, en sus pequeñas, cotidianas alegrías. Y el primer gran gesto de su mesianismo será para poner sobre las mesas nada menos que seiscientos litros de vino. ¿No estará haciendo descender la religión a la taberna, dando las margaritas del milagro a los puercos?

Quizá los más sorprendidos fueron sus propios discípulos. Varios de ellos habían sido, hasta pocos días antes, discípulos de Juan; habían, sin duda, acompañado al profeta en su vida austera. Y he aquí que, de pronto, Jesús hacía girar la página y ponía ante sus ojos otro tipo de virtudes: la sencillez, la sinceridad ante la vida, el amor y la amistad con la pequeña gente, con aquellos que allí danzaban y cantaban la alegría de vivir.

Comenzaba el escándalo para los puros. Más tarde Jesús comentaría ese desconcierto con una preciosa parábola:

> «Con qué compararé yo a esta generación? Son como niños sentados en la plaza, huraños y descontentos, a los que dirigen un reproche sus alegres compañeros: ¡Os hemos tocado la flauta y no habéis querido bailar! ¡Os hemos cantado una lamentación y no os habéis golpeado el pecho! Vino Juan, que no comía ni bebía y decíais que era un hombre imposible, que tenía que estar poseído por el demonio. Vino luego el Hijo del hombre, que comía y bebía, y dijisteis de él que le gustaba comer bien y beber vino, que era amigo de publicanos y vividores» (Mt 11, 16).

Pero a Jesús nunca le preocupó mucho el ruido a vestiduras rasgadas. A él le gustaba aquella alegría ingenua de los invitados a la boda. Y entra en ella dispuesto a sumarse al gozo común. Más tarde, en su predicación, el recuerdo de bodas y banquetes reaparecerá como signo del reino de Dios. Un rey invitará a la boda de su hijo, y ese rey será Dios. Unas vírgenes esperarán la llegada del esposo, y el esposo será él. Y, como festejo del pecado perdonado, no se le ocurrirá otro gozo más grande que el del padre que manda matar el becerro cebado. Y él mismo se presenta como el esposo en torno de quien debe haber fiesta perpetua y en cuyo honor no deben ayunar los amigos. Sí, un mensajero extraño este profeta de la alegría.

No tienen vino

Pero, de pronto, la escena se vuelve dramática. María, que está por las cocinas, se acerca a Jesús y le dice al oído: *No tienen vino* (Jn 2, 3). Y desde aquí, desde esta misma frase, todo se vuelve misterioso. Ocurre siempre así con los textos de san Juan, que siempre dicen mucho más de lo que aparentan; que tienen —como en este caso— una lectura de superficie y otra de profundidad; una cobertura de narración de un pequeño drama psicológico y una hondura de verdadero acontecimiento teológico.

En la lectura de superficie estamos ante el drama de una pareja de novios que se expone a pasar una gran vergüenza: la de que el vino se acabe antes que la boda. Drama no pequeño en una aldea: mientras vivan, la gente del pueblo señalará a estos novios como «los que no tuvieron vino suficiente cuando se casaron». Quién sabe si incluso no saldrá de esta historieta el mote con que les designarán a ellos y a sus nietos. María es mujer y entiende bien lo que esto significa, corre por ello hacia su hijo para contarle su preocupación.

¿Le está pidiendo un milagro o le está simplemente contando un problema, dejando en las manos de Jesús el modo de resolverlo? La tradición ha interpretado generalmente que María pide a Jesús una actuación milagrosa. Y la respuesta de Jesús demuestra que así lo entendió él. Pero no deja de ser sorprendente en María, que nunca ha visto a su hijo resolver los problemas acudiendo a su poder de Dios. Pero quizá María ha intuido que para Jesús todo ha cambiado, que la hora de los «signos» está ya a la puerta. Elige, por ello, esa forma ambigua del que pide sin pedir, lo mismo que más tarde las hermanas de Lázaro se limitarán a mandar un recado a Jesús diciéndole: *El que amas está enfermo* (Jn 11, 3).

Y Jesús se resiste. Lo mismo que en el huerto de los Olivos pedirá a su Padre que retrase o aleje su muerte, dice ahora a su madre que no acelere la hora de manifestar la potencia que lleva dentro. Por eso responde casi arisco: *Aún no ha llegado mi hora.*

Pero María no entiende o no quiere entender. O quizá es que ve en profundidad: sabe que sólo en apariencia se niega su hijo. Por eso se vuelve a los criados: *Haced lo que él os diga.*

Y el milagro se produce. Los criados llenan de agua seis grandes «hidrias» de piedra que estaban preparadas para las purificaciones. Más de 600 litros de agua. *Llevádselo al maestresala,* dice Jesús. Los criados lo hacen, extrañados, desconcertados, temerosos. Piensan que el maestresala se encolerizará ante lo que juzgará una broma de mal gusto. Pero no saben resistirse a la orden de Jesús. Y llega el asombro: el agua se ha convertido en el mejor de los vinos. Y la alegría puede seguir rodando de corro en corro como una bendición.

El primer signo mesiánico

Hasta aquí la corteza del suceso. Detrás de ella hay, evidentemente, mucho más. En Juan toda realidad encierra siempre otra más honda. No cuenta fábulas, sino hechos. Pero detrás de cada uno hay siempre toda una cadena de significaciones que crecen como círculos concéntricos.

En Caná no estamos, sin duda, ante una anécdota, por muy bella y prodigiosa que sea. Estamos ante el *comienzo de los signos*. Jesús empieza a hacer visible el Mesías que es.

Y este primer signo se produce en una boda. El tema de las bodas de Yahvé con su pueblo tiene en todo el antiguo testamento (en el libro de Oseas especialmente) una enorme importancia como signo de la liberación final. Y en el nuevo testamento las bodas son el símbolo de la unión del Hijo de Dios y su Iglesia al final de los tiempos. *El reino de Dios* —escribe san Mateo (22, 2)— *es como un rey que preparó un festín de bodas para su Hijo.*

Y en estas bodas del Hijo habrá un gran banquete y, en él, abundancia de vino. A todo lo largo del antiguo testamento la bendición de Dios está siempre simbolizada por la abundancia de vino, de grano, de aceite. La llegada del Mesías será ese tiempo en que el vino correrá hasta bajo las puertas de las casas. Juan, el evangelista al hablar de nada menos que seiscientos litros de vino —cantidad enorme por muchos que fueran los invitados— ¿no estará hablando de esta sobreabundancia que es el signo de la bendición de Dios y de la llegada del Mesías?

Este vino *nuevo* que prueba el maestresala es el anuncio de la gran renovación que Jesús va a traer. Las páginas que siguen en el evangelio de Juan están llenas de la aparición de esta *novedad* que se implanta en el mundo. Jesús en el templo hablará de su cuerpo como un templo *nuevo* (2, 19). A Nicodemo explicará la necesidad de un *nuevo* nacimiento (3, 5). A la samaritana le anunciará el culto *nuevo* que hay que dar en espíritu y en verdad (4, 23). Y los milagros que siguen son todos signos de la vida *nueva que comienza en Cristo* (4, 50).

Este vino nuevo viene a sustituir el agua de ayer. Jesús no convierte en vino un agua cualquiera, sino precisamente la que estaba preparada para las purificaciones, el agua del antiguo culto de quienes se lavaban las manos antes de sentarse a la mesa. Jesús, al cambiar el agua en vino, anuncia que ha cambiado también la antigua purificación legal por otra más verdadera, que ha sustituido el antiguo culto por su sangre y por su palabra.

Los padres de la Iglesia lo entendieron así. Orígenes de Alejandría explica que este vino nuevo es la doctrina nueva de Cristo. San Efrén

dirá que el vino menos bueno es la ley de Moisés y el mejor es la gracia
y la verdad de Jesús. San Ireneo verá en este vino de Caná el símbolo
sacramental de la sangre eucarística.

Nada de esto pudieron comprender quienes vivieron esta hora en
Caná de Galilea. Si algo vislumbraron del prodigio fue, cuando más,
un signo de la bondad de Jesús. Pero nosotros que leemos ese signo a
la luz de la resurrección de Cristo sabemos —en palabras de Max
Thurian— que *el vino de Caná, que toma el lugar del agua ritual de la
purificación, encierra un simbolismo muy rico: es signo de la restaura-
ción mesiánica por su abundancia; signo de la nueva y mejor alianza por
su calidad; signo de la palabra de Dios y de su sangre eucarística,
porque se da en este festín de bodas que evoca el banquete del Reino.
Puede entenderse, pues, toda la importancia teológica que el evangelista
y la Iglesia dan a este milagro de las bodas de Caná. Por primera vez
Cristo manifiesta en figura su gloria de Mesías y de Hijo de Dios, que
manifestará con plenitud en su resurrección.*

En efecto, el comentario que Juan añade a lo ocurrido en Caná
demuestra la enorme importancia que el evangelista atribuye a lo
ocurrido. Fue, dice, el *comienzo de los signos,* ya que, en él, Jesús
manifestó su gloria, por lo que muchos, y concretamente sus discípulos, *creyeron en él.*

He aquí tres afirmaciones de primera categoría. Juan no dice que
éste fuera sólo el primero de los signos, sino el comienzo de los signos,
como si viera en él —según escribe Godet— *un signo primordial, que,
de alguna manera, encerrara en su simbolismo la significación de todos
los demás signos.*

Fue, además, para Juan, como una epifanía, la manifestación de
su gloria. Con estas palabras el evangelista nos abre una ventana que
atraviesa la vida y la muerte de Cristo y conduce directamente a su
gloriosa resurrección.

Por todo ello, muchos creyeron en él. No en él como persona, sino
en él como Mesías. El milagro de Caná va, así, mucho más allá de un
puro ejercicio de poder. Adquiere toda la categoría de un verdadero
milagro. Más allá de cuanto tiene de superación de las fuerzas y leyes
de la naturaleza, está —como veremos cuando, más tarde, hablemos
largamente de los milagros— su significación de signo del Mesías y de
llave y semilla de la fe.

La presencia de María en Caná

Pero si el hecho del milagro y su significación son como un pozo
insondable, aún más lo es la presencia e intervención de María en él.
Aquí las preguntas se multiplican. ¿Por qué pidió María esta interven-

ción extraordinaria de su hijo? ¿Por qué Jesús contesta con esa, al menos aparente, brusquedad? ¿Por qué trata de «mujer» a su madre? ¿Qué quiere decir con ese «qué hay entre tú y yo», como si pusiera en duda la relación entre ambos? ¿Qué sentido tiene esa alusión a su hora? ¿Por qué María, después de la negativa de Jesús, actúa como si éste hubiera aceptado? ¿Por qué el evangelista, que parece tener interés en recordar que María y Jesús vinieron separados, subraya al final que se marcharon juntos?

La mayor parte de estas preguntas quedarán eternamente sin respuesta. Pero puede que valga la pena intentar acercarnos a ellas.

Por de pronto hay un hecho llamativo: María aparece sólo dos veces en todo el evangelio de san Juan: en Caná y en el Calvario. Y en ambos casos, como en una buscada simetría, usa cuatro veces el apelativo «su madre». ¿Está Juan uniendo esas dos presencias como para darles una significación especial?

Podemos pensar, de partida, que Juan no señala esa presencia como un dato puramente anecdótico. Algo más hondo está queriendo decir. Tal vez que la maternidad de María es más grande que un simple haber engendrado físicamente a Jesús.

En el comienzo de la escena, María aparece en su función de mujer y de madre: ha visto una situación humana dolorosa, sabe que su hijo puede resolverla y acude a él discreta y confiadamente.

Pero la respuesta de Jesús es dura, o, cuando menos, desconcertante: *Mujer ¿qué hay entre tú y yo?* La frase es tan extraña que ha recibido cientos de interpretaciones y de traducciones. *¿Por qué vienes a molestarme con eso?* traduce la versión inglesa de Knox. *¿Qué tengo yo contigo, mujer?* traduce la Biblia de Jerusalén. Y la recientísima versión de Mateos-Schoekel dice: *¿Quién te mete a ti en esto, mujer?*

Y si la traducción es difícil, mucho más polémica es la interpretación. Durante muchos siglos se interpretó como una negativa de Cristo a obrar el milagro, negativa aparente para unos y real para otros. Maldonado interpreta que Jesús no niega el milagro que le piden, pero advierte que no lo hará por un motivo de carne y sangre. Calvino, con su habitual puritanismo, ve el problema en el vino y hace que Jesús reprenda a su madre por meterse en asuntos tan poco espirituales. Muchos otros autores —la mayoría— hacen decir a Jesús que «la hora de hacer milagros no ha llegado».

Más recientemente son muchos los autores que no ven la frase de Jesús como una negativa. Knabenbauer y Calmes interpretan: «Déjame obrar, no es preciso que me lo pidas». Berruyer y Maeso traducen: «¿Qué novedad es ésta entre nosotros? ¿Por qué no me lo pides abiertamente? Sigo siendo el hijo dócil de siempre». Peinador, Squillaci, Zolli interpretan: «¿Es que hay alguna discrepancia entre nosotros dos? Ya lo creo, de acuerdo». Boismard da sentido interrogativo a la segunda frase e interpreta: «¿Por qué te preocupas? ¿No ves que ya ha llegado mi hora?».

La lista de interpretaciones podría multiplicarse hasta el infinito. Pero la más profunda y sólida es la que conecta esas dos únicas escenas en que María aparece en el evangelio de Juan. En las dos se habla cuatro veces de «su madre», en las dos trata Jesús a su madre enfáticamente de «mujer»; en la segunda se realiza esa «hora» que Jesús anuncia en la primera.

La «hora» de la que tantas veces habla Jesús en el evangelio de san Juan era evidentemente la del Calvario. Cuando quieren detenerle en la fiesta de los tabernáculos no pueden hacerlo *porque aún no había llegado su hora* (7, 30). Cuando se acerca la muerte Jesús comenta: *Ha llegado la hora en que debe ser glorificado el Hijo del hombre* (12, 23). Y a la hora de describir la última cena dice el evangelista: *Jesús, sabiendo que había llegado su hora...* (13, 1). En su plegaria sacerdotal dice Jesús: *Padre, ha llegado la hora, glorifica a tu Hijo* (17, 1). Y después de que Jesús ha encomendado su madre a Juan, el evangelista comenta: *Y desde esta hora el discípulo la tomó consigo* (19, 27).

Jesús está así *citando* a su madre para esa hora en que estarán más unidos que nunca, esa hora en que la maternidad física de María ascenderá a una maternidad más alta y total sobre el Cristo místico, sobre la Iglesia entera.

Vista a esta luz la respuesta de Jesús ni concedería ni negaría; pediría a María que tome conciencia de la grandeza de lo que está pidiendo. Diría algo parecido a esto: no te quedes en pedirme un milagro exterior que resuelva un problema material a una pareja y no me lo pidas basándote sólo en el sentimiento de que eres mi madre. Aquí estamos comenzando algo más grande. Lo que voy a hacer es importante, no por el hecho de cambiar en vino unos litros de agua, sino porque es el comienzo de mi manifestación como Mesías. Esta manifestación tendrá su plenitud en otra hora, la de mi muerte y mi resurrección. Allí es donde tú y yo tendremos que ver mucho más que ahora, porque tú participarás activamente en mi obra de redentor.

¿Comprendió María el sentido de las palabras de Jesús? Debió, cuando menos, de intuirlo. Tal vez, por ello, respondió con unas palabras que van también más allá de una simple orden a los criados: *Haced lo que él os diga*. Son las últimas palabras de María que los evangelios nos trasmiten. Y tienen todo el valor de un testamento. Tras ellas María entra en el silencio. Empieza la hora de la palabra de Dios, que es su Hijo. María pide a los hombres que obedezcan a esa palabra y entra en la sombra del silencio.

¿Adelantó María con su petición la hora de la manifestación del Mesías y, con ello, la de su muerte? Algunos escritores católicos antiguos así lo afirmaron. Y Rilke, el poeta alemán, convirtió en dramático este anticipo:

En aquella ocasión de las bodas,
cuando imprevistamente faltó el vino,
le miró suplicando un gesto poderoso
y notó que él se resistía.
Luego lo hizo. Ella comprendió más tarde
cómo le había empujado a marchar por su camino:
pues ahora era ya un hacedor de milagros
y toda la magnitud del holocausto
pendía fatalmente sobre él. Sí, eso ya estaba escrito,
pero ¿estaba dispuesto ya para aquel momento?
Ella, ella lo había adelantado
en la ceguera de su envanecimiento.
En la mesa, colmada de frutas y verduras,
ella se alegraba como los demás, y no veía
que el agua en la fuente de sus lágrimas
se había vuelto sangre con este vino.

Habrá que quitar a esta visión —tan demasiado humana— cuanto tiene de injusto e inexacto. Si María adelantó esa hora no fue porque estuviera ciega por la vanidad del triunfo de su hijo, sino por amor a una pobre pareja de muchachos. Y ella supo, mejor que nadie y antes que nadie, el jubiloso y también terrible significado de aquel vino que alegremente bebían los comensales de Caná.

El vino bueno

¿Llegaron los invitados a enterarse de lo que estaban bebiendo? El evangelista vuelve a ser enigmático. Dice sólo que *mostró su gloria y creyeron en él sus discípulos* (Jn 2, 11). ¿Es que en el jolgorio de la nueva riada de vino sólo los discípulos, más atentos, se dieron cuenta del origen y valor de aquel vino? Así lo interpretan muchos exegetas católicos. Pero no parece verosímil. Los criados que se acercaron temblorosos al maestresala llevándole una jarra de lo que juzgaban todavía agua, no creían, sin duda, a sus ojos cuando vieron cómo el maestresala paladeaba gustosamente el líquido y cómo sus ojos se llenaban de asombrada aprobación. Y, mientras él se dirigía hacia el novio para exponer su extrañeza de que se hubiera guardado el buen vino para el final, sin duda corrieron los criados hacia la cocina para probar aquello que tanto había gustado al maestresala. Y no creían a su paladar. Ellos sabían mejor que nadie de dónde habían sacado el agua que llenaba las cántaras.

Cuando salieron de su asombro, fueron ellos quienes se precipitaron a correr la noticia. Nunca un criado fue buen guardador de secretos y menos tan espectaculares como éste. Y, al principio, nadie les creía. Paladeaban y paladeaban el vino. Tuvieron que jurar y perjurar que ellos mismos habían llenado de agua las hidrias de piedra. Y el gozo, con una mezcla de asombro y de miedo, corrió por el patio y los alrededores. Vinieron quizá docenas de curiosos. Y bebían de aquel vino sin terminar de convencerse de que no les estaban gastando una broma. Luego —como siempre— las alabanzas a Dios salidas de las bocas de los sencillos se mezclaron con las sonrisitas de los incrédulos.

La primera comunidad mesiánica

Y Juan concluye toda su enigmática narración diciéndonos que Jesús bajó a Cafarnaún con su madre y sus discípulos. ¿Por qué baja su madre a Cafarnaún en lugar de regresar al más cercano Nazaret? Tampoco lo sabemos. Parece que el evangelista quisiera subrayar que María ha entrado más adentro de la comunidad mesiánica que acaba de nacer. Vino a Caná como madre de Jesús y es ya un poco madre de todo el grupo. Es la semilla de la Iglesia agrupada en torno a Jesús, escuchando su palabra, dispuesta a cumplir la voluntad del Padre en camino hacia la hora terrible y magnífica de la cruz y la resurrección. La fe en el milagro al que acaban de asistir les ha unido definitivamente.

El grupo camina lentamente hacia el lago que verá las horas más altas de la vida de Jesús. El maestro, seguido por los discípulos de la primera hora y por su madre, va en silencio. Lo ocurrido en Caná es como un girón que se abriera en el misterio y por el que entreviera cuanto en estos tres próximos años va a pasar. Por eso caminan silenciosos. *Nosotros hemos visto su gloria* dirá ochenta años más tarde san Juan recordando esta hora, que apenas comprenden cuando la están viviendo. María, desde el gran silencio en que acaba de entrar, ha comenzado a rumiar todo esto en su corazón.

18

¿Quién es Jesús?

Y ahora es ya tiempo de que el sembrador empiece su tarea. La tierra está hambrienta de esperanzas. Es la hora.

Pero, antes, tenemos aún que detenernos para preguntar quién es este hombre que se atreve a anunciar un mundo nuevo, un renovado modo de vivir. Qué hay detrás de sus ojos, de qué se alimentan sus palabras, qué tiene en su corazón, cómo es su alma.

Sabemos que la respuesta nunca será completa. Aun después de escuchar todas sus palabras y seguir todos sus pasos, seguiremos estando a la puerta del misterio y encontraremos —como decía Schweitzer— que Jesús *es el hombre que rompe todos los esquemas,* que no se parece a nadie, que su figura no puede confundirse con la de ningún otro de los grandes líderes del espíritu a lo largo de la historia.

Mas, aún así, valdrá la pena intentar dibujar, al menos, algunas de las claves de su alma, señalar las coordenadas de su espíritu, que nos permitan entender y situar sus palabras futuras. Si hay seres cuyo mensaje es más importante que su persona y otros en los que lo que cuenta es, más que lo que dicen, lo que son, en Jesús nos encontraremos que la persona y el mensaje son la misma cosa, que él es su mensaje y que lo que viene a anunciar es el encuentro con su realidad.

Intentaremos, pues, en este capítulo introductorio a su vida pública, rastrear desde distintos ángulos ese hondo misterio de la personalidad de Jesús, aun sabiendo que sólo nos acercaremos de lejos a sus suburbios.

I. EL RETRATO IMPOSIBLE

¿Cómo era, Dios mío, cómo era? Esta pregunta ha sido durante siglos el tormento de generaciones de cristianos. Aún lo es hoy. Sí, sabemos que lo verdaderamente importante no es conocer su rostro.

Recordamos aquello de fray Angélico: *Quien quiera pintar a Cristo sólo tiene un procedimiento: vivir con Cristo*. Aceptamos la explicación de que a los apóstoles les importaba más contar el gozo de la resurrección que describir los ojos del Resucitado. Lo aceptamos todo, pero, aun así, ¿qué no daríamos por conocer su verdadero rostro?

Aquí el silencio evangélico es absoluto. ¿Era alto o bajo? ¿Rubio o moreno? ¿De complexión fuerte o débil? Y ¿de qué color eran sus ojos? ¿De qué forma su boca? Ni una sola respuesta, ni un indicio en los textos evangélicos. Los autores sagrados, por un lado, se interesan mucho más del Cristo vencedor, resucitado y glorioso que de ofrecernos un retrato de su físico y aun de su personalidad moral; por otro lado, tampoco aparece en los evangelios físicamente retratado ningún otro de los personajes que por ellos desfilan. Nada nos dicen del rostro de Jesús y nada de los de Judas, Herodes, María o Pilato.

Algunos han querido encontrar una pista para afirmar que Jesús era bajo en la escena de Zaqueo en la que Lucas cuenta que el publicano *trataba de ver a Jesús por saber quién era y no podía a causa de la multitud, porque era pequeño de estatura; y corriendo adelante se subió a un sicomoro, porque iba a pasar por allí* (Lc 19, 3). Pero es evidente que el sujeto de toda la oración es Zaqueo y que es él quien trepa al árbol precisamente porque es bajo de estatura.

Otros, por el contrario, deducen que Jesús era alto del imperio con que expulsó del templo a los mercaderes, o del hecho de que, al narrar el beso de Judas, el evangelio use un verbo que tiene en griego el sentido de la acción que se realiza «de abajo arriba» (con lo que habría que traducir *se empinó para besarle*). Pero es evidente que se trata de insinuaciones demasiado genéricas y poco convincentes.

A este silencio evangélico se añade el hecho de que en la Palestina de los tiempos de Cristo estuviera rigurosamente prohibido cualquier tipo de dibujo, pintura o escultura de un rostro humano. *Si su ministerio* —escribe M. Leclercq— *hubiera tenido lugar en tierra griega o latina, probablemente nos hubieran quedado de él algunos monumentos iconográficos contemporáneos o de una fecha próxima*. Pero en el mundo judío cualquier intento de este tipo hubiera sido tachado de idolatría.

Por eso será en Roma donde surjan a finales del siglo primero las más antiguas figuraciones de Jesús, en las catacumbas. Pero en ellas no se intentará un verdadero retrato sino un símbolo. De ahí que nos le encontremos bajo la figura de un pastor adolescente o de un Orfeo que, con su música, amansa a los animales. En todos los casos se trata, evidentemente, de un romano, con su corto pelo, sin barba, con rasgos claramente latinos.

Siglos más tarde los orientales nos ofrecerán la imagen de un Cristo bizantino que se extenderá por toda la cristiandad: es el rostro de un hombre maduro, de nariz prominente, ojos profundos, largos cabellos morenos, partidos sobre la frente, barba más bien corta y rizada. Se trata también de un símbolo de la hermosura masculina, mucho más que de un retrato.

Las alas de la leyenda

Pero allí donde no han llegado los testimonios evangélicos o iconográficos tenían que llegar la leyenda y la imaginación humana. Será una tradición quien nos cuente que, cuando el Señor subió al cielo, los apóstoles rogaron a san Lucas que dibujara una imagen suya. Ante la incapacidad del pintor, todos los apóstoles se habrían puesto a rezar y, tres días después, milagrosamente sobre la blanca tela habría aparecido la santa faz que todos ellos habían conocido.

Pero se trata de pura leyenda. Como la que cuenta que el rey de Edesa, Abgar, habría enviado una legación para invitar a Cristo, en las vísperas de su pasión, a refugiarse en su reino. Ante la negativa de Jesús, envió un artista para que el rey pudiera tener, al menos, un retrato del profeta. Pero, desconcertado por el extraño mirar de los ojos de Jesús, el pintor trabajaba inútilmente. Hasta que un día el modelo, sudoroso, se secó en el manto del pintor. Y allí quedó impregnado el dibujo de su rostro.

Es la misma leyenda que creará la figura de la Verónica y que no tendrá otra base que el deseo medieval de tener el verdadero rostro (el *vero icono* = Verónica) del que hablara Dante en su *Divina comedia*:

> Tal es aquel que acaso de Croacia
> acude a ver la Verónica nuestra,
> pues por la antigua fama no se sacia.
> Mas piensa al ver la imagen que se muestra:
> «Oh, Señor Jesucristo, Dios veraz,
> ¿fue de esta suerte la semblanza vuestra?

Será este mismo deseo el que incite a un medieval del siglo XIII a falsificar una carta que durante algún tiempo engañó a los historiadores, atribuida como estaba a un tal Publio Léntulo a quien se presentaba como antecesor de Pilato en Palestina y que habría sido enviada por él oficialmente al senado romano. Dice el texto de la carta:

> Es de elevada estatura, distinguido, de rostro venerable. A quien quiera que le mire inspira, a la vez, amor y temor. Son sus cabellos ensortijados y rizados, de color muy oscuro y brillante, flotando sobre sus

espaldas, divididos en medio de la cabeza al estilo de los nazireos. Su frente despejada y serena; su rostro, sin arruga ni mancha, es gracioso y de encarnación no muy morena. Su nariz y su boca regulares. Su barba, abundante y partida al medio. Sus ojos son de color gris azulado y claros. Cuando reprende es terrible; cuando amonesta dulce, amable y alegre, sin perder nunca la gravedad. Jamás se le ha visto reir, pero si llorar con frecuencia. Se mantiene siempre derecho. Sus manos y sus brazos son agradables a la vista. Habla poco y con modestia. Es el más hermoso de los hijos de los hombres.

Esta última piadosa citación profética bastaría para hacer dudar de la atribución a un presunto gobernador pagano. Resume bien, de todos modos, la imagen que el hombre medieval tenía de Jesús.

Algo mayor atención merece el testimonio de Antonino de Piacenza que, en el relato de una peregrinación a tierra santa en el año 550, asegura haber visto sobre una piedra del monte Olivete la huella del pie del señor *(un pie bello, gracioso y pequeño)* y además un cuadro, pintado, según él, durante la vida del Salvador, y en el que éste aparece *de estatura mediana, hermoso de rostro, cabellos rizados, manos elegantes y afilados dedos.*

Algo más tarde Andrés de Creta afirmaba que en Oriente se consideraba como verdadero retrato de Cristo una pintura atribuida a san Lucas y en la que Jesús aparecía *cejijunto, de rostro alargado, cabeza inclinada y bien proporcionado de estatura.*

Discusión entre los padres

Si del campo de la pintura pasamos al literario, nos encontramos con una muy antigua y curiosa polémica sobre la hermosura o fealdad de Cristo. Esta vez no se parte de los recuerdos de quienes le conocieron sino de la interpretación de las sagradas Escrituras. Los padres, ante la ausencia de descripciones en el nuevo testamento, acuden al antiguo y allí encuentran como descripciones del Mesías, dos visiones opuestas.

Isaías lo pintará como varón de dolores:

> Su aspecto no era de hombre, ni su rostro el de los hijos de los hombres. No tenía figura ni hermosura para atraer nuestras miradas, ni apariencia para excitar nuestro afecto... Era despreciado y abandonado de los hombres, varón de dolores, como objeto ante el cual las gentes se cubren el rostro (Is 52, 14; 53, 2).

Desde una orilla casi opuesta el autor de los salmos pinta la belleza del Mesías:

> ¡Oh tú, el más gentil en hermosura entre los hijos de los hombres! Derramada se ve la gracia en tus labios. Por eso te bendijo Dios para siempre. Cíñete al cinto tu espada, ¡potentísimo! (Sal 44, 3).

Tomando al pie de la letra estas visiones espirituales del Mesías los padres de la Iglesia se dividen en dos corrientes a la hora de pintar la hermosura de Jesús.

San Justino lo pinta *deforme* y escribe que era *un hombre sin belleza, sin gloria y sujeto al dolor.* Según san Clemente de Alejandría era *feo de rostro* y quiso *no tener belleza corporal para enseñarnos a volver nuestro rostro a las cosas invisibles.* Orígenes, al contestar al pagano Celso, según el cual Jesús era *pequeño, feo y desgarbado,* responde que *es cierto que el cuerpo de Cristo no era hermoso pero que no por eso era despreciable.* Y añade la curiosa teoría de que *Cristo aparecía feo a los impíos y hermoso a los justos.* Aún va más allá Tertuliano que escribe: *Su cuerpo, en lugar de brillar con celestial fulgor, se hallaba desprovisto de la simple belleza humana.* Y san Efrén sirio atribuye a Cristo una estatura de tres codos, es decir, poco más de 1,35 metros.

Pero pronto se impondrá la corriente contraria, con la visión de los padres que exaltan la belleza física de Jesús. San Juan Crisóstomo contará que *el aspecto de Cristo estaba lleno de una gracia admirable.* San Jerónimo dirá que *el brillo que se desprendía de él, la majestad divina oculta en él y que brillaba hasta en su rostro, atraía a él, desde el principio, a los que lo veían.* Y será san Agustín quien, en sus comentarios al Cantar de los cantares, popularice la visión de un Jesús, *el más hermoso de los hijos de los hombres,* a quien se aplican todas las exaltadas frases que la esposa del cantar dirige a su amado.

Esta es la imagen que harán suya los teólogos y que tratarán de apoyar con todo tipo de argumentos. Santo Tomás escribirá que *tuvo toda aquella suma belleza que pertenecerá al estado de su alma; así algo divino irradiaba de su rostro.* Y Suárez será aún más tajante: *Es cosa recia creer que un alma en quien todo era perfecto, admirablemente equilibrada, estuviese unida a un cuerpo imperfecto.* Y esto sin contar con que *una fisonomía fea y repulsiva hubiera dañado al ministerio del Salvador, acarreándole el menosprecio de las gentes.*

Pequeños rastros evangélicos

La verdad es que —en frase de san Pablo— *no conocemos a Jesús según la carne* (2 Cor 5, 16). Pero los textos evangélicos parecen enlazar mejor con quienes imaginan un rostro hermoso. Conocemos la gran impresión que Jesús causaba en sus contemporáneos, cómo llamaba la atención a enfermos y pecadores, cómo sus apóstoles se encontraban magnetizados por la atracción que emanaba de su persona, cómo los niños se sentían felices con él, cómo impresionó al mismo Pilato. Bellos o no, según los cánones griegos, los rasgos de su rostro, sí sabemos que éste era excepcionalmente atractivo.

Conocemos el equilibrio de sus gestos y posturas. Quien le había visto partir el pan no lo olvidaba ya jamás; tenía un modo absolutamente especial de curar a los enfermos; y, si le vemos enérgico, nunca nos lo encontraremos descompuesto.

Los evangelistas están especialísimamente impresionados por sus ojos y su voz. A lo largo del evangelio se nos describen con detalle todo tipo de miradas: de dulzura, de cólera, de vocación, de compasión, de amor, de amistad... Eran sin duda los suyos unos ojos extraordinariamente expresivos para que los evangelistas —no abundantes en detalles— percibieran tantos en sus diversos modos de mirar.

Lo mismo ocurre con su voz, que los evangelistas nos describen firme y severa cuando reprocha, terrible cuando pronuncia palabras condenatorias, irónica cuando se vuelve a los fariseos, tierna al dirigirse a las mujeres, alegre cuando se encuentra entre sus discípulos, triste y angustiada cuando se aproxima a la muerte.

Sabemos que tenía un cuerpo sano y robusto. Todas y cada una de las páginas del evangelio testimonian que Jesús fue un hombre *de gran capacidad emprendedora, resistente a la fatiga y realmente robusto* como señala Karl Adam. Es éste un rasgo que diferencia a Jesús de casi todos los demás iniciadores de grandes movimientos religiosos. Mahoma era en realidad un enfermo y lo estuvo gran parte de su vida. Buda estaba psíquicamente agotado cuando se retiró del mundo. Pero en Jesús jamás encontramos rastro de debilidad alguna. Al contrario, vive y crece como un campesino. Le encanta estar en contacto con la naturaleza, no teme a las tormentas en el lago, practica sin duda con los apóstoles el duro trabajo de la pesca, Sabemos, sobre todo, de sus continuas y larguísimas caminatas a través de montes y valles con caminos muy rudimentarios. Una página evangélica —la que narra la última subida de Jericó a Jerusalén—, si es exacta en todos sus datos cronológicos, narra una auténtica proeza atlética: bajo un sol terrible, por caminos en los que no hay una sola sombra, atravesando montes rocosos y solitarios, habría recorrido 37 kilómetros en seis horas y habría llegado lo suficientemente descansado como para participar aún aquella noche en el banquete que le prepararon Lázaro y sus hermanas (Jn 12, 2).

Ciertamente todas las insinuaciones evangélicas hablan de una magnífica salud: vive al aire libre y al descampado duerme muchas noches. Resiste una vida errante; tiene tanto que hacer que, a veces, le falta tiempo para comer (Mc 3, 20 y 6, 31); los enfermos le visitan incluso a altas horas de la noche. Tiene un sueño profundo como lo demuestra el que pudiera seguir dormido en medio de la tempestad en una incómoda barca. Y puede seguir orando en las horas de angustia, cuando los demás caen rendidos. Era fuerte su alma y su cuerpo: el propio Pilato se sorprende de que haya muerto tan pronto, cuando José de Arimatea acude a pedir su cuerpo; el procurador había visto lo que era, un recio galileo.

Esta fortaleza quedaría aún más confirmada si damos credibilidad a la sábana santa, que nos ofrece el retrato casi de un gigante por estatura y fortaleza. Aunque habrá que señalar también el hecho de que los evangelios jamás se refieran a ese tamaño, que, de ser el del hombre envuelto en la sábana santa (1,83 de altura), hubiera llamado poderosísimamente la atención en una población cuya estatura media se acercaba mucho más al 1,60 que al 1,70.

Su aspecto exterior

¿Cuál era su aspecto exterior? Sin duda muy parecido al de cualquier otro judío de su época. *Era como cualquier hombre y también en sus gestos,* dirá san Pablo (Flp 2, 7). Los evangelistas que anotan la vestimenta de Juan Bautista, nada dicen de la de Jesús, señalando, con ello, que era la normal. Llevaría ordinariamente un vestido de lana con un cinturón, que servía, al mismo tiempo de bolsa (de ella habla Mateo 10, 9). Usaría un manto o túnica (Lc 6, 9) y sandalias (Hech 12, 8). Por las narraciones de la pasión sabemos que la túnica era sin costura y toda tejida de arriba abajo (Jn 19, 23).

En sus largas caminatas le protejería del sol el sudario que, después de muerto, Pedro encontraría en la tumba (Jn 20, 7). Y siguiendo la costumbre de la época llevaría también para la oración matutina filacterias atadas al brazo y alrededor de la frente. Más tarde censurará a los fariseos, pero no por usarlas, sino por ensancharlas y alargar ostentosamente sus flecos (23, 5).

Jesús evitó, sin duda, todo detalle llamativo. Usaría barba como todos sus contemporáneos adultos. El cabello lo llevaría más bien corto, a la altura de la nuca, a diferencia de los nazireos que se dejaban largas melenas y llamativos bucles. Era cuidadoso de su persona. Criticará el multiplicarse de las abluciones de quienes tienen el corazón corrompido, pero las recomendará, incluso en tiempo de cuaresma, así como los perfumes y unciones. El lava personalmente los pies a sus discípulos y reprocha al fariseo que no se los lavó a él.

Era, sí, verdaderamente un hombre. Se hizo carne, dice san Juan. Y san Pablo habla con cierto orgullo del hombre-Cristo-Jesús (1 Tim 2, 5) porque, en verdad, era uno de nosotros.

Sí, nos gustaría conocer su rostro. Pero quizá no sea demasiado importante: no es su rostro, sino su amor, lo que nos ha salvado. Y, por otro lado, ¿no será cosa de su providencia esto de que nada sepamos de sus facciones para que cada hombre, cada generación pueda inventarlo y hacerlo suyo?

Esto lo intuyó ya Facio, patriarca de Constantinopla en el siglo IX, que escribía:

> El rostro de Cristo es diferente entre los romanos, los griegos, los indios y los etíopes, pues cada uno de estos pueblos afirma que se le aparece bajo el aspecto que les es propio.

Tal vez esta es la clave: no dejó su rostro en tabla o imagen alguna porque quiso dejarlo en todas las generaciones y todas las almas. La humanidad entera es el verdadero lienzo de la Verónica.

II. NADA MENOS QUE TODO UN HOMBRE

Que Jesús era un hombre excepcional, un verdadero genio religioso, es algo que no niegan ni los mayores enemigos del mundo de la fe. Ante su figura se han inclinado los mismos que han combatido su obra. Y su misterio humano desborda a cuantos, armados de sus instrumentos psicológicos, han acudido a él para trazar la semblanza de su personalidad.

A su vez, los cristianos parece que tuvieran miedo a detenerse a pintar el retrato de su alma de hombre. Piensan, quizás, que afirmar que fue nada menos que todo un hombre, fuese negar u olvidar que también fue nada menos que todo un Dios. En el clima de caza de brujas que vivimos en lo teológico, hasta se desconfía de quien ensalza a Cristo como hombre.

Recientemente cierto cristiano muy conservador aseguraba que a él Cristo le interesaba como Dios únicamente, pues, como hombre, habían existido en la historia cinco o cien mil humanos más importantes que él. La frase no era herética, porque era simplemente tonta. Cristo no fue probablemente —no tuvo al menos por qué ser— el hombre más guapo de la humanidad, ni el que mayor número de lenguas hablaba, ni el que visitó más países, ni el mejor orador, ni el más completo matemático. Pero es evidente que la divinidad no se unió en él a la mediocridad y que, en los verdaderos valores humanos —en lo que de veras cuenta a la hora de medir a un hombre—, no ha producido la humanidad un hombre de su talla.

¿Un hombre normal?

¿Fue Jesús un hombre normal? La respuesta no parece difícil: si por normalidad se entiende esa estrechez de espíritu, ese egoísmo que adormece a la casi totalidad de nuestra raza humana, Jesús no fue evidentemente un hombre normal. Sus propios parientes comenzaron por creer que *había perdido el juicio* (Mc 3, 21) cuando hizo la «locura» de lanzarse a predicar la salvación. Los fariseos estaban seguros de que un espíritu maligno habitaba en él (Mt 12, 24) por la razón terrible de que su visión de Dios y del amor no se dejaba encajonar en las leyes fabricadas por ellos. Herodes le mandó vestir la blanca túnica de los locos cuando vio que Jesús no oponía a sus burlas otra cosa que el silencio. De loco y visionario le han acusado, a lo largo de los siglos, quienes se encontraban incapaces de resolver el enigma. Y sus mismos admiradores cuando han querido dibujar la figura humana de Jesús —tal Dostoyevsky cuando pone como símbolo de Cristo a su príncipe Mischin— no han encontrado otro modo de colocarle por encima de la mediocridad ambiente que pintándole como un maravilloso loco iluminado, un Quijote divino.

Y es cierto que, en un mundo de egoístas, parece ser loco el generoso, como resulta locura la pureza entre la sensualidad, pero también lo es que no aparece en todo el evangelio un solo dato que permita atribuir a Jesús una verdadera anormalidad. Al contrario: en su cuerpo sano habita un alma sana, impresionante de puro equilibrada.

Un equilibrio nada sencillo, porque se trata de un equilibrio en la tensión. No fue precisamente fácil la vida de Jesús. Vivió permanentemente en lucha, a contracorriente de las ideas y costumbres de sus contemporáneos, en la dura tarea de desenmascarar una religiosidad oficial que era la de los que mandaban. Vivió además en *un tiempo y una raza apasionada* como señala Grandmaison con acierto. No eran los judíos de entonces una generación aplatanada: ardían con sólo tocarles. Y, en medio de ellos, Jesús vivió su tarea con aquella serenidad impresionante que hace que los fariseos *no se atrevieran a echarle mano* (Jn 7, 44).

No hay, además, en la vida de Jesús altibajos, exaltaciones o depresiones. Hay, sí, momentos más intensos que otros, pero todos dentro de un prodigioso equilibrio desconocido en el resto de los humanos.

Un escritor tan crítico ante la figura de Jesús como A. Harnack ha descrito así esta equilibrada tensión de la vida de Cristo:

> La nota dominante de la vida de Jesús es la de un recogimiento silencioso, siempre igual a sí mismo, siempre tendiendo al mismo fin. Cargado con la más elevada misión, tiene siempre el ojo abierto y el oído tenso hacia todas las impresiones de la vida que le rodea. ¡Qué prueba de paz profunda y de absoluta certeza! La partida, el albergue, el retorno, el matrimonio, el enterramiento, el palacio de los vivos y la tumba de los muertos, el sembrador, el recolector en los campos, el viñador entre sus cepas, los obreros desocupados en las plazas, el pastor buscando sus ovejas, el mercader en busca de perlas; después, en el hogar, la mujer ocupándose de la harina, de la levadura, de la dracma

perdida; la viuda que se queja ante el juez inicuo, el alimento terrestre, las relaciones espirituales entre el Maestro y los discípulos; la pompa de los reyes y la ambición de los poderosos; la inocencia de los niños y el celo de los servidores; todas estas imágenes animan su palabra y la hacen accesible al espíritu de los niños. Y todo esto no significa que solamente hable en imágenes y en parábolas, testifica, en medio de la mayor tensión, una paz interior y una alegría espiritual tales como ningún profeta las había conocido... El que no tiene una piedra donde reposar la cabeza, no habla como un hombre que ha roto con todo, como un héroe de ascesis, como un profeta extasiado, sino como un hombre que conoce la paz y el reposo interior y puede darlo a otros. Su voz posee las notas más poderosas, coloca a los hombres frente a una opción formidable sin dejar escapatoria y, sin embargo, lo que es más temible, lo presenta como una cosa elementalísima y habla de ella como de lo más natural; reviste estas terribles verdades de la lengua con que una madre habla a su hijo.

Un hombre que sabe lo que quiere

Esta asombrosa seguridad de Jesús en sí mismo se basa en las dos características más visibles de su vida tal y como las ha señalado Karl Adam: la lucidez extraordinaria de su juicio y la inquebrantable firmeza de su voluntad.

Un hombre, pues. No un titán. No un superhombre. Jamás los evangelios le muestran rodeado de fulgores, con ese aura mágica con la que los cuentos rodean a sus protagonistas. En Jesús hasta lo sobrenatural es natural; hasta el milagro se hace con sencillez. Y cuando —como en la transfiguración— su rostro adquiere luces más que humanas, es él mismo quien trata de ocultarlo, pidiendo a sus apóstoles que no cuenten lo ocurrido. Quienes un día le llevaron a la cruz, nunca temieron que pudiese escapar de sus manos con el gesto vencedor de un «superman».

Su modo de pensar y de hablar

Y aquí llega de nuevo a nosotros la sorpresa, porque volvemos a encontrarnos bajo el signo de lo sencillo. Ha escrito Guardini:

> Si comparamos sus pensamientos con los de otras personalidades religiosas, parecen, en su mayor parte muy sencillos, al menos tal y como los hallamos en los evangelios sinópticos. Claro que, si tomamos la palabra «sencillo» en el sentido de «fácilmente comprensible» o de «primitivo», entonces desaparece, al observar un poco más.

Es cierto, las palabras de Jesús son tan claras y transparentes como la superficie del agua de un pozo. Sólo bajando nuestro cubo hasta el fondo, podemos percibir su verdadera hondura. ¿Hay algo más «elemental» que la parábola del hijo pródigo? ¿Hay algo más vertiginosamente profundo?

Y es que —como señala el mismo Guardini— *el pensamiento de Jesús no analiza, ni construye, sino que presenta realidades básicas y ello de una manera que ilumina e intranquiliza a la vez.*

No hay en su pensamiento inquietudes filosóficas o metafísicas. Desde ese aspecto, muchos otros textos de fundadores religiosos parecen más profundos, más elaborados, más bellos, incluso. Pero Jesús jamás hace teorías. Nada nos dice sobre el origen del mundo, sobre la naturaleza de Dios y su esencia, jamás habla como un teólogo o como un filósofo. Refiere de la verdad como hablaría de una casa. Siempre con el más riguroso realismo. Sus palabras son un puro camino que va desde los hechos hacia la acción. Sus pensamientos no quieren investigar, explicar, razonar, mucho menos elaborar construcciones teóricas, se limita a anunciar el amor de Dios y la llegada de su Reino con el mismo gesto sencillo con el que alguien nos dice: mira, esto es un árbol. Su pensamiento está concentrado en lo esencial y no necesita retóricas. Por eso escribe Boff:

> El no hace teología ni apela a los principios superiores de la moral y mucho menos se pierde en casuísticas minuciosas y sin corazón. Sus palabras y su comportamiento muerden directamente en lo concreto, allí donde la realidad sangra y es llevada a una decisión ante Dios.

Sus preceptos son secos, incisivos y sencillos:

> Reconcíliate con tu hermano (Mt 5, 24). No juréis en absoluto (Mt 5, 34). No resistáis al mal y si alguien te golpea en la mejilla derecha, muéstrale la izquierda (Mt 5, 39). Amad a vuestros enemigos y rezad por los que os persiguen (Mt 5, 44). Cuando hagas limosna, que tu mano izquierda no sepa lo que hace la derecha (Mt 6, 3).

En rigor, Jesús no dice grandes cosas nuevas y mucho menos verdades exotéricas e incomprensibles; no trata de llamar la atención con ideas desconcertantes y novedosas. Dice cosas racionales, que ayuden sencillamente a la gente a vivir. Aclara ideas que ya se sabían, pero que los hombres no terminaban de ver o de formular. San Agustín lo afirmaba sin rodeos:

> La substancia de lo que hoy se llama cristianismo estaba ya presente en los antiguos y no faltó desde los inicios del género humano hasta que Cristo vino en la carne. Desde entonces en adelante, la verdadera religión, que ya existía, comenzó a llamarse religión cristiana.

Jesús, además, da razones de lo que dice, nada impone por capricho. Y sus razones son más de sentido común, de buen sentido, que altas elucubraciones filosóficas. Si manda amar a los enemigos, explica que es porque todos somos hijos de un mismo Padre (Mt 5, 45); si pide que hagamos bien a todos, razona que es porque todos queremos que los demás nos hagan bien a nosotros (Lc 6, 33); si está prohibido el adulterio, comenta que es porque Dios creó una sola pareja y la unió para siempre (Mc 10, 6); si pide que tengamos confianza en el Padre, lo hace recordándonos que él cuida hasta de los pájaros del campo (Mt 6, 26).

Y todo esto lo dice en el más sencillo de los lenguajes. Jesús nunca habla para intelectuales. Usa un vocabulario y un estilo apto para un pueblo integrado por campesinos, artesanos, pastores y soldados. Y eso es precisamente lo que hace que su palabra haya traspasado siglos y fronteras. Podemos pensar que lo hubiera sido —como dice Tresmontant— *si su palabra, llegado el momento de ser vertida a todas las lenguas humanas hubiera estado envuelta en el ropaje del lenguaje erudito, rico, complejo, en un lenguaje «mandarín», fruto de una larga tradición y civilización de gentes ilustradas... ¿Cómo habría sido traducida y comunicada, a lo largo de los siglos, al selvático africano, al campesino chino, al pescador irlandés, al granjero americano, al mozo de los cafés de París o de Londres?*

Realmente: *la «pobreza» del lenguaje evangélico es la condición de su capacidad de expansión «universal».* Si, en cambio, hubiera estado arropada por la riqueza de un lenguaje demasiado evolucionado, *habría permanecido prisionera de la civilización en cuyo seno nació* y no habría podido ser comprendida por la totalidad de los hombres. No habría sido verdaderamente católica.

Un hombre que sabe lo que quiere

El pensamiento de Jesús no es, pues, algo que conduzca a los juegos literarios o formales, ni que se pierda en floreos intelectuales. Su palabra es siempre una flecha disparada hacia la acción. El viene a cambiar el mundo, no a sembrarlo de retóricas.

Y aquí —en el campo de su voluntad— nos encontramos ante todo con algo absolutamente característico suyo: su asombrosa seguridad, que se apoya en dos virtudes —como ha formulado Karl Adam—: *la lucidez extraordinaria de su juicio y la inquebrantable firmeza de su voluntad.*

Jesús es verdaderamente un hombre de carácter que sabe lo que quiere y que está dispuesto a hacerlo sin vacilaciones. Jamás hay en él algo que indique duda o búsqueda de su destino. Su vida es un «sí» tajante a su vocación. Había exigido a los suyos que quien pusiera la mano en el arado no volviera la vista atrás (Lc 9, 62) y había mandado que se arrancara el ojo aquel a quien le escandalizara (Mt 5, 29) y no iba a haber en su propia vida inconstancias o vacilaciones.

Su modo de hablar del sentido de su vida no deja lugar a ambigüedades: *Yo no he venido a traer la paz, sino la guerra* (Mt 10, 34). *No he venido a llamar a los justos sino a los pecadores* (Mt 9, 13). *El Hijo del hombre ha venido a buscar y salvar lo que estaba perdido* (Lc 19, 10). *El Hijo del hombre no ha venido a ser servido, sino a servir y dar su vida para rescate de muchos* (Mt 20, 28). *No he venido a destruir la ley y los profetas, sino a completarlos* (Mt 5, 17). *Yo he venido a poner fuego en la tierra* (Lc 12, 49).

No existe, no ha existido en toda la humanidad un ser humano tan poseido, tan arrastrado por su vocación. Ya desde niño era consciente de esta llamada a la que no podía no responder: *¿No sabíais* —contesta a sus padres— *que yo debo emplearme en las cosas de mi Padre?* (Lc 2, 49).

Y no faltaron obstáculos en su camino: las tres tentaciones del desierto y su respuesta, son la victoria de Jesús sobre la posibilidad, demoníaca, de apartarse de ese camino para el que *ha venido*. Más tarde, serán sus propios amigos los que intentarán alejarle de su deber y llamará *Satanás* a Pedro (Mt 16, 22). Se expone, incluso, a perder a todos sus discípulos cuando estos sienten vértigo ante la predicación de la eucaristía. Al ver irse a muchos, no retirará un céntimo de su mensaje; se limitará a preguntar, con amargura, a sus discípulos: *¿Y vosotros, también queréis iros?* (Jn 6, 61).

Si se piensa que esta vocación, que el blanco de esa flecha, es la muerte, una muerte terrible y conocida con toda precisión desde el comienzo de su vida, se entiende la grandeza de ese caminar hacia ella. Con razón afirmaba Karl Adam que Jesús es *el heroísmo hecho hombre*. Un heroísmo sin empaque, pero verdadero. Jesús, que comprende y se hace suave con los pecadores, es inflexible con los vacilantes: *Dejad a los muertos que entierren a sus muertos* (Mt 8, 22). *No se puede servir a dos señores* (Lc 16, 13). *El que vuelve la vista atrás no es digno del reino de los cielos* (Lc 9, 62).

Esta soberana decisión *(el cielo y la tierra pasarán, pero mis palabras no pasarán:* Mc 13, 31) se une a una misteriosísima calma. No hay en él indecisiones, pero tampco precipitaciones. Da tiempo al tiempo, impone a los demás y se impone a sí mismo el jugar siempre limpio, llamar «sí» al sí, y «no» al no (Mt 5, 37).

Era esta integridad de su alma lo que atraía a los discípulos e impresionaba a los mismos fariseos: *Maestro, sabemos que eres veraz y que no temes a nadie* (Mt 22, 16), le dicen. Por eso sus apóstoles no pueden resistir su llamada; dejan las redes o el banco de cambista con una simple orden.

Pero esta misma admiración que les atrae, les hace permanecer a una cierta respetuosa distancia. Los apóstoles le amaban y temían al mismo tiempo.

De él, sin embargo, de no haberlo confesado él mismo en el huerto de los Olivos, hubiéramos dicho que no conocía el miedo. Jamás le vemos vacilar, calcular, esquivar a sus adversarios. Pero el misterio no está en su falta de miedo, sino en el origen de esa ausencia. Porque esa «decisión» que parece caracterizarle, no es la que brota simplemente de unos nervios sanos, de un carácter frío o emprendedor; es la que brota del total acuerdo de su persona con su misión. Jesús no es el irreflexivo que va hacia su destino sin querer pensar en las consecuencias de sus actos. El sabe perfectamente lo que va a ocurrir. Simplemente, lo asume con esa naturalidad soberana de aquel para quien su deber es la misma substancia de su alma. Jesús no fue «cuerdo», ni «prudente» en el sentido que estas palabras suelen tener entre nosotros. No hay en él tácticas o estrategias; no aprovecha las situaciones favorables; no prepara hoy lo que realizará mañana. Vive su vida con la naturalidad de quien ha visto muchas veces una película y sabe que tras esta escena vendrá la siguiente que ya conoce perfectamente. Ante su serena figura los grandes héroes románticos —señala Guardini— *adquieren algo de inmaduros.*

Un hombre con corazón

Otra de las características exclusivas de Cristo es que, a diferencia de otros grandes líderes religiosos, la entrega a una gran tarea no seca su corazón, no le fanatiza hasta el punto de hacerle olvidar las pequeñas cosas de la vida o no le encierra en la ataraxia del estoico o en el rechazo al mundo de los grandes santones orientales. Jesús no es uno de esos «santos» que, de tanto mirar al cielo, pisan los pies a sus vecinos.

Al contrario; en él asistimos al desfile de todos los sentimientos más cotidianamente humanos. Apostilla K. Adam:

> Es inaudito que un hombre, cuyas fuerzas están todas al servicio de una gran idea, y que, con todo el ímpetu de su voluntad ardiente se lanza a la prosecución de un fin sencillamente soberano y ultraterreno, tome, no obstante, un niño en sus brazos, lo bese y lo bendiga, y que las lágrimas corran por sus mejillas al contemplar a Jerusalén condenada a la ruina o al llegar ante la tumba de su amigo Lázaro.

Y no se trataba, evidentemente, de un gesto demagógico hecho —como ocurre hoy con los políticos— de cara a los fotógrafos. Por aquel tiempo entretenerse con los niños —y no digamos con un

enfermo o una pecadora— eran gestos que más movían al rechazo
que a la admiración.

En Jesús, eran gestos sinceros. Todo el evangelio es un testimonio
de ese corazón maternal con el que aparece retratado el Padre que
espera al hijo pródigo o el buen pastor que busca a la oveja perdida.
Jesús tenía —ya desde la eternidad— un corazón blando y sensible en
el que, como en un órgano, funcionaban todos los registros de la
mejor humanidad.

Así le encontraremos compadeciéndose del pueblo y de sus problemas (Mt 9, 36); contemplando con cariño a un joven que parece
interesado en seguirle (Mc 10, 21); mirando con ira a los hipócritas,
entristecido por la dureza de su corazón (Mc 3, 5); estallando ante la
incomprensión de sus apóstoles (Mc 8, 17); lleno de alegría cuando
éstos regresan satisfechos de predicar (Lc 10, 21); entusiasmado por la
fe de un pagano (Lc 7, 9); conmovido ante la figura de una madre que
llora a su hijo muerto (Lc 7, 13); indignado por la falta de fe del
pueblo (Mc 9, 19; dolorido por la ingratitud de los nueve leprosos
curados (Lc 17, 17); preocupado por las necesidades materiales de sus
apóstoles (Lc 22, 35).

Le veremos participar de los más comunes sentimientos humanos:
tener hambre (Mt 4, 2); sed (Jn 4, 7); cansancio (Jn 4, 6); frío y calor
ante la inseguridad de la vida sin techo (Lc 9, 58); llanto (Lc 19, 41);
tristeza (Mt 26, 37); tentaciones (Mt 4, 1).

Comprobaremos, sobre todo, su profunda necesidad de amistad,
que es, para Boff, *una nota característica de Jesús, porque ser amigo es
un modo de amar.* Le oiremos elogiando las fiestas entre amigos
(Lc 15, 6); explicando que a los amigos hay que acudir, incluso siendo
inoportunos (Lc 11, 5). Le veremos, sobre todo, viviendo una honda
amistad con sus discípulos, con Lázaro y sus hermanas, con María
Magdalena.

Un hombre solo en medio de la multitud

Pero aquí también nos encontraremos con otra de las paradojas
de Jesús: su profunda necesidad de compañía y la radical soledad en
que seguía su alma, incluso cuando estaba acompañado.

Los evangelistas señalan numerosas veces una especie de temor de
sus apóstoles ante sus discursos y prodigios (Mc 9, 6; 6, 51; 4, 41;
10, 24), el miedo que tenían a interrogarle (Mc 9, 32). El evangelio de
Marcos comienza la descripción del último viaje de Jesús a Jerusalén
con estas palabras: *Jesús iba delante de ellos, que le seguían con miedo
y se espantaban* (Mc 10, 32). Y repetidas veces nos tropezaremos la
frase: *Estaban llenos de temor* (Mc 5, 15; 33, 42; 9, 15). Los apóstoles y

aún más las turbas, eran conscientes de que él no era un rabino más. Cuando se preguntaban quién era, buscaban las comparaciones más altas: *¿Será el Bautista, Elías, Jeremías o alguno de los profetas?* (Mt 16, 14). También Jesús era consciente de esta distancia que le separaba de los demás. Por ello, aun a pesar de su inmenso amor a los hombres, sólo cuando estaba en la soledad parecía sentirse completo. Necesitaba retirarse a ella de vez en cuando. En cuanto podía alejarse del gentío, huía a lugares solitarios, como si sólo allí viviera su vida verdadera. *Y despedidas las gentes, subió al monte, apartado, a orar. Y allí estaba solo* (Mt 14, 23).

A veces, hasta parece que la compañía de los demás se le hiciera insoportable: *¿Hasta cuándo tendré que soportaros?* (Mc 9, 19) dice, con frase durísima, a los apóstoles al comprobar cómo, en su mediocridad, no hacen otra cosa que aguar su visión del Reino.

Casi diríamos que sólo al final de su vida se siente plenamente a gusto entre los suyos. Su corazón se esponja cuando se encuentra con ellos y se vuelve caliente y conmovedor a la hora de la despedida.

Porque Jesús tiene un corazón verdaderamente afectivo. No es blando ni sentimental, pero sí profundamente humano. Se siente a gusto entre los niños y los pequeños; llora ante la tumba de Lázaro y ante Jerusalén; llama, en la última cena, «hijitos» a sus discípulos. Se angustia ante lo que les puede ocurrir a los apóstoles cuando él se vaya; se olvida de sí mismo para preocuparse de pedir al Padre que ellos tengan un lugar en el cielo. *Jesús* —señala García Cordero— *no es un asceta ni un estoico que ahoga sus sentimientos afectivos legítimos, sino que los sublima en una consideración superior sobrenatural.*

La cólera del manso cordero

Jesús se presentó a sí mismo como *manso y humilde de corazón* (Mt 11, 29), Y era verdad: así lo realizó al dejarse abofetear y escarnecer a la hora de su pasión. Y la tradición ha tendido a acentuar esa dulzura. Jesús —merced a los movimientos religiosos del siglo XIX— es en gran parte sinónimo del «dulce Jesús». Y esta verdad, si se desmesura, puede desfigurar el verdadero rostro de Cristo. Grandmaison ha escrito con justicia:

> Jesús es una mezcla de majestad y de dulzura y mantiene su línea en todas las vicisitudes: ante la injusticia, la calumnia, la persecución, la incomprensión de sus íntimos. Sabe condescender sin rebajarse, entregarse sin perder su ascendiente, darse sin abandonarse. Es el modelo del tipo ideal, del equilibrio. Hombre verdaderamente completo, hombre

de un tiempo y una raza apasionada, de la que no rechazó sino las estrecheces de miras y errores, tiene sus entusiasmos y sus santas cóleras. Conoce las horas en las que la fuerza viril se hincha como un río y parece desbordarse. Pero estos movimientos extremos siguen siendo lúcidos: nada de exageración de fondo, de pequeñez, de vanidad, ningún infantilismo, ningún rasgo de amargor egoísta e interesado. Aun cuando están agitadas, temblorosas, las aguas permanecen límpidas.

Pero este equilibrio de Jesús no es la serenidad de quienes nunca estallan porque tienen poca alma. La serenidad de Jesús es la del torrente contenido. Su carácter es más bien duro, poderoso. Dentro de él arde esa *cólera del cordero* de la que habla el Apocalipsis (6, 16), una cólera que sólo estalla cuando los derechos de Dios son pisoteados, pero que es terrible cuando lo hace.

En Jesús nos encontramos con frecuencia esa voluntad en tensión, esa fuerza contenida. La tentación de Pedro, que quiere ablandar su redención, es rechazada sin rodeos y con frase terrible, gemela a la usada (Mt 4, 10) para expulsar al demonio: *¡Apártate, Satanás, que me eres escándalo!* (Mt 16, 23). *¡Fuera de mi vista, inicuos!* dirá en el día del juicio a quienes no hubieran socorrido a sus hermanos (Mt 7, 23). Y, en sus parábolas, abundan las formulaciones radicales. En la de la cizaña *el Hijo del hombre enviará a sus ángeles que reunirán a los malvados y los echarán al horno del fuego* (Mt 13, 41). Y lo mismo dice en la parábola de la red (Mt 13, 49). Violentamente terminan también las parábolas de las diez vírgenes, de los talentos, de las ovejas y cabritos. En ningún caso el desenlace es un ablandarse del esposo o del amo. En la parábola del siervo cruel, el Señor *lleno de cólera* entrega el siervo a la justicia hasta que pague toda su deuda. En las bodas del hijo del rey, éste, ante la muerte de su hijo, envía a su ejército para que acabe con los homicidas e incendie su ciudad. Cuando, en la sala de las bodas, el soberano encuentra a un hombre sin vestido nupcial, manda que lo *aten de pies y manos y lo arrojen a las tinieblas exteriores* (Mt 22, 13). En la parábola de los dos administradores, el señor, que llega inesperadamente, manda azotar al siervo infiel (Lc 12, 46). No, no son, evidentemente, las parábolas un dulce cuento de hadas.

Tampoco es blando el lenguaje que Jesús usa cuando se dirige a escribas y fariseos: *Guías de ciegos que coláis el mosquito y os tragáis el camello. ¡Ay de vosotros, escribas y fariseos hipócritas, porque limpiáis el plato y la copa por de fuera, pero interiormente estáis llenos de robos e inmundicias* (Mt 23, 14; 24, 25). Hay, evidentemente, un terrible relámpago en los ojos de quien pronuncia estas palabras.

Y hay dos momentos en que esta cólera estalla en actos terribles: cuando arroja a los mercaderes del templo, derribando mesas y asientos, enarbolando el látigo (Mc 11, 15; Jn 2, 14-15). Y cuando seca, con un gesto, la higuera que no tiene frutos, incluso sabiendo que no es aquel tiempo de higos (Mc 11, 13).

Exageraríamos si dedujéramos de estos dos momentos (sobre todo del segundo) que hay en Cristo una cólera mal contenida y anormal. Los evangelistas tienen un gran cuidado en acentuar todos aquellos aspectos en los que Jesús muestra su carácter profético. Y los profetas habían acostumbrado a su pueblo a este lenguaje de paradojas, de gestos aparentemente absurdos que sólo querían expresar la necesidad de estar vivos y despiertos en el nuevo reino de Dios. Pero tampoco seríamos justos olvidando esos gestos y convirtiendo a Jesús en un puro acariciador de niños. Los dulces cristos de Rafael y fray Angélico son parte de la verdad. La otra parte es el Cristo terrible que Miguel Angel pintó en la Capilla Sixtina.

Con los pies en la tierra

Tenemos que hacernos ahora una pregunta importante: ¿Fue Jesús un realista con los pies en la tierra o un idealista lleno de ingenuidad? Hay en él, evidentemente, unos modos absolutos de ver la vida. En todas sus frases arde lo que Karl Adam llama «su deseo de totalidad». *Si tu ojo te escandaliza, arráncatelo* (Mt 18, 9). *El que pierde su alma, la gana* (Mt 10, 39). *Nadie puede servir a dos señores* (Lc 16, 13). Siempre planteamientos radicales. El que no deja a su padre y a su madre, no sirve para ser discípulo suyo. Si alguien te pide el vestido, hay que darle la capa también. Y pide a veces cosas absolutamente imposibles: *Sed perfectos como vuestro Padre celestial es perfecto* (Mt 5, 48).

¿Es que Jesús no conoce la mediocridad humana? ¿Es que no conoce los enredados escondrijos de nuestros corazones? *A juzgar por estas sentencias macizas y según la firmeza heroica de su conducta, estaría uno tentado a tomarlo por un hombre absoluto y hasta quizá por un soñador viviendo fuera de la realidad, puestos siempre los ojos en su brillante y sublime ideal y para el cual desaparece, o a lo sumo aflora muy ligeramente en su conciencia la vulgar realidad diaria de los hombres. ¿Fue así Jesús?*

Esta pregunta inquieta a Karl Adam y sigue inquietando hoy a muchos hombres.

Y la primera respuesta es que Jesús no fue un extático, como lo fue Mahoma, como lo fue el mismo san Pablo. Los primeros cristianos estimaban mucho estos dones de éxtasis y visiones. San Pablo veía en ellos «*la prueba del espíritu y de la fuerza*» (1 Cor 2, 4). Pero ninguno de los evangelistas atribuye a Jesús este tipo de éxtasis o de fenómenos extraordinarios. La misma transfiguración es un fenómeno objetivo, no subjetivo. Nada sabemos de lo que pasó en el espíritu de Jesús durante ella, pero no es, en rigor, un verdadero éxtasis. Tiene, sí, contactos con el mundo sobrenatural: a través de su constante oración sobre todo. Pero jamás nos pintan los evangelistas una oración en la que Jesús se aleje de la tierra en éxtasis puramente pasivo. Este don que tan bien conoció san Pablo, no nos consta que fuera experimentado por Jesús.

Y hay en su vida frecuentes entradas de ese mundo sobrenatural en el cotidiano: el cielo se abre en el Jordán, el demonio le tienta en el desierto, bajan los ángeles a servirle tras las tentaciones y a consolarle en el huerto. Pero todo se hace con tal naturalidad y sencillez que, aun al margen de la fe, habría que reconocer que no se trata de alucinaciones o visiones de un espíritu enfermo o desequilibrado. No son problemas de psiquiatra; son contactos con otra realidad que, no por ser más alta, es menos verdadera que ésta que tocamos a diario.

Podemos, pues, concluir de nuevo, con Karl Adam:

> La visión prodigiosamente clara de su mirada, la conciencia neta que tenía de sí mismo, el carácter varonil de su persona, excluyen clasificarle entre los soñadores y exaltados, más bien, al contrario, supone una marcada predisposición para lo racional. La mirada de Jesús es profundamente intuitiva en la tarea de abarcar la realidad en su conjunto y en toda su profundidad, lo mismo que es sencilla y estrictamente lógica en lo que se refiere a las relaciones intelectuales.

Efectivamente esta mezcla de intuición y lógica parece ser una de las caractarísticas mentales de Jesús que une en sí a un pensador y a un poeta. La agudeza de su ingenio para desmontar un sofisma, pulveriza con frecuencia las argucias de sus enemigos y la estructura de su raciocinio es, a veces, puramente silogística, aun cuando más frecuentemente la intuición va más allá que las razones.

Pero aún podríamos decir que lo experimental pesa más en Jesús que lo puramente racional. Sus dotes de observación de la realidad que le rodea son sencillamente sorprendentes y le muestran como un hombre con los pies puestos sobre la tierra en todos sus centímetros. Hay en la palabra de Jesús un mundo vivo y viviente, un universo que nada tiene de idealista. Bastaría recordar sus parábolas. En ellas nos encontramos un mundo de pescadores, labradores, viñadores, mayorales, soldados, traficantes de perlas, hortelanos, constructores de casas, la viuda y el juez, el general y el rey. Vemos a niños que juegan por las calles tocando la flauta; cortejos nupciales que cruzan la ciudad en la noche silenciosa; contemplamos a los doctores de la ley ensanchando sus borlas y filacterias; les encontramos desgreñados en los días de ayuno; escuchamos su lenguaje cuando rezan; nos tropezamos con los pordioseros que piden a las puertas de los palacios; descubrimos a los jornaleros que se aburren en las plazas esperando a

que alguien les contrate; se nos explica minuciosamente cómo cobran
sus sueldos; conocemos las angustias de la mujer que ha perdido una
moneda; sabemos cómo la recién parida se olvida de sus dolores al ver
al chiquitín que ha tenido; nos enteramos de las distintas calidades de
la tierra y de todas las amenazas que puede encontrar un grano desde
la siembra a la cosecha; comprendemos la preocupación de las mujeres de que no les falte el aceite para la lámpara que ha de arder toda la
noche; se nos describe cómo reacciona el hombre a quien el amigo
despierta en medio de la noche; nos explican con qué unge las heridas
el samaritano y cuál es su generosidad; se nos advierte que los
caminos están llenos de salteadores; se habla de las telas y de la
polilla, de la levadura que precisa cada porción de harina, de qué tipo
de odres hay que usar para cada calidad de vino... Es todo un
universo de pequeña vida cotidiana lo que encierra este lenguaje y no
sueños o utopías.

Nо era un soñador, era un hombre sencillo y verdadero. En su
vida no hay gestos teatrales. Huye cuando quieren proclamarle rey, le
repugna la idea de hacer milagros por lucimiento o por complacer a
los curiosos. Tampoco hay en él un desprecio estoico a la vida.
Cuando tenga miedo, no lo ocultará. Lo superará, pero no será un
semidiós inhumano, un supermán eternamente sonriente. Tampoco
utiliza una oratoria retórica altisonante. Habla como se habla. Vive
como se vive. Jamás hace alardes de cultura. No hay en todo su
lenguaje una sola cita que no esté tomada de la Escritura. No siente
angustia ante lo que piensan de él, no se encoleriza cuando le
calumnian. Pero le duele que no le comprendan. Ama la vida, pero no
la antepone a la verdad.

Morir por la verdad libremente

Morirá por esa verdad. Es decir: se dejará matar por ella, pero no
irá hacia la muerte como un fanático, no se arrojará hacia la cruz. La
aceptará serenamente, desgarrándosele el corazón, porque ama la
vida. Pero preferirá la de los demás a la propia.

Si él hubiera pactado, si hubiera aceptado las componendas,
siendo «más prudente», tal vez su muerte no habría sido necesaria.
Pero su pensamiento y su acción eran gemelos y allí donde señalaba la
flecha de su vocación, allí estaban sus pasos. El servicio a la verdad
era el centro de su alma, pero no a una verdad abstracta sino a esa que
se llama amor y que sólo podía realizarse siguiendo la senda marcada
por su Padre.

Y aquí llega la más alta de las paradojas: siguió esa senda desde la
más absoluta de las libertades. Durante los primeros siglos de la

Iglesia no faltaron herejías (los «monotelitas») que para dejar más claro que Jesús no podía pecar, optaron por pensar que en Jesús no había más voluntad que la divina. Pero el tercer concilio de Constantinopla, en el año 681, definió tajantemente que Cristo estuvo dotado de voluntad y libertad humanas, que vivió y actuó como un ser libre.

Basta con leer su vida para descubrir que la libertad es *no solamente un rasgo de su carácter, sino también una señal distintiva de su personalidad,* como escribe Comblin. Efectivamente la libertad y la liberación fueron los núcleos de su mensaje. San Pablo lo condensa sin vacilaciones: *Fuisteis llamados, hermanos, a la libertad.* (Gál 5, 13). *Para que quedemos libres es por lo que Cristo nos liberó* (Gál 5, 1).

Jesús nace en el seno de un pueblo exasperado por la libertad, obsesionado por ella. De ese pueblo recibe su sentido, aunque, luego, él ensanchará sus dimensiones desde lo político a una libertad integral que nace en el corazón con raíces más profundas que las puramente materiales.

En el seno de ese pueblo, Jesús vivirá con una libertad inaudita. No depende de su familia. Rechaza las tentaciones con que algunos de sus miembros quieren apartarle de su misión (Mc 3, 21; 3, 31; Mt 12, 46) lo mismo que más tarde exigirá a sus discípulos esa misma libertad frente a sus familiares (Lc 14, 26).

Es libre ante el ambiente social, muchas de cuyas tradiciones rompe sin vacilaciones: habla con los niños, sostiene la igualdad de sexos, deja a sus apóstoles que cojan espigas en sábado. Se opone frontalmente a los grandes grupos de presión. Habla con franqueza a las autoridades políticas. Desprecia abiertamente a Herodes llamándole «zorra» inofensiva. Es libre en la elección de sus apóstoles. No se deja presionar por los grupos violentos que quieren elegirle rey. Es libre en toda su enseñanza. Jamás mendiga ayudas ni favores.

Subraya con acierto Comblin:

> Jesús no pidió nada a los ricos, ni a las autoridades: ni licencia, ni apoyo, ni colaboración. No tuvo necesidad de los poderosos. Sin duda, como siempre, esa fue para ellos la mayor ofensa, lo que más les hirió: mostró que no los necesitaba. Visita a los ricos, fariseos, personas notables: sin pedirles ayuda. Recibe a un hombre tan importante como Nicodemo: no le pide apoyo, ni una intervención favorable, una palabra amiga en el sanedrín. Sabe que si una persona de tal consideración garantizara su buena conducta en la asamblea, sería un buen argumento a su favor. Los ricos saben perdonar muchas ofensas a quienes les van a pedir dinero o recomendación. Jesús no buscó ninguna cobertura. Pilato se extrañó: esperaba ciertamente que Jesús apelase a su clemencia. Habría sido una ocasión excelente para dar muestra de su poder. Pero Jesús no quiso facilitar las cosas, para inclinar hacia él la indulgencia. Ninguna palabra para dulcificar a los judíos, ninguna palabra para calmar a Pilato: desde el principio hasta el fin de su vida, no quiso deber nada a nadie. Y se mostró siempre inflexible, sin arrogancia, pero irreductible.

Esta independencia impresionó tremendamente a sus contemporáneos a quienes llamaba la atención, más que lo que decía, el modo como lo decía: *Se maravillaron de su doctrina, pues les enseñaba como quien tiene autoridad* (Mc 1, 22; Mt 7, 29). Y sus propios adversarios se verán obligados a reconocer esa libertad de sus opiniones: *Maestro, sabemos que eres sincero y que enseñas de verdad el camino de Dios y no te importa de nadie, pues no miras la personalidad de los hombres* (Mt 22, 16).

¿Cuál es la última clave de esta tremenda libertad? Que Jesús es desinteresado, que no se siente preocupado por el futuro de su vida o de su obra. Esta seguridad es, tal vez, lo más sorprendente de su postura en el evangelio. Jamás le vemos tener angustia por el futuro de ese Reino que predica, jamás le encontramos planeando estrategias para el mantenimiento de lo que está creando. Y aquí vuelve a ser absolutamente diferente a todos los futuros fundadores de religiones o de cualquier tipo de empresas humanas o espirituales. Jesús deja absolutamente todo en las manos de Dios. Conocía la mediocridad de sus apóstoles, la traición de su máximo elegido y no vacilaba en dejar en sus manos el porvenir de su tarea.

Comenta el mismo Comblin:

> Jamás fundador alguno dejó a sus sucesores una obra tan libre, disponible, no institucionalizada. Prácticamente Jesús no dejó a los apóstoles ninguna de las instituciones de la Iglesia posterior, a no ser la instrucción de reunirse de vez en cuando para celebrar la cena en memoria suya y de su venida futura. El resto quedó totalmente abierto. Confió en el Espíritu santo dado a los apóstoles para ir definiendo las instituciones. Nunca en los evangelios aparece preocupado por ese futuro: no dijo a los apóstoles: después de mí haréis esto o aquello.

Sabía muy bien Jesús que lo que coarta la libertad de los hombres es el miedo, la preocupación por el futuro, la necesidad de seguridades. Pero él nunca necesitó nada: no tuvo propiedades, no precisó de la ayuda de los poderosos, no dejó herencia alguna, no se preparó una carrera. Contaba con una única seguridad —¡pero qué seguridad!—: la absoluta confianza en su Padre.

Gracias a ella superó también el miedo a la muerte que asumió en el acto más alto de libertad que conozca la historia. No la esquivó, no buscó pactos ni componendas, no hizo concesiones a sus adversarios. Impresionó en la cruz por su serenidad a los mismos que le crucificaban.

Fue, efectivamente, el más grande de los hombres. Fue también más que humano, pero fue también todo un hombre. Y la humanidad está hoy orgullosa de él. Sí, tal vez éste sea el más alto orgullo de nuestra raza: que él haya sido uno de nosotros.

III. El Emisario

Cuando hemos escrito que Jesús era un hombre «equilibrado» no lo hemos hecho en sentido socrático, como si Jesús fuera alguien que ha dominado las fuerzas de su alma porque las ha adormecido, o como alguien que está tan poseído de sí mismo que jamás manifiesta ningún tipo de pasiones. Este tipo de hombres suele ser una montaña de egoísmo. Y Jesús era precisamente todo lo contrario.

Alguien ha escrito que, en definitiva, los hombres más que en buenos y malos, listos y tontos, ricos y pobres, se dividen en generosos y egoístas, en hombres que tienen dentro de sí el centro de sí mismos y en hombres que tienen ese centro mucho más allá que ellos mismos. En definitiva: en hombres abiertos y cerrados.

Si la distinción es válida, tendríamos que decir que Jesús fue el hombre más abierto de la historia, absolutamente abierto en todas las direcciones. Por eso, en éste y en el próximo apartado del capítulo, proseguiremos este «retrato» de Jesús, que estamos haciendo antes de adentrarnos de lleno en su vida pública, estudiando esa doble apertura hacia arriba —hacia el Padre— y hacia todos los costados por los que le rodeaba la humanidad.

El enviado

Porque, en una lectura en profundidad de los textos evangélicos, veremos que lo que, en definitiva, define a Jesús no es ni su equilibrio, ni su dulzura y ni siquiera su bondad, sino su condición de enviado. Descubriremos que él no vino a triunfar y ni siquiera a morir; vino a cumplir la voluntad de su Padre y que, si murió y resucitó, es porque ambas cosas estaban en los planes de quien le enviaba.

Sí, la verdadera fuerza motriz de Jesús fue esa entrega total, sin reservas a la voluntad paterna. Karl Adam —que junto con Guardini ha calado como nadie esta misteriosa raíz— escribe con justicia que *en toda la historia de la humanidad jamás se encontrará persona alguna que haya comprendido, como él, en toda su profundidad y extensión, absorbiéndolo tan exclusivamente durante toda su vida, el antiguo precepto: Amarás al Señor tu Dios, con todo tu corazón, con toda tu alma y con todas tus fuerzas.* Tendremos, pues, que detenernos a estudiar esta fuerza-clave antes aún de acercarnos a los hechos concretos.

Lucas, como si lo hubiera intuido con aguda profundidad, colocará bajo ese signo las primeras palabras de Jesús y las últimas que pronuncia antes de su muerte. *¿No sabéis que yo debo ocuparme en las* *cosas de mi Padre?* (Lc 2, 49). No se trata del fruto de una simple decisión personal o de una reflexión. Habla de un «deber». No sólo es que él quiera hacer esto o aquello. Es que «debe» hacerlo. Es algo que él acepta, pero que va mucho más allá de su voluntad personal. Es el cumplimiento de una orden que, a la vez, le empuja y le sostiene. *Padre, en tus manos encomiendo mi espíritu* (Lc 23, 46). Son las últimas palabras de quien, al hacer el balance de su vida, sabe que *todo se ha consumado* (Jn 19, 30) tal y como se lo encargaron. Entre aquella aceptación y esta comprobación, se desarrolla toda la vida del enviado.

La respiración del alma

Tendremos que hablar repetidamente de cómo la oración es para Cristo mucho más que la respiración de su alma. Aquí subrayaremos sólo que la oración es el signo visible de ese contacto permanente con quien le envió.

Efectivamente, todos los momentos importantes de Jesús están marcados por esta comunicación con el Padre. Cuando Jesús es bautizado —primer acto de su vida pública— *oró y se abrió el cielo* (Lc 3, 21). Al elegir a sus apóstoles *subió a un monte para orar. Y al día siguiente los llamó* (Lc 6, 12). La mayor parte de sus milagros parecen ser el fruto de la oración; mira, antes de hacerlos, al cielo, tal y como si, para ello, necesitase ayuda de lo alto. Alza los ojos antes de curar al sordomudo (Mc 7, 34), antes de resucitar a Lázaro (Jn 11, 41), antes de multiplicar los panes (Mt 14, 19). Cuando sus apóstoles llegan gozosos porque han hecho milagros, no se alegra del éxito obtenido, sino de que la voluntad del Padre se haya cumplido en esos signos: *El se alegró vivamente exclamando: Yo te alabo, Padre, Señor del cielo y de la tierra* (Mt 11, 25). Y toda su vida está llena de estas pequeñas oraciones de diálogo directísimo con el Padre y de plena conformidad con él: *Te alabo, Padre, porque has escondido estas cosas a los sabios y prudentes y las has revelado a los pequeños, porque así te plugo hacerlo* (Mt 11, 25). *Padre, te doy gracias por haberme escuchado* (Jn 11, 41). *Padre, no como yo quiero, sino como tú* (Mt 26, 39).

Pero en todas estas oraciones de Jesús hay una serie de características que las distinguen de las demás humanas. Son, en primer lugar, oraciones en soledad. Jesús siente ante la plegaria algo que se ha definido como un «pudor viril». Pide a los suyos que, cuando tengan que orar, *vayan a su cámara, cierren la puerta y oren a su Padre en secreto* (Mt 6, 6). El lo hará siempre así, se irá al monte para orar solo (Mt 14, 23; Mc 6, 46; Jn 6, 15) y, aun cuando pida a alguno de los suyos que le acompañen, termirá por alejarse de ellos *como un tiro de piedra* (Lc 22, 41). Y allí, en el silencio y en la noche, se encontrará con su Padre en una soledad que sólo puede ser definida como *sagrada*. Porque no se trata de una soledad psicológica, sino de algo mucho más profundo. *Cuando Jesús ora* —dice exactamente Karl Adam— *se sale completamente del círculo de la humanidad para colocarse en el de su Padre celestial.*

Es éste uno de los datos fundamentales si queremos entender muchos de los misterios de la vida de Jesús. El, que tendrá un infinito amor a su madre y una total entrega a sus apóstoles, nunca terminará de confiarse del todo a ellos. Sólo después de su muerte le entenderán ellos, porque Jesús nunca se abría en plenitud. Convivió tres años con los apóstoles, pero nunca le vemos sentado a deliberar con ellos, jamás les consulta las grandes decisiones. Si en algún caso parece precisar de su compañía, siempre, al final, se queda lejos de ellos, siempre les hace quedarse en una respetuosa distancia.

Había efectivamente en Jesús —cito de nuevo a Adam— *algo íntimo, un sancta sanctorum al que no tenía acceso ni su misma madre, sino únicamente su Padre. En su alma humana había un lugar, precisamente el más profundo, completamente vacío de todo lo humano, libre de cualquier apego terreno, absolutamente virgen y consagrado del todo a Dios. El Padre era su mundo, su realidad y su existencia y con él llevaba en común la más fecunda de las vidas.* Por eso podrá decir sin vacilaciones «*Yo no estoy solo*» (Jn 8, 16) y hasta dar la razón: *porque mi Padre está conmigo* (Jn 16, 32).

La oración no es, para él, una especie de puente que se tiende hacia el Dios lejano, es simplemente la actualización consciente de una unidad con el Padre que nunca se atenúa. Por eso jamás veremos en él una oración que sale desde la hondura de la miseria humana, nunca le oiremos decir: Padre, perdóname. Incluso apenas oiremos en su boca oraciones de petición de cosas para sí. Pedirá por Pedro, por sus discípulos y aun cuando —como en el huerto— pida algo para sí, vendrá enseguida la aclaración de que la voluntad del Padre es anterior a su petición (Jn 12, 27). Sus oraciones serán, en cambio, casi todas, de jubilosa alabanza: *Padre, yo te glorifico* (Mt 11, 25) o *Padre, te doy gracias* (Jn 11, 41). Y todas surgirán llenas de la más total confianza: *Yo sé, Padre, que siempre me escuchas* (Jn 11, 42). *Padre, quiero que aquellos que tú me has dado, permanezcan siempre conmigo* (Jn 17, 24).

Un misterio de obediencia

Pero se trata de algo más hondo aún que la oración. Es que toda la esencia de la vida de Jesús se centra en el cumplimiento de unos planes establecidos previamente por su Padre. La religión, en la mente de

Jesús, es simplemente un ejercicio de obediencia. Hoy no nos gusta a los hombres esta palabra, pero sin ella no puede entenderse ni una sola letra de la vida de Jesús. Quien la analiza en profundidad comprueba que Jesús se experimenta a sí mismo como un embajador, un emisario, que no tiene otra función que ir realizando al céntimo lo que le marcan sus cartas credenciales. Es una misión que él realiza libremente y porque quiere, pero es una misión y muy concreta. Durante toda su vida escrutará la voluntad de Dios, como quien consulta un mapa de viaje, y subirá hacia ella, empinada y dolorosamente.

En el comienzo de su vida dirá con toda naturalidad que *debe ocuparse de las cosas de su Padre* (Lc 2, 48). Tras su resurrección explicará con idéntica naturalidad que *era preciso que estas cosas padeciese el Mesías y entrase en su gloria* (Lc 24, 26). En ambos casos lo dirá como una cosa evidente, y se maravillará de que los demás no comprendan algo tan elemental.

Toda su vida estará bajo ese signo: Irá al Jordán *para que se cumpla toda justicia* (Mt 3, 15). Al desierto será *empujado por el Espíritu* (Mc 1, 12). Rechazará al demonio en nombre de *toda palabra que sale de la boca de Dios* (Mt 4, 4). Cuando alguien le pide que se quede en Cafarnaún dirá que debe predicar en otros pueblos *pues para eso he salido* (Mc 1, 38). Un día afirmará que *su comida es hacer la voluntad de aquel que me ha enviado y acabar su obra* (Jn 4, 34). La voluntad de Dios es, para él, un manjar. El tiene hambre de esa voluntad, como los hambrientos de su bienaventuranza.

Hay un momento en que el peso de esta voluntad parece desmesurado. Es aquél en que le dicen que, mientras predica, ahí están su madre y sus parientes. Y él, pareciendo negar todo parentesco humano, responde: *He aquí a mi madre y mis hermanos. Quien hiciere la voluntad de Dios, ese es mi hermano, y mi hermana y mi madre* (Mc 3, 32). Ese cumplimiento es para él más alto que los lazos de la sangre que le unen con su madre. Y al decirlo no ofrece un símbolo ni una frase hermosa.

Precisa Guardini:

> La voluntad del Padre es una realidad. Es un torrente de vida que viene del Padre a Cristo. Una corriente de sangre, de la que él vive, más profunda, más real, más fuertemente que de la corriente de su madre. La voluntad del Padre es verdaderamente el núcleo del que él vive.

Esta voluntad es, en realidad, lo único que le interesa. No duda en abandonar a los suyos —primero por tres días en el templo, luego por tres años a su madre— por cumplir esa voluntad. Ante ella desaparecen todos los demás intereses. No le retienen cautivo las cadenas doradas de las riquezas, no le preocupan los honores de la tierra, huye de los aplausos. Incluso evita hablar de sus milagros. Porque sabe que éstos sólo tienen sentido en cuanto realización de esa voluntad. Cuando entra en juego el egoísmo de los nazaretanos *no puede hacer ningún milagro* dice crudamente el texto evangélico (Mc 6, 5) ya que esos milagros, mucho antes que prodigios y curaciones, son signos del reino de Dios que llega, son un «sí» a la omnipotencia de quien todo lo puede. Y cuando hace un prodigio, no se olvida de subrayar que no es a él, sino al Padre, a quien deben quedar agradecidos los curados (Lc 17, 18).

Podemos, pues, decir con plena justicia que es cierto aquello que escribe Karl Adam:

> En la historia de los hombres, aun de los más grandes, no se conoce un camino tan constantemente orientado hacia las alturas. Un Jeremías, un Pablo, un Agustín, un Buda, un Mahoma ofrecen bastantes sacudidas violentas, cambios y derrotas espirituales. Sólo la vida de Jesús se desliza sin crisis y sin un desfallecimiento moral. Tanto el primer día como el último, brillan con la misma luz esplendorosa de la santísima voluntad de Dios.

La hora

Pero hay en la vida de Cristo una obediencia central: la de su muerte. Que no dura sólo las horas del Calvario, sino todos los años de su existencia. No ha existido en toda la historia del mundo un solo hombre que haya tenido tan claramente presente en todas sus horas el horizonte de la muerte. Jesús sabe perfectamente que *tiene que ser bautizado con un bautismo ¡y qué angustias las suyas hasta que se cumpla!* (Lc 12, 50).

Jesús vive en esa espera con serena certeza. A lo largo de su vida son docenas las alusiones a esa *hora* que le espera. En Caná le dice a su madre que no anticipe los tiempos, que *aún no ha llegado su hora* (Jn 2, 4). Más tarde dirá a la samaritana que *llega la hora* (Jn 4, 21) en que los creyentes verdaderos adorarán a Dios en todas partes. Sus convecinos de Nazaret tratan de matarle, pero nadie puede cogerle porque *no había llegado su hora* (Jn 7, 30). En su último viaje a Jerusalén anuncia a sus discípulos que *es llegada la hora en que el Hijo del hombre sea glorificado* (Jn 12, 23). Se reúne lleno de amor a cenar con sus discípulos *sabiendo que era llegada la hora* (Jn 13, 1). Y en su oración eucarística se vuelve a su Padre para decirle: *Padre, llegó la hora, glorifica a tu hijo* (Jn 17, 1). Luego, en el huerto, dirá a sus discípulos: *Descansad, se aproxima la hora* (Mt 26, 45). Y a quienes le apresan les confesará: *Esta es la hora del poder de las tinieblas* (Lc 22, 53).

Bajo el signo de esta hora amenazante vivirá. Y no será sencillo entrar en esa estrecha puerta señalada por la voluntad del Padre. La agonía del huerto es testigo de que esa obediencia no es sencilla. El Hijo quisiera escapar de ella y sólo entra en la muerte porque la voluntad del Padre así se le muestra, tajante e imperativa, no retirando el amargo cáliz de sus labios. Será entonces, en plena libertad, cuando el Hijo lo apure hasta las heces.

Una obediencia que es amor

Pero nos equivocaríamos si sólo viéramos la cuesta arriba que hay en esa obediencia. En realidad —dice Guardini— *la voluntad del Padre es el amor del Padre.* Jesús está abierto a ese amor, del que la sangre es una parte. Y está abierto con verdadero júbilo. Porque todo es amor. *Como el Padre me amó, yo también os he amado; permaneced en mi amor, como yo guardo los preceptos de mi Padre y permanezco en su amor* (Jn 15, 9). Guardar los preceptos y permanecer en el amor son la misma cosa. Y esa misma cosa es la alegría. Cuando Jesús hace balance de su vida en su discurso del jueves santo se siente satisfecho mucho más por haber cumplido la voluntad del Padre que por el fruto conseguido: *Yo te he glorificado sobre la tierra* —dice con legítimo orgullo— *llevando a cabo la obra que me encomendaste realizar* (Jn 17, 4). Y enseguida añadirá bajando en picado al fondo del misterio: *Que todos sean uno, como tú, Padre estás en mí y yo en ti* (Jn 17, 20).

Ahora sí hemos llegado al fondo del misterio. Esa oración no es un simple contacto externo y provisional. Esa obediencia es mucho más que una adhesión total. Es unidad. La más íntima unidad de vida que pueda concebirse.

Dejemos, por ahora, aquí este misterio. Bástenos, de momento, saber que Jesús no fue sólo un hombre perfecto. Bástenos la alegría de descubrir que *ha habido un hombre que tuvo conciencia de estar en la unión más íntima de vida y amor con su Padre celestial. Y ¿quién es? ¿quién es, entonces, este hombre? ¿quién este misterioso y obediente emisario?*

IV.   EL HOMBRE PARA LOS DEMÁS

Si Cristo tuvo su corazón tan centrado en el amor a su Padre y en la tarea de cumplir su voluntad ¿le quedaron tiempo e interés para preocuparse de la miseria humana que le rodeaba?

La pregunta es importante. Y hoy más que nunca. Porque en ella se juega buena parte de la fe de nuestros contemporáneos: ahí está el quicio de la problemática religiosa de cristianos e increyentes de hoy.

En los finales del siglo XIX y los comienzos del XX la gran acusación a los cristianos era la de haber abdicado de la tierra, haberse olvidado de la conquista del mundo, de tanto pensar en el reino de los cielos.

Jean Giono lo resumía en una bella frase terrible: *El cristiano, en su felicidad de elegido, atraviesa los campos de batalla con una rosa en la mano.* ¿Cristo habría sido, entonces, el portador de esa rosa de salvación y el maestro que habría enseñado a los suyos a olvidarse de que en el mundo hay guerra y sufrimientos, extasiados con el olor fragante de sus almas en gracia?

Renan dijo antes algo parecido: *El cristianismo es una religión hecha para la interior consolación de un pequeño número de elegidos.* ¿Cristo sería, entonces, este selecto jefe que habría venido para acariciar los espíritus de sus también selectos amigos?

Gide fue aún más cruel: en su obra «Edipo» dibujó la figura del cristiano bajo la de quien se arranca voluntariamente los ojos para no ver el dolor que le rodea. ¡Dentro su alma es tan bella! ¿Y Cristo sería, entonces, este mensajero de la ceguera voluntaria?

Albert Camus pondría en boca de uno de sus personajes una frase con la que él quería gritar y acusar a todos los cristianos: *Hay que trabajar y no ponerse de rodillas.* ¿Cristo, entonces, nos habría enseñado a no tener ante el dolor del mundo otra respuesta que la de un levantar los ojos al cielo, aunque, a costa de ello, nuestras manos dejaran de trabajar en la tierra?

Son preguntas verdaderamente graves. Porque, si la respuesta fuese afirmativa, la fe se les habría hecho prácticamente imposible a los cristianos de hoy. Los hombres de todos los siglos han buscado y necesitado un Dios que ilumine sus vidas, además de ser Dios. Pero los ciudadanos de este siglo XX han colocado esa liberación humana y ese progreso del mundo como la prioridad de prioridades y exigen esa respuesta a sus preguntas como un pasaporte para reconocer la identidad de Dios. Cansado de respuestas evasivas, el hombre actual tiene terror a lo puramente celeste y aun a todo lo que le llega de lo alto. Diríamos que tolera a Dios, pero únicamente si mete las manos en la masa.

El que da la mano

Hay en esto mucho de orgullo y no poco de ingenua rebeldía. Pero también hay algo sano teológica y cristianamente. El Dios de los cristianos no es el de los filósofos. En Cristo, metió verdaderamente las manos y toda su existencia en esta masa humana. Y si estuvo abierto hacia su Padre, también lo estuvo hacia sus hermanos, los hombres. Y esto, no como un añadido, sino como una parte sustancial de su alma. *En Jesús* —formulará con precisión González Faus— *lo divino sólo se nos da* en *lo humano; no además o al margen de lo humano.*

Por eso el cristiano no es, como afirmaba Giono, el que lleva una rosa de olvidos en la mano, sino, como decía el creyente Peguy, *cristiano es el que da la mano. El que no da la mano ese no es cristiano y poco importa lo que pueda hacer con esa mano libre.*

No será, por ello, mala definición de Cristo la que le presente como *el que siempre dio la mano,* el que vino, literalmente, a darla. Lo formula con precisión teológica el texto de una de las nuevas anáforas de la misa cuando dice que al perder el hombre su amistad con Dios, él *no le abandonó al poder de la muerte, sino que, compadecido tendiste la mano a todos, para que te encuentre el que te busque.* Esa mano tendida de Dios se llama Cristo. Y toda la vida —¡y toda la muerte!— de Jesús son un testimonio permanente de ese estar abierto por todos los costados.

La antropología de Jesús

El primer hecho con el que nos encontramos es la altísima visión que Jesús tiene de la humanidad. Para él, después de Dios, el hombre es lo primero, el verdadero eje de la creación, la gran preocupación de su Padre de los cielos. Si Dios se preocupa de vestir a los lirios del campo (Lc 12, 27), si lleva la cuenta de los pájaros del cielo, de modo que ni uno muere sin que él lo sepa, ¿cuánto más se preocupará por los hombres? (Mt 10, 29). Según la visión que Jesús nos trasmite, con una imagen bellísima, el hombre es tan importante para Dios que él tiene hasta contados los pelos de sus cabezas y ni uno sólo cae sin que él lo permita (Mt 10, 30).

La misma organización de lo religioso adquiere en Jesús un giro trascendental en función del hombre. Si en el planteamiento mosaico el hombre está sometido, no sólo a Dios, sino también a las formas más externas de la ley, ese concepto, en Jesús, cambia de centro: la ley se convierte en algo al servicio del hombre para facilitar su amor a Dios. Y lo dice con frase tajante: *El hombre no está hecho para el sábado, sino el sábado para el hombre* (Mc 2, 27). No es que Cristo cambie el teocentrismo en antropocentrismo, es que sabe que, desde su encarnación, los intereses del hombre son ya intereses de Dios y viceversa; sabe además que ciertos «teocentrismos» terminan por poner el centro, no en Dios, sino en los legalismos.

La sombra del mal

Esto no quiere decir que Jesús tenga una visión ingenua de la humanidad, un angelismo roussoniano que ignore la existencia del mal y el pecado. Jesús la ve tal y como ella es, con sus manchas, sus contradicciones, sus flaquezas. Habla de esta «*raza adúltera y mala*» (Mt 16, 4). Comenta que aquellos galileos a quienes mató Pilato o aquellos otros que fueron aplastados por el derrumbamiento de la torre de Siloé *no eran más culpables que los demás habitantes de Jerusalén* (Lc 13, 4). En una palabra, contrapone la bondad de Dios con la condición de los que le escuchan, que son *malos* (Mt 7, 11). Conoce la obstinación y caprichos de esos niños a los que, sin embargo, tanto ama (Mt 11, 16). Percibe la tendencia humana a juzgar y condenar en el prójimo las vigas que se perdona en su propio ojo (Mt 7, 3). Sabe de la intolerancia con que sus apóstoles quieren hacer bajar fuego del cielo contra aquellos que no piensan como ellos (Lc 9, 55). No ignora cuánta cizaña hay en este mundo nuestro (Mt 13, 29). A veces, hasta se le hace difícil soportar a sus apóstoles, por su ceguera, por su dureza de corazón (Mc 9, 19; 8, 17; 7, 18). Incluso su discípulo más íntimo, Pedro, tiene en su corazón zonas en las que Jesús no puede menos de ver al demonio (Mt 16, 23).

Y hay un texto especialmente duro, por su carácter casi metafísico, en el que Jesús habla de la humanidad que le rodea: Después de haber señalado que Jesús hizo en Jerusalén por los días de la pascua muchos milagros y que, como consecuencia, muchos creyeron en él, san Juan añade este tremendo comentario: *Pero Jesús no confiaba en ellos, porque les conocía a todos y porque no tenía necesidad de que nadie le diera testimonio sobre el hombre, pues él sabía qué hay en el hombre* (Jn 2, 25).

Sabía qué hay en el hombre. Probablemente nunca nadie lo ha sabido jamás tan en profundidad. Advertía cuáles son nuestras posibilidades de mal y cuáles nuestras esperanzas de conversión y penitencia. Palpaba qué torpes y lentos de comprensión eran sus apóstoles y no dudaba, sin embargo, en encomendarles la tarea de continuar su obra. Comprendía que cuando los hombres hacen mal, en definitiva *no saben lo que hacen* (Lc 23, 34). Conocía que el hombre necesita ser perdonado *setenta veces siete* (Mt 18, 22), pero estaba convencido de que ese perdón debía ser setenta veces siete concedido.

Y esta última confianza centraba su vida. Hay que subrayar esto: Cristo jamás vio a la humanidad como una suma de mal irredimible, tuvo siempre la total seguridad de que valía la pena luchar por el hombre y morir por él. Quizá nadie como Jesús ha sido tan radical en esta última confianza en las posibilidades de salvación de lo humano.

Ver nuestro mal no fue para él paralizante, sino exactamente al contrario: le empujaba a un mayor y total amor.

Un amor realista

Amor, esta es la palabra clave y la que nos descubre el concepto que verdaderamente tenía Jesús sobre la humanidad.

Karl Adam describe prefectamente las características de este amor:

> Es un amor del máximo realismo, que difiere igualmente del entusiasmo ingenuo del que diviniza lo humano, como del fanático que lo maldice. Se trata del amor consciente de un hombre que conoce las más nobles posibilidades de la humanidad para el bien, así como sus tendencias más bajas, y a la que, a pesar de todo, se entrega de todo corazón. Este «a pesar de todo» hace su amor incomparable, tan único, tan maternalmente tierno y tan generoso, que permanecerá inscrito para siempre en el recuerdo de la humanidad. Es sumamente atractivo analizar en la fisonomía de Jesús, este amor a los hombres, cuyo rasgo fundamental será la compasión de sus sufrimientos, compasión en su primitivo significado: padecer con otro.

Esta última es, evidentemente, la característica que diferencia sustancialmente la antropología de Jesús de todas las de los demás pensadores o filósofos. Muchos han discurrido sobre la condición humana, algunos han querido revolucionarla, nadie se ha metido tan radicalmente en esa miseria del hombre; nadie —y menos viniendo desde las felices playas de la divinidad— ha aceptado tan plenamente ese dolor, esa pobreza, ese cansancio, ese mismo pecado que Jesús tomó sobre sí e hizo suyo.

En Jesús hay una mezcla sorprendente de servicio a una gran idea y de atención a los pequeños detalles humanos. Es propio de todos los genios el haberse engolfado de tal modo en su tarea, que llegan a ignorar a quienes les rodean. Miran tan a lo alto, que pisotean por el camino a las hormigas. No pasa así en Jesús. Viene nada menos que a cambiar los destinos del universo, y se preocupa de acariciar a los niños, de llorar por sus amigos o de que tengan comida quienes le siguen para escuchar su palabra. Nunca un líder tan alto se ocupó tanto de cosas tan bajas. Nunca nadie tan centrado en lo espiritual tuvo tan fina atención a los problemas materiales. Nunca nadie estuvo tan radicalmente «con» los hombres.

Con todos. Pero especialmente con los pobres y los oprimidos. Hay en Jesús una especialísima e innegable dedicación a los habitualmente marginados por la sociedad: los miserables, los pecadores, las mujeres de la vida, los despreciados publicanos. Un jefe extraño éste, que había venido *a servir y no a ser servido* y que se arrodillaba, como un esclavo, para lavar los pies a sus discípulos (Jn 13, 1-18).

Esta su extraña dedicación a lo más humilde y sucio de la humanidad desconcertaría a sus contemporáneos y a los poderosos de todos los tiempos. Entonces, le acusaban de convivir con publicanos, borrachos y pecadores. Ahora, procuran sentarle en tronos dorados para que se nos olvide que vivió —según pregona el título de una reciente obra sobre él— *en malas compañías*. Pero, guste o no a los inteligentes, la verdad es que nació en un pesebre entre dos animales y murió en un patíbulo entre dos ladrones. Y, en medio, hay una larga vida de mezcla con enfermos, extranjeros, mujeres despreciadas y miserables de todo tipo.

Y esta predilección que vemos en la práctica, la encontramos también en la teoría. Cuando cuenta quién es el prójimo, señala a quien yace en el sufrimiento y la miseria (Lc 10, 29). Cuando nombra a los preferidos de su Reino, éstos son los pobres, los que lloran, los que tienen hambre, los perseguidos por la justicia (Lc 6, 20).

Esta predilección no es, no obstante, una opción de clase. Si sería incorrecto dar a las bienaventuranzas una interpretación puramente mística, no lo sería menos convertir a Jesús en un luchador social que ama a éstos *contra* aquéllos. Tendremos que volver más de una vez sobre este tema. Baste hoy decir que, sin excluir esta predilección, basada en la apertura de espíritu que tiene el pobre y las ataduras que amenazan y casi siempre amordazan al rico, es claro que la salvación que Jesús anuncia y vive es universal y sin exclusiones. Admite también a los ricos. Conocemos sus relaciones con Simón el fariseo (Lc 7, 36), con Nicodemo, doctor de la ley (Jn 3, 1) con el rico José de Arimatea (Mt 27, 57). Y entre las mujeres que le siguen nos encontramos a una Juana «mujer de Susa, procurador de Herodes» (Lc 8, 3).

Los gozos y las esperanzas

Jesús está, pues, con los hombres, con todos los hombres. Y con ellos comparte —como dice el texto conciliar refiriéndose a la Iglesia— los *gozos y las esperanzas, las alegrías y las tristezas*. Vemos que *tenía compasión del pueblo, porque eran como ovejas sin pastor* (Mc 6, 34; 8, 2; Mt 9, 36; 14, 14; 15, 32; Lc 7, 13). Le vemos conmoverse ante el llanto de una madre y llorar sobre la tumba de su amigo Lázaro.

Pero también le vemos participar en el regocijo de los recién casados o celebrar con alegría el regreso jubiloso de los apóstoles que, por primera vez, han ido solos a predicar. Sus enemigos le llamarán «*hombre comilón y bebedor de vino*» (Mt 11, 19), pero a él no parecen preocuparle las calumnias.

Cultiva la amistad, se rodea de los doce apóstoles y, aun dentro del grupo, acepta a algunos más íntimos. Con ellos practica siempre el juego limpio: les reprende cuando interpretan estrechamente sus predicaciones y hasta usa palabras terribles cuando alguien quiere desviarle de su pasión. Pero también les acepta verdaderamente como *los compañeros del esposo, sus invitados,* les confía no sólo sus secretos, sino la altísima tarea de fundar su iglesia. Y, cuando llega la hora de su pasión, parece que se olvidara de sí mismo para preocuparse por ellos. Así se lo pide al Padre en su oración del jueves santo. Y cuando los soldados le prenden, parece que su único interés es pedir que, si le buscan a él, *dejen ir a éstos* (Jn 18, 8).

Esta *ternura* de Jesús es algo también inédito entre los grandes líderes de la historia. En éstos, el servicio a la gran idea se convierte casi siempre en un vago humanitarismo. Quieren salvar al mundo o cambiarlo, pero suelen olvidarse de los pequeños que en ese mundo les rodean. Se preocupan mucho más por el rebaño que por las ovejas que lo forman. Encuentran incluso natural que esas ovejas sufran en el servicio de un futuro mundo mejor para todos. Para Jesús, en cambio, es el ser humano concreto y presente lo primero que cuenta. El es el Buen Pastor que se preocupa de cada una de las ovejas y que, incluso, está dispuesto a olvidar a las 99 sanas para preocuparse de la perdida.

El porqué de un amor

Hay otra característica en esa apertura de Jesús que no debe pasar inadvertida: el absoluto desinterés de su amor. El no es un político que sirve al pueblo para servirse de él. No busca el aplauso, casi le molestan las muestras de agradecimiento, huye de los honores, vive de limosnas, pide a sus apóstoles que oculten sus momentos de brillo, sabe, desde el primer momento, que no recibirá de los hombres otro pago que la ingratitud y la muerte.

¿Por qué lo hace entonces? ¿Qué delicias puede encontrar entre los hijos de los hombres (Prov 8, 31)? Estas preguntas no tienen respuesta en lo humano. Sólo la tienen en la misma naturaleza de quien era sólo amor. *Amar* —ha escrito un poeta— *era para él tan inevitable como quemar para la llama.* El era el hermano universal que no podía no amar.

Los hombres de nuestro siglo entienden muy especialmente esta dimensión de Cristo, quizá porque viven en un mundo de multiplicados egoísmos. Por eso, según escribe Ben F. Meyer, *a la pregunta «¿quién decís que soy yo?» los hombres de nuestro siglo pueden responder honestamente y sin reservas: «El que es para todos, el Hombre-*

para-los-demás». *Porque no vivió para sí mismo*. *Selló una vida para los demás con una muerte para los demás: para los puros y para los impuros, para el judío y para el gentil.*

El para qué de un amor

Pero aún podemos y debemos dar un paso más. Para descubrir que la antropología de Jesús encierra no sólo una comprensión de lo que es la humanidad, no sólo una convivencia de los dolores y esperanzas de la raza humana, sino, sobre todo, la construcción de una humanidad nueva.

Jesús trae la gran respuesta a la pregunta humana sobre su destino. Y su respuesta no es teórica sino transformadora. *La historia* —escribe también Meyer— *está sembrada de escombros de extravagantes promesas* hechas a la humanidad, sembrada de paraísos nunca encontrados. Jesús trae nada menos que una nueva vida. No sólo un nuevo modo de entender la vida, sino una vida realmente nueva que puede construir una humanidad igualmente nueva. El que los ciegos vean, los cojos anden, los leprosos queden limpios, oigan los sordos, resuciten los muertos y la buena noticia sea predicada a los pobres (Lc 7, 22) son los signos visibles de esa nueva vida que Jesús trae. Toda la existencia de Cristo, toda su muerte no será sino un desarrollo de esa vida que anuncia y trae.

Para dársela a los hombres Jesús pierde la suya. Alguien definió a Jesús como el *expropiado por utilidad pública*. Lo fue. Renunció por los hombres a una vida suya, propia y poseída. En todos sus años no encontramos un momento que él acapare para sí, no hay un instante en que le veamos buscando su felicidad personal. Fue expropiado de su bienestar, de su vida, de su propia muerte, puesta también a la pública subasta.

Jean Giono debió de equivocarse de piso. Sería curioso preguntarle en qué página evangélica puede encontrarse a Cristo —el único verdadero y total cristiano que ha existido— embriagado con el hermoso olor de su rosa y olvidado de los que mueren a su lado en el campo de batalla.

V. NADA MENOS QUE TODO UN DIOS

Si el lector —que lleva ya leídos varios centenares de páginas de esta obra— saliera por un momento del anonimato y preguntase al autor qué es lo que, ante todo, siente al escribir una vida de Cristo, éste, tratando de resumir sus sentimientos en una sola palabra, diría:

vértigo. Sí, vértigo; la sensación de que uno puede girar libremente en torno a la figura de Jesús, pero que, si se decide a asomarse a su fondo, la cabeza comenzará a dar vueltas y el corazón sentirá, al mismo tiempo, atracción y terror. Sí, nada más hermoso que esta tarea; nada más empavorecedor también. El escritor podría usar las palabras como el albañil los ladrillos: sin mirarlos siquiera. Pero, si se detiene a contemplar lo que está diciendo, cuando, por ejemplo, escribe que Jesús era «nada menos que todo un Dios», entonces experimenta esa mezcla de júbilo y espanto que deben sentir los enamorados, los locos o los místicos cuando comprenden que están viviendo sobre una verdad que, por un lado, no puede dejar de ser verdadera y, por otro, les resulta tan alta, hermosa y terrible, que temen habérsela inventado. Entonces el escritor siente la tentación de callarse, de dejar sus páginas en blanco y abandonar al lector ante la pura lectura de los textos evangélicos. Luego vence su miedo y comienza a escribir humildemente, renunciando a todo esfuerzo de-mostrativo, sabiendo que sus palabras nada pueden añadir para clarificar el misterio, sino que son simples trampolines desde los que el lector tiene que atreverse, o no, a dar el salto hasta la fe, que no se construye ni cimienta sobre palabras. El escritor sabe muy bien que hay un lugar y un momento en que los libros y la ciencia concluyen y sólo queda descender de lo que uno ha visto y vivido y proclamar, como el centurión al bajar del Calvario: *Verdaderamente, este hombre era Hijo de Dios* (Mc 15, 39).

La visión de los racionalistas

Aquí es donde el hombre debe tomar la gran opción: o Jesús era —como querían los racionalistas— un hombre magnífico, un genio excepcional, un profeta del espíritu, pero nada más. O era y es Dios en persona, el Dios a quien amamos y adoramos. El racionalismo del siglo pasado tejió una complicadísima tela de araña para autoconven-cerse de que todo en el evangelio tenía una explicación «razonable» que no obligase a realizar ese vertiginoso «salto».

Jesús sería —desde su punto de vista, tal y como lo resumió Renan— un hombre excepcional que caló como nadie en el concepto de la divinidad. De ahí sacó su fuerza. *El más elevado sentimiento de Dios que haya existido en el seno de la humanidad fue sin duda el de Jesús.* Pero no era sólo un concepto: Jesús vivía y se sentía en relación con Dios como un hijo respecto a su padre, una relación que es para Renan puramente moral. Su encuentro con el Bautista será el detona-dor de esa vocación de Jesús. Al oír a Juan hablar del reino de Dios que viene, Jesús —escribe— siente que *la persuasión de que él haría reinar a Dios se apodera de su espíritu; se considera a sí mismo como el reformador universal. En su heroico acceso de voluntad se cree todopoderoso.*

La predicación de Jesús tendría, así, origen en un complicado esfuerzo de autosugestión religiosa. La gente comenzaba a ver maravillas en todo lo que Jesús decía y hacía y él, según Renan, dejaba que la gente se lo creyera porque esto servía a su obra. Iba progresivamente aceptando los títulos mesiánicos que la gente le atribuía. Y poco a poco se los iba creyendo él mismo. *En aquel esfuerzo, el más vigoroso que haya hecho la humanidad para elevarse sobre el barro de nuestro planeta, hubo un momento en que olvidó los lazos de plomo que la ligan a la tierra.* Progresivamente Jesús habría ido creyéndose que tenía poderes sobrehumanos, ya que, en realidad, *el eminente idealismo de Jesús no le permitió nunca una idea clara de su personalidad.* Por eso, poco a poco, fue creyendo que él y ese Padre a quien tanto amaba eran una misma cosa.

> Se atribuía la posición de un ser sobrenatural y quería que se le considerase respecto a Dios en una relación más inmediata, más íntima que los demás. Embriagado de amor infinito, olvidaba la pesada cadena que retiene cautivo al espíritu, y franqueaba de un solo salto el abismo para muchos infranqueable, que la pobreza de las facultades humanas traza entre el hombre y Dios.

En los últimos días de su vida, escribe Renan:

> Arrastrado por esa espantosa progresión de entusiasmo y obedeciendo a las necesidades de una predicación cada vez más exaltada, Jesús ya no era dueño de sí mismo. Hubiérase dicho a veces que su corazón se turbaba. Su apasionadísimo temperamento le llevaba a cada instante fuera de los límites de la naturaleza humana.

Ya sólo faltaba su trágica muerte para terminar de sugestionar a los que le rodeaban. Al faltar él, *tan profunda era la huella que había dejado en el corazón de sus discípulos y de algunas amigas adictas, que por espacio de varias semanas Jesús permaneció vivo, siendo el consolador de aquellas almas.* Si a eso se añade *la imaginación de María de Magdala* ya era suficiente para que naciera la *leyenda* de su resurrección. Y así —escribe Renan— *¡Poder·divino del amor! ¡Sagrados momentos aquellos en que la pasión de una alucinada dio al mundo un Dios resucitado!*

De ahí nació media historia del mundo. ¿Qué pensará el futuro? Renan no lo sabe. Pero está seguro —y así concluye su obra— de que *cualesquiera que sean los fenómenos que se produzcan en el porvenir nadie sobrepujará a Jesús. Su culto se rejuvenecerá incesantemente; su leyenda provocará lágrimas sin cuento; su martirio enternecerá los mejores corazones y todos los siglos proclamarán que entre los hijos de los hombres no ha nacido ninguno que pueda comparársele.*

Una hermosa novela

Ha pasado sólo un siglo y hoy nos maravillamos de que esta hermosa novela psicológica pudiera producir tan hondo impacto en quienes entonces la leyeron. La historia de Jesús había quedado reducida a la leyenda de un loco pacífico, un loco magnífico eso sí, pero loco: un enfermo mental seguido por unas docenas de también estupendos enfermos mentales. Ello no obstante, ese loco habría sido lo mejor de la historia y esas docenas de enfermos habrían desencade-nado el movimiento más puro conocido por la humanidad. Los milagros no habrían existido, según Renan, pero, milagrosamente, todo el mundo se los habría creído. Habrían sido una mezcla de fraude y santidad, pues Jesús habría engañado a los hombres guiado por sus altísimos ideales éticos de llevar a los hombres a Dios... aunque fuera a través de la mentira de que él era Dios. Mentira, que, por otro lado, lo habría sido sólo a medias, pues ese hombre excepcio-nal habría terminado, a pesar de su excepcionalidad, por creérsela. ¡En verdad que la vida de Cristo es mucho más milagrosa en Renan que en los evangelios! Su afán por negar lo sobrenatural en la vida de Jesús le lleva a dar explicaciones que son, en rigor, mucho más difíciles que la simple aceptación del milagro. Son, en verdad, mucho más coherentes las posturas de quienes pintan a Jesús como un farsante.

Porque, además, todo el complicado tinglado psicológico monta-do por los racionalistas, tiene bien poco que ver con los datos que nos ofrecen los evangelios que en parte alguna muestran esa famosa evolución progresiva de la conciencia de Jesús en lo substancial.

Convendrá, por ello, que, antes de comenzar la narración de la predicación y obras de Jesús, nos detengamos aquí para hacernos una pregunta fundamental para conocer quién era él: ¿Qué decía Jesús de sí mismo? ¿Qué conciencia tenía de su personalidad? ¿Cómo se definió con sus palabras y con su modo de vivir y de obrar? En rigor sólo él podía dar la explicación clara y definitiva a la gran pregunta de quién era Jesús.

El mensajero del Reino

La primera sorpresa en nuestra investigación nos la da el hecho de que Jesús no parece tener gran interés en explicarnos quién es. Su predicación no se centra en la revelación acerca de su propia persona, sino en el anuncio de la buena nueva de la proximidad del reino de Dios. En ningún momento tuvo —como otros taumaturgos— la angustia de explicarse a sí mismo y de demostrar quién era. Si algo dice y si algo demuestra, será sobre la marcha, con la más soberana naturalidad, como si en realidad no necesitase demostrar nada. Su evangelio —para desesperación de los inteligentes— es lo más lejano a una apologética escolástica.

Se pregunta Greeley:

> ¿Por qué no se preocupó Jesús de darnos por anticipado respuesta a las preguntas que nosotros juzgamos hoy importantes? ¿Por qué no nos dejó unos profundos razonamientos sobre la Trinidad, la encarnación, la infalibilidad pontificia, la colegialidad de los obispos o muchas otras importantes cuestiones teológicas? Las cosas nos hubieran resultado así mucho más fáciles, o al menos así lo creemos nosotros.

Pero a Jesús no parece preocuparle el facilitar las cosas, casi se diría que, por el contrario, ama el dejarlas claras a medias. Quizá porque la adhesión que él pide no es la misma que damos al matemático que demuestra que dos y dos son cuatro; quizá porque pide un amor y una fe que cuentan con unas bases racionales, pero en ningún modo son la simple consecuencia de un simple silogismo. Jesús enfrenta a los hombres con su persona y se siente tan seguro de sí mismo que parece molestarle el hecho de tener que ofrecer, además, signos probatorios. Y esto desde el primer momento en que llama a los primeros apóstoles.

Este no centrar su predicación en su persona y el no esforzarse especialmente en mostrar su poder son ya dos datos absolutamente nuevos en el mundo de los grandes líderes de la humanidad.

Sin embargo, al exponer su mensaje, Jesús hablará inevitablemente de sí mismo, especialmente cuando tanta relación pone entre la entrada en el Reino y la adhesión a él. Pero, aun cuando hable de sí mismo, lo hará no como una autodefinición personalista, sino como algo que forma parte —y la sustancial— de su mensaje del reino de Dios que llega, que ya ha llegado.

Maestro y profeta

El primer título que sus contemporáneos dan a Jesús es el de «Maestro» (a veces en la forma de «Rabbi» o de «Rabboni»). Así le llaman antes de oírle siquiera hablar —impresionados, sin duda, por su porte— los primeros discípulos: *Maestro ¿dónde moras?* (Jn 1, 38). Así le bautizarán las gentes que se quedan *admirados de su enseñanza* (Mt 7, 28). Y con este título de respeto —tanto más extraño cuanto que carecía de toda enseñanza oficial para poseerlo— le tratarán siempre los fariseos: *¿Por qué vuestro maestro come con los pecadores?*

(Mt 9, 11). *¿Por qué vuestro maestro no paga el didracma?* (Mt 17, 23), preguntarán a los apóstoles. Y con este título se dirigen a él: *Maestro, sabemos que has venido de Dios* (Jn 3, 2). *Maestro, sabemos que eres veraz* (Mt 22, 16). *Maestro, ¿cuál es el mandato mayor de la ley?* (Mt 22, 36). *Maestro, esta mujer ha sido sorprendida en adulterio* (Jn 8, 4).

Con el título de «Maestro» se dirigen a él sus íntimos. *El Maestro está ahí y te llama* (Jn 11, 28), dice Marta a María. Y María le llamará *Rabboni* cuando le encuentre resucitado (Jn 20, 16).

Con ese nombre se dirigirán a él casi siempre los apóstoles. *¿Acaso soy yo, Maestro?*, preguntará Judas en la cena (Mt 26, 25). Y con un *Ave, Rabbi* le traicionará (Mt 26, 49).

Y Jesús aceptará siempre con normalidad ese título que usará él mismo en su predicación: *No es el discípulo mayor que el maestro* (Mt 10, 24) o cuando envíe a sus apóstoles a preparar la cena les ordenará que digan al hombre del cántaro: *El maestro dice: Mi tiempo está próximo, quiero celebrar en tu casa la pascua* (Mt 26, 18). Reconocerá incluso que ese título le es debido: *Vosotros me llamáis maestro y señor, y decís bien, porque lo soy. Pues si yo, siendo vuestro maestro...* (Jn 13, 13).

Sólo en una ocasión tratará de quitar a esa palabra todo lo que puede encerrar de insensato orgullo: *Ved cómo los fariseos gustan de ser llamados Rabbi por los hombres. Pero vosotros no os hagáis llamar Rabbi, porque uno solo es vuestro Maestro y todos vosotros sois hermanos. No os hagáis llamar doctores, porque uno solo es vuestro doctor, el Mesías* (Mt 23, 7). Palabras importantes por las que Jesús no sólo acepta ese título, sino que lo hace exclusivo suyo. El no sólo está a la altura de los doctores de la ley, sino muy por encima de ellos y de la ley misma.

El mismo pueblo comprende pronto que el título de Maestro es insuficiente para Jesús: no sólo enseña cosas admirables y lo hace con autoridad (Mt 1, 22), sino que, además, acompaña sus enseñanzas con gestos extraordinarios, con «signos» y «obras de poder» (1 Tes 1, 5), fuera de lo común. *Hoy hemos visto cosas extrañas* (Lc 5, 25), dicen al principio. Y enseguida comentan: *Un gran profeta ha salido entre nosotros. Y se extendió esta opinión sobre él por toda la Judea y por toda la comarca* (Lc 7, 16). La samaritana se impresionará de cómo Jesús conoce su vida y dirá ingenuamente: *Señor, veo que eres un profeta* (Jn 4, 19). Y los dos discípulos que caminan hacia Emmaus dirán al peregrino: *¿Tú eres el único que vive en Jerusalén y no sabes lo que ha pasado aquí estos días? Lo de Jesús Nazareno, que llegó a ser profeta poderoso en obras y palabras ante Dios y todo el pueblo* (Lc 24, 18).

Y junto a estas expresiones que pintan a Jesús como *un* profeta, encontramos algunas, que aún son más significativas: las que hablan de Jesús como de *el* profeta. En la entrada en Jerusalén oímos a la gente aclamar a *Jesús, el profeta* (Mt 21, 10) y mezclar esta exclamación con la de *Hijo de David*. Tras la multiplicación de los panes escuchamos de labios de la multitud la exclamación: *Este es el profeta que ha de venir al mundo* (Jn 6, 14). Y, cuando en la fiesta de los Tabernáculos, queda la gente subyugada ante sus palabras exclama: *Verdaderamente es él, el profeta* (Jn 7, 40).

¿Qué quería decir la multitud con esos apelativos? Algo no muy concreto, pero sí muy alto. En la esperanza mesiánica de la época de Jesús había aspectos muy diversos entre los que no había perfecta coherencia. Se esperaba, sí, un profeta excepcional en el que se cumplirían todas las profecías anteriores. Para unos éste sería un profeta diferente a todos los demás, para otros se trataría del regreso de alguno de los grandes profetas de la antigüedad: Moisés, Enoch, Elías, Jeremías... Esta espera era general, pero adquiría formas diferentes según las diversas escuelas.

Como explica Cullmann:

> Atribuyendo a Jesús este título con más o menos claridad, la muchedumbre palestinense manifiesta una convicción cargada de sentido. La función del profeta del fin de los tiempos consistía, según los textos judíos, en preparar por la predicación el pueblo de Israel y el mundo a la venida del reino de Dios; y esto, no a la manera de los antiguos profetas del viejo testamento, sino de una manera mucho más directa, como precursor inmediato de la llegada de este reino. Los textos ven a este profeta que viene armado de una autoridad inigualable; su llamada al arrepentimiento es definitiva, exige una decisión definitiva; su predicación tiene un carácter de absoluto que no poseía la predicación de los antiguos profetas. Cuando llega el Profeta que ha de venir, cuando toma la palabra, se trata de la última palabra, de la última ocasión de salvación ofrecida a los hombres; porque su palabra es la única que indica con toda claridad la llegada inminente del Reino.

¿Aceptó Jesús el título de profeta que las gentes le daban? *Parece ser que sí, pero sin ninguna precisión,* responde Duquoc. Efectivamente Jesús explica la incredulidad de los nazarenos diciendo que ningún profeta es reconocido en su patria (Mt 13, 57) y más tarde comenta con sus discípulos que no conviene que un profeta muera fuera de Jerusalén (Lc 13, 33). Pero la misma vaguedad de estas alusiones señala que Jesús en parte se parece y en parte se diferencia de los profetas. Tiene, como ellos, la misión de trasmitir la palabra divina y de enseñar a los hombres a percibir el alcance divino de los acontecimientos.Pero el modo de realizar su misión es muy distinto al de todos los profetas del antiguo testamento. Estos reciben de fuera la palabra de Dios; a veces —como en Jeremías— la reciben a disgusto y quisieran liberarse de ella; otras —como en Amós— el profeta se siente arrebatado de su rebaño humano. Jesús, en cambio, habla siempre en su propio nombre. Trasmite, sí, lo que ha oído a su Padre, pero lo trasmite como cosa propia: «*Pero yo os digo...*». Es un profeta, pero mucho más.

En algo, en cambio, sí asimila su destino al de los profetas: Jesús morirá como ellos a causa de su testimonio (Mt 23, 37). También él será perseguido por sus compatriotas y también su muerte se deberá a su fidelidad al mensaje que trae. Sólo que en el caso de Cristo, ya que es más que un profeta, su muerte —en frase de Duquoc— *no será solamente un testimonio de fidelidad, sino, además, será la salvación para todos los que crean.* Porque la verdad de Jesús no sólo es verdadera, sino también salvadora. Los otros profetas anunciaron; él, funda.

Mesías sin espada

De todos los títulos referidos a Jesús el que la Iglesia primitiva enarbolaba con más orgullo era el de Mesías, que es la castellanización del *Mashiah* (ungido) hebreo, sinónimo del *Xristos* (Cristo) griego. Veinte siglos después, esta forma griega se ha convertido en nombre propio de Jesús y se ha hecho tan común que hasta los cristianos ignoran que el nombre que ellos llevan significa exactamente «los mesiánicos», «los del Ungido».

En tiempos de Jesús esta palabra estaba cargada de significados. Y no siempre unívocos.

El nombre de Mesías, aplicado al representante de Yahvé en los días de la llegada escatológica de su reino, aparece por primera vez en el Salmo 2, 2 *(se reúnen los reyes de la tierra... contra Yahvé y su ungido),* pero ya antes se había aplicado al rey de Israel (1 Sam 2, 10), a los sacerdotes (Ex 28, 41) y al mismo rey Ciro, como instrumento de Yahvé para librar al pueblo de Israel de la cautividad de Babilonia (Is 45, 1).

Es en tiempo de la cautividad, destruida la ciudad santa, cuando la figura del Mesías va a crecer en el horizonte del pueblo judío como la gran figura escatológica que inaugurará la nueva historia, restaurará la dinastía de David y abrirá los tiempos del dominio universal de Israel.

La dominación romana ayudará a que esta esperanza crezca como el gran sueño colectivo de los judíos. Y esa figura se irá cargando con el paso del tiempo de sentido político y guerrero.

En los «Salmos de Salomón» nos encontraremos dibujada con claridad esa figura con un planteamiento triunfalista que señala la hora de «la gran revancha» de los oprimidos:

Suscítales un rey, el Hijo de David, en el tiempo que habrás elegido, para que reine sobre tu siervo Israel; cíñele de tu poder para que aniquile a los tiranos y purifique a Jerusalén de los paganos que la pisotean con los pies...; que los destruya con una vara de hierro; que aniquile a los paganos con una palabra de su boca; que sus palabras pongan en fuga a los gentiles y que castigue a los pecadores a causa de los pensamientos de sus mentes. Entonces reunirá un pueblo santo que gobernará con equidad y juzgará a las tribus del pueblo santificado por el Señor su Dios y repartirá entre ellos el país... y los extranjeros no tendrán derecho a habitar en medio de ellos... Someterá a los gentiles bajo su yugo para que le sirvan y glorificará públicamente al Señor a los ojos del mundo entero y convertirá a Jerusalén en pura y santa, como era al principio.

Esta era la mentalidad que imperaba entre los contemporáneos de Jesús: una mezcla perfecta de lo religioso y lo político, de la piedad y el nacionalismo. Todo, evidentemente, menos la posibilidad de un Mesías que predique un *Reino que no es de este mundo* (Jn 18, 36) y que salve a su pueblo, no con la espada, sino con su propia muerte. Se entiende bien que Jesús tuviera recelo ante la utilización de una palabra que evocaba en la mente de sus contemporáneos imágenes tan diversas a las del Reino que él anunciaba.

Sin embargo, es evidente que Jesús tiene conciencia clara de su mesianismo. Y esto no sólo al final de su vida —como quisieron los racionalistas— sino desde el primer momento de su vida. El mismo Loisy se verá obligado a confesar que *el sentimiento religioso y la esperanza de Israel debieron apoderarse de su alma desde la edad más tierna y dominar su juventud, puesto que se le ve a los treinta años, libre de todo compromiso, presto a seguir su vocación que le empujaba fuera de su taller, del hogar paterno y de su país natal.*

Efectivamente veremos a Jesús, en su primera presentación a sus convecinos en la sinagoga de Nazaret, atribuirse con absoluta naturalidad el texto mesiánico de Isaías (61, 1):

El Espíritu santo está sobre mí, porque me ungió para evangelizar a los pobres; me envió para predicar a los cautivos la libertad, a los ciegos la recuperación de la vista; para poner en libertad a los oprimidos, para anunciar un año de gracia del Señor (Lc 4, 18).

Y añadir, para que no quede duda alguna, que este programa, tan claramente mesiánico, se cumple este día en él. Y, más tarde, cuando los enviados del Bautista le interrogan sobre si es él «el que ha de venir» (es decir, el Mesías) vuelve a señalar sin rodeos que, en él, se están cumpliendo esos mismos signos mesiánicos de *los ciegos que ven, los cojos que andan, los pobres que son evangelizados* (Mt 11, 5).

Aún será más tajante hablando con la samaritana. Cuando la mujer dice: *Yo sé que el Mesías está a punto de venir y que cuando él venga nos aclarará todas las cosas,* Jesús responde sin rodeos: *Yo soy, el que habla contigo* (Jn 4, 26).

Más tarde, en Cesarea de Filipos, al preguntar él directamente a los apóstoles quién creen que él es y al responder Pedro: *Tú eres el Mesías* (Mt 16, 16), Jesús, lejos de reprenderle o corregirle, felicita a Pedro por haber recibido del Padre esta revelación.

El secreto

Hay, sin embargo, un recelo de Jesús ante ese título que a tantas confusiones podía prestarse. *No rehúsa ese título* —dice Cullmann— *pero tiene, respecto a él, gran reserva* porque —como añade Stauffer— *considera como una tentación satánica las ideas específicas que a ese título iban vinculadas.* Por eso nos encontramos en el evangelio nada menos que once ocasiones en las que Cristo pide que no se divulguen sus signos mesiánicos, que los apóstoles no cuenten lo que han visto y trata de cortar las frases en las que los endemoniados proclaman su mesianismo. Es lo que se ha llamado el «secreto mesiánico».

Monloubou resume así las principales razones de este secreto que Jesús se esfuerza en mantener: La primera es que *Jesús quiere evitar una falsa interpretación de su doctrina. En estos momentos de espera febril del Mesías ante muchedumbres con expectativa mezclada de auténticos elementos bíblicos y de consideraciones políticas o militares menos puras, Jesús trata de evitar que su doctrina sea ocasión de un entusiasmo que falsearía su verdadero significado.*

La segunda razón es aún más profunda: *Hay acontecimientos que deben producirse en la hora y según el orden prefijado por el Padre únicamente, y la revelación total depende de estos acontecimientos decisivos, es decir: de la muerte y resurrección de Jesús. Entusiasmar a las gentes presentándoles un Mesías que no fuese el Mesías muerto y crucificado falsearía la revelación de los misterios de Dios y colocaría a los oyentes en un camino equivocado. Jesús rechaza esta ambigüedad.*

Aún podríamos señalar hoy una tercera razón: la experiencia nos está demostrando cómo la tendencia a politizar el mensaje de Jesús —hoy que el mundo está lleno de cristos de «derechas» y cristos de «izquierdas»— es una tentación permanente de la humanidad, que parece destinada a pasarse los siglos oscilando entre un cristo-emperador, que protege el orden social establecido, y un cristo-guerrillero, que lo revoluciona política y económicamente. No era infundado, evidentemente el temor de Jesús.

El hijo de David

Algo muy parecido ocurría con el otro título mesiánico de «hijo de David». Según la profecía de Isaías (7, 14; 9, 1; 11, 1) el Mesías sería descendiente de la dinastía de David. Y las palabras de Miqueas (5, 1) sobre su nacimiento en Belén lo confirmaban. Y los evangelistas, tanto en las genealogías como en todo el evangelio de la infancia, parecían tener un muy especial interés en recordarlo.

Más tarde veremos que muchas veces en su vida pública, Jesús es proclamado «hijo de David» sin que él se oponga a ello. Los ciegos piden su ayuda invocándole con ese nombre (Mt 9, 27). Así le llama Bartimeo (Mc 10, 47). Y la misma conclusión sacan las muchedumbres tras la curación del endemoniado ciego y mudo (Mt 12, 23).

Pero es, sobre todo, en la entrada de Jesús en Jerusalén, cuando toda la turba convertirá el grito de «hijo de David» en una aclamación entusiasta (Mt 21, 9; Mc 11, 10).

Y, nuevamente, encontramos la misma postura ambigua de Cristo ante esta aclamación. En algunos momentos parece rechazar el título, en otras —como en la famosa polémica con los fariseos en Mc 12, 35— parece hasta poner en duda la ascendencia davídica del Mesías; en otros —como en la entrada en Jerusalén— parece agradarle el recibir ese título como homenaje.

Y es que también aquí nos encontramos ante un título que podía resultar confuso para quienes lo oían entonces, al unir también los aspectos religiosos con los políticos.

El Hijo del hombre

Jesús parece tener, en cambio, especial amor a otro título, que es el que casi siempre usa para denominarse a sí mismo: Hijo del hombre, una extraña locución que él cargará de nuevo sentido.

En rigor «Hijo del hombre» quiere decir simplemente «miembro de la raza humana» y podría traducirse por «un hombre cualquiera» o más sencillamente por «hombre». Pero en los escritos apocalípticos de la época anterior a Cristo este título se había cargado de un nuevo sentido, a partir, sobre todo, del libro de Daniel (7,13) en que se nos describe un «hijo del hombre» que viene de las nubes en contraposición a las bestias que vienen del mar y que simbolizan los imperios del mundo. De ahí que los israelitas más piadosos comenzasen a aplicar esa frase a la misteriosa personalidad que un día vendría a rescatar a su pueblo.

La autenticidad de este título (frente a algunos críticos racionalistas que la ven como un añadido atribuido a Jesús por la Iglesia primitiva) la demuestra el hecho de que desaparece totalmente de los escritos de la Iglesia primitiva y de las mismas epístolas paulinas. Y el otro dato significativo de que, apareciendo más de ochenta veces en el texto evangélico, ni una sola vez es usada por los amigos o enemigos de Jesús; tampoco aparece en los comentarios hechos por los evangelistas; siempre y sólo aparece en labios del mismo Cristo.

¿Por qué razones prefirió Jesús esta denominación? Parecen ser varias:

La primera es —según Obersteiner— *su carácter encubridor*. Es una frase que, a la vez, vela y revela. Llama la atención sobre el carácter misterioso de la personalidad de Jesús, descubre su carácter mesiánico, pero no se presta a interpretaciones politizadas.

A ello se añade la plenitud de contenido de la misma frase en sí: señala, por un lado, la total pertenencia de Cristo a la raza humana y abre, por otro, pistas para juzgar su tarea mesiánica. Era —en frase de García Cordero— *una expresión ambivalente que servía a la táctica de revelación progresiva de su conciencia mesiánica*. Por eso sólo ante el sanedrín, la víspera de su muerte, descorrerá Jesús la totalidad de significación de esa frase al hablar del Hijo del hombre que viene entre nubes a juzgar a los hombres (Mt 26, 64).

El Siervo de Yahvé

Además, aún matiza más Jesús el sentido de esa frase uniéndola con frecuencia a otra complementaria: la de «siervo de Yahvé» que trazara Isaías.

Efectivamente, junto a las visiones triunfalistas del Mesías que nos trasmiten muchas páginas del antiguo testamento, no podemos olvidar los capítulos 42, 49, 50, 52 y 53 de Isaías que nos ofrecen la otra cara de la medalla.

En ellos se nos describe a un «siervo de Yahvé» que es profeta como Jeremías y rey como David, que resume en síntesis todos los ideales de futuro, pero que los consigue a través de la muerte. En el capítulo 52 vemos a ese siervo que, ante los ojos atónitos de las naciones, camina hacia una muerte infame, la de los criminales e indignos y marcha como un cordero inocente destinado al matadero. Marcha solo porque, al hacerse solidario de un pueblo pecador, llega a cargar con los pecados de todos. Y muere, no sólo «por» su pueblo, sino «en lugar» de su pueblo.

Curiosamente, esta figura del «siervo» había sido casi totalmente olvidada por la enseñanza rabínica en tiempos de Jesús. Y, cuando se comentaban esos capítulos era para deformar, suavizándolas, sus expresiones.

Jesús, en cambio, tendrá siempre presente esa figura en el horizonte de su vida. En Cesarea de Filipo, tras la confesión mesiánica de Pedro, Cristo parece precipitarse a aclarar ese mesianismo: *Comenzó a enseñarles cómo era preciso que el Hijo del hombre padeciese mucho y fuese rechazado por los ancianos y los príncipes de los sacerdotes y los escribas y que fuese muerto y resucitado después de tres días.*

Y, en no pocos apartados de la vida de Cristo, abundan las alusiones a esa figura del Siervo que pintara Isaías. En su bautismo, Jesús es proclamado *Cordero de Dios que quita los pecados del mundo* (Jn 1, 29). Y en la última cena Jesús se aplica directamente el texto de Isaías (53, 12) al anunciar su muerte: *Porque os digo que ha de cumplirse en mí la Escritura: fue contado entre los malhechores* (Lc 22, 37).

Así, uniendo los dos títulos de Hijo del hombre y siervo de Yahvé, Jesús ha dibujado lo sustancial de su misión, sin peligro de confusión alguna. Abre la puerta a su misterio, desconcierta a quienes le oyen. Ese desconcierto puede llevarles a la verdad total.

La gran pregunta

La verdad total. ¿Cuál es la verdad total? Hasta ahora hemos girado en torno al misterio, nos hemos aproximado a él. Y produce, efectivamente, vértigo. Sabemos ya que Jesús era más que un maestro, más que un profeta, que se sentía realizador de las promesas mesiánicas, que era más que un hombre, que era «el» hombre que un día vendrá entre nubes para juzgar a la humanidad. Pero aún no hemos hecho la gran pregunta: Este hombre, que en tan íntimas relaciones está con Dios ¿se siente distinto a él o se identifica con él? Este Jesús que se coloca a sí mismo al lado de Dios ¿es simplemente un ser celestial enviado por Dios o es el mismo Dios en forma humana? Más radicalmente: ¿es una simple criatura —todo lo altísima que se quiera— o es Dios?

Sin duda no hay entre todas las preguntas que un hombre puede formularse a sí mismo otra más vertiginosa que ésta. *Ante nuestros ojos tenemos* —escribe Karl Adam— *a un hombre de carne y hueso, con conciencia, voluntad y sentimientos humanos, y nos preguntamos: ¿Este hombre es Dios?* Teóricamente es una pregunta absurda. Y, sin embargo, es una pregunta necesaria: *porque lo que en él vemos no puede ser explicado y comprendido desde un punto de vista humano y porque todo parece apuntar hacia Dios. Si no buscamos en esa dirección, la personalidad histórica de Jesús permanece para nosotros un enigma insondable.* Efectivamente: o nos atrevemos a plantearnos con toda claridad esa pregunta o tendremos que prepararnos para no entender nada de la persona y la vida de Jesús.

La corriente de la escuela liberal —Renan, Sabatier, Loisy— partirá del supuesto de que una respuesta afirmativa a esa pregunta es imposible. Y buscará explicaciones coherentes. *La persona histórica de Jesús* —resumirá Loofs— *ha sido una persona sólo humana, pero enriquecida y transformada por la inhabitación de Dios, de modo que pudiera llamarse Hijo de Dios. Como tal es el Mediador entre Dios y los hombres, es su revelación, y en este sentido es algo divino.*

Sobre la base de esta especial presencia de lo religioso en Jesús las primitivas comunidades cristianas habrían vivido un proceso de progresiva *divinización* de Jesús, llevados de su entusiasmo por el maestro.

Algo parecido vienen a sostener algunas cristologías de hoy que actualizan ese planteamiento liberal. Para estos teólogos Jesús sería un hombre «divinizado» en sentido afectivo, no entitativo. Por eso, en lugar de hablar de la divinidad «de» Cristo, prefieren hablar de la presencia de la divinidad «en» Cristo y, en lugar de adorar «a» Cristo, prefieren adorar a Dios «en» Cristo. Jesús, entonces, sería alguien invadido por Dios, pero no sería Dios verdaderamente, sería un hombre religioso excepcional, alguien que sintió más que nadie la vinculación que todos tenemos con Dios, nuestro Padre.

Pero una lectura radical de lo que Jesús dice sobre sí mismo en los evangelios y del modo en que actúa en toda su vida, obliga a reconocer que esa unión que Jesús proclama con su Padre va mucho más allá de un simple afecto, de una simple presencia de Dios en él. Y así lo reconocen los cristólogos más coherentes. *Indudablemente Jesús creía que Dios era su Padre en un sentido único y excepcional* escribe Higgins. *Lo cierto es que llamó a Dios su Padre en un sentido único y que estaba convencido de ser hijo de Dios en un sentido especial, único, y predicó y se comportó en consecuencia,* señala Fuller.

Y Greeley llega a una conclusión: *Si se lee el nuevo testamento con la idea de hallar una justificación exacta a las fórmulas de Efeso, y Calcedonia, el resultado será decepcionante. Pero si se busca descubrir lo que Jesús pensaba de sí mismo, se impone con fuerza abrumadora la evidencia de que tuvo conciencia de ser Hijo de Dios en un sentido único y excepcional. O era lo que decía o estaba loco.*

Tendremos, pues, que rastrear atentamente qué dice y qué demuestra Jesús de sí mismo.

El escondite

Y la primera comprobación es la de que Jesús actúa respecto a su divinidad como ante su mesianismo: vela y revela. Nunca le oímos llamarse directamente «Dios», ni oímos esas afirmaciones que a nosotros nos encantaría para que todo quedase definitivamente claro: «Yo soy la segunda persona de la santísima Trinidad» o «yo tengo verdaderamente una naturaleza humana y otra divina». Deja esa tarea a los teólogos. El, que pide fe de los hombres, prefiere jugar al escondite con ellos, dejarse ver lo suficiente para que puedan creer y ocultarse lo suficiente para que esa fe tenga el riesgo de los que se atreven a creer.

Además, una afirmación totalmente clara de su divinidad, hecha desde el primer momento, no sólo hubiera sido considerada blasfema por quienes le oían, sino que, simplemente, no hubiera podido ser entendida en absoluto.

Hemos de situarnos en la mentalidad de un judío de la época que diariamente rezaba en sus oraciones: *Escucha Israel, el Señor tu Dios es un Dios único.* Los contemporáneos de Jesús —y Jesús mismo— vivían el más rígido monoteísmo. Alguien que se proclamase Dios o Hijo de Dios habría sido visto, no sólo como un loco, sino como alguien contagiado del politeísmo pagano. Nadie hubiera podido comprender que Jesús pudiera ser verdaderamente Dios, sin, por ello, ser «otro» Dios distinto de Yahvé. Jesús tendría que descubrir progresivamente a los suyos que él era verdaderamente Dios, pero que era esencialmente igual a Yahvé, que era Yahvé mismo. Romper o dañar la fe monoteísta de sus contemporáneos —creencia fundamental del pueblo judío y del cristianismo— hubiera sido un daño incurable y fatal. Y ¿cómo hubiera podido comprender entonces alguien que Jesús podía ser hombre a la vez que el Dios único, creador del cielo y la tierra? Jesús tenía tanto interés en mantener ese concepto de la unicidad de Dios como en que se descubriera que él era ese mismo Dios único y vivo.

Por ello Jesús —como señala García Cordero— *en sus primeras manifestaciones evita declarar su naturaleza superior divina, porque no quiere precipitar los acontecimientos. Sólo al final de su vida pública, cuando se acerca ya el desenlace previsto, empieza a desvelar el misterio de su personalidad divina. No obstante, aunque evita esas formulaciones explícitas de su categoría superior divina, empieza a actuar de un modo que trasciende y supera el modo de obrar y hablar de los más grandes profetas de la tradición bíblica.* El gesto, el modo de ser y obrar, van en Jesús —como en casi todos los grandes hombres— por delante de su palabra.

Alguien mayor que Moisés

Jesús comienza por presentarse como alguien mayor que todos los profetas: *Aquí hay uno mayor que Jonás, mayor que Salomón* (Mt 12, 41). *Muchos profetas y reyes desearon ver lo que vosotros veis y no lo vieron* (Lc 10, 24). El mismo Abrahán *se regocijó pensando ver mi día* (Jn 8, 56). Juan Bautista es más grande que todos los profetas del antiguo testamento y, sin embargo, el más pequeño de los que participen en el reino que Cristo inaugura *es más grande que él* (Mt 11, 11).

Pero Jesús no sólo se pone encima de las personas del antiguo testamento, sino de la misma ley que anunciaron. Quienes le escuchan lo descubren enseguida: *Habla como teniendo autoridad y no como los doctores,* dicen quienes le escuchan (Mt 7, 29). Efectivamente, los escribas de su época cuidaban siempre muy mucho de apoyar sus palabras en testimonios o de la palabra de Dios o de otros maestros. Jesús, jamás cita autoridad humana alguna. Se contrapone incluso a lo que otros enseñan: *Habéis oído que se dijo a los antiguos... Pero yo os digo...* (Mt 5, 21; 5, 27; 5, 38). Y se coloca por encima de la ley puesto que la corrige como si fuera un nuevo Moisés. Da, sin más, por abolidas la ley del talión y la del divorcio; prohíbe los juramentos; rechaza el odio al enemigo. *Ningún profeta* —comenta García Cordero— *se había atrevido a corregir la ley mosaica. Jesús se considera superior a ella y declara que, aunque no ha venido a abolirla, sí a completarla.*

Estas afirmaciones —podemos concluir con el mismo autor— *son o de un megalómano paranoico o de una personalidad excepcional que rebasa todos los módulos de los genios religiosos de la historia de Israel.*

Y subrayemos que, al corregir la ley, ni siquiera apela a poderes especiales que Dios hubiera podido concederle, sino que lo hace como en virtud de su derecho propio. Nunca usa las palabras que decían los profetas para señalar que eran enviados por Dios: *Así habla el Señor.* Al contrario, subraya que obra por cuenta propia, por su autoridad: *Pero yo os digo...*

Señor del sábado y mayor que el templo

Daremos dos pasos más si vemos que Jesús se considera y se presenta como superior a las dos instituciones más altas y venerables de la sociedad judaica de su época: el templo y el sábado. Sobre ambos temas habremos de regresar con más detención. Baste aquí señalar este dato sorprendente de que Jesús se estima superior al templo, morada de Dios para sus contemporáneos. Lo proclama sin vacilaciones: *Pues yo os digo que aquí está uno mayor que el templo* (Mt 12, 6). Presenta su cuerpo como el mismo templo (Jn 2, 19) y a la samaritana explica que, al llegar él, ha venido la hora en que ya no será necesario acudir al templo, sino que bastará rezar a Dios en espíritu y en verdad (Jn 4, 24).

Lo mismo ocurre con el sábado. Siendo como era institución de Dios, se presenta a sí mismo como *señor del sábado* (Mt 12, 8) que puede, por tanto, dispensar de su cumplimiento y afirmar que, desde él, el sábado está ya al servicio del hombre y no a la inversa (Mc 2, 27).

Aún más sorprendente el hecho de perdonar los pecados, privilegio absolutamente exclusivo de Dios y que Jesús se atribuye a sí mismo como poder propio del Hijo del hombre (Mt 9, 2; Mc 2, 1; Lc 5, 17). Nunca ningún profeta del antiguo testamento se atrevió a llegar tan lejos. Sabían bien que, siendo el pecado una ofensa a Dios, sólo él puede perdonarlo. Pero Jesús lo hace —y repetidas veces— con la más absoluta naturalidad.

El taumaturgo

No vamos a detenernos aquí ni en el hecho, ni en el sentido, ni en el valor apologético que puedan tener los milagros. Pero subrayaremos un dato: el asombroso *modo* en que Jesús realiza esos signos.

En el antiguo testamento se nos cuentan numerosos milagros hechos por los profetas. Elías y Eliseo resucitan incluso muertos (1 Re 17, 19; 2 Re 4, 32). Los mismos rabinos echaban demonios como afirma Jesús (Mt 12, 27). Pero todos estos prodigios se realizan expresamente *en nombre de Dios*. El profeta taumaturgo es un puro intercesor o intermediario.

No así en Jesús. Las curaciones que realiza no son el fruto de su oración que ha sido oída, sino algo que él hace directamente, actuando en nombre propio. Jesús ora al Padre antes de muchos de sus milagros, pero es él y no el Padre quien realiza la curación. *Quiero, sé limpio,* dice al leproso (Mc 1, 41). *Levántate, muchacha,* ordena a la joven muerta (Mc 5, 41). *Epheta, ábrete,* dice a los ojos del ciego (Mc 7, 34). *Toma tu camilla y vete a tu casa,* ordena al paralítico (Mc 2, 11).

Y así lo entienden quienes ven los prodigios. *¿Quién es éste, a quien los vientos obedecen?* se preguntan los apóstoles después de la tempestad calmada (Mt 8, 26). Y todos ven su absoluta serenidad, la ausencia de toda crispación, de toda inseguridad o duda antes de hacerlo, la falta de todo asombro o extrañeza cuando los ha hecho.

Esta misma naturalidad percibimos en el modo en que Jesús se atribuye a sí mismo textos del antiguo testamento referidos a Dios: se llama esposo de Israel (Ez 16, 8), se presenta como el Señor de los ejércitos (Mt 11, 10), como ese Yahvé que obra maravillas (Mt 11, 5). Se atribuye a sí mismo una absoluta impecabilidad cuando lanza ese desafío que sólo él se ha atrevido a poner en la historia: *¿Quién de vosotros me argüirá de pecado?* (Jn 8, 46).

El mensajero es el mensaje

Aún hay algo más sorprendente: Jesús se convierte a sí mismo en centro de su propio mensaje. En todas las religiones históricas el fundador ha tenido un papel preponderante en el contenido religioso de la misma. Pero en ninguna como en el cristianismo ha ocupado tan absolutamente el centro e incluso la totalidad. En rigor puede decirse que el cristianismo *es* Jesucristo y que todo el mensaje cristiano se resume en la proclamación de que Jesús es el Cristo.

Jesús se presenta a sí mismo como el comienzo y la plenitud del Reino que anuncia, como la fuente de la que salen todas las energías de la nueva comunidad. El es la viña de la que los demás son sarmientos y éstos vivirán en la medida en que estén unidos a él. Por eso pide una adhesión sin reservas a su persona, con términos como jamás se atrevió a usar hombre ninguno: *El que ame a su padre y a su madre más que a mí, no es digno de mí. El que ame a su hijo o a su hija más que a mí, no es digno de mí* (Mt 10, 37; Lc 14, 26). *El que no toma su cruz y me sigue, no es digno de mí* (Mt 10, 38). *Creed en Dios y en mí* (Jn 14, 1). *El que no cree ya está juzgado* (Jn 3, 18). *Aprended de mí* (Mt 11, 29).

Jamás hombre alguno se ha atrevido nunca a exigir una tal adhesión y entrega a su persona como una obligación de la humanidad entera. Esta «pretensión de Jesús» o esta «conciencia de majestad» —como dicen los exegetas modernos— son algo que se impone con una simple lectura de las fuentes. Podremos revelarnos contra esa pretensión, pero no ignorarla. Jesús evidentemente tenía conciencia de ser mucho más que un hombre, mucho más que un superhombre. Obraba como sólo puede obrar quien se siente y se sabe uno con Dios. Podrá acusársele de loco, de orgulloso, de megalómano, de falsario, pero lo que nunca cabrá es la postura de quienes tratan de elevarle como hombre negándole al mismo tiempo su divinidad. La verdad es que la vida de Jesús desaparece o se convierte en simple locura si se la despoja de esa seguridad que él tiene de ser esencialmente uno con Dios.

Hijo de Dios

Si ahora pasamos de las obras de Jesús a sus palabras tenemos que preguntarnos cómo expresa esa unión con Dios.

No podemos esperar lógicamente que lo haga con conceptos filosóficos (que nos hable de unidad de esencia o de distinción de personas). Jesús tiene para expresar esa relación una forma constante: Dios es su Padre, él es su Hijo.

Para Bultmann estas expresiones tienen que ser forzosamente añadidos de la comunidad cristiana tomadas de la cultura helenística tras la muerte de Jesús. Piensa que resultaría inconcebible tal expresión dentro del ambiente monoteístico de Israel.

Y sin embargo ese título de Hijo de Dios existía ya en el antiguo testamento, aunque con significado muy distinto del que le dará Jesús. *Israel es mi hijo, mi primogénito* se lee ya en el Exodo (4, 22). *Yahvé dice: Yo he llamado a mi hijo fuera de Egipto,* se lee en el libro de Oseas (11, 1) y otras varias veces se llama hijo de Dios al pueblo de Israel y éste llama Padre a Dios.

Igualmente se llama hijos de Dios a los reyes, a los ángeles y, sobre todo, al Mesías.

Pero en todos estos casos no se trata de una unión sustancial del Padre con sus hijos y ni siquiera de una gran intimidad. A lo que esa frase alude es a *la condición de elegido para cumplir una misión divina,* como señala exactamente Cullmann.

Mas en Jesús esa palabra pronto adquiere un sentido absolutamente distinto. Empieza por hablar siempre de «mi» Padre en distinción con «vuestro» Padre que usa cuando habla de los discípulos. Nunca Jesús habla de «nuestro» Padre refiriéndose a él y a los discípulos; sólo en el caso del Padre nuestro usa esta forma y eso poniéndolo en boca de los apóstoles. El sabe bien que la paternidad que Dios tiene respecto a él es bien distinta de su paternidad referente a los demás. Sabe también que su filiación es distinta de la de los demás.

Y esta conciencia la tiene ya desde niño: *¿No sabíais que tengo que ocuparme de las cosas de mi Padre?* dice a María y José cuando le encuentran en el templo (Lc 2, 49). Luego toda su vida será un permanente ensartado de alusiones a «su» Padre. Habla de «mi» Padre que está en los cielos y oye las oraciones de los hombres (Mt 18, 19). Anuncia que en el juicio final dirá a los elegidos: *Venid, benditos de mi Padre* (Mt 25, 34). Anuncia que ya no beberá el fruto de la vid hasta que beba el vino nuevo en el reino de su Padre (Mt 26, 29). Confiere poderes a sus apóstoles y son los que él ha recibido del Padre celestial: *Y yo dispongo del Reino en favor vuestro como mi*

Padre ha dispuesto de él en favor mío (Lc 22, 29). En la última cena dice a los apóstoles: *Todo lo que oí de mi Padre os lo he dado a conocer a vosotros* (Jn 15, 15). Y, después de resucitado, dice a la Magdalena como recalcando esa distinción de paternidades: *Subo a mi Padre y vuestro Padre, y mi Dios y vuestro Dios* (Jn 20, 17).

Cuando se le pregunta si debe pagar tributo responde que el *Hijo* no está obligado (Mt 17, 25). Afirma que sus verdaderos hermanos son los que cumplen la voluntad de su Padre que está en los cielos (Mt 12, 50).

Esa filiación tiene otras manifestaciones en boca de los demás sin que Jesús la contradiga. En el Jordán la voz de lo alto dice: *Tú eres mi Hijo muy amado* (Mc 1, 11). Los posesos le proclaman *Hijo del Dios altísimo* (Mc 5, 7). Pedro le confiesa: *Tú eres el Mesías, el Hijo de Dios vivo* (Mt 16, 17). Los dirigentes judíos le quieren lapidar *porque se consideraba Dios,* porque *llamaba a Dios su padre, haciéndose igual a Dios* (Jn 5, 18). Y Caifás le preguntará directamente si es el *Hijo de Dios,* el *Hijo del Bendito* (Mc 14, 62; 26, 63; Lc 22, 70).

Un buen resumen de toda esta problemática es el que nos ofrece Oscar Cullmann cuando escribe:

> La convicción de ser Hijo de Dios de una manera muy particular y única debió de ser un elemento esencial de la conciencia que Jesús tenía de sí mismo. El título de Hijo de Dios contiene, efectivamente, también una afirmación de soberanía, de dignidad divina excepcional. Pero ésta pertenece a los más íntimo de la conciencia de Jesús, a un más alto grado de soberanía que la implicada en el título de Hijo del hombre o en la de Mesías: ella afecta a la constante certeza de una congruencia perfecta entre su voluntad y la del Padre y la alegría de saberse plenamente conocido del Padre. Aquí hay mucho más que la conciencia profética de un hombre que se considera instrumento de Dios... Pues Dios no sólo obra por él, sino con él. Por eso puede arrogarse el derecho de perdonar pecados... Sin duda, él ejecuta también el plan de Dios, como profeta y como apóstol. Pero en todo eso se siente uno con el Padre. Esta unidad es un secreto de Jesús, su secreto más íntimo.

Mi Padre y yo somos una misma cosa

Esta unión con el Padre, que queda mil veces insinuada a lo largo de toda su vida y de los textos de los evangelios sinópticos, se hace expresa, sin ambajes, en las últimas horas de su vida y especialmente en el evangelio de Juan. *De hecho* —escribe García Cordero— *la idea central de este evangelio es la de que Jesús es realmente Hijo de Dios pues ha salido del Padre.*

Es precisamente esa conciencia de ser *unigénito del Padre* (Jn 3, 16) la que causa las grandes disputas de Jesús con los doctores judíos en las últimas semanas de su vida. Ella es la que le empuja a exclamar:

Mi Padre y yo somos una misma cosa (Jn 10, 30) y a proclamar abiertamente: Yo soy Hijo de Dios (Jn 10, 36). *Porque yo he salido de Dios y vengo de Dios* (Jn 8, 42). *Yo no estoy solo, sino que el Padre que me ha enviado está conmigo* (Jn 8, 16). *Si me conocierais a mí conoceríais también a mi Padre* (Jn 8, 18). *Quien me ve a mí ve al Padre* (Jn 14, 10) y *nadie va al Padre sino por mí* (Jn 14, 6) porque *todo lo que tiene el Padre, mío es* (Jn 16, 11).

Eso es lo que cree y proclama. Por decirlo, morirá. Y no se muere por un sueño.

Abba, Padre

Pero aún hay otro dato que nos introduce más en las entrañas del misterio. Joachim Jeremias ha dedicado largas investigaciones a un dato que es testimoniado unánimemente por todas las fuentes que existen: Jesús usa para invocar a su Padre una fórmula absolutamente suya, original, no usada por nadie en todo el mundo judío anterior o contemporáneo. Jesús al invocar a su Padre no sólo usa la fórmula «Padre mío» sino que la usa siempre, con la única excepción del «Dios mío, Dios mío» de la cruz (Mc 15, 34), pero, en este caso no hace otra cosa que citar un salmo.

En el judaísmo antiguo había una gran riqueza de formas para dirigirse a Dios. Pero en ninguna parte del antiguo testamento se dirige nadie a Yahvé llamándole «Padre». Y en toda la literatura del judaísmo palestino anterior, contemporáneo o posterior a Jesús no se ha encontrado jamás la invocación individual de «Padre mío» dirigida a Dios.

Pero aún hay más: tenemos la certeza de que Jesús usaba la fórmula hebrea *Abbá* como invocación para dirigirse a Dios. Esto es aún más extraño. En el judaísmo helenístico llega a encontrarse algún caso en que se invoca a Dios como «pater», pero —como señala Jeremias— en toda la extensa literatura de plegarias del judaísmo antiguo no se halla un solo ejemplo en el que se invoque a Dios como *Abbá,* ni en las plegarias litúrgicas ni en las privadas. Incluso fuera de las plegarias, el judaísmo evita conscientemente el aplicar a Dios la palabra *Abbá.* En cambio Jesús usa *siempre* esta palabra.

Abbá (con el acento en la segunda sílaba) es, por su origen, una ecolalia infantil con la que el bebé, en sus primeros balbuceos, llama a su padre. Es el equivalente a nuestro «papá». En los tiempos de Jesús la palabra había saltado del lenguaje infantil al familiar y no sólo los niños sino también los muchachos y adolescentes llamaban *Abbá* a sus padres, pero sólo en la máxima intimidad y nunca en público. Llamar con esa palabra a Dios les hubiera parecido una gravísima irreverencia carente de todo respeto.

Sin embargo, esa palabra es la que siempre usa Jesús y define perfectamente —señala Jeremias— *el meollo mismo de la relación de Jesús con Dios, Jesús habló con Dios como un niño habla con su padre, lleno de confianza y seguro y, al mismo tiempo, respetuoso y dispuesto a la obediencia.* Este hecho —el de que alguien se atreva a hablar a Dios así— *es algo nuevo, excepcional, algo de lo que nunca se había tenido sospecha.*

La misma Iglesia expresará su asombro ante este fenómeno cuando, al comenzar a usar esa palabra como inicial del Padre nuestro, tal y como Jesús ha mandado a sus discípulos, la hará preceder siempre de oraciones que subrayan la audacia de dirigirse a Dios así. *Haz* —dice una de las oraciones más antiguas de la Iglesia— *que seamos dignos de atrevernos a decir, con alegría y sin presunción, al invocarte como Padre, Dios de los cielos: Padre nuestro...*

Aún hoy repetimos en nuestras misas esa antiquísima expresión (del siglo I): *nos atrevemos a decir.* Porque, evidentemente, dirigirse a Dios llamándole «papá querido» es algo tan absolutamente sorprendente que debía aterrarnos como una osada blasfemia.

Sin embargo, así habló Jesús con plena naturalidad. Porque se sabía maestro, pero más que maestro; profeta, pero más que profeta; hijo del hombre; pero mucho más que un hombre. Se sabía hijo queridísimo de Dios, uno con él e igual a él. Por eso se volvía confiado hacia sus brazos llamándole «papá».

El árbol y sus frutos

¿Podemos dar ya una respuesta —aunque aún sea provisional e incompleta— a la pregunta que abría este capítulo? Sí, podemos. Y la respuesta es muy simple: cualquier lectura imparcial de los evangelios muestra, sin duda alguna, que Jesús se presenta a sí mismo como mucho más que un hombre; como la plenitud del hombre; como alguien igual a su Padre, Dios; como Dios en persona. Sin aceptar estas afirmaciones, no puede entenderse una sola página evangélica. Jesús actúa y habla como alguien que tiene poder sobre la naturaleza, sobre la ley, sobre el pecado, sobre la salvación y condenación. Y sus discípulos —aunque no acabaron de entender nada de esto mientras él vivía— así lo confesarán abiertamente en casi todas las páginas del nuevo testamento.

Pero esta respuesta que hoy damos es puramente provisional. Jesús debe ser juzgado por sus frutos y a lo largo de toda su vida. Serán, pues, todas las páginas que sigan en la segunda parte de esta obra quienes respondan a esta gran y decisiva pregunta. Porque es exacta la afirmación de Albert Nolan:

Al igual que el árbol del evangelio, Jesús sólo puede ser conocido por sus frutos. Si sus palabras y actos nos suenan a verdaderos, entonces la experiencia de que tuvieron origen no pudo haber sido una ilusión. Una vez que hayamos escuchado a Jesús sin ideas preconcebidas, y una vez que hayamos sido persuadidos y convencidos por lo que Jesús dice acerca de la vida, sabremos que su pretensión de gozar de una experiencia directa de la verdad no era ninguna baladronada.

Es decir: la respuesta a la pregunta que este capítulo plantea no puede ser hoy teórica, construida sólo sobre los argumentos de la apologética, una respuesta que concluya «Cristo es Dios» como concluimos que dos y dos son cuatro. Una «verdadera» respuesta, una respuesta de fe, sólo puede darse cuando se ha vivido y convivido con él, cuando se ha descubierto que, sin él, no sabemos ni podemos vivir, cuando hemos visto hasta qué punto él nos es necesario.

La respuesta verdadera es la que da san Ambrosio cuando dice: *Todo lo tenemos en Cristo. Cristo lo es todo para nosotros. Si quieres curar tus heridas, él es el médico. Si ardes de fiebre, él es una fuente. Si estás oprimido por la iniquidad, él es la justicia. Si necesitas ayuda, él es vigor. Si temes a la muerte, él es vida. Si deseas el cielo, él es el camino. Si buscas refugio de las tinieblas, él es la luz. Si tienes hambre, él es alimento.*

Sí, sólo cuando hayamos vivido y experimentado personalmente todo esto, seremos dignos de plantear esa pregunta y estaremos capacitados para hallarle respuesta. Pero, entonces, ya no necesitaremos ni preguntas, ni respuestas.

VI. Y LOS SUYOS NO LE COMPRENDIERON

Fedor Dostoyevski ha escrito una de las más bellas y terribles páginas de la literatura contemporánea. Es aquella en la que Cristo, vuelto a la tierra en el siglo XVI, se encuentra en Sevilla con el gran inquisidor. Jesús ha llegado al mundo en silencio, sin anunciarse y el pueblo enseguida le reconoce. *El pueblo se siente atraído hacia él por una fuerza irresistible, se aglomera a su lado, le rodea y le sigue. El avanza en medio de las gentes, sonriéndoles con piedad infinita. El sol del amor arde en su corazón, sus ojos irradian luz y virtud que se vierte en los corazones, moviéndolos a un amor mutuo. Levanta sus manos para bendecir a las multitudes y de su cuerpo y de sus mismas vestiduras se desprende una virtud que cura al solo contacto. Un viejo, ciego de nacimiento, grita entre la muchedumbre: «¡Señor, sáname y te veré!» y, como si se le cayesen unas escamas de los ojos, el ciego lo ve. La muchedumbre llora y besa las huellas de sus pies, los niños siembran de flores su camino, cantando y gritando «¡Es él! ¡Es él! ¡Ha de ser él, no puede ser sino él!».*

Es entonces cuando aparece el gran inquisidor, *un anciano de noventa años, alto, envarado, de rostro pálido y ojos sumisos, que despiden chispas de inteligencia que la senectud no ha extinguido.* Al ver a Cristo *su rostro se nubla, frunce sus espesas cejas, brilla en sus ojos un fuego siniestro y, señalándole con el dedo, ordena a la guardia que lo detengan.*

¿Por qué has venido a estorbarnos? pregunta el inquisidor, cuando tiene al hombre delante. Y, ante su silencio, el inquisidor acusa a Cristo de haberse equivocado dando a los hombres libertad, en lugar del pan que los hombres pedían. En rigor, dice, tenía razón el tentador. *Te dispones a ir por el mundo y piensas llevar las manos vacías, vas sólo con la promesa de una libertad que los hombres no pueden comprender en su sencillez y en su natural desenfreno; que les amedrenta, pues nada ha habido jamás tan insoportable para el individuo y la sociedad como la libertad. Pero ¿ves esas piedras? Conviértelas en panes y la humanidad correrá tras de ti como un rebaño agradecido y sumiso, temblando de miedo a que retires tu mano y les niegues la comida. Decidiéndote por el pan, hubieras satisfecho el general y sempiterno deseo de la humanidad que busca alguien a quien adorar; porque nada hay que agite más a los hombres que el afán constante de encontrar a quién rendir adoración mientras son libres. Pero tu olvidaste que el hombre prefiere la paz y aun la muerte a la libertad de elegir. Nada le seduce tanto como la libertad de conciencia, pero tampoco le proporciona nada mayores torturas. Y tú, en vez de apoderarte de su libertad, se la aumentaste, sobrecargando el reino espiritual de la humanidad de nuevos dolores perdurables. Quisiste que el hombre te amase libremente, que te siguiera libremente, seducido, cautivado por ti; desprendido de la dura ley antigua, el hombre debía, en adelante, decidir por sí mismo en su corazón libre entre el bien y el mal, sin otra guía que tu imagen. Pero ¿no sabías que acabará por rechazar tu imagen y tu doctrina, cansado, aniquilado bajo el pesado fardo del libre albedrío? ¡El hombre es más bajo, más vil por naturaleza de lo que tú creías! Mañana verás cómo, a una indicación mía, se apresura ese dócil rebaño a atizar la fogata en que arderás por haber venido a estorbarnos.*

El terrible porqué

Si superamos el chafarrinón caricaturesco de la escena, tenemos que reconocer que, en ella, Dostoyevsky pone el dedo en una llaga terrible: ¿Por qué esas multitudes que tan fácilmente se entusiasman con Jesús, en realidad no le comprenden ni le siguen y terminan conduciéndole a la muerte o aceptándola, al menos? ¿Por qué sólo después de la resurrección le entendieron sus apóstoles? ¿Por qué atravesó la historia sin que los «inteligentes» se enteraran? ¿Fue sólo un error de los hombres de aquel momento, fue una culpa del pueblo judío en la que no hubieran incurrido otros pueblos? ¿O es que el hombre tiene el corazón demasiado pequeño o que él señaló metas excesivamente altas? ¿Es cierto que el hombre es más bajo y vil de lo que él se imaginaba?

En las páginas precedentes hemos tratado de dibujar ese milagro humano y más que humano, que era la figura de Jesús. Y ahora tenemos que preguntarnos si todo eso fue visto por los que le rodeaban, si quienes le oían sospecharon, al menos, que estaban ante Dios en persona. ¿Le vieron sus contemporáneos tal y como realmente él era?

Rodeado por la multitud

La primera constatación es que Jesús —como en la parábola de Dostoyevsky— consigue un primer éxito fácil: la muchedumbre se va tras él. Asombra ver en las páginas evangélicas cómo magnetiza a las gentes que le siguen por doquier. Casi no hay página evangélica en la que no encontremos a Jesús rodeado por verdaderas muchedumbres, centenares, miles de personas.

¿Qué sentían ante él? Dos sentimientos reflejan constantemente los evangelistas, mezclados muchas veces: maravilla y temor.

Maravilla y admiración ante sus palabras y, sobre todo, ante sus obras. *Cuando acabó estos discursos se maravillaba la gente de su doctrina* (Mt 7, 28). *Los hombres se maravillaban y decían: ¿Quién es éste a quien los vientos y el mar obedecen?* (Mt 8, 27). *Se maravillaban las turbas diciendo: Jamás se vio tal poder en Israel* (Mt 9, 33; 15, 31; Mc 2, 12). *Se admiraban diciendo: todo lo ha hecho bien* (Mc 7, 37). *Y toda la muchedumbre se alegraba de las cosas prodigiosas que hacía* (Lc 13, 17).

Pero la maravilla va mezclada con el temor. Tras la curación del paralítico *las muchedumbres quedaron sobrecogidas de temor y glorificaban a Dios por haber dado tal poder a los hombres* (Mt 9, 8). *Y sobrecogidos de gran temor se decían unos a otros ¿quién es éste?* (Mc 4, 41). Quedaron todos fuera de sí, glorificando a Dios y llenos de temor decían: hoy hemos visto cosas increíbles (Lc 5, 26; 7, 16). Hay, incluso, un caso en el que este temor es más fuerte que su admiración: tras el milagro de los demonios enviados a los cerdos que se arrojan al mar, el evangelista añade una frase terrible: *Y le rogaron que se alejase, porque estaban poseídos de un gran temor* (Lc 8, 37). Su agradecimiento por el milagro es pedirle que se vaya, porque ese poder les aterra.

A esta extraña mezcla de entusiasmo y temor hemos de añadir otro dato oscuro: esa multitud que le sigue y le escucha, en realidad no se convierte, ni cambia de vida. Jesús lo comprueba, con tristeza, cuando increpa a las ciudades donde mayores milagros ha hecho *porque no habían hecho penitencia* (Mt 11, 20). Y lo subraya más en aquella frase amarga en la que confiesa que los que le han seguido lo han hecho por fines rastreros: *En verdad, en verdad os digo: vosotros me buscáis, no porque habéis visto milagros, sino porque habéis comido los panes y os habéis saciado* (Jn 6, 26).

Además su predicación —como hoy la de tantos sacerdotes— parecía sembrar desconcierto y polémicas. *Y había entre la muchedumbre gran cuchicheo acerca de él. Los unos decían: es bueno. Pero otros decían: no, seduce a las turbas* (Jn 7, 12). *Y se originó un desacuerdo entre la multitud por su causa* (Jn 7, 43).

Nos equivocamos, pues, si pensamos que sólo entre los fariseos estaban sus enemigos. Estaban también entre la misma multitud que le seguía. Juan lo señala con frase tremenda: *Aunque había hecho grandes milagros en medio de ellos, no creían en él* (Jn 12, 37).

Jesús mismo lo dirá un día, con frase bien triste, al comparar esta generación con esos niños a quienes sus compañeros no logran complacer ni cuando entonan cantos de duelo, ni cuando tocan la flauta y danzan alegres para ellos (Mt 11, 16). No entendieron a Juan que traía un mensaje de dura penitencia, no entendieron a Jesús que anunciaba la alegría del Reino. Y los dos fueron conducidos a la muerte sin que las entusiastas multitudes de antes lo impidieran.

La incomprensión de los amigos

Si la turba no le entendió, tampoco le comprendieron los parientes y los amigos.

La hostilidad de sus parientes la señalan con claridad los evangelios en muchos pasajes. Apenas comienza a predicar, al enterarse sus deudos, *salieron para apoderarse de él, pues se decían: Está fuera de sí* (Mc 3, 21). *Ni sus hermanos creían en él* dice rotundamente Juan (7, 5). *Y se escandalizan de él,* dice Marcos al contar sus predicaciones en Nazaret (Mc 6, 3). Y Lucas nos cuenta que al oírle *se llenaron de cólera* (4, 28). Jesús tendrá que comprobar por experiencia propia que *ningún profeta es tenido en poco sino en su patria y entre sus parientes y su familia* (Mc 6, 4).

Pero aún es más grave la incomprensión de sus elegidos, de sus amigos del corazón. Le siguen fácilmente, sí. No todos, porque hay quienes se niegan a su vocación. Pero sí muchos de ellos: basta una llamada para que dejen las redes (Mt 4, 20).

Le siguen, pero tampoco le entienden. Caminaban tras él, pero *iban sobrecogidos, siguiéndole medrosos* (Mc 10, 32). Se asustan ante cualquier frase desconcertante: cuando Jesús anuncia lo difícil que les será la salvación a los ricos, *ellos se quedaron espantados al oír esta sentencia* (Mc 10, 24).

Y Jesús tendrá que reprenderles con frecuencia. Por su falta de inteligencia: *¿Tampoco vosotros me entendéis?* (Mt 15, 16). *Llevo tanto tiempo con vosotros ¿y aún no me habéis conocido?* (Jn 14, 9). Por su falta de fe, por su presunción, por su violencia, por sus ambiciones.

Hay momentos en que a Jesús su compañía parece hacérsele insufrible: *Oh, generación perversa, ¿hasta cuándo tendré que estar con vosotros?* (Mt 17, 16). Y llega a llamar Satanás a Pedro, cuando éste, sin enterarse de nada, trata de alejarle de su pasión (Mt 16, 23).

¿Le comprendieron sus enemigos?

Si esta es la incomprensión de sus amigos, se puede imaginar la hostilidad de sus enemigos. También ellos participaban de la maravilla de las multitudes. Tras una de sus respuestas agudísimas, ellos *se quedaron maravillados y se fueron* (Mt 22, 22). Pero pronto superaron esa maravilla, encontrando soluciones condenatorias: *Por medio del príncipe de los demonios expulsa a los demonios* (Mt 9, 34; 12, 24). O más tajantemente: *Está poseído de Beelzebú* (Mc 3, 22).

Pero hay algo que desconcierta en estas reacciones de los fariseos: generalmente, es después de un milagro de Cristo cuando adoptan sus posturas más hostiles. Tras las curaciones *se llenaron de furor y trataban de ver qué podían hacer contra él* (Lc 6, 11). ¿Es que no comprendían o es que trataban de perderle... precisamente porque habían comprendido? ¿Le perseguían por sus blasfemias o —como el gran inquisidor de Dostoyesvsky— porque les estorbaba? La respuesta nos la da Juan: *Aún muchos de los jefes creyeron en él, pero por causa de los fariseos no lo confesaban, temiendo ser excluidos de las sinagogas, porque amaban más la gloria de los hombres que la de Dios* (Jn 12, 48).

Sí, defendían sus intereses, su «orden». Caifás lo confesará rotundamente al afirmar que *conviene que un hombre muera por el pueblo* (Jn 11, 50).

Un revolucionario

Tenemos que preguntarnos ahora por la raíz de aquellas incomprensiones y de este odio. ¿Se debió todo a la maldad del hombre? ¿A una especial malicia de aquella generación corrompida? ¿O a las dificultades que el propio mensaje de Jesús encerraba?

No podemos disculpar a aquella generación. Pero sí es objetivo reconocer que el mensaje de Jesús era radicalmente desconcertante. Todo su modo de ser y de obrar iba contra lo establecido y no debemos vacilar al decir que era un revolucionario del orden imperante.

Jesús es alguien que apenas valora los lazos familiares. Rompe con las instituciones de la época. La sangre, para él, es algo secundario y sometido, en todo caso, a los intereses del espíritu. No aprecia ninguno de los valores establecidos. No le interesa el dinero. Se preocupa sólo de pedir a Dios el pan de mañana, sin el menor interés por el porvenir. Se salta las leyes fundamentales. No tiene una veneración exclusiva por el templo. Rompe rígidamente con el precepto sacrosanto del sábado.

Apuesta, además, por las clases más abandonadas, por todos los marginados: mujeres, publicanos, pecadores, samaritanos. Si atendemos al derecho entonces en vigor, Jesús es alguien que se salta todas las leyes del «orden». Es, según aquellas leyes, un delincuente, alguien que se coloca sobre la legalidad, es decir: al margen de ella. *Para los observadores de su época Jesús es un revolucionario,* dice con justicia A. Holl. No un revolucionario negativo, sino positivo, pero un verdadero revolucionario. Sería engañarnos confundir a Jesús con un reformador moderado: en toda su postura hay un neto radicalismo. Crea un orden nuevo (y no como la mayoría de los rebeldes, que en el fondo tienen alma profundamente conservadora) y ese orden nuevo supone la destrucción del entonces imperante.

Por otro lado, tampoco tiene Jesús la postura tradicional del asceta que podía haber sido más comprensible para sus contemporáneos. Jesús come y bebe con los pecadores y sus discípulos no ayunan como los ascetas (Lc 5, 33).

Se entiende que los fariseos le acusen de corromper a las multitudes cuando le oyen predicar el desprecio a las escalas sociales y a las etiquetas. Pone a un niño —el rango más bajo de la sociedad de entonces— como un modelo al que hay que aspirar; desprecia a los doctores de la ley; critica a los sacerdotes; habla con los samaritanos y cura a los leprosos sin preocuparse de su etiqueta de intocables. Para un fariseo de entonces, la parábola del buen samaritano —en la que se elogia a éste y se critica al sacerdote y al levita— debía de sonar como un manifiesto netamente revolucionario, atentatorio contra todas las reglas sociales. Si a eso se añade el que muchas de sus frases no podían sonar entonces sino como blasfemias, podemos entender que los defensores de aquel orden social-religioso se sintieran, en conciencia, obligados a impedir la difusión de ideas que, para ellos, resultaban corruptoras. Porque Jesús, no sólo criticaba los defectos con que entonces se vivía la ley, atacaba a la misma ley y anunciaba otra diferente, más alta, más pura.

La cercanía del sol

Pero debemos decir toda la verdad: no le entendieron *porque era* Dios. Y le rechazaron *precisamente porque era Dios.* Es doloroso decir y reconocer esto, pero la historia del mundo está abarrotada de ese rechazo. ¿Acaso no murieron apedreados y perseguidos todos los profetas? ¿Acaso ha sido dulce la vida de los santos? El hombre odia todo lo que le excede. Ya desde el paraíso, hay algo demoníaco en la raza humana que sigue soñando «ser como Dios» y que la empuja a aplastarle cuando comprueba qué pequeña es a su lado, en realidad.

Grahan Greene lo dijo —ya lo hemos citado— con palabras certeras y terribles: *Dios nos gusta... de lejos, como el sol, cuando podemos disfrutar de su calorcillo y esquivar su quemadura.*

Por eso es querida la religiosidad bien empapadita de azúcar, bien embadurnadita de sentimentalismo. Por eso están tan vacíos los caminos de la santidad. Por eso, cuando Dios se nos mete en casa, nos quema. Por eso le matamos, sin querer comprenderle, cuando hizo la «locura» de bajar de los cielos y acercarse a nosotros.

Por eso empezamos condenándole a la soledad mientras vivió. ¿Cómo hubieran podido sus contemporáneos —sin la luz de su resurrección y la fuerza del Espíritu— comprender que aquel hombre, que vivía y respiraba como ellos, fuera también en realidad el mismo Dios?

Todos los hombres viven en soledad. Y ésta se multiplica en los más grandes. En Jesús esa soledad llegó a extremos infinitos. Los que estaban con él, no estaban en realidad con él. Cuando creían comenzar a entenderle, veían que se les escapaba. El era más grande que sus pobres cabezas y mucho mayor aún que sus corazones. Había tanta luz en él, que no le veían. Sus palabras eran tan hondas que resultaba casi inaudible. Sólo el Espíritu santo daría a los creyentes aquel «suplemento de alma» que era necesario para entenderle.

Sólo ese Espíritu nos lo dará hoy a nosotros. Porque... ¿cómo podríamos acusar a sus contemporáneos de ceguera y sordera quienes, hoy, veinte siglos más tarde, decimos creer en él y... seguimos tan lejos de entenderle, tan infinitamente lejos?